北京市高等教育精品教材

高等院校经济与管理核心课经典系列教材

保险学

INSURANCE

（第十一版）

庹国柱　李文中◎主　编

首都经济贸易大学出版社
Capital University of Economics and Business Press
·北京·

图书在版编目（CIP）数据

保险学 / 庹国柱，李文中主编. -- 11 版. -- 北京 ：首都经济贸易大学出版社，2023. 1
ISBN 978-7-5638-3469-3

Ⅰ. ①保… Ⅱ. ①庹… ②李… Ⅲ. ①保险学-高等学校-教材 Ⅳ. ①F840

中国版本图书馆 CIP 数据核字（2022）第 241566 号

保险学（第十一版）
庹国柱 李文中 主编
Baoxianxue

责任编辑 乔 剑
封面设计 砚祥志远·激光照排 TEL：010-65976003
出版发行 首都经济贸易大学出版社
地　　址 北京市朝阳区红庙（邮编 100026）
电　　话 （010）65976483 65065761 65071505（传真）
网　　址 http://www.sjmcb.com
E-mail publish@cueb.edu.cn
经　　销 全国新华书店
照　　排 北京砚祥志远激光照排技术有限公司
印　　刷 北京市泰锐印刷有限责任公司
成品尺寸 185 毫米×260 毫米 1/16
字　　数 552 千字
印　　张 24.5
版　　次 1999 年 6 月第 1 版 **2023 年 1 月第 11 版**
2024 年 8 月总第 27 次印刷
书　　号 ISBN 978-7-5638-3469-3
定　　价 49.00 元

第十一版前言

出版社来电说这本《保险学》第十版已经售罄！我们考虑到近些年来，保险行业的一些新的变化和发展特点，需要在教材中适当体现，加上在这段时间里。我们也收到一些读者的来信，指出了本教材中个别地方表述不准确的地方或者有计算错误。所以，我们决定做一次较大修改，出第十一版。

大家了解，在过去的近十年里，我国保险市场向高质量发展转型，服务经济社会发展，取得显著成效，表现为：第一，市场规模较快增长。从 2012 年到 2021 年，保费收入由 1.55 万亿元增长到 4.49 万亿元，占全球市场份额从 5.34%上升至 12.20%，自 2007 年以来一直是全球第二大保险市场。同时，保险深度从 2.98%上升到 3.93%，保险密度从 1 144 元/人上升到 3 179 元/人。保险业总资产从 7.4 万亿元增长到 24.89 万亿元。第二，保险金额大幅提升，保障功能显著增强。从 2017 年到 2021 年，保险业原保费收入从 3.66 万亿元增长到 4.49 万亿元，增长 22.7%；与此同时，为实体经济提供保险保障从 4 154 万亿元增加到 12 146 万亿元，增长 192.4%；提供保险赔付从 11 181 亿元增加到 15 609 亿元，增长 39.6%。保障金额和保险赔付增速远高于保费收入增速，保障属性明显增强。第三，服务民生保障成效明显。一是大力发展农业保险，服务脱贫攻坚和乡村振兴战略。从 2012 年到 2021 年，农业保险保费收入从 240 亿元增长到 976 亿元，增长 3.1 倍；为农户提供保险保障从 9 006 亿元增长到 47 000 亿元，增长 4.2 倍。二是加快发展商业健康保险，支持健康中国战略。从 2012 年到 2021 年，健康险赔付从 298 亿元增长到 4 029 亿元，增长 12.5 倍，赔付额占卫生总费用比重从不足 1%增长到 5%。积极承办大病保险业务，覆盖 12.2 亿城乡居民，累计赔付超过 6 000 万人次。积极开发普惠性健康保险产品，截至 2021 年底，惠民保覆盖人群达到 1.4 亿人次。三是积极探索发展养老保险第三支柱。先后开展税收递延商业养老保险试点、专属商业养老保险试点、特定养老储蓄试点和商业养老金业务试点、实施个人养老金制度，完善养老保障体系。第四，全面推进保险业服务社会治理。一是积极探索巨灾保险，建立城乡居民住宅地震巨灾保险制度，服务国家灾害体系建设。截至 2021 年，住宅地震巨灾保险共同体累计为全国 1 621 万户次居民提供风险保障 6 300 亿元。二是大力发展环境污染责任保险、食品安全责任保险、安全生产责任保险等业务，全面助力社会治理创新。2021 年，责任保险为全社会提供保险保障超过 4 928 万亿元，比 2017 年提高 18.6 倍。第五，充分发挥保险资金长期稳定作用，服务实体经济发展。从 2012 到 2021 年底，我国保险资金运用余额从 6.85 万亿元增长到 23.23 万亿元。目前，保险资金已成为我国债券市场第三大机构投资者、股票市场第二大投资者、公募基金最大机构投资者。截至 2021 年末，险资通过股票、债券、股权等方式，服务实体经济直接融资规模 18.88 万亿元，占资金运用余额的 81.27%。

当然，在此期间，保险市场在法规和政策的引导和监管之下的发展，也出现了一些值得关注的现象。在产险领域，车险综合改革意在降低费用率，提升赔付率，大大提升了投保人福利的同时，保险费总收入也有所减少，使得财产保险费增长速度放缓，甚至有所下降。寿险领域实际上也在不断调整，养老保险、医疗保险都在深入发展的同时，因为中介服务的变化，特别是曾经有千万之众的营险员队伍，大幅度减少到不足 200 万人。2021 年寿险保费出现负增长。除了疫情之外，这可能是重要原因。当然，偿二代二期工程的落地施行，正在从负债端和资产端对产险公司和寿险公司产生重要影响，一方面促使保险公司业务结构做出更合理调整，回归保障；另一方面引导保险资金投资运用更加规范、透明，发挥长期投资优势服务实体经济。最终，有效促进保险业的高质量发展。

在这种背景下，我们对教材第十一版大部分章节的内容都作了补充和修订，更新了数据，改正了有错误的计算，努力反映法律、法规以及市场的变化，尽量结合这些变化，将保险学的基本原理与实践简明和准确地介绍给读者。

本版的各章撰稿人与第十版没有变化。

限于我们的水平，这一版仍然会有错漏谬误之处，依然欢迎读者继续给我们指正和提出批评意见。

庹国柱　李文中

2022 年 12 月 8 日于北京

第十版前言

保险，这个词，这件事，这个行当，在经历了或者闻听了这些年大大小小的风险事故的处理之后，在不断深化的社会保障制度完善和改革的讨论之中，对我们国家的政府官员、企业管理人员以及大众来说，不仅已经不陌生了，而且越来越亲近了。虽然社会经济对保险业还有这样或那样的不满意、不满足，但保险业实际所发挥的风险管理作用是实实在在的，而且早已超出风险保障和经济补偿的范围。它在参与社会融资，推动金融改革，助力脱贫攻坚，完善社保制度等方面，都在发挥着独特的作用。保险业在一年一年大踏步地前进着。

保险，这个重要的金融产业，在过去40年时间里，取得了全球瞩目的发展成就。保险市场的增长势头一直是强劲的，其防范风险、支持实体经济的发展以及惠及民生的能力得到明显提升。2019年，保险业为社会提供的风险保障金额达到6 470.04万亿元，保险业总资产达到205 645.00亿元人民币，保险费总收入达到42 645.00亿元，这都是40年前不可比拟的。

保险的概念不断深入人心，保险知识的普及也更加迫切。让更多的金融保险和其他各种专业的大学生以及大众学习保险学知识，明白它的意义，了解它的作用，知道它的基本原理，已经成为我们的共识。我们这本《保险学》教科书就是为这种广泛需要在尽一份力量。从它的初版问世至今，二十年以来，一直随着保险理论和实践的发展在不断更新和充实，现在，我们又推出了第十版。

这个新版本根据刚刚颁布的《民法典》修改，也根据2020年银保监会实施的车险综合改革规则，重新写作了相关章节，帮助读者了解车险改革的主要内容。新版也更新了数据。

我国保险业恢复国内业务41年了。这期间，中国保险业，无论是制度建设、法律规范、政策调整、主体扩张、业务发展和经营环境，都发生了天翻地覆的变化。特别是2016年以来，继互联网金融、金融科技概念被提出后，保险科技的热潮迅速兴起。保险科技逐渐成为保险业最抢眼的话题和布局，它正在深刻影响着中国乃至全世界保险业发展的走势。从第九版开始，本书新增加了一章《保险科技及其发展》，通过浮光掠影的介绍，一是想完善我们这本教材的体系，二是想引起学子们对于保险科技的关注和重视。希望读者在这个基础上，努力结合保险实践，不断了解和探索诸如：保险科技的价值、保险科技的应用、保险科技对保险需求和供给的影响，保险教育如何适应保险科技的迅猛发展等更深入的问题。

保险科技目前还没有一个统一的、严格的界定，泛指可以影响和改善保险经营的技术创新。在国际上，保险科技被认为是近年来随着一些专门从事与保险经营有关的软件开发、信息系统和平台建设、保险商业模式创新等活动的新兴创业型技术公司的出现而形成的一种存在或者现象。业内已经出现了一类新型创业公司——保险科技公司。保险业务也开始热情拥抱保险科技，各家保险公司都在建立自己的信息平台，利用各种大数据、网络、区块链、遥感、地理信息等技术，在保险从产品开发到定损和理赔的整个保险链条上，推动技术和服务领域创新，收获了初步的成功。希望新版《保险学》的出版能给大家带来些许新意。

2020 年我国颁布了《民法典》，这对保险业将产生重要影响。《民法典》的颁布实施，为保险活动提供了更为完善规范的法治环境，对保险业的发展将产生深远影响。首先，《民法典》对格式合同条款提供方的诚信要求更高，进一步强化了保险人对保险合同格式条款的解释说明义务。其次，《民法典》加强了对人格权的保护，并倡导家庭和睦互助，将会引导相关人身保险产品、业务和经营理念的创新。再次，《民法典》在物权制度、侵权责任制度等方面的一些调整对产权风险、侵权赔偿责任风险等都会产生影响，进而会影响到保险产品和业务的发展。在第十版里，我们根据《民法典》对相关章节的内容进行了修改。

第十版的各位撰稿者是：第一章、第十一章朱俊生教授，第二章、第三章皮立波博士，第四章、第九章、第十四章段家喜博士，第五章、第六章和第八章李文中副教授，第七章张晓红副教授，第十章、第十二章庹国柱教授，第十三章、第十六章王国军教授，第十五章赵思健研究员，全书由庹国柱统稿。

感谢责任编辑乔剑女士多年来对本书持续保有信心，不断“挑刺”，提出一个又一个修改建议，才使本书能跟上时代的步伐，获得如此好的读者缘。

我们一如既往地欢迎使用本书的教师、同学和更多读者，将阅读和使用本书中发现的谬误、疏漏和值得商榷的观点和表述反馈给我们，以便我们及时修改，使这本教材更加完善和适用。

庹国柱

2021 年 1 月 1 日于北京

目　录

第一章　风险、风险管理与保险 …… 1

第一节　风险及其性质 …… 1

第二节　风险管理 …… 8

第三节　风险管理与保险 …… 14

复习思考题 …… 16

第二章　保险的性质、功能和作用 …… 17

第一节　保险的概念 …… 17

第二节　保险的性质 …… 22

第三节　保险的意义和功能 …… 27

第四节　保险的地位和作用 …… 33

复习思考题 …… 34

第三章　保险的起源和发展 …… 36

第一节　古代保险思想的萌芽 …… 36

第二节　现代保险的雏形和发展 …… 38

第三节　保险产生的条件 …… 46

第四节　我国保险业的起步与发展 …… 48

复习思考题 …… 60

第四章　保险的分类 …… 61

第一节　保险的一般分类 …… 61

第二节　人身保险的主要险别险种 …… 65

第三节　财产保险的主要险别险种 …… 67

复习思考题 …… 71

第五章　保险合同 …… 72

第一节　保险合同的概念、特征、种类与形式 …… 72

第二节　保险合同的要素 …… 79

第三节　保险合同的订立和履行 …… 85

第四节 保险合同的解释和争议处理 …… 98
复习思考题 …… 100
第六章 保险的基本原则 …… 101
第一节 保险利益原则 …… 101
第二节 最大诚信原则 …… 109
第三节 近因原则 …… 116
第四节 补偿原则 …… 119
复习思考题 …… 126
第七章 财产保险（一） …… 128
第一节 火灾及其他灾害事故保险 …… 130
第二节 运输工具保险——机动车辆保险 …… 137
第三节 运输工具保险——船舶保险和飞机保险 …… 157
第四节 货物运输保险 …… 167
复习思考题 …… 176
第八章 财产保险（二） …… 177
第一节 工程保险 …… 177
第二节 责任保险 …… 185
第三节 信用保险与保证保险 …… 193
第四节 农业保险 …… 199
复习思考题 …… 205
第九章 人身保险 …… 206
第一节 人身保险概述 …… 206
第二节 人寿保险 …… 209
第三节 意外伤害保险 …… 220
第四节 健康保险 …… 227
复习思考题 …… 236
第十章 再保险 …… 237
第一节 再保险概述 …… 237
第二节 财产再保险合同类型 …… 242
第三节 财产再保险责任安排 …… 244
第四节 再保险合同条款 …… 251
复习思考题 …… 259
第十一章 社会保险 …… 260
第一节 社会保险概述 …… 260
第二节 社会保险的种类 …… 266

第三节 我国社会保险制度及其改革 …… 271
复习思考题 …… 275
第十二章 保险产品定价的基本原理 …… 276
第一节 保险产品定价的数理基础和定价原则 …… 276
第二节 财产保险的费率厘定 …… 280
第三节 人身保险的费率厘定 …… 283
复习思考题 …… 290
第十三章 保险公司经营管理 …… 291
第一节 保险公司经营管理的路径与目标 …… 291
第二节 保险公司经营管理的主要内容 …… 294
第三节 “偿二代”监管规则下的保险公司风险管理 …… 302
复习思考题 …… 305
第十四章 保险公司的资金运用 …… 306
第一节 保险资金运用概述 …… 306
第二节 保险资金运用形式 …… 311
第三节 保险资金运用效益评价 …… 315
复习思考题 …… 318
第十五章 保险科技及其发展 …… 319
第一节 保险科技特征及发展现状 …… 319
第二节 科技赋能保险 …… 330
第三节 保险科技为保险行业价值链带来深刻变革 …… 342
第四节 保险科技发展趋势展望 …… 346
复习思考题 …… 348
第十六章 保险市场与监管 …… 349
第一节 保险市场的要素 …… 349
第二节 保险市场的交易 …… 358
第三节 保险监管的基本范畴 …… 364
第四节 保险监管的方式与内容 …… 370
复习思考题 …… 378
参考文献 …… 379

第一章　风险、风险管理与保险

本章要点

- 风险的含义
- 风险的组成要素：风险因素、风险事故和损失
- 风险的特征：客观性、偶然性、普遍性、可变性和相关性
- 风险成本：物质利益损失、无形损失及处置风险的费用
- 风险分类的各种方法和具体类别
- 风险管理的含义、目标和意义
- 风险管理的基本程序：风险识别、风险衡量、风险控制和效果评价
- 可保风险应具备的条件
- 保险和风险管理的关系

风险的客观存在是保险产生与发展的自然前提条件之一，没有风险就没有保险。风险的特征、种类及风险管理的方法都直接影响着保险理论与实践的发展，因此，认识保险必须首先从认识风险开始。

第一节　风险及其性质

一、风险的含义与特性

（一）风险的含义

依据保险界普遍接受的定义，风险是指损失的不确定性。这一概念包含以下几层含义：

1. 风险是损失的可能性。损失是人们经济或非经济利益的减少或丧失。人们总是通过损失来感受风险的存在，并凭借损失的大小来评估风险的大小。没有损失，人们就感觉不到风险。人们只有受到损失或预感到损失有可能发生，才会确认风险的存在。

2. 不确定的损失才是风险。虽说没有损失就没有风险，但并不是说只要有损失就一定有风险。只有损失发生的概率在 0 和 1 之间时，才能称作风险。那些绝对不可能发生损失的事件，即损失的概率为 0 时，自然无风险可言；而那些必然会发生或已经发生了损失的事件，即损失的概率为 1 时，也不是风险，而是风险发生的结果，是风险事故。只有那些既有发生的可能，但又无法事先确定其是否发生以及发生的时间、

地点、频率和强度的损失，才可称为风险。换句话说，风险损失必须是偶然的和意外的。例如，在经营一个企业时，若事先可以完全肯定能够成功，不可能造成损失，也就没有经营风险；若事先已知肯定会失败，没有必要去经营这个企业而遭受打击，实际上这也无风险可言；只有在事先无法预料是否成功时，经营该企业才会有风险。

3. 风险既是客观现实，又是一种主观感受。风险时时通过形式和程度不同的损失来证明自己的存在与危害，因而，风险是客观存在的。同时，风险又是一种由精神和心理状态所引起的不确定性感受。它是客观上曾经发生的灾害事故在人脑中产生的主观反映，是人脑对未来灾害损失发生的可能性的一种主观估计。由于人与人之间认识水平的差异，使得这种反映与估计也存在着差异。所以，人们对风险的认识即风险意识是因人而异的。对某件事情，有些人常有不确定的感觉，因而精神紧张；而对于同样的事情，另一些人则熟视无睹。这与人们的知识、经历、经验及心理状态等多种因素相关。例如，对待某些疾病，有些人会积极防治，以保持健康的体魄；有些人则听天由命，贻误防治时机而加重病情或导致死亡。形成这种不同结局的原因之一是人们对风险主观感受的差异。因此，风险是人们对损失客观性的一种主观心理反应。这种风险意识水平的高低决定着人们对待风险的态度和处置风险方式的差异。

（二）风险的组成要素

风险一般总是与下列三个方面的因素相联系，即风险因素、风险事故和损失。

1. 风险因素。风险因素是指引起或增加风险事故发生的机会，或增加损失严重程度的潜在条件。如天气干燥是造成火灾发生的风险因素；雪天路滑是增加交通事故的风险因素；疏忽大意是造成工伤事故的风险因素等。风险因素一般分为三种：实质性风险因素、道德风险因素和心理风险因素。

（1）实质性风险因素。它是指引起或增加损失发生机会，或增加损失发生概率、扩大损失严重程度的客观物质条件。例如，汽车刹车系统失灵、房间装饰材料易燃、地势低洼等，都属于实质性风险因素，即实实在在地存在着的引发交通事故、火灾和洪涝灾害事故的物质条件。

（2）道德风险因素。它是指由于人们不诚实或居心不良，故意促使风险事故发生或扩大风险事故损失程度的主观因素。例如，为索取保险赔款而故意纵火、沉船、毁车、虚报损失、编造事故甚至谋杀等，均属道德风险因素。

（3）心理风险因素。它是指由于人们主观上的疏忽或过失，以致引起风险事故发生或增加风险事故的发生机会，或扩大损失程度的非故意因素。例如，因为忘了锁车致使车辆被盗；违章作业、玩忽职守而酿成大祸等致损因素，均属于心理风险因素。

道德风险因素和心理风险因素同属于主观风险因素，但前者是主观故意行为，而后者则是主观无意即非故意行为，因而它们是有本质区别的。

2. 风险事故。风险事故是指可能引起人身伤亡或财产损失的偶然事件，是造成风险损失的直接原因，也是风险因素所诱发的直接结果。例如，火灾、车祸、飞机失事、塌方、毒气泄漏、地震、疾病等，都是风险事故。

3. 损失。损失有广义和狭义之分。

广义的损失除包括狭义损失之外，还包括一般情况下财产的正常损耗（如固定资产的折旧、货物运输中的合理损耗等）和有意采取的合理行为所造成的损失，如深埋疫畜、焚毁假冒伪劣商品等损失，以及感情上或道义上的损失。保险理论与实务中的损失通常是狭义的。

狭义的损失即保险领域中的损失，是指由于自然灾害或意外事故所造成的经济价值的减少、灭失以及额外费用的增加。

狭义的损失主要包括财产损失、所得损失、责任损失和费用损失。

（1）财产损失。它是指各种有形的财物因灾害事故而丧失了部分或全部价值，如飞机坠毁、房屋倒塌、汽车被盗等损失。

（2）所得损失。它是指团体或个人因灾害事故丧失部分或全部经济收入的损失，如由于疾病、意外伤害、衰老或死亡等原因丧失部分或全部劳动能力所造成的人们收入的减少或失去全部收入来源，企业因遭火灾或意外事故所造成的销售收入的减少或利润水平的降低等。

（3）责任损失。它是指因团体和个人的疏忽或过失行为造成他人人身伤害或财物损失时，依法应承担的经济赔偿责任。例如，因产品质量问题给消费者造成经济损失时，厂商应依法赔偿消费者的损失；疲劳驾驶汽车误伤行人，司机应依法赔偿行人疗伤的医疗费和误工损失费用等经济损失，这些均属责任损失。

（4）费用损失。它是指由于灾害事故的发生而额外支出的费用，如企业遭受洪灾时所支出的施救费用，重置设备时发生的采购、调试、咨询等费用；家庭失火后的临时借居的费用、重置家产时的运费等。

总之，风险是由风险因素、风险事故和损失构成的统一体。风险因素在一定条件下引发风险事故，风险事故的发生可能导致损失，而所发生的损失大小又标志着风险事故的大小，反映着风险因素的隐患和危害。

（三）风险的特征

风险具有客观性、偶然性、普遍性、可变性和相关性等基本特征。

1. 风险的客观性。风险是一种不以人的主观意志为转移的客观存在。事实和经验告诉人们：天有不测风云，人有旦夕祸福。无论是自然界中的风暴、洪水、地震、雪灾、海啸等天灾，还是人类社会的战争、犯罪、过失或意外事故等人祸，都是不以人的意志为转移的客观存在。各种风险总是以其独特的方式，如特定的范围、独特的损失状态、独特的发生频率、独特的存在形式和发生方式，在独特的环境和时间下表明着它的存在。例如，干旱多发生在西北少雨地带，地震多发生在地壳断裂带，火灾多发生在春、冬比较干燥的季节，失业多发生在经济萧条时期，肺癌多发生在烟民中间，等等。总之，无论是过去、现在还是将来，风险的存在是客观的、必然的现象。

2. 风险的偶然性。风险虽然是一种客观必然的现象，但是它的发生却是随机的、偶然的、不确定的。风险及其所引起的损失往往以偶然的形式呈现在人们面前，即何时、何地发生哪种风险，损失程度如何，具有很大的不确定性。尤其是对某个具体的区域、某个具体的单位和个人发生某些具体的风险事件而言，都不可能是事先安排好的必然现象。所以说，就人类的总体或一国的区域或某个单位或个人的较长时期而言，风险的存在是客观的、必然的；但就个体或较小区域或某人的某一时段或时点而言，风险的发生却是偶然现象。

3. 风险的普遍性。风险普遍存在于社会、企业、个人生活的方方面面，无时不在，无处不在。当今社会，虽然经济空前发展，科学空前进步，但无论个人、企业，还是国家，都仍然面临着各种各样的风险，自然灾害、意外事故、金融风暴、政治动荡、恐怖活动等风险事故，不仅数量增多、范围扩大，而且风险损失与日俱增。

4. 风险的可变性。风险并不是一成不变的，在一定条件下，风险可能在其产生、后果等方面发生质或量的变化。这是因为：一方面，由于人们识别风险、抵御风险的技术和能力不断增强，从而在一定程度上改变了风险因素、降低了风险损失程度，甚至使某些风险源不复存在或为人们所控制。例如，随着医学水平的提高，许多曾经威胁人们生命的疾病，像天花和某些早期发现的癌症等，已能为医学所控制。这些风险已经弱化了，并将逐渐减少或消失。另一方面，随着经济的增长、社会生产力的提高、人类生活方式的变化、科技的飞速发展及广泛应用，又产生许多风险源，许多新的风险因素也在增加，而且可能产生的新的风险损失更加惊人。例如，汽车的激增带来了损失巨大的交通事故；原子能的应用产生了令人畏惧的核泄漏风险和可能导致人类毁灭的核战争风险；而早已引人关注的环境污染则是工业化进程的消极的副产品。所以，从发展趋势上看，风险不是一成不变的，而是此消彼长、不断变化的。

5. 风险的相关性。风险的相关性是指风险与行为主体紧密相关。人们面临的风险与其行为有着密切的联系，由于人们的风险意识、敏感程度等个体差异较大，相同的风险对于不同的行为主体会产生不同的结果，同一行为主体在不同的阶段或者由于所采取的行为不同，也会面临不同的风险。

二、风险成本

风险成本是指由于风险的存在或发生而造成的有形或无形的损失。它主要包括物质利益损失、无形损失及处置风险的费用。

（一）物质利益损失

物质利益损失是指由风险造成的直接损失和间接损失。

直接损失是指风险造成的财产及人身的实际损害成本，如受损企业财产的重置成本，人因疾病、死亡、失业造成本人或家庭费用的增加和收入的减少等。

间接损失是指风险发生所带来的相关损失，如营业收入的减少或绝收，额外费用的增加以及所负民事责任的赔偿成本等。其中，营业收入损失又主要包括营业中断损失、连带营业中断损失、成品利润损失、应收账款损失和租金损失等；额外费用的增加主要包括额外租金、搬运费、安装调试费、价格变化所形成的损失及行政性罚金等；责任赔偿成本是因侵权或违约行为造成他人人身或财产损失所应承担的法律责任赔偿额。

（二）无形损失

无形损失是指由于风险的发生或存在而形成的对社会经济福利、社会生产率、资源配置以及社会再生产过程等方面的破坏性后果。

例如，企业进行新技术、新工艺、新产品的开发和应用，都会冒一定的风险。为避免这种风险损失后果，企业对新技术、新工艺、新产品的开发往往采取谨慎的态度，从而会阻碍新技术的推广和应用，结果会极大地限制生产率的提高。

此外，风险本身也使人们对其后果充满忧虑和恐惧，造成巨大的社会心理负担和精神痛苦。如人们普遍担心失业、贫困、疾病及可能面临的自然灾害，大众的忧虑和恐惧，在一定的条件下有可能形成社会性经济和政治风险的风险因素，进而给社会稳定发展造成无法弥补的风险成本。

（三）处置风险的费用

为了预防和控制风险或对风险损失进行经济补偿，使风险的不利影响降到最低限度，人们采取了各种措施。例如，购置安全预警和救护设备，设立安全管理机构，对员工进行防灾抢险训练，购买保险等，这都形成了企业和个人的风险成本。更重要的是，由于风险的存在，迫使人们提留或保存大量的补偿损失的准备金，庞大的补偿基金使大量资金游离于社会再生产之外而处于备用状态，这不仅增加了企业和个人资金运用的机会成本，减低了社会财富的积累速度，而且使资金效率降低，影响社会经济福利的增长。

三、风险的分类

为了更好地分析、研究和管理风险，人们依据不同的标准，把风险分成许多种类。

（一）按风险的性质分类

按风险的性质，风险可分为纯粹风险和投机风险两大类。

1. 纯粹风险。它是指那些只有损失机会而没有获利可能的风险，即这种风险的结果只有“损失”和“无损”两种。例如，汽车发生碰撞后，其结果只有财产或生命损失，不会有利可图，最好的结果也只是维持汽车和人身的原状。类似的风险如火灾、地震、洪水、风暴、疾病等各种自然灾害，都属于纯粹风险。

2. 投机风险。它是指那些既有损失机会，又有获利可能的风险。例如，股票买卖等投资行为，新产品的研制和生产，新技术的开发与应用等，都有可能发生损失，但也可能获得较高利润，这类风险就是投机风险。投机风险的结果有三种可能，即损失、无损失、获利。

纯粹风险与投机风险的比较如图 1-1 所示。

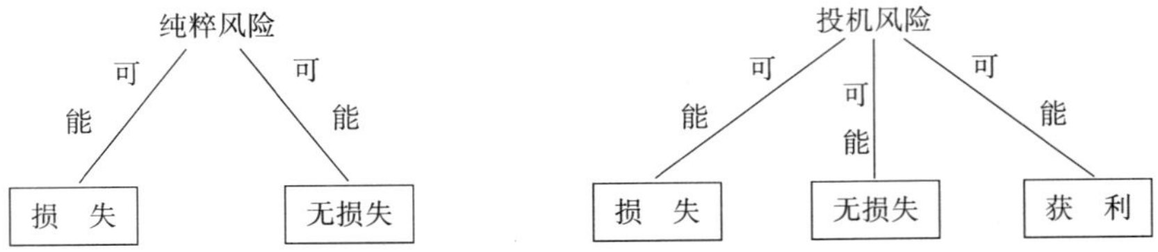

图 1-1 纯粹风险与投机风险比较示意图

纯粹风险与投机风险的区别在以下几个方面：

第一，风险性质不同。纯粹风险的损失是绝对损失，无论是对于个体还是对于社会来说，都只有损失机会，而无获利的可能；而投机风险的损失则是一种相对损失。某一投机风险对于一部分个体可能有损失，但对另一部分个体则可能获利，从社会总体上看，也不一定有损失。

第二，影响范围不同。纯粹风险的影响范围小，通常只影响少数个体；而投机风险的影响则比较广泛，往往会带来连锁反应。

第三，发生特点不同。纯粹风险发生在一定条件下具有一定的规律性，能利用数理方式表现出来，一般可以通过大数法则加以测算，可以对风险损失发生的频率和强度作统计估计和推断；而投机风险的变化却往往不规则，难以用大数法则进行测算。

人们通常既面临着纯粹风险，又面临着投机风险。在生产经营活动中，经济单位既面临着自然灾害、意外事故等纯粹风险，同时又面临着政治风险、经济风险等投机风险；并且，同一个风险可能兼有纯粹风险和投机风险的性质。例如，货物运输途中的损失风险，对货主来说是纯粹风险，而对承保大量货运风险并预期在经营中获得一笔总体利润的保险公司来说，却是投机风险。

（二）按风险产生的原因分类

按风险产生的原因，风险可分为自然风险、社会风险、经济风险和技术风险。

1. 自然风险。它是指由于自然界的异常变化或意外事故发生所致损失的可能性。如洪水、地震、干旱、冰雹、雪灾等自然界的风险，或由人体内在因素和外界影响所致疾病或伤害以及各种意外事故造成的财产、人身损害。一般来说，自然风险与人类的主观行为无关。

2. 社会风险。它是指因为人类社会行为的变化而产生的损害或损失的可能性，即由于个人或团体的过失、疏忽、侥幸、恶意等不当行为所导致的风险。如盗窃、抢劫、罢工、殴斗、杀人、自杀等风险，都是社会风险。普通社会风险可能会演变成政治风险。政治风险是社会风险的一种，通常发生在政体的选择、法律的更改、政权的更替、政令的颁布与实施等各种政治活动中。其表现形式有宗教或种族冲突、叛乱、战争、恐怖主义等。

3. 经济风险。它是指人们在从事经济活动中，由于经营管理不善、市场预测失误、价格波动、消费需求发生变化、通货膨胀、汇率变动等风险事故所导致风险损失的不确定性。经济风险广泛存在于社会经济生活的各个环节和各个方面，如经济结构的不合理、人才流失、财务制度漏洞、市场供需失衡、严重的通货膨胀等，都可能带来较大的经济风险。

4. 技术风险。它是指伴随着科学技术的进步及由此带来的生产、生活方式的改变而造成财产毁损、人员伤亡的风险。科技在给人类带来繁荣与发展的同时，由于相关工作的失误或副作用的结果，也会给人类带来巨大的风险，甚至威胁着人类的生存。如环境污染、职业病、核泄漏、航天飞行器爆炸等，都是伴随科技进步所产生的风险。

（三）按风险损害的对象分类

按风险损害对象，风险可分为财产风险、人身风险、责任风险和信用风险。

1. 财产风险。它是指导致财产毁损、灭失和贬值的风险。如房屋、机械设备等财产遭受火灾、洪水等毁损的风险，机动车辆碰撞、被盗的风险都属财产风险。

2. 人身风险。它是指可能导致人身伤害或影响健康的风险。如生育、年老、疾病、残障（失能）、死亡、失业、精神失常等风险。

3. 责任风险。它是指依法对违法者对他人所遭受的人身伤害或财产损失应负的民事法律赔偿责任，或未履行契约所致对方受损应负的合同赔偿责任。这类民事赔偿责任给承担责任者带来较大的损失，因而是一种风险。如产品缺陷给消费者造成经济损失时，生产者、销售商、修理商应承担赔偿责任，这种责任属于产品责任风险。此外，还有职业责任风险、雇主责任风险、公众责任风险等。

4. 信用风险。它是指在经济交往中，因对方违约或不可抗力事件的发生，致使合同无法执行时所造成的经济损失的风险，即失信风险。如在国际贸易中，因进口商到期不付款或不提货或破产等给出口商造成损失的风险，就属于信用风险。又如租赁汽车不按约交纳租金、房屋分期付款购买者拖欠房款等，都是信用风险。

（四）按风险的变化性划分

按风险的变化性划分，可把风险划分为静态风险和动态风险。

1. 静态风险。它是指风险的存在不受社会、政治、经济的变化而变化。这种风险是任何静态社会所不可避免的。例如，由于雷电、风暴、火灾等自然界的不规则变化以及意外事故或人的故意侵害（如盗窃）或过失（如违章驾车）所导致的财产损失或人身伤亡的可能性。

2. 动态风险。它是指由于经济或社会结构变动带来的风险。例如，国民经济的繁荣与萧条、政权更替带来的骚乱、日益进步的技术导致的经济或社会后果的不确定性等都属于动态风险。

静态风险与动态风险的区别在以下几个方面：

第一，发生的特点不同。静态风险的变化在一定条件下具有一定的规律性，可以应用概率论加以测算，对风险损失发生的频率和强度可以作统计估计和推断；动态风险的变化却往往不规则，无规律可循，难以用概率论进行测算。

第二，风险的性质不同。静态风险一般均为纯粹风险，无论是对个体还是对社会来说，静态风险都只有损失机会，而无获利的可能；而动态风险则既有纯粹风险也有投机风险，某一动态风险对一部分个体可能有损失，但对另一部分个体则可能获利，从社会总体上看也不一定有损失，甚至受益，如消费者偏好的转移，会引起旧产品失去销路，增加对新产品的需求。

第三，影响的范围不同。静态风险通常只影响少数个体，而动态风险的影响则比较广泛，往往会带来连锁反应。

第二节 风险管理

一、风险管理的含义

风险管理是指各经济单位在对风险进行识别、衡量和分析的基础上，选择各种合理的风险管理工具综合处置风险，以最小成本实现最大安全保障的科学管理方法。

风险管理包括以下四层含义：

第一，风险管理的主体包括社会成员中的个人、家庭、经济单位及政府。它不是哪一个人或某几个部门的事情，而是全社会的事情。

第二，风险管理的任务和程序是：识别风险、估测风险损失频率和损失程度（风险衡量）、选择各种有效工具预防和控制风险；风险发生后妥善处理好抢险、保护损余物资和做好风险事故发生后的损失补偿安排等事宜；最后，总结和评价风险管理效果，改进以后的风险管理工作。

第三，风险管理的目标是以最小的成本付出，获得最大限度的安全保障或使风险损失降到最低水平。

第四，在风险管理过程中，风险识别和风险衡量是基础，风险管理工具的选择及实施是关键。

二、风险管理的必要性

风险的客观存在给人类的生产与生活造成巨大损失。科学地管理风险，不仅有助于降低风险对社会、企业和家庭的危害，减少风险损失和节约费用支出，而且可以直接或间接地增进社会福利，提高人们生活质量，消除人们对风险的忧虑和恐惧。

从微观上看，风险的存在和发生，使企业和家庭对风险存有忧虑和恐惧，从而为回避风险不得不放弃一些风险高但利润水平也高的投资或经营机会。为了预防风险后果所造成的不利影响，企业和家庭往往不得不保留大量的后备资金，以备灾后经济补偿之需，因而无法有效利用资金去从事经营活动。而实施科学的风险管理，掌握风险发生的规律，做好预防和救助准备工作，就可以最大限度地保护生命和财产的安全，减轻人们精神负担，并能使企业和家庭提高抵御风险的能力，解除后顾之忧，取得更高的经济效益和工作效率。

从宏观上看，风险的存在限制着社会资金的合理流动，影响着社会资源的优化配置。实施风险管理，可以在很大程度上降低一些高风险部门的风险成本，或为风险损失提供经济补偿，在一定程度上降低风险对资源配置的影响，从而促使更多的资源合理流向社会所需而风险较高的经济部门，促进社会产业结构及经济布局的均衡，最终增进社会的福利。因此，风险管理是国家、企业和个人的客观需要。

三、风险管理的目标

风险管理的总目标是科学处置风险、控制损失，以最小的成本付出获得最大限度的安全保障。这一目标可分解为两部分：损失发生前的风险管理目标和损失发生后的风险管理目标。

（一）损失发生前的风险管理目标

损失发生前，风险管理的目标就是实现节约成本、消除精神痛苦、履行社会义务等。节约成本是指用最经济且有效的手段来预防风险事故的发生。消除精神痛苦，就是通过教育等方法减少人们的忧虑和恐惧，使其从担心风险的阴影中解脱出来，心情舒畅地投入到社会生活和工作中去。履行社会义务，就是通过风险管理活动，尽社会成员应尽的义务，如配合社会防灾部门做好防洪、抗旱、防火等检查工作，保护周围环境等。

（二）损失发生后的风险管理目标

当风险损失发生后，风险管理应达到维持生存、迅速恢复生产与生活、经济上实现稳定收益并持续增长、尽社会责任等目标。

维持生存，即尽最大努力使遭受风险损失者能够在财力、物力以及心理上具备生存的条件。这是风险发生后的最基本、最重要的目标。这就要求平时做好灾后经济补偿的安排、谋生知识的教育以及心理训练等工作，以便在灾后使人们具备生存条件。

迅速恢复生产与生活，即通过经济补偿和恢复生产设施，使生产和生活秩序得以复原。这是实现稳定收益、偿还债务，并实现收益持续增长的前提条件。

经济上实现稳定的收益并持续增长，即通过经济补偿或注入新的资金，努力以最短的时间恢复原有的生产水平，保持经济收入水平的持续增长。

尽社会责任，就是当企业恢复生产后及时偿还债务或弥补因自身受灾而对他人产生的影响，如及时偿还贷款，补齐拖欠销售商的产品，补发职工工资等。

四、风险管理的基本程序

风险管理活动就是由风险识别、风险衡量、风险控制和风险管理效果评价等基本程序组成的一个周而复始的过程。

（一）风险识别

风险识别是指经济单位对所面临的已经存在的以及潜在的风险加以判断、归类和鉴定的过程。风险识别是风险管理的基础环节。

在生产经营过程中，经济单位面临着各种不同性质的风险威胁，因此，必须采取有效方法和途径识别企业所面临的各种风险。识别风险的方法有许多种，常见的有财务报表分析法、保险调查法、流程图分析法、风险因素预先分析法等。

1. 财务报表分析法。它是指根据经济单位的资产负债表、损益表等会计记录，从财务的角度进行分析，以便发现该经济单位可能存在的风险。

2. 保险调查法。它是指经济单位利用保险专业人员以及有关咨询、研究机构、学术团体，对经济单位可能遭受的风险进行详细的调查与分析，编制风险调查表格，据此识别可能存在的风险。

3. 流程图分析法。它是指经济单位将所有生产经营环节，按照其内在的联系绘制出流程图，用以发现生产经营过程中可能存在的风险。

4. 风险因素预先分析法。它是指在某一项活动开始之前，对该项活动所存在的风险因素类型、产生的条件以及可能导致的后果进行分析。

需要注意的是，风险识别不仅要识别所面临的已经存在的风险，还要对各种潜在风险进行识别。

（二）风险衡量

风险衡量是指在风险识别的基础上，利用概率论和数理统计方法对所收集的大量详细损失资料加以分析，估计和预测风险发生的概率（频率）及损失幅度。风险衡量一般包含两个步骤：一是风险估测，即利用概率论和数理统计方法计算风险发生的概率（频率）和损失幅度；二是风险评价，即将风险估测的结果与国家所规定的安全指标或公认的安全指标进行比较，以便确定风险是否需要处理和如何处理。

风险衡量是风险管理中不可缺少的核心环节。它的重要性不仅在于使风险管理建立在科学的基础上，而且在于使风险分析定量化，为选择最佳风险管理技术和手段提供较可靠的依据。

（三）风险控制

风险控制是指根据风险衡量的结果，为实现风险管理目标，优化组合各种风险管理工具并予以实施的过程。以风险事故的发生为标准，风险管理工具可以分为两大类：一类为控制型风险管理工具，另一类为财务型风险管理工具。前者是指避免、消除和减少意外事故发生的机会，限制已发生损失继续扩大的一切措施，它侧重于在风险事件发生之前和发生中使用，目的在于改变引起意外事故和扩大风险损失的各种条件。后者则是指在实施控制型风险管理工具后，对无法控制的风险所作的财务安排，它侧重于在风险事件发生之后使用，目的在于将消除和减少风险的成本均匀地分布在一定时期内，以便减少因巨大风险损失的发生而引起的财务波动性。通过财务处理，可以把风险成本降低到最小程度。

（四）风险管理效果评价

风险管理效果评价是指对风险管理工具的适用性及其收益性情况进行分析、检查、修正与评估。由于风险具有可变性，人们认识水平具有阶段性以及风险管理技术处于不断完善的过程中，因此对风险的识别、估测、评价，乃至技术的选择需要定期检查、修正，使选择的风险管理工具能够适应变化了的情况需要，从而保证风险管理工具的最优使用。同时通过效果评价，风险管理人员可以及时发现、纠正偏差，总结经验，修正风险管理方案，不断提高风险管理水平。

五、风险管理的方法

风险管理的方法主要有风险控制法和风险损失的财务处理方法两大类。前者注重降低风险损失的发生概率，防止或减少风险的发生或降低风险的损失程度；后者则主要用来应付风险发生后的经济补偿。

（一）风险控制法

风险控制法包括避免风险和控制损失两种。

1. 避免风险。它也简称避险，即设法回避可能发生的损失。这是最简单、最常用、最彻底的风险处理方法。避险通常是在风险损失程度特别高而又无有效转移途径，或由风险所致损失与甘冒风险可能获益相比，弊大于利的情况下采用的办法。例如，在不具备安全生产的条件下，制造烟花爆竹发生爆炸的风险非常高。对于如此之高的风险，采取避险的方法，也就是放弃生产是个好办法。又如，企业在试制某一新产品时，如果发现市价已低于其制造成本，且该产品生命周期又很短，即可能得到的利益小于可能付出的成本时，企业应停止生产以规避市场风险。

避险的实质就是放弃和终止某项有风险的计划的实施，停止正在从事的有风险的活动，或者改变这种活动的性质、工作场所或方式。例如，小型化工厂、造纸厂的兴建会产生环境污染风险，如果计划建在人口稠密区或江河湖泊附近，则有可能污染环境，使人民健康和生命遭受危害，在这种情况下就应停建或者改进生产技术，建设污水、废料、废渣等净化处理设施以求避险。避险简便易行、全面彻底，但也有很大的局限性。

首先，避险带有消极防御的性质。避险同时也使人们放弃了从事这些活动的益处，或者为避险而增加了成本。如新技术的开发和应用虽然有一定的风险，但如果因此放弃这些计划，生产就不会发展了，社会也就停滞不前了。

其次，许多风险是无法避免的。例如，种植粮食，从一个长的时期来看，总是有发生洪涝、干旱、病虫害、冰雹等自然灾害的可能性，人们为了生存又不可能不种植粮食。同样，各种财产及人身风险中，很多是不可避免的。

最后，避险又会在一定条件下产生新的风险。例如，不乘坐飞机虽然可以避免飞机失事的风险，但改乘汽车却也会产生翻车、碰撞等风险。因此，选择避险方法处理风险时，应特别注意其局限性。

2. 控制损失。控制损失指全面消除风险因素、降低风险损失的程度。相对于其他方法，控制损失更积极、合理、有效。它克服了回避风险的某些消极性，也比事后补偿这类转嫁风险等财务手段更能有效地减少实质性财产损失和人员伤亡。控制损失的手段包括风险防范和风险事故发生后的施救两个方面。

控制损失的主要手段是风险防范，它包括纯预防性措施和保护性措施。纯预防性措施主要指消除造成损失的因素；而保护性措施则是指对已经处在危险中的人或物予以保护。例如，汽车加油站内禁止吸烟、建筑物使用耐火材料等，对社会成员进行安全知识教育、进行安全检查等，都是纯预防性措施；而对高速运转的机器加配安全罩，给骨折的病人加上石膏板等，则是保护性措施。

控制损失的辅助性手段是事故发生后的施救，即事故发生后尽可能地保护人身安全、减少财产损失。例如，建立自动喷淋系统，以便在火灾发生时能迅速扑灭火势或减缓火势蔓延的速度。

应用控制损失方法的关键在于对风险因素的识别和估测。只有充分发现风险隐患，才能防患于未然。但控制损失的方法也有其局限性：

第一，受人们知识水平、技术条件的限制，许多风险尚未被人们所认识，有些风险虽已为人们所知，但产生这些风险的主要因素尚属未知领域，或者人们虽已掌握了某些风险发生的规律，但还没有妥善的技术手段进行预防或抑制。例如，在医学领域，对基因遗传和变异的奥秘还未被破解，对艾滋病等疾病的防治仍无有效手段。

第二，对于某些风险的控制，虽然技术上可行，但所需费用昂贵，经济上未必可行，这也使损失控制措施难以施行。例如，对某些疾病虽然可以用进口药物治疗，但其价格非常昂贵，对一些缺乏支付能力的人来说，经济上未必可行，这样一来，用这种进口药物治疗的措施就难以落实了。

（二）风险损失的财务处理方法

对于风险损失的财务处理方法，主要包括自留风险和转移风险两大类：

1. 自留风险。它亦称自保，就是企业或个人自己承担部分或全部后果的方法。实质上它是依靠自身的财力，经过科学的计算，合理提取风险基金，通过长时间和较大范围的积累，弥补在发生风险事故后造成的经济损失。

风险的不确定性、多变性往往使人们不能认识和把握所有风险和损失的后果，也就不能回避、控制和转嫁所有的风险。于是，对这些无法避免的风险损失，就得自己承担下来。所以，从一定意义上说，自留风险就是对无法规避的风险的一种处置方法。

当然，自留风险也不完全是被动的，它有主动和被动之分。主动自留风险是指在充分掌握某些风险发生规律的情况下，有意识、有计划地利用自身财力补偿风险损失的方法。主动自留风险主要出于如下三个方面的考虑：一是找不到其他更好的处置方法；二是经济上的节约；三是可能的最大损失不影响自身的财务稳定，既有自保实力，又有控制风险的能力。被动自留风险通常是在如下情况下造成的：一是不知道风险的存在；二是虽已知风险存在，但由于预测失误或忽略而导致损失，其后果只能自己承担。

自留风险的优势在于它节约了管理费用支出，自留风险的管理费通常要低于保险公司的附加费用。同时，自留风险所提存的风险后备基金具有储蓄作用，必要时这笔资金还可以灵活运用，给企业或个人带来更多的收益。但是，自留风险也有许多局限性：

第一，自留风险基金的提取缺乏准确性，基金额度难以确定。

第二，自留风险需要储备大量风险基金，违背资金运用的效率原则。

第三，为提高资金利用率，自留风险所储备的风险补偿基金也往往被投入生产与流通之中，一旦发生事故，这些资金也连同其他财物一同毁灭，使自留风险的补偿缺乏稳定性。

第四，受本单位技术水平、管理能力的影响，自留风险很可能形成更高的管理费用，或因对风险危害估计不足，而给自己造成超出自身补偿能力的巨大风险损失。

因此，选择使用自留风险方法，应注意与控制损失和保险等方法配合使用，以扬长避短。

2. 转移风险。它是指一方将自己面临的风险转移给他人承担。例如，在高通货膨胀条件下，人们抛出不断贬值的货币购买商品，将货币贬值的风险转嫁给他人。风险的转移有直接转移和间接转移两种方式。

直接转移方式是指将风险连同有关的财产或业务一同转移给他人的转移方式，主要包括转让、转包等方法。转让指将导致风险损失的财产卖给别人，借以转嫁财产风险；转包主要指建筑安装工程或企业生产经营，第一承包人或企业所有权人将其承包工程的一部分或所属企业转包给另一承包人，借以转嫁经营风险。

间接转移方式是指把与财产或业务有关的风险后果转嫁给他人，而财产和业务并不同时出让的转嫁方式。它主要有租赁、担保、保险等转嫁方法。租赁是指将不动产或设备等出租给他人，收取租金，用这种方法转嫁与之相关的财产风险；担保是指债权人借担保契约将其可能遭受的信用风险损失转嫁给担保人承担；保险是指投保人或被保险人通过与保险人签订保险合同，将风险转移给保险公司。保险转嫁作为目前普遍采用的风险财务工具，在风险管理中具有独特的地位和作用。尤其是在人们对风险的识别、预防、处置技术仍有不足，损失控制无法从根本上消除损失，自留风险又有局限性的情况下，作为专门与风险打交道且积累了丰富风险管理经验的实力雄厚的保险公司，参与风险管理就显得更为重要了。可以说，保险是一种集各种风险管理方法之大成的风险管理工具。

第三节 风险管理与保险

一、风险与可保风险

如上所述，保险是风险管理的重要手段，但并不是世界上一切风险都可以通过保险的方法来管理。出于保险公司经营技术上的原因，更是为了体现保险稳定社会的作用，保险公司一般只承保可保风险。

可保风险指保险公司可以接受、可以承保的风险。一般情况下，可保风险必须符合以下条件：

第一，承保的风险是纯粹风险。也就是说，保险人承保的风险只能是仅有损失机会并无获利可能的风险，即纯粹风险。像股票买卖一类的投机活动，虽然有亏本的风险，但也有获取高额利润的可能，因此不属于纯粹风险。如果承保了这类风险，就等于说保险公司的赔款是注定要发生的。这不仅是因为它投机风险损失率高，而且还因为它主观影响很大，使得风险损失具有很大程度上的必然性，这是违背可保风险偶然性原则的，并且也违背了保险损失补偿的原则。

第二，风险损失必须是意外的。这里包含两层意思：一是风险损失不能是意料中的，不能是必定要发生的，如设备贬值或设施磨损等。二是风险不能是被保险人故意行为所造成的，如故意纵火烧毁财产，或者意外事故发生后不积极抢救致使损失加大，也是不可保的。

第三，风险事故造成的损失要有重大性和分散性。也就是说风险事故发生后可能给人们带来难以承受的经济损失或长时期的不良影响。这样的风险才能促使多数经济单位或个人有参加保险、分散风险的愿望。如果风险损失微不足道，企业或个人完全可以自留风险。例如，运输中货物的正常损耗、人们日常的感冒所带来的医疗费用等，就无须保险。同时，从全体投保人来看，风险损失的发生在时间、空间上要有分散性，保险对象中的大多数不能同时遭受损失。如果风险事故引起的经济损失影响面大，损失严重，多数单位和个人之间不能在经济上形成互助共济，保险也难以成立。例如，战争风险的损失就难以分散，所以，在大多数情况下，保险公司是不承保战争风险的。

第四，风险必须是大量的、同质的，风险损失是可测的。对某种风险责任保险，必须以大量的、同质的风险单位为基础。因为这是保险人计算保险费率即保险价格的依据。保险费率的核心组成部分就是以此类风险损失的发生概率为依据，所以不可测风险是无法确定保险费率的，因而也是不可保的。确定各种风险损失的概率分布和估计损失概率，需要搜集大量的同质风险的损失资料并进行统计分析，因此，可保风险的一个重要条件是，必须有某种同质风险的大量存在，进而可以根据概率论和大数法则将损失概率比较准确地测算出来。这里的同质就是指这类标的的风险损失具有相同的概率分布、相同的损失概率和平均损失的相同离散。

第五，风险损失是可以用货币衡量的。人们参加保险，是为了在发生风险事故受到财产损失或出现人身伤亡时，获得及时和充分的经济补偿。保险人实现经济补偿的前提，就是这种损失可以货币为尺度进行衡量。而且保险活动中投保人或被保险人缴费义务和保险人经济补偿义务的履行也都是通过货币形式体现的。如果风险事故发生后所造成的损失结果不能通过货币或财务方法进行衡量，则保险的补偿作用也就无法体现出来了。例如，一辆小轿车因车祸而受损，其修理费用是以货币估算的；个人生病住院，其医疗费用、住院费用也都是通过货币计量的，因此这些风险损失就是可保的。但对于一些文物、艺术瑰宝，因其价值难以用货币计量，因此，保险公司除特殊情况外一般是不保的。

二、风险管理与保险

风险管理与保险有着密切的关系，两者相互影响，共同构成人类处置风险的强有力手段。

（一）风险是保险和风险管理的共同对象

风险的存在是保险得以产生、存在和发展的客观原因与条件，并成为保险经营的对象。但是，保险不是唯一的处置风险的方法，更不是所有的风险都可以保险。从这一点上看，风险管理所管理的风险要比保险的范围广泛得多，其处理风险的手段也较保险多。保险只是风险管理的一种财务手段，它着眼于可保风险的分散、转嫁和风险损失发生后的经济补偿。而风险管理则侧重风险事故发生前的预防、发生中的控制和发生后的综合治理。尽管在处置风险手段上存在这些区别，但它们所管理的共同对象都是风险。

（二）保险是风险管理的基础，风险管理又是保险经济效益的源泉

1. 风险管理源于保险。从风险管理的历史上看，最早形成系统理论并在实践中广泛应用的风险管理手段就是保险。在风险管理理论形成以前的相当长的时间里，人们主要通过保险的方法来管理企业和个人的风险。从20世纪30年代初期风险管理在美国兴起，到20世纪80年代形成全球范围内的国际性风险管理运动，保险一直是风险管理的主要工具，并越来越显示出其重要地位。

2. 保险为风险管理提供了丰富的经验和科学资料。由于保险起步早，业务范围广泛，经过长期的经营活动，积累了丰富的识别风险、预测与估价风险和防灾防损的经验和技术资料，掌握了许多风险发生的规律，制定了大量的预防和控制风险的行之有效的措施。所有这些都为风险管理理论和实践的发展奠定了基础。

3. 风险管理是保险经济效益的源泉。保险公司是专门经营风险的企业，同样需要进行风险管理。一个卓越的保险公司并不是通过提高保险费率、惜赔等方法来增加利润的。它是通过承保大量的同质风险，通过自身防灾、防损等管理活动，力求降低赔付率，从而获得预期的利润的。作为经营风险的企业，拥有并运用风险管理技术为被保险人提供高水平的风险管理服务，是经营的重要环节。

（三）保险业是风险管理的主力军

保险业是经营风险的特殊行业。除了不断探索风险的内在规律，积极组织风险分散和经济补偿之外，保险业还造就了一大批熟悉各类风险发生变化特点的风险管理技术队伍。他们为了提高保险公司的经济效益，在直接保险业务之外，还从事有效的防灾防损工作，使大量的社会财富免遭损失。保险公司还通过自身的经营活动和多种形式的宣传，培养国民的风险意识，提高社会的防灾水平。保险公司的风险管理职能，更多的是通过承保其他风险管理手段所无法处置的巨大风险来为社会提供风险管理服务的。所以，保险是风险管理的一支主力军。

复习思考题

1. 试举例说明风险因素、风险事故和风险损失与风险之间的关系。
2. 试运用现代经济学有关不确定性理论解释风险成本。
3. 投机风险一定不可保吗？如何管理公司或企业的财务风险？
4. 对风险管理的各种方法（回避、控制、自留和转移等）进行成本—收益比较，并指出各种风险管理方法的适用范围。
5. 在实践中，保险公司承保的风险都具有理想可保风险的所有特征吗？如何理解保险公司承保的航天保险、核电站保险等特殊风险？
6. 保险作为风险转嫁机制有何局限性？如何理解国外非传统风险转移产品（Alternative Risk Transfer）的兴起？

第二章　保险的性质、功能和作用

本章要点

- 保险的经济和法律定义
- 保险的构成要素
- 保险与赌博、储蓄和救济等的异同
- 保险的三大功能
- 保险在国民经济中的地位
- 保险的作用

既然保险是风险管理的重要手段，那么，到底什么是保险呢？如何认识它对国民经济和企业、家庭的意义呢？

第一节　保险的概念

在日常生活中，人们往往将“保险”理解为“稳妥、安全、有把握”的意思，如常说“保险一点”“保险起见”，似乎保险就是万无一失。但是，根据前面的分析，在经济学和风险管理理论中，保险是风险管理的主力军，但是与安保、回避等不同，不是保证不发生风险，而是在发生风险损失时，损失方能够及时得到经济上财务上的补偿和保障，以进行再生产或者再投资。保险只是一种为了达到损失风险转移而事先做出的一种财务安排，它并不会减少损失，或者避免损失，而是通过保险这一机制从而实现损失在时间、空间、人群之间的重新分配，是一种稳定实现损失补偿的社会化、市场化机制。

另外，也不是所有的风险类型都可以通过保险机制来分散和转移，可保风险的种类是有限的而不是全部，必须符合一定条件（如风险损失必须是大量、同质和可测的）。本章就对保险这一机制的特点、可保风险的性质、保险机制运行的原理、功能等进行介绍。

一、保险的定义

关于保险的定义，各国学者历来众说纷纭，至今仍然有争论。中文的“保险”源于英文 assurance 及 insurance。清代魏源在《海国图志》中翻译这一词为“担保”，日本将其翻译为“保险”，后传入我国，沿用至今，含义是分担危险，即少数人受损，多数人分担。对风险受损人来说，则是以一定的支出对未来不确定的损失或费用支出予以补偿。

据 George E. Rejda（《风险管理与保险原理（第十一版）》，中国人民大学出版社）指出，保险可以从法律、经济、历史、统计学、风险理论以及社会学等多个角度来进行定义。美国风险与保险协会的保险术语委员会给出的保险定义是：保险是将大量偶然性损失风险集合后转移给保险公司，保险公司同意在事故发生后以金钱方式就损失赔偿给被保险人，或者提供和风险损失有关的服务。这些定义也可以较好地用于辨别，当前市场上很多以费用补偿、服务形式表现的保险经营方式，是不是符合保险特点，可不可以纳入保险经营及保险产品的范畴。

据 Mark S. Dorfman（《风险管理与保险原理（第九版）》，清华大学出版社）指出，从金融角度来看，保险是对不可预期损失重新分配的融资活动，它是将潜在的损失（或损失的不确定性）转移到一个保险集合体中，它集中了所有的潜在损失，然后将预期损失的成本转移给所有参与者。因此保险是将损失风险转移给一个风险共担组织，然后在成员中重新分摊损失。由于保险集合体财力充足，所以其财务支付能力的确定性加上预测损失的准确性是保险交易的本质特征。他还指出，保险是一种合同行为，是一方同意补偿另一方损失的契约安排。

2005 年国际财务报告准则（IFRS）对保险合同的定义如下：保险合同是保险人一方从另一方（保险持有人）接受了重要的保险风险，并同意补偿保单持有人因列明的、不确定的未来事件（保险事件）遭受损害的合同。

因此，可以从经济制度和法律两个角度来定义保险：

（1）从经济制度上来说，保险是为确保经济上的安定，对特定风险事故或特定事件的发生导致的损失，运用多数单位的集体力量，根据合理的计算，建立共同基金，进行补偿或给付的经济制度。

（2）从法律角度来说，投保人通过履行交付保险费的义务，换取保险人在合同约定的风险事故发生时为其提供经济补偿或者给付的权利，是一种民事合同行为。

综合以上特征，本书将保险定义为“保险在宏观上是一种社会再分配制度，在微观上是一种企业（个人）财务安排。它通过集合具有同类风险的众多单位和个人，以合理计算分担金的形式，通过签订保险交易合同，将风险从被保险人转移给保险人，由众投保人来分担被保险人因合同约定风险事件发生所致的经济损失”。除非特别指出，本书所讨论的保险仅限于商业保险，而且是行政管理部门认可的保险主体及行为，互助、统筹、专业服务等“类保险”形式不在本书探讨之列。

二、保险活动的基本要素

作为一种经济补偿制度和民事合同行为，保险经济活动的运行通常需要具备以下基本要素：

（一）可保风险的存在

保险交易的主体和对象是风险。如前章所述，风险的客观存在是保险产生的前提条件，因此，保险活动产生的前提是确定保险风险，如财产损失风险、人身损害风险、精神损害风险、预期利益损失风险等。但是保险人并非一切风险均可承保。保险人接受转移的风险必须是具备一定条件的特定风险，称之为“可保风险”。一般来说，可保风险必须是纯粹风险，而且其损失的发生必须是意外的、偶然的，非确定的。即风险事故一旦发生，只可能给被保险人带来损失，而没有获利的可能。例如气象灾害、火灾、爆炸等风险事故，只有给人的生命带来损失的可能，绝无带来利益的可能；而另一类风险事故，即投机风险事故，既有带来损失的可能，又有带来获利的机会，如股票交易、赌博[①]活动，保险人是不予承保的。而且风险损失后果应该可以以货币计量，市场或法律能够估量出其损失价值；另外，独立、同分布的风险单位数量也足够多，以满足保险人利用大数法则进行经营管理的需要。

不过，可保风险是一个不断发展的概念，而且可保也只是传统的商业保险的基本要素，保险人在经营过程中选择可保风险时，还受到当时的法律环境、经营战略与偏好、资本实力等条件的制约。随着信息技术、金融工程技术、资本市场等的发展以及政府和社会组织的介入，可保风险的条件也在发生变化，如面对地震、洪水等巨灾风险以及老年人的健康风险，以及信用风险、道德风险等传统不可保的风险，由于风险单位少，风险不纯粹，或者损失金额巨大，超过保险公司的赔付能力，政府往往会建立社会保险，如基本医疗保险、基本养老保险、失业保险等，通过法律强制、征税筹资、财政补贴等方式为公众提供损失补偿。

（二）保费的厘定

保险本质上是一种经济保障活动，但表现为商品交易行为，而且与传统的有形商品交易不同，其交易的是未来的可能的损失补偿，这是一种无形商品。保险人要根据对风险事件未来发生的频率、损失程度等的判断来给交易的商品定价，投保人也要根据自身对未来风险损失承受能力及自身经济状况的判断来支付对应的价格。价格制定是否合理，关系到保险人是否能够积累足够的保费以应对未来的损失赔偿，并覆盖自身的经营成本。

（三）保险基金的建立

保险基金是用以补偿或给付因自然灾害、意外事故或人体自然规律所致的经济损失和人身损害的专项货币基金。保险分摊损失与经济补偿、给付的功能是经营者通过建立保险基金来实现的。保险基金具有来源的分散性与广泛性、总体上的返还性、使用上的专项性、赔付责任的长期性和运用上的增值性等特点。

1. 保险基金的意义。

（1）保险基金是保险业存在的现实的经济基础。高度发达的生产力为保险提供了

---

① 据说在中古世纪，英国历史上曾出现过赌博保险。有人以与自己毫无关系的船只为标的进行保险，如果船只安全抵达，投保人丧失已付的保险费，如果船只灭失，则可以获得保险赔款，这就是赌博保险。英国于1774年明令禁止赌博保险。

物质上的可能性，保险基金的建立，意味着社会生产力要素提供的物质已经被用于经济保障，是物质保障的现实表现形式。

（2）保险基金规模决定着保险企业的业务经营规模。各国的保险法律法规对保险企业的基金规模都有严格的要求和限制，通常规定业务量要与企业的资本金和保险基金之和保持一定的比例。我国《保险法》第一百条规定，保险公司对每一危险单位，即对一次保险事故可能造成的最大损失范围所承担的责任，不得超过其实有资本金加公积金总和的10%；超过的部分，应当办理再保险。

（3）保险基金是保证保险企业财务稳定性的经济基础。通常保险企业基金规模足够大，则可以抵抗大的风险损失，保持财务稳定，因此提取充足的保险基金是保险经营的关键技术。一国保险监管部门一般会以偿付能力充足率作为评估保险企业基金规模是否充足的主要指标。

2. 保险基金的构成。保险基金是由开业资本金和保险费两部分构成。开业资本金是保险企业开业所需的一定数额的启动资金，一部分用于购置设备和经营费用开支，另一部分用作赔付；保险费是投保人为获得保险人的经济保障而支付的费用，是保险基金的主要构成部分。

3. 保险基金的存在形式。为了保证保险公司的正常经营，保护被保险人的利益，各国一般都以保险立法的形式规定保险公司应提取充足的准备金，以确保保险公司具备与其保险业务规模相应的偿付能力，该部分准备金就是保险基金。根据我国《保险法》第93条规定，“除人寿保险业务外，经营其他保险业务，应当从当年自留保险费中提取未到期责任准备金；提取和结转的数额，应当相当于当年自留保险费的50%。经营有人寿保险业务的保险公司，应当按照有效的人寿保险单的全部净值提取未到期责任准备金。”

在保险业务经营中，由于寿险与非寿险在经营核算上存在差异，其准备金的提留方式也就不尽一致。

（四）保险合同的订立

订立保险合同是保险交易得以成立的法律形式。

1. 保险合同是体现保险经济关系存在的法律依据。保险是一种经济关系，是投保人和保险人之间等价交换的商品经济关系，这种经济关系需要有法律关系对其进行保护和约束，即通过一定的法律形式固定下来，即订立保险合同。保险合同是投保人和保险人为实现保险经济保障的目的，共同约定保险权利义务关系的协议，一般是定制式的格式合同。

2. 保险合同是保险双方当事人履行权利义务的依据。保险对被保险人由于风险事件造成的经济损失提供经济补偿或保险金给付，是以事先签订保险合同明确投保人缴费、遵守相关义务和保险人提供补偿或给付保险金的义务为前提的，而风险是否发生、何时发生、其损失程度如何，均具有较大的随机性，这就要求保险人与投保人应在确定的法律或契约关系约束下履行各自的权利与义务，倘若不具备法律或契约上规定的各自的权利与义务，那么保险经济关系就难以成立。

三、保险的特征

根据上述定义，可以看出，保险经济活动一般具有以下基本特征：

（一）以特定风险为交易对象

建立保险制度的目的是为了应付自然灾害和意外事件等特定风险事故的发生给被保险人带来的损失或损害。因为只有给人们带来风险损失的风险事故的存在和可能发生，才有建立补偿损失的保险保障制度的必要，因此，特定风险的存在是构成保险的第一条件。这就是说，无风险则无保险。当然，构成保险的风险因素是特定的，不是所有的风险都可以纳入保险交易。

（二）以多数人的互助共济为前提

保险是集合多数具有同质风险的经济单位，以公平合理的方法分摊损失的一种制度，这种制度是建立在“我为人人，人人为我”这一互助共济基础之上的。就保险的经营技术而言，通过多数经济单位的集合，就是所谓“大数法则”的运用，即参加保险的风险单位越多，才能将损失尽可能地分散，实际损失才越接近于预期损失，使每个被保险人的负担合理化。这样，保险经营的基础才能愈益稳固。

（三）以对风险事故所致损失进行补偿为目的

保险的职能在于进行损失补偿，进而确保社会经济生活的安定。事后的损失补偿通常是通过支付货币的方式来实现的，而不是恢复物品原状或赔偿已灭失损坏的原物。

（四）以科学合理的保险分担金计算为基础

保险的补偿基金是由全体被保险人的分担金组成的。为使保险制度得以稳定和持续运作，分担金（保费）必须科学计算，公平合理，应以偶然事故的概率统计为技术基础，根据过去风险损失发生概率预测未来风险损失发生概率，从而确定分担金。投保人要有保险分担金的支付能力，保险交易关系才能建立。

由于保险标的不同，环境不同，风险损失发生的频率和强度也不相同。如家庭财产保险，不同住房的建筑结构、建筑和装饰材料、使用时间、环境条件、家中财物均不相同，同一险种，就应有不同的风险保障成本。在人身保险中，人的年龄大小、体质强弱、职业差异、安全程度等都不相同，同一险种，也应缴纳不同的保险费。如果风险损失概率不同，而风险分担金相同，必然使一部分风险损失概率较小的投保人退出保险而剩下风险损失概率较大的投保者。这样，每人的分担金必然过大，以致无法分担，保险制度也将无法维持下去。

区分保险与其他风险管理、风险分散行为的性质，就要看其他行为是否具备以上特征。

第二节 保险的性质

一、保险的性质

从以上分析可以看到，与其他经济活动相比，保险活动通常具有以下性质：

（一）互助性

保险是一种社会互助活动。保险具有“一人为众，众为一人”的互助特征，在一定条件下，分担了许多单位和个人难以承担的风险，使之构成一种经济互助关系。不论是商业保险还是社会保险，或者互助保险，都是众多风险单位承担主体之间的互助，没有互助性，就失去了保险活动的初衷，不应归属于保险范畴。

（二）专业性

保险活动本身和保险经营都显示出较强的专业性。首先，保险是现代风险管理活动的重要工具，是以概率论和大数法则等科学的数理理论为基础来开展产品定价、准备金提取、费用核算等活动的，保险事故发生后，损失的查勘定损等也要运用到现代科学的理论、程序和工具，有时需要借助专业公估人员的力量；其次，保险经营要有相应的专业资格。各国对保险的市场准入都有严格的法律要求，包括资本金要求、人力资源要求、财务管理要求等。现代保险业是专门机构从事的业务，受到专门法律严格监管，不是任何人、任何部门都可以经营的。在保险经营中，保险企业的定价、承保、损失评估、财务核算等活动也形成了自己专门的理论体系，具有很强的专业性。

（三）契约性

保险也是一种法律行为。按照法律上的概念，保险是根据法律规定或当事人双方约定，一方承担支付保险费等义务，换取另一方经济保障和损失补偿的权利的法律关系。所以保险是一种契约行为，保险关系的成立要以签订书面合同为基础，合同双方权利义务对等，受到相关法律的约束。

（四）补偿性

保险的职能在于进行损失补偿，进而确保社会经济生活的安定。根据定义，保险就是风险事故损失发生后的善后对策，这种对策就是货币化的补偿，而非消除风险，或恢复或赔偿已灭失损坏的原物。因此就要求风险事故所导致的损失，必须在经济上能计算其价值，否则无法保险。在财产保险中，对于危险事故所造成的损失，可以通过估价等办法确定。在人身保险中，由于作为保险标的的人的生命或身体无法用货币价值衡量，因此，通常采取定额保险方法，在订立保险合同时将可能的损失（由于人的死亡、伤残或丧失劳动能力，从而使个人及其家庭收入减少和开支增加）确定下来，事故发生后就将确定的损失作为实际损失，由保险人支付预定的保险金。

（五）经济性

从经济角度来看，保险是分摊意外损失的一种财务安排，以事先收取保费为条件，向被保险人作事后的经济损失补偿。虽然具有不确定性的经济补偿是一种无形的权利，但在市场经济条件下，它具有了交易的价值。保险企业能够以商业经营者的身份，按照市场需求开发保险产品，通过满足客户未来经济稳定性的需求来获取正当的经济利益，或者通过对保险资金的投资活动，扩大社会融资渠道，增进社会财富。保险经营是一种现代经济活动。保险人以盈利为目的，是市场经济活动中独立的主体之一，这也是其与自保、互助保险等行为的本质区别所在。

二、商业保险与类似活动的比较

从资金集中和分散这一表象来看，现有一些社会、经济活动与商业保险相类似，因此，人们很容易将商业保险与这些制度混淆，从而给管理带来困扰。但是，通过对商业保险特征与性质的介绍，我们也可以看到，商业保险与它们还是有本质区别的，在管理上应该有所不同。

（一）商业保险与互助保险

互助保险是由一些具有共同要求和面临同类风险的人，以预交风险损失分摊金自愿组织起来的一种最初级的保险形式，这种形式曾广泛存在于古今各种以经济补偿为目的的互助合作组织之中（如埃及建造金字塔石匠中的互助组织，古罗马的丧葬互助会，新中国建立初期的供销社）。

现代商业保险与互助保险既有共同性的一面，更有其差异性的一面。

1. 二者的共同性主要表现为：一是均以集合了众多风险单位为前提；二是均具有互助性质；三是两者都属检商业性经营活动。

2. 两者的主要区别在于：商业保险是社会化的，其互助范围为全社会公众，公众之间没有地缘或血缘等社会关系；而互助保险的互助范围是以其互助团体内部成员为限；商业保险在经营中要运用精算等技术，经营具有科学性，而互助保险经营相对简单，不可能有严格的精算；商业保险是一种社会性的专业活动，互助保险通常是投保人自己经营管理；商业保险在基金不足以赔付时为履行合同责任可以借债经营，而互助保险以共济为目的，资金规模小，赔付以保险基金为限，一般不会负债。

（二）商业保险与社会保险

商业保险与社会保险也是具有很大相似性的经济补偿活动。它们之间的联系与区别本书将在第十一章详细介绍和讨论。

（三）商业保险与自保

商业保险和自保都是风险管理的财务型应对方法，对于风险事故造成的损失，都是以资金事先预留的方式对未来的风险损失进行补偿或给付。

自保具有保险的某些特征：提取专门的基金，专业化管理，保险监管部门还会对自保公司的行为作出专门规定，如2013年中国保监会下发《关于自保公司监管有关问题的通知》，要求自保公司可以采取股份有限公司或者有限责任公司两种组织形式，公司名称中必须含有“自保”字样，除法律、法规规定的保险公司相关条件外，设立自保公司，还应当具备三大条件：一是注册资本应当与公司承担的风险相匹配；二是投资人应为主营业务突出、盈利状况良好的大型工商企业，且资产总额不低于人民币1 000亿元；三是投资人所处行业应具有风险集中度高、地域分布广、风险转移难等特征，且具有稳定的保险保障需求和较强的风险管控能力。除按照中国保监会的有关规定提取责任准备金外，自保公司可以按照国家有关规定，提取防灾防损专门准备金。

但是，由于自保公司提取的赔付基金通常没有放大作用，只能以收集的基金规模作为赔偿的限额，且当年赔付剩余的基金要结转下年使用，国家还有免税的支持；自保管理机构通常只对风险损失作财务上的转移，并不以此作为营利的手段，因此，与社会化的商业保险相比，还是有较大差异的。

自保多为大公司、集团公司所采用的风险分担机制，如中石化、中石油、铁路自保公司，因为大公司、集团公司分布地域广、风险单位多，具备了大数法则发挥作用的条件。与普通的商业保险相比，自保最大的优点在于保险人和被保险人利益一致，双方信息对称，能够有效避免逆向选择和道德风险的发生，母公司可以通过奖励机制和分摊保费、成本等办法提高整个集团的风险管理能力。除此之外，自保还有以下优势：一是可以减少或消除传统保险业务所必须支出的费用，美国、欧洲各国的传统保险公司费用率一般为20%～30%，而自保公司费用率在10%以下；二是自保公司在保费收取和赔款支付方面具有很大的变通性，而且如果没有发生损失或损失金额低于保费支出的话，盈余是留在集团内部的，没有改变资金的所有权形式，有助于改善整个集团的财务报表；三是自保公司经营保险业务有利于减轻企业成本支出，自保公司支付的赔款、建立的赔款准备金等都可以获得税收减免，从而减少企业成本支出。

与传统商业保险相比，自保在规模经济、风险单位的局限、经营管理等方面都处于劣势，不利于复杂风险全面而更广泛地分散，而且由于其投资能力、管理能力的有限性，其经营成本可能比传统保险企业还要高，收益也非常单一。此外，集团公司成立自保公司需要划拨相应的资本金和投入大笔开办费用，这会大量占用母公司的资金。如果自保公司不仅专注于本集团的业务，还走上经营性道路，将可能使集团面临新的风险因素。

（四）商业保险与储蓄

保险与储蓄都是以现在的资金节余作将来的准备，体现了未雨绸缪的思想，尤其是一些人寿保险的险种本身就带有长期储蓄性质。保险和储蓄所集聚的资金也都是社会后备基金的组成部分。但保险与储蓄也有很大的不同：一是互助性不同，储蓄是自我不同年龄阶段的风险转移，而保险是风险在众多同质单位之间的转移，前者基本没有互助性，而后者是社会互助的结果；二是权利主张不同，储蓄目的是存款人为了获取资金收益，不论时间长短，其所有权都归存款人所有，归存款人处分，存款人的收益事先可以预测，投保人付出保费是作未来损失补偿使用，如果未发生保险事故，保费就不返还，如果发生保险事故，被保险人将获得远高于保险费的补偿；三是经营方式不同，保险需要采用特殊的精算计算方法，而储蓄则不需要。

（五）商业保险与担保

保险是对偶然事故造成的损失所作的补偿，担保也是以偶然事故的发生为条件的，两者有相似之处，甚至有时候保险可以作为担保的一种形式。

两者的区别在于：保险是独立契约，而担保通常属于从属契约，是对买卖行为或债务行为的背书；保险人给予赔付后一般不会对投保人或被保险人及其代表追偿，而担保行为下，担保人一般会要求被担保人、保证人等关联方先履行合同，或处置担保物，在关联方没有赔付能力时代为向权利人赔付，代为赔付后可以向被担保方追偿；保险通常是对列明风险事件发生后导致的损失予以赔偿，要设立免赔额、除外责任等条件，对自然灾害等不可抗力以及故意行为等社会心理因素造成的事故是不予赔付的，而担保通常是对损失后果无条件的承担，不论事故造成的原因，因此对被保险人的故意行为、道德风险通常也是不予除外的，是无条件的；签订保险合同时，保险人通常会要求投保人、被保险人遵守相关义务，对于风险扩大的，要增加保费或终止保险合同，保险通常是按期限签订合同和收取保费，合同提前终止时要退还对应期间的保费，而担保是按每笔业务收取保费的，即使被担保人提前履行了合同，担保费也是不予退还的。

因为保险公司强大的经济实力和信用，保险公司也是担保市场的一个重要主体。为规避系统性风险，2011 年我国保监会规定，除诉讼担保、与出口信用险业务相关的担保以及海事担保外，保险公司不得对外提供担保。但同时，我国的《保险法》也允许财产险公司经营保证保险业务，按照传统保险业务来进行管理，其实这也是一种担保性质的业务。

（六）商业保险和赌博

保险与赌博都是与风险打交道，都是不确定性的随机事件，都带有很强的偶然性，当事人所付出的代价与所得回报之间也没有对等关系，从这些方面来看，两者有较大的相似性。在我国保险业发展初期，由于人们对保险缺乏足够的了解，有不少人把保险等同于赌博，而拒绝参加保险，即使现在，一部分人仍存在这样的想法。

其实，两者有着本质区别：一是对象不同，在保险关系中，投保人或被保险人对保险标的必须具有法律上承认的经济利益，而赌博的对象则可以是与自己毫无利害关系的任何财物或事件；二是目的不同，保险以发扬社会互助共济精神，谋求社会经济生活的安定，利己利人为目的，而赌博则是以欺诈贪婪之心凭侥幸图谋暴利，损人利己；三是风险性质不同，保险经营的是纯粹风险，投保人没有获利的可能，而赌博面对的是投机风险，风险事件发生后有损失和获利的双重可能；四是经营后果不同，保险公司经营要运用精算等技术，有可能因为定价不合理或经营不善而导致亏损，而赌博的经营者只提供一个交易场所，通过提取一定费用来获得收益，本身是不承担风险的，因此风险并未集中，仍然还是存在于各参与者之间，也就不存在亏损的可能。

（七）商业保险与救济

保险与救济都是对灾害事故进行补偿的行为，都能减轻灾害事故给人们造成的损失，其目的均在努力使社会生产、生活保持稳定，而且在现代保险制度出现之前，对自然灾害、意外事故等风险事件造成的损失，主要是通过民间组织救济或政府社会救济来进行补偿的，但是两种制度还是有着本质区别的：

1. 提供的主体不同。一般来说，保险是商业保险公司提供的，是一种商业行为；救济包括民间救济和政府救济，由个人、社会组织或政府机构提供。

2. 资金来源和使用范围不同。保险资金主要来源于投保人交纳的保费，赔付范围也只限于投保人；而救济资金是救济方自有资金，或民间组织、政府通过募捐或税收等方式向社会筹集的资金，赔付范围往往是没有被救济者，且多为没有交纳资金的一方。

3. 提供保障的可靠性不同。保险关系是依靠法律合同来确定的，合同的签订使被保险人得到赔付的权利受法律保障，而民间救济则是一种单纯的临时性施舍，任何一方都不受法律约束，法律不能强制要求承诺方履行赠予或施舍行为；政府救济虽然也受到法律约束（我国有《社会救助条例》），但不是合同行为，政府救济的时效性、保障水平等受政府财力及政策约束较大。

4. 提供的保障水平不同。保险的补偿水平与损失情况、投保人的缴费水平有直接关系，因此一般能使被保险人的实际损失得到充分补偿，而救济是单方面行为，被救济者与救济者不存在权利义务关系，被救济方无须为获得救济而承担任何义务，救济水平与其实际损失及行为无关，谈不上经济补偿；至于政府救济，要依法实施，但一般标准很低，通常依据当地最低生活水平而定。

近年来，随着政府职能的转变和保险功能、优势被广泛认识，越来越多的领域在运用保险机制参与社会管理，以提高效率、保障公平，在救灾、救济、社会治理等领域，保险公司也开发了相应保险产品，纳入政府采购，造福社会，如自然灾害公众责任险、见义勇为责任险，因此，救灾、救济也不完全是民间组织或政府部门的事情，保险市场及其产品也可以发挥一定作用。

第三节 保险的意义和功能

“天有不测风云，人有旦夕祸福”虽是古老谚语，却隐含着无穷的人生哲理。在人类与风险做斗争的漫长过程中，个人为什么要选择保险作为风险管理工具？现代社会为什么要建立保险这一经济制度？这就要了解现代保险在人民的日常生活、社会风险管理制度建设中的意义和功能。

一、保险对社会经济的意义

20 世纪 30 年代，保险这一新事物刚刚被引入我国，胡适认为保险的意义在于“今日做明日的准备，生时做死时的准备，父母做儿女的准备，如此而已。今天预备明天，这是真稳健；生时预备死时，这是真旷达；父母预备儿女，这是真慈爱。不能做到这三步，不能算做现代人”。按照胡适的说法，保险的意义在于为未来生活及下一代作准备，提供未来的经济保障是保险的基本功能，这一功能与储蓄没有本质上的差异。

在现代保险已经成为一种具有专业性、科学性、制度性的经济活动之后，其意义已经从微观个体层面扩展到宏观的经济、政治和社会民生层面，其职能不仅限于损失补偿和经济给付，在资金融通、社会治理等各个方面都独立地发挥着越来越重要的作用，体现着中国特色。2006 年国务院发布《关于保险业改革发展的若干意见》（以下简称“国十条”）指出：“保险具有经济补偿、资金融通和社会管理功能，是市场经济条件下风险管理的基本手段，是金融体系和社会保障体系的重要组成部分，在社会主义和谐社会建设中具有重要作用”，2014 年国务院发布的《关于加快发展现代保险服务业的若干意见》（国发〔2014〕29 号）（以下简称“新国十条”）再次指出，“加快发展现代保险服务业，对完善现代金融体系、带动扩大社会就业、促进经济提质增效升级、创新社会治理方式、保障社会稳定运行、提升社会安全感、提高人民群众生活质量具有重要意义”，要求使现代保险服务业成为“完善金融体系的支柱力量、改善民生保障的有力支撑、创新社会管理的有效机制、促进经济提升增效升级的高效引擎和转变政府职能的重要抓手”。总体来说，现代保险业对现代社会、经济的意义有以下几方面：

1. 保险发展有利于应对灾害事故风险，保障人民生命财产安全和经济稳定运行。我国每年因自然灾害和交通、生产等各类事故造成的人民生命财产损失巨大。由于受体制机制等因素制约，企业和家庭参加保险的比例过低，仅有少部分灾害事故损失能够通过保险获得补偿，既不利于及时恢复生产生活秩序，又增加了政府财政和处理负担。因此加快保险业改革发展，建立市场化的灾害、事故补偿机制，对完善国家的灾害防范和救助体系，增强全社会抵御风险的能力，促进经济发展，具有不可替代的重要作用。

2. 保险发展有利于完善社会保障体系，满足人民群众多层次的保障需求。我国正处在完善社会主义市场经济体制的关键时期，人口老龄化进程加快，人民生活水平提高，保障需求不断增强。加快保险业改革发展，鼓励和引导人民群众参加商业养老、健康等保险，对完善社会保障体系、提高全社会保障水平、扩大居民消费需求、实现社会稳定与和谐具有重要的现实意义。

3. 保险业发展有利于优化金融资源配置，完善社会主义市场经济体制。我国金融体系发展不平衡，间接融资比例过高，影响了金融资源配置效率，不利于金融风险的分散和化解。金融在现代经济中的核心作用突出，加快保险业改革发展，发挥保险在金融资源配置中的重要作用，促进货币市场、资本市场和保险市场协调发展，对健全金融体系、完善社会主义市场经济体制具有重要意义。

4. 保险发展有利于社会管理和公共服务创新，提高政府行政效能。随着行政管理体制改革的深入，政府必须整合各种社会资源，充分运用市场机制和手段，不断改进社会管理和公共服务。加快保险业改革发展，积极引入保险机制参与社会管理，协调各种利益关系，有效化解社会矛盾和纠纷，推进公共服务创新，对完善社会化经济补偿机制、进一步转变政府职能、提高政府行政效能具有重要的促进作用。

二、保险的功能

所谓功能（function），是指某种客观事物或现象内在的、固有的、独特的使命，它是由事物或现象的本质属性所决定的。保险的功能则是指保险作为一种制度安排，在其运行过程中所固有的、内在的、独特的使命，它是由保险的本质和要素决定的，是不以人的意志为转移的客观存在。长期以来，不同国家、不同地区和在同一国家或地区的不同时期，人们往往结合本地区或某一时期保险业在当地社会经济中的发展实际，对保险的功能提出了不同看法，存在着不同的认识。在当代，随着保险业在社会经济发展中的地位日益突出，它已经渗透到社会生产和生活的各个领域，保险的功能也得到了空前的发挥。保险之所以对社会经济能够产生上述的积极意义，是由其具有的经济、社会功能所决定的，这些功能有些是在其出现之始就存在的（固有功能），有些则是随着社会、经济、技术的发展而发展起来的（衍生功能）；有些是经济功能，有些则是社会功能；有些是微观功能，有些则是宏观功能。

（一）固有功能

固有功能即由保险性质与起源目的所决定的、最基础的经济保障功能，它包括：

1. 损失补偿功能。在特定风险事故发生后，由保险人按照保险合同的约定对被保险人的财产损失进行赔付，即损失补偿。损失补偿是财产保险的基本功能，是其存在的基础。对微观个体来说，保险的这一功能可以使其损失从外部得到补偿，保持其生产、生活的稳定，避免经济的不安定；对宏观社会来说，保险机制的运行可以使局部损失得到及时的市场化补偿，实现了社会财富的再分配，有利于行业发展平稳，避免经济、社会剧烈波动。

2. 经济给付功能。在人身保险中，由于保险标的是人的生命或身体，而人的生命或身体的价值是不能用货币来衡量的，因此，人身保险的保额是根据投保人的需要和缴费能力由保险双方协商确定的，并不反映被保险人的实际损失。因此，在人身保险中，保险的经济保障功能表现为给付保险金。这种给付可以看作是对保险金额的补偿而非人的价值的补偿。

（二）衍生功能

随着现代科学技术、社会经济的进步与发展，保险涉足的领域越来越广泛，作用越来越强大，当前保险的功能已经不再限于基本的补偿和给付功能，作为金融体系的重要组成部分，它具有了银行的某些融资功能；作为社会治理体系的一部分，它代替或辅助政府进行社会管理，具有了社会管理功能；作为社会信用体系的一部分，它在增进社会信用、保障信用交易顺利运行方面发挥着不可替代的作用。现代社会，这些功能已经可以脱离其传统的风险集中与分散活动，独立存在。

1. 资金融通功能。所谓资金融通，是指资金的积聚、流通和分配过程，保险的资金融通功能则是指保险资金的积聚、运用和分配功能。

对微观个体来说，保险的资金融通功能是指，通过购买保险，投保人将当前时期的闲置资金转移给保险人，在未来损失时可以获得补偿资金，或者投保人通过购买保险或退保行为来获得预期收益，是一种进行理财、投资的金融活动，能够通过保险这一媒介在不同时间阶段进行资金融通，保障资金的充足性、流动性，保险为人们的投资和信用消费提供了一个可能和渠道；对宏观社会来说，在“银行主导型”的传统金融市场中，金融资源配置主要通过银行的间接融资来完成，保险对金融资源配置的功能受到极大的抑制。随着经济的发展，特别是金融创新的日新月异，由于保险资金具有规模大、期限长、成本低是保险人负债等特点，安全性、流动性、收益性要求较高，保险发挥资金融通功能的空间越来越大，与银行业、证券业一起成为金融业的三大支柱。

在许多市场经济发达国家，保险公司已经成为重要的非银行金融机构，是资本市场上重要的机构投资者，是一国基础设施建设、重大战略投资重要的资金来源，如1998 年全球 40%的投资资产（保险基金、养老基金、投资基金等）由保险企业管理，保险企业持有的上市公司股票市值占整个股票市值的比重，美国为 25%，欧洲为 40%，日本为 50%。通过保险资金融通，不仅使一些高风险的经济活动和社会化大生产得以稳定有序进行，优化资源配置，提高经济体系效率，也支持了国家战略、经济社会政策的实施，因此各国政府都非常重视对保险资金运用的管理和引导，发挥保险资金对经济社会的支持作用。作为金融业的一个重要组成部分，保险的资金融通功能随着现代保险业，尤其是现代寿险业的迅速发展和金融环境的不断完善而越来越突出。我国2004 年放开了保险业对基金投资的限制，2005 年开放了对股票的投资，2009 年开放了对不动产领域的投资。面对资金运用领域的一些不规范现象以及保险业资金运用的范围、规模越来越大，2018 年初保监会发布《保险资金运用管理办法》，对保险投资主体、投资范围、投资对象、风险管控等都作了详细规定。截至 2021 年底，我国保险业资产规模达到24.9万亿元，同比增长11.51%，占金融业总资产的6.5%；保险资金运用余额为23.23万亿元，同比增长12.15%。截至2022年9月底，我国保险业资产总额就达到了26.71万亿元，是仅次于银行业的第二大金融行业，同时也是全球第二大保险市场。据人民银行披露的数据，我国保险业行业集中度（用前四位保险集团保费收入行业占比衡量）达到52%，高于银行业，也高于欧美保险业。此外，我国部分大型保险集团复杂性高、跨业经营特征显著，“承保业务”和“投资业务”双轮驱动，与金融体系的关联度较高。

2. 社会治理功能。保险的社会治理功能是反映一国保险业融入该国社会经济生活程度的重要标志。不同于国家对经济社会的直接干预，它是通过保险内在特性的发挥，与市场、行政等多种资源的整合创新，推动社会经济体系的协调运转，保障社会的平稳和交易的顺利完成。保险的社会治理功能是在保险业逐步发展成熟并在社会发展中的地位不断提高之后衍生出来的一项新功能，具体体现在保障民生、管理社会关系、防灾防损、增进信用四个方面：

（1）保障民生。商业保险是社会保障体系的重要组成部分，在完善社会保障体系方面发挥着重要作用。商业保险一方面可以替代养老、医疗、工伤、生育等社会保险，扩大社会保障的覆盖面，弥补社会保险覆盖不足的风险因素，使更多的人获得更稳定、及时的保障；另一方面可以对社会保险起到补充作用，提高社会保障水平，缓解政府在提供社会保障方面的压力，为维护社会稳定和保障人民安居乐业作出贡献。国务院颁布的《社会救助暂行办法》明确提出鼓励商业保险保险机构积极参与社会救助事业。

（2）管理社会关系。由保险代替致害人向受害人赔偿，或代替家人承担赡养、抚恤等责任，可以降低受害人索赔成本，减少社会矛盾纠纷，加快赔偿或给付速度，有利于民事赔偿制度得到落实，改进人与人之间的关系，营造和谐、积极的社会关系，间接上也能帮助政府开展公共事务管理，提高管理效率，是社会治理的有效工具。

（3）防灾防损。保险公司参与风险管理后，为控制承保风险、降低赔付金额，通常在承保前会进行风险评估，以确定是否承保及风险对价，在承保过程中，会加强对保险标的及被保险人风险的跟踪、检测、指导，要求被保险人采用必要的风险管理技术、设施，改进流程，有时保险公司自身也可能雇佣专家、购买相关设备帮助客户防范风险，并推动政府、行业完善相关法律、标准体系，从而规避、降低标的损失风险，保险事故发生后，会利用科技手段，并整合社会资源，开展施救、维修、减损等工作。这些措施的开展，对微观个体来说，可以降低事故发生率，减少风险与损失，“防患于未然”；对整个社会来说，保险公司通过为客户提供安全生产、生活建议，向公众、政府分享承保、理赔数据，引进新的防灾、防损技术，推动行业、政府管理等活动，有助于降低整个社会的风险水平，为社会创造新的财富。保险公司在长期的经营管理活动中积累了风险管理的丰富经验，对促进全社会的防灾防损水平具有很大的帮助，如保险公司开办建设工程质量保险（IDI）业务时，在承保前聘请专业的建设工程质量检查控制机构（TIS），通过巡视、检查，能够直接改善建筑工程的质量，最终有利于保障最终业主和使用者的利益。保险公司近年在宁波、厦门、杭州开展的电梯安全保险业务，也是将原来由物业负责的电梯维修保养置换等有助于提升电梯运营安全的预防性工作承担过来，从而建立起风险管理闭环体系，将风险扼杀在源头，实现风险的减量管理。2017 年 12 月12 日起实施的《安全生产责任保险实施办法》明确规定保险机构应当“建立生产安全事故预防服务制度，协助投保的生产经营单位开展工作”，2019 年应急管理部制定的《安全生产责任保险事故预防技术服务规范》及《企业按生产费用提取和使用管理办法（征求意见稿）》进一步明确了服务的强制性原则，细化了保险以司必须提供的服务项目，明确保险机构可依靠自身安全生产专业技术人员、委托安全生产技术服务机构、聘请外部安全生产专业技术人员、委托保险经纪机构开展服务，还对保险机构制 定服务方案、开展服务、回访和确认、投诉处理等关键服务环节提出具体要求，要求保险机构建立专门台账，据实列支服务费用，满足事故预防工作需要，并接受政府相关部门监督；同时允许安全生产泽恩保险的保费支出计入企业安全生产费用，可税前列支。这些举措对于保险机制参与企业的防灾防陨、预防和减少损失具有重要而积极的意义。是保险公司防灾防损职能的直接体现。

（4）增进社会信用。商业社会实际上是信用社会，人们的一切经济活动都离不开信用，保险交易及日常经营能够促进社会信用体系的完善，增进相关主体的信用水平，成为现代社会保险日益突出的一项新功能，影响越来越广泛，如保险交易过程中当事人的骗保、骗赔等行为，会被进入征信系统，影响到当事人日后的信用记录，从而完善社会的信用系统；在日常生产、经营活动中，市场主体也通过购买保险来增进信誉和信用，如食品安全责任保险、产品责任险、医师执业责任险、旅行社责任险、贸易信用险、诉讼保全责任（保证）险、合同履约保证保险，等等。有的国家或区域，会有政府或行业协会强制执业人员购买公众责任险、职业责任险或产品责任险，作为从业基本条件的情况，以确保执业者的赔付能力和职业信用，如医师执业责任保险、会计师责任保险、律师职业责任保险、建设工程质量保险等。成为信用媒介和信用的提供者，是现代社会保险发展起来的新功能，这一功能在信用时代显得越来越突出了：从微观个体来说，有助于减轻侵权或违约的代价，实现个人消费和生产目的；对宏观环境来说，有助于完善社会信用体系，降低交易成本。因此，我们认为，随着时代发展变化，参照国际上的经验，我国对保险增信功能的需求将越来越大。

三、正确认识三大功能之间的关系

在上面诸多功能中，经济保障、资金融通、社会治理是现代保险的三项基本功能，但是这三大功能的性质是不一样的。

（一）三大功能之间是本质与派生的关系

在现代保险的三大功能中，保障功能是保险的基本功能，这是由保险的本质属性所决定的，也是保险存在与发展的本源所在，亦即本质功能。随着保险内容的丰富和保险制度的完善，保险的功能也有了新的发展，在保险保障固有功能的基础上，产生出了多项衍生功能，包括资金融通和社会管理功能在内。三种功能之间是一种本质与派生的关系，简言之，前者是基础和前提，处于主导地位，后两者产生于前者并服务于前者，并以不断完善前者的作用内容和扩大其影响范围为主要职能，因而处于从属地位。保险的衍生功能越发达，保险的保障功能就越能够得以体现和充实。

（二）三大功能之间相互渗透

如在经济保障功能和资金融通功能发挥的过程中，体现了保险社会管理功能的部分内容，同样，保险社会管理和资金融通功能的充分发挥，又是对保险保障功能的巩固和完善。可见，三者之间你中有我，我中有你，相辅相成，相互渗透，密不可分。

（三）纠正认识上的偏差

这里，我们应该澄清一种错误的认识，即人们往往将保险制度的功能与保险企业的功能混为一谈，认为保险功能无本质与派生之分，将保险功能加以笼统化，并且随着保险在社会发展中发挥的派生功能日益突出，进而在实践中忽视甚至撇开保险的本质功能，过分强调甚至夸大衍生功能，不顾保险企业的偿付能力和管理能力，一味要求保险企业在提供资金支援项目建设、参与地方社会管理中起到主导作用，这是十分有害的。我们知道，保障功能是与保险制度相伴而生的，它是保险制度的本质和核心内容，是保险区别于银行、证券的显著特征，也是“保险姓保”理念提出的核心要义。而资金融通和社会管理等衍生功能则是保险保障功能发展到一定阶段的产物，更是保险企业在经营过程中为持续追求自身经济利益最大化而产生的必然结果，它们是保险企业在经营中所发挥出来的功能。例如，保险资金运用的概念是随着寿险业的迅猛发展和资本市场的成熟才出现的，目的是为了提高保险企业的偿付能力，保证经营的稳健性和持续性。又如保险企业开展防灾、防损的目的也是为了降低赔付率、提高经济效益。虽然资金融通和社会管理等派生功能是保险企业在主观上为追求自身经济利益而产生的，但在客观上却产生了广泛的社会效益。

随着保险业的持续发展，保险企业社会效益的不断延伸，人们习惯上将保险企业发挥出来的功能亦归之为保险制度的应有功能，这无可厚非，毕竟保险企业是保险制度正常运作和保险功能有效发挥的载体，况且，现代保险三大功能之间是相互影响、不可或缺的。但是，有人却将保险的本质与派生功能加以混淆，舍本逐末，甚至本末倒置，在实践中产生了极为有害的影响。例如，自 1999 年以来，国内产、寿险公司纷纷推出具有投资功能的新型保险产品（主要包括分红保险、投资连结保险和万能保险），作为其化解利差损风险、应对低利率时期的一件法宝而被广泛运用。的确，该类产品对于应对利差损风险、迅速聚集资金用于企业经营等具有一定的积极作用，而且拉动了保险业务的快速发展。但从另外一个方面看，新型保险产品市场表面繁荣的背后却隐藏着深刻的危机：由于该类保险产品一般无最低保证利率或最低保证利率很低，由投保人承担全部的投资风险，一旦外部经济形势发生变化，发行产品的保险公司无法取得预期的收益，或者信用破产，发生退保挤兑等社会风险，投保人将损失巨大，偏离了保险最基本的保障功能。曾经发生的“投连险风波”和“分红险危机”就是最好的佐证，这对我国保险业长远发展的危害性不可小视。

第四节 保险的地位和作用

一、保险在国民经济中的地位

物质资料的再生产包括生产、交换、分配和消费四个环节。保险作为一种经济补偿制度，在国民经济中处于社会再生产的分配环节。它通过对国民收入的再分配来实现对社会再生产过程中经济损失的补偿。

保险对国民收入的再分配是通过保险机构的经营活动实现的。保险基金的筹集是通过向投保人收取保险费而形成的，保险基金的使用是通过向被保险人或受益人支付赔款或给付保险金以及向社会融资而实现的。保险基金的筹集和使用是保险机构主要的经营活动内容。在保险基金的筹集阶段，保险基金来源于投保人所缴纳的保险费。企业缴纳的保险费是企业纯收入的一部分；机关及事业单位缴纳的保险费是该单位财政预算拨款的一部分；居民缴纳的保险费是个人纯收入的一部分。因此，企事业单位和个人缴纳的保险费都属于国民收入范畴，保险再分配的对象是国民收入。通过保险再分配，改变了一部分国民收入的形态与用途，分别使企事业单位和个人的企业基金、社会消费基金和个人消费基金转化为后备基金。

在保险基金的使用阶段，如果具体到个案，我们就会看到，从保险公司获得赔款的只是缴纳保险费的所有参加保险的经济单位和个人中少数发生了保险事故的单位或个人（储蓄性人寿保险业务除外），而且，这些少数被保险人所获得的补偿和给付金额与他们所缴纳的保险费并不对等，补偿和给付金额往往是所缴保险费的几倍、几十倍甚至几百倍，这样，少数被保险人所获得的超过其缴纳保险费部分的赔款和保险金，无疑来源于未发生保险事故的被保险人缴纳的保险费，即一部分国民收入从未发生保险事故的被保险人手中转移到发生了保险事故的被保险人手中。此外，保险人筹集的保险基金中的暂时闲置部分可以投资加以运用，使这部分资金使用权暂时转移到某些生产领域和流通领域，从而也起到了参与社会资金再分配的作用。

由此可见，随着经济与科技的发展，生活方式的转变，增长模式的转型，现代保险的功能和作用越来越强大，在国民经济、社会中的地位越来越重要，深入到人民生活、社会进步和经济发展的方方面面，正如 1943 年美国最高法院的布兰克法官在东南部保险人联盟的一份判决书中提到的“在对人们全部生活的直接影响方面，也许没有哪个企业能够像保险行业一样，涉及如此广泛的人群。保险会涉及美国每个家庭、每个行业、每个公司的每一个人”。2014 年国务院发布的新国十条提出，我国保险业 2020 年的发展目标是要“成为政府、企业、居民风险管理和财富管理的基本手段，成为提高保障水平和保障质量的重要渠道，成为政府改进公共服务、加强社会管理的有效工具”。

二、保险的作用

通过对保险功能的分析，我们可以将现代保险的作用归纳为以下几方面：

（一）对企业和居民的作用

对于居民和企业（厂商）个体来说，保险具有以下几方面的作用：

1. 保障生产、生活安定。降低因为未来风险事故发生而导致破产或消费能力下降的风险，保障生产、生活安定。

2. 促进理财增值。有些保单可以提前转让、退保变现，或者具有储蓄功能，购买该类保险能够使投保人在需要资金时及时获得来源，而且还可以获得较为稳定的收益，是理财工具之一。

（二）对社会的作用

1. 促使资源得到最优配置，提高经济效率。保险公司将从客户获得的保费资金投入到收益率高且稳定的行业，能提升整个社会的资金使用效率水平。

2. 为经济社会发展创造稳定环境。保险是社会的“稳定器”和经济的“助推器”，具有损失补偿和经济给付功能，可保障民生，安定社会生产，实际上起到的是安定人民生活、稳定社会秩序的作用，为经济社会发展创造稳定环境。

3. 提升社会管理效率。保险经营活动能够促进民事赔偿制度的快速落实，并增强社会的防灾防损能力，提升社会信用水平，是社会管理的有效工具之一。

4. 聚集经济建设资金。国家基础建设、公用事业的发展等都需要较大规模的资金，雄厚的保险资金为其建设发展提供有力支持。

5. 促进现代科技进步。新技术、新业态、新制度的出现既需要资金支持，也会带来新的风险因素，需要保险支持。保险在风险管理及资金等方面为新的创造发明提供支持，无疑将大大加快这些新创造发明面世的速度。保险出于自身经营管理的需要，也会催生相关风险管理技术的发展，如保险公司设立的新车碰撞实验室会对生产商改进车辆生产技术提出建议，大数据、电子保单、在线理赔等技术的发展也会促进物联网技术的进步。

6. 促进经济社会交往活动。人类活动范围与内容的增加带来了风险的增加，保险的介入为个人社会交往、出行、企业产品质量、安全水平、支付能力等提供保障，有助于社会交往的顺利完成，扩大社会交往范围。目前很多企业进出口贸易活动，或者个人旅游迁徙等活动，都会要求购买相关保险。

复习思考题

1. 分别从经济和法律层面阐述保险的内涵。
2. 试述保险的构成要素。

3. 试比较商业保险和互助、社保、赌博、救济、储蓄、自保和担保的异同，并说明保险的性质。

4. 如何理解保险的三大功能？

5. 如何理解保险在国民经济中的地位？

6. 试述保险对社会、企业以及个人的作用。

第三章　保险的起源和发展

本章要点

- 古代保险思想的萌芽
- 现代保险的雏形和发展
- 保险产生的条件
- 我国保险业的起步与发展

“无风险，无保险”，风险客观存在于人类社会发展的全过程和人们生产、生活的每一个阶段，促使人们从未停止对风险管理工具的探索。随着剩余产品的出现和商业经济的发展，保险这一社会化的风险管理方式逐步发展起来，形成了完整的理论体系，并在实践中发展成为金融体系、社会保障体系的重要组成部分。

第一节　古代保险思想的萌芽

一、外国的传统保险思想

经济贸易往来频繁的地中海沿岸诸文明古国是保险思想的发祥地。英国学者特伦纳瑞（C. F. Trenery）在其《保险的起源及早期历史》一书中论证说：“保险思想发源于古代巴比伦（今伊拉克幼发拉底河流域），以后传至腓尼基（今黎巴嫩境内），再传入古希腊”①。

公元前 19 世纪，巴比伦国王曾命令僧侣、官员及村长征收一种专门税，用以作为救济火灾的基金。到了公元前 18 世纪巴比伦第六代国王汉谟拉比时代，还实行对运输农牧产品时的马匹死亡给予经济补偿的制度，据《汉穆拉比法典》记载，“商人可以雇佣专人去国外的任何一个港口销售货物，若销售人员回来，商人和销售人员各分一半的利润；如果销售人员不幸身亡，商人应免除其债务；商队间如有马匹货物等中途被劫或发生其他损害，经当事人宣誓，确无纵容或过失等事情，可免除其个人之债务，而由全体商队补偿之”，即在运输过程中，发生马匹和货物损失的由全体分摊补偿。这可以说是西方保险思想最早的萌芽。

几百年后，海上贸易商把这一分摊机制引入航海业，公元前 916 年的《罗地安海商法》正式规定：“凡因减轻船舶载重而投弃入海的货物，如为全体利益而损失的，必

① C. F. Trenery. The Origin and Early History of Insurance，1926.

须由全体分摊归还”，即著名的“共同海损分摊原则”，即在船舶航行中发生危及船货共同安全的危险时，船长可以下令丢弃部分货物，以保全余下货物与船员的共同安全，但由此造成的货物损失必须由全体船货共同分担。海上保险是海上贸易产生与发展的产物，共同海损分摊制度是海上保险的萌芽。

在古代埃及，横越沙漠的犹太商队对丢失骆驼的损失，采用互助共济的方式进行补偿。大约公元前 4 世纪，在修建金字塔的过程中，石匠中流行一种自发的互助基金组织，他们用自愿参加者交来的互助金，支付死亡会员的丧葬费用。被认为是相互保险和人身保险思想的萌芽。

在古罗马的历史上，也有过丧葬互助会的组织，类似于现代养老保险，其中记载较详细的是拉奴维姆丧葬互助会。参加该互助会的会员要交付会费，当会员死亡时，由丧葬互助会支付焚尸柴火和建造坟墓的费用。后来，这种善后处理的范围进一步扩展到对死亡会员的遗属给付救济金。在古罗马，还出现过类似这种丧葬互助会的士兵组织，用收集会费的方式集资，当士兵调职时，该组织给付旅费，当终止服役时，退还本金，士兵阵亡后，对其亲属进行抚恤。

在古希腊，曾经出现了一种名为“公共柜”的组织，即组织有相同政治、哲学观点或宗教信仰的人或同一行业的工匠入会，每月交付一定的会费。当入会者遭遇意外事故或自然灾害造成经济损失时，由该团体给予救济。

二、我国古代的保险思想

在东方，中国是传统保险思想的发祥地之一。据有关学者考证，早在 3000 多年以前，即商末周初，中国就出现了与现代保险原理相一致的分散风险与分担损失的思想。当时，在扬子江上做生意的商人，为求货物安全，他们不将个人的全部货物集中放于一条船上，而是分散放在几条船上，如果其中一条船遇险出事，每人将只受到微小的损失。

在我国数千年的奴隶社会和封建社会的历史中，贯穿着积粮备荒的传统保险后备的思想。春秋时期孔子的“耕三余一”的思想就是颇有代表性的见解。历史悠久的各种仓储制度是我国古代原始保险的一个重要标志：早在夏朝后期（公元前 17 世纪），上层贤达就认识到“土广无守，可袭伐；土狭无食，可围竭。二祸之来，不称之灾。天有四殃，水旱饥荒。其至无时，非务积蓄，何以备之?”① 为了防备“至无时”的自然灾害，从西周起，国家就建立了实物形式的财政后备。到了战国时期，随着井田制的废除，土地私有制的产生，社会经济得到发展，在国家财政后备的基础上，产生了中国最古老的社会保险制度——多层次的委积（专司储备）制度。“遗人掌邦之委积，以待施惠；乡里之委积，以恤民之艰……县都之委积，以待凶荒”②。这种独立于财政之外的储备制度，后来实际上变成了财政的附属物，当然在那个封建经济时代也没有真正发挥过经济补偿

① 转引自胡寄窗的《中国经济思想史》（上），第 15 页，上海人民出版社，1962 年版。
② 引自《周礼・火司徒・遗人》。

作用。战国时期，李悝也曾向魏文侯建议储粮备荒。他在建议中阐发了“平籴（读 dí，买入之意）”思想，也就是丰年积蓄，歉年拿出积蓄的粮食上市平抑物价。这样，“虽遇饥馑水旱，籴不贵而民不散，取有余而补不足也”，他还提出用多样化种植（即所谓“杂种”）来分散农业生产风险的建议“必杂互种，以备灾害；力耕数耘，收获如寇盗之至”①。李悝的这种思想到汉宣帝时得到进一步发展，并付诸实施，曾创设“常平仓”，“谷贱时，增价而籴，贵时减价而粜（读 tiào，售出之意），名曰常平仓”②，实质上就是利用价格政策来分散市场风险，可以达到与赈恤同样的目的。

我国古代的保险思想在隋朝进入成熟时期，到唐朝发展到空前鼎盛时期。隋开皇五年（公元 585 年），在度支尚书长孙平的建议下创设了“义仓”。这种“义仓”不同于“常平仓”，它要求诸州百姓及军人（即受封有土地的军士，叫作“受田军户”）每年自愿拿出一定量的粟麦，造仓窖贮之。这种“义仓”分散各地，并有“社司”这种专门机构掌管，“当有饥馑者，即以此谷赈给”。《隋书·食货志》。唐代在各州县都设立“义仓”，但出粟麦不是自愿，而是带有强制性质。据《旧唐书·食货志》载，唐代藏谷数量，到天宝八年（公元 749 年），已积至 9 606 万石，其中属“义仓”的占 66%，足见其况之盛。

虽然我国保险思想萌芽相当久远，荒政思想很完善，仓储制十分系统，但由于我国以农业为主要产业的封建社会历时太久，商品经济发展迟缓，所以这些传统的保险思想与措施并没有演变成为现代商业保险与社会保险制度，乃至我国的商业保险制度到 19 世纪中叶才从西方“舶来”。

第二节 现代保险的雏形和发展

随着商品经济的发展、社会分工的扩大以及剩余产品的增加，保险这一制度得以形成和广泛发展，由思想萌芽、无意识的形式向正式的商品交易、合同交易转变，逐步形成现代保险制度。

一、现代保险制度的雏形

（一）船舶抵押借款制度

船舶抵押借款又称冒险借款，它是古代海上借贷的变形。它规定，借款人可以以出海的船舶作抵押向放款人借钱，借款利息为 12%，比当时一般的 6%的借款利息高出 1 倍。如果船舶安全抵达目的港，借款人必须向放款人如数偿还借款的本利；如果船舶在途中沉没，借款人可以被免除债务。这种抵押借款事实上已经具有保险的一些基本特征，放款人相当于保险人，借款人相当于被保险人，作为被抵押的船舶是保险标的，

---

① 见《太平御览》，引自《史记》佚文。

② 见《通典》卷 12“轻重”。

所收利息高于普通利息的那部分实质上具有保险费的性质，而船舶沉没时放款人不再收回的借款就相当于赔偿金，被认为是海上保险的一种最早形式。

抵押借款制度在公元前800年时已经很流行，而且在古希腊、罗马至中古时代都盛行不衰，只是到了13世纪中叶，由于罗马教皇格雷戈里九世于1237年颁布《禁止利息法》，才使长期繁荣的抵押借款制度开始萎缩。《禁止利息法》强烈抵制海上抵押借款制度，抑制了海上贸易的发展。经过一段时间的斗争，教皇对海上贸易的借贷方式作了一些变通，形成了著名的“假装买卖交易”，即在航运开始前作为债权人的货币所有者，向作为债务人的航运经营者支付本金的形式买进船舶和货物，当船舶安全到达目的地时，事先订立的买卖合同自动解除，船运经营者把事先接受的贷款加上高额的定金与利息归还贷款人；若航运中途遇难，有船货损失，贷款人在接受航运经营者支付定金的前提下，对航运经营者遭受的意外损失进行赔偿，这种互为条件的借贷，由于债权人要承担较大风险，因而其利率相当高，据说有的高达36%。债务人支出多于一般借贷利息的部分，事实上就是现代保险中的保险费支出。

（二）“黑瑞甫”制度和基尔特制度

“黑瑞甫”制度和基尔特制度都是一种相互保险的制度。现代火灾保险的起源可追溯至1118年冰岛设立的“黑瑞甫”社（Hrepps）。“黑瑞甫”制是对火灾损失负责赔偿的制度。基尔特制度在人身保险的早期形式中是一种专门以会员及其配偶的死亡、年老、疾病等作为提供金钱救济重心的制度。德国北部17世纪曾盛行“基尔特”制度，成立了很多互助性质的火灾救灾协会，会员之间实行火灾相互救济。1676年由46个协会合并宣告成立了“汉堡火灾保险局”，开创了公营火灾保险的先河。

（三）公典制度和年金制度

公典制度流行于15世纪后半期的意大利北部及中部城市，是一种慈善性质的金融机构，在这里存款，最初一定时期内不计利息，经一定期间后，存款者可以取得数倍于存款金额的资金。年金制度于16至17世纪出现在英国，在荷兰尤为盛行，被视为人身保险的较早形式，尤其是年金制度，将资本、利息与生存死亡相结合，已十分接近现代的人寿保险是以被保险人的生命为保险标的，以被保险人（在保险期限内）生存或死亡为给付保险金条件的人身保险。

（四）镖局制度

镖局制度是我国特有的一种货物运输保险的原始形式。镖局是一种类似保险的民间安全保卫组织，其经营的业务之一是承运货物，商人交镖局承运货物，俗称“镖码”（相当于保险标的），货物须经镖局检验，按贵贱分级，根据不同等级确定“镖力”（相当于保险费率），据此收费签发“镖单”（相当于保险单），货到目的地，收货人按镖单验收后，在镖单上签注日期，加盖印章，交护送人带回，以完成手续。镖局的这些手续与现代保险的承保手续大致相同。

二、现代商业保险的发展

（一）海上保险

现代海上保险发源于意大利。12 世纪末，意大利商人控制了东方和西方的中介贸易。这时，意大利北部地中海沿岸各城市伦巴第、热那亚、佛罗伦萨、比萨、威尼斯等成为海上贸易要冲，逐渐出现类似现代形式的海上保险①，世界上最古老的保险单是 1347 年的一张航程保单，该保单承担“冬・克勒拉”号商船从热那亚至马乔卡的保险，保单以书面形式列明了船东与海运商的权利义务，但是，由于保单没有列明海运商承担的风险种类，因此保单并不具备现代保单的基本形式，该保单至今仍保存在热那亚的国立博物馆。

一份从形式到内容与现代保险几乎完全一致的最早的保单，是 1384 年 3 月 24 日出立的航程保单。1384 年，在佛罗伦萨诞生了世界上第一份具有现代意义的保险单。这张保单承保一批货物从法国南部阿尔兹安全运抵意大利的比萨。在这张保单中有明确的保险标的、明确的保险责任，如“海难事故，其中包括船舶破损、搁浅、火灾或沉没造成的损失或伤害事故”。它标志着海上保险乃至整个现代保险制度终于诞生了。所以现代保险的最早形式——海上保险，发源于 14 世纪中叶以后的意大利。

但是，现代海上保险制度形成于 16 世纪以后的英国。由于英国处于大西洋航海中心的优势地位和当时迅速膨胀的对外扩张、掠夺及大规模的殖民活动，这里先后形成两大保险中心：一个是伦巴第商人聚居的伦敦“伦巴第街”所形成的保险活动中心；另一个是英国保险业者自己发展而形成的伦敦劳埃德咖啡馆。1688 年，爱德华・劳埃德（Edward Lloyd）在伦敦泰晤士河畔开设了一家咖啡馆。船主、船员、商人、银行老板、高利贷者等常在咖啡馆交换航运消息，交谈商业新闻，洽商海上保险业务。老板爱德华・劳埃德抓住这个机会，努力为买卖保险的双方提供便利，进而将咖啡馆变成了保险市场。1691 年，劳埃德咖啡馆由伦敦塔街迁往金融中心伦巴第街经营保险业务，并于 1696 年创办了专门报道海事航运消息的小报——《劳埃德新闻》，这里便逐渐发展成为一大保险中心，并成立当代世界保险市场最大的保险垄断组织——“劳合社”②。

（二）火灾保险

火灾保险起源于 1118 年冰岛设立的 Hrepps 社，该社对火灾及家畜死亡损失负赔偿责任。17 世纪初德国盛行互助性质的火灾救灾协会制度，1676 年，第一家公营保险公司——汉堡火灾保险局由几个协会合并宣告成立。但真正意义上的火灾保险是在伦敦大火之后发展起来的。1666 年 9 月 2 日，伦敦城被大火整整烧了五天，财产损失 1 200 多万英镑，20 多万人流离失所，无家可归。在这种状况下，牙医巴蓬于 1667 年独资设

① 英文中的“保险单”一词就是源于意大利文“Polizza”（承诺）。

② 也译“劳埃兹 Lloyd's”

立营业处，办理住宅火险，1680 年，他又会同他人共集资 40 000 英镑，成立了合伙性质的火灾保险所。1705 年更名为菲尼克斯，即凤凰火灾保险公司。在收费标准上，巴蓬采用了按房屋危险情况实行差别费率的方法。这是现代火灾保险差别费率的起源，从而使巴蓬享有了“现代保险之父”之誉。伦敦大火之后，保险思想深入人心，现代形式的火灾保险也从此逐渐发展起来。

1710 年，波凡创立了伦敦保险人公司，后改称太阳保险公司，接受不动产以外的动产保险，营业范围遍及全国。进入 19 世纪，在欧洲和美洲，火灾保险公司大量出现，保险公司以股份公司为主，承保能力有很大提高。随着人们的需要，火灾保险所承保的风险也日益扩展，承保责任由单一的火灾扩展到地震、洪水、风暴等非火灾危险，保险标的也从房屋扩大到各种固定资产和流动资产。19 世纪后期，随着资本主义的对外扩张，火灾保险传到了发展中国家和地区。

（三）人身保险

在海上保险的产生和发展过程中，一度包括对人身伤亡的保障。15 世纪后期，欧洲的奴隶贩子把运往美洲的非洲奴隶当作货物进行投保，后来船上的船员也可投保；如遇到意外伤害，由保险人给予经济补偿，这就是人身保险的早期形式。17 世纪中叶，意大利银行家伦佐・佟蒂提出了一项联合养老办法，这个办法后来被称为“佟蒂法”，并于 1689 年正式实行。“佟蒂法”的特点就是把利息付给该群体的生存者。1693 年，著名的天文学家哈雷，以德国西里西亚勃来斯洛市 1687—1691 年按年龄分类的死亡统计资料为依据，编制了世界上第一张生命表，他精确标示了每个年龄的人的死亡率，并首次将生命表用于计算人寿保险费率，为现代人寿保险奠定了数理基础。18 世纪 40—50 年代，辛普森根据哈雷的生命表，做成依死亡率增加而递增的费率表。之后，陶德森依照年龄差等计算保费，并提出了“均衡保险费”的理论，从而促进了人身保险的发展。1762 年，英国成立了世界上第一家人寿保险公司——伦敦公平保险公司，以生命表为依据，采用均衡保险费的理论来计算保费，并且对不符合标准的保户另行收费，对于交纳保险费的宽限期、保单失效后的复效也做了具体的规定，并详细载明于保险单。伦敦公平保险公司的成立，标志着现代人寿保险制度的建立。

（四）责任保险

责任保险作为一类独成体系的保险业务，始于 19 世纪的欧美国家，发展于 20 世纪 70 年代以后。1855 年，英国开办了铁路承运人责任保险；1898 年，法国制定《劳工补偿法》，规定了工业事故的无过失责任，该法案经 1906 年的法律扩张后成为完备制度，适用范围随之扩展到交通事故领域。1930 年，法国《保险契约法》出台，该法有专门章节对责任保险作出规定，从而标志着责任保险在法国开始法律化、制度化。其他种类的责任保险，起初都是以附加责任的方式承保，随后才逐渐以新险种的方式出现。1880 年，英国通过雇主责任保险法令并成立雇主责任保险公司；1889 年，北方意外保险公司对药剂师开错药方的过失提供职业损害补偿，开创职业责任保险的先河；1890

年，海上事故保险公司就啤酒含砷引起的第三者中毒向特许售酒商提供保险，这是较早的产品责任保险；20 世纪 30 年代，在美国出现了专门以公司经营者的赔偿责任为对象的保险产品，这是董事责任保险的最初形式，劳合社此后也出现了专门承保董事责任险的辛迪加。此外，随着环保浪潮的掀起，环保赔偿和诉讼费用的急速增加，美国从 20 世纪 60 年代开始在公众责任险项下扩展环境污染责任，1973 年世界第一份综合污染保单在美国签发，环境污染责任险作为一个独立险种开始出现。

责任保险发展初期，曾遭到许多非议。有人认为，这种保险不符合社会公共道德标准，甚至有人把责任保险说成是鼓励人们犯罪，但这并没有阻挡责任保险的发展。20 世纪以来，大部分西方发达国家对各种公共责任实行了强制保险。有些国家对企业生产的各种产品实行严格的责任管理制度，企业的产品无论是否有缺陷，只要造成他人人身伤亡或财产损失，都要承担经济赔偿责任，这又进一步促进了责任保险的发展。第二次世界大战后，责任保险的种类越来越多，如产品责任保险以及各种职业责任保险层出不穷，这些在发达的资本主义国家已成为制造商和专业技术人员不可缺少的保险。很多国家通过立法或行业规定等方式，对多种民事损害赔偿责任作出了强制投保的规定，如机动车辆第三者责任保险、雇主责任保险、承运人责任保险等。在西方非寿险公司中，责任保险的保费收入一般都占企业保费总收入的 10%以上，责任保险规模占财险市场总规模的 30%以上，在保险市场上有举足轻重的地位。

（五）信用保证保险

随着资本主义金融经济的发展和商业信用交易的扩张，信用保险和保证保险随之发展起来。1702 年，英国开设主人损失保险公司，承办诚实保险，这是雇员忠诚保险的起源。1842 年，英国保证保险公司成立；1876 年，美国在纽约开办了诚实保证业务，1893 年又成立了专营信用保险的美国信用保险公司。第一次世界大战以后，信用危机使各国的信用保险业务大受打击。1934 年，各国私营和国营出口信用保险机构在瑞士成立了国际信用保险协会（ICISA），标志着国际信用保险、保证保险经营的成熟和完善。目前，信用保险、保证保险的承保范围已经相当广泛，如贷款保证保险、出口信用保险、个人消费信用保险等。

（六）再保险

现代保险制度从海上保险开始，随着海上保险的发展，产生了对再保险的需求，最早的海上再保险可追溯到 1370 年。当时，一家叫格斯特·克鲁丽杰的保险人，承保自意大利那亚到荷兰斯卢丝之间的航程，并将其中的一段经凯的斯至斯卢丝之间的航程责任转让给其他保险人，这是再保险的开始。17 世纪初，英国皇家保险交易所和劳合社开始经营再保险业务。1681 年，法国国王路易十六公布法令，规定“保险人可以将自己承保的保险业务向他人进行再保险”。18 世纪，荷兰鹿特丹的保险公司 1720 年将承保到西印度的海上保险向伦敦市场进行再保险；丹麦 1726 年成立皇家特许海上保险公司从事再保险；德国 1731 年汉堡法令允许经营再保险业务；1737 年西班牙贝尔堡法律和1750年瑞典的保险法律都有类似的规定。随着保险形式多样化和保险公司之间的竞争加剧，各国逐渐出现了专业再保险公司。1846年，德国创立了科隆再保险公司，这是世界上第一家专营再保险业务的保险公司，推动了再保险的发展。

三、当代国际保险市场发展的特点

进入19世纪以后，资本主义国家相继完成了工业革命，由此极大地促进了资本主义经济的发展，同时刺激了经营保险业务的保险公司数量、规模的大大增加。在此期间，一方面，由于保险公司的滥设和竞争的加剧，导致大量公司破产，各国不得不纷纷采取措施，对保险业进行监管，从而使保险的经营管理日趋走向规范化；另一方面，科学技术的发展也为保险经营范围的扩展创造了条件。纵观世界保险业的发展历程，呈现出以下几个显著特点：

（一）随着经济总量的增长，保险市场规模不断扩大

保险供给的增加源于市场需求的增长，而需求的增长与国民经济发展水平密切相关。随着国民经济的发展、经济规模的扩大，消费者的收入水平不断提高，社会对于安全的需求会不断增加，保险会从“潜在需求”变为“现实需求”，从而使社会更多地选择用保险来管理风险适应社会财富稳定性的风险保障需求，促使保险市场规模不断扩大。据统计，世界商业保险费总额在1950年仅为210亿美元，1982年增长到4 660多亿美元，2011年达到45 970多亿美元，呈几何倍数增长。社会保险制度在多个国家也相继建立，覆盖了养老、医疗、失业、生育等多个领域，因为社会保障覆盖广泛、保障全面，瑞典、丹麦等北欧国家还形成了所谓的“福利国家”。

根据瑞士再保险公司的研究，2009年保费排名全球第一的是美国，总保费收入1 140万亿美元，占世界份额28.03%；其次是日本，总保费收入506万亿美元，占世界份额12.44%；第三位是英国，总保费收入309万亿美元，占世界份额7.61%。除了保费收入，保险深度和保险密度则是衡量一个地区保险市场成熟程度的指标，与市场经济水平、消费习惯等紧密相关。其中保险密度是指按当地人口计算的人均保险费额，反映该地国民参加保险的程度；保险深度则是指某地保费收入占该地国内生产总值（GDP）之比，反映了该地保险业在整个国民经济中的地位。据瑞士再保险公司的研究报告，2009年，全球保险密度位列第一位的是荷兰，为6 554.6美元；第二名是瑞士，保险密度为6 257.6美元；再次是丹麦，保险密度为5 528.9美元。保险深度位列第一位的是中国台湾地区，保险深度达到16.8%；第二名是荷兰，保险深度达到13.6%；再次是英国，保险深度达12.9%。中国香港则位列第五，保险深度为11.0%。全球保险业也在较快发展，保费收入由2016年的4.7万亿上升到2020年的6.1万亿美元，保险密度由1999年的387美元，上升到2020年的约687美元。中国保险市场发展与世界相比差距仍然很大，显示出巨大的市场潜在空间，据瑞再的研究，亚洲市场，尤其是中国，是未来保险发展的重心。

（二）随着经济活跃度增强，保险产品创新范围不断扩大

18 世纪 60 年代始于英国的产业革命一方面大大促进了社会生产力的发展，另一方面也使社会的风险结构由以自然风险为主向既有自然风险，又有人为风险，既有基本风险，又有特定风险，既有纯粹风险，又有投机风险，既有实际财产损失风险，又有预期利益损失风险，多风险并存的风险结构转变。继海上保险之后，1885 年，德国人本茨发明了世界上第一辆三轮汽车，1898 年就签发了世界上第一张汽车保险单；1903 年美国莱特兄弟发明了世界上第一架飞机之后，出现了航空保险；1957 年人类发明卫星之后，出现了卫星保险；在信用交易产生之后，信用保险、保证保险应运而生；在相关民事赔偿法律建立起来之后，责任保险需求日益广泛；在网络购物、交易、互联网金融兴起之后，网络支付安全保险、退货运费损失险等新险种也纷纷出现；活动取消保险、高尔夫一杆进洞保险、转播权保险、电影保险等与预期利益相关的保险也纷纷诞生；随着保险经营技术的进步和政府的介入，绑架、恐怖活动、地震、洪水、核设施等传统上属于不可保的风险因素也进入现代保险的承保范围，保险保障覆盖的领域和服务范围越来越宽，已不限于传统的损失补偿或给付，在向第三方服务、融资理财等领域延伸。

（三）随着社会财富的增加，保险索赔金额日益增长

由于社会财富的不断积累，保险保障的资产价值越来越大，为获得足额的经济保障，保险金额也越来越高，有时一家保险公司还无法承担，需要来自国内外的几家承保人联合承保。随着经济的发展，投资的增加，风险事故造成的损失后果也越来越大，例如核设施、航空航天产业、摩天大楼的出现，每次事故损失可以达到惊人的数目，2001 年美国“9·11”事件使得保险赔款数额达到历史新高，保险公司为遇难者支付了 380 亿美元的赔款；在 2015 年 8 月天津危化品爆炸的事故中，直接经济损失达 700 亿元人民币，保险索赔达到 100 亿元人民币。由于法律法规制度的不断健全，民事赔偿法律制度、市场交易的发展，加上通胀水平、居民消费水平的增长，专家预计，责任保险、信用保险的索赔存在巨大的增长空间，将成为未来保险增长和赔偿增长的主要来源。

（四）再保险业务迅速发展，保险业国际化程度加快

随着高新技术的快速发展和生产规模的不断扩大，以及生产方式的变化，经济活动规模和范围都在发展，导致保险承担风险方式也在发生变化，不仅出现了多国保险公司的联合共保，还出现了承接保险公司风险的再保险公司，以分散保险公司风险为重要特征的再保险业务随之发展起来。自 19 世纪中期第一家专业再保险公司成立以来，再保险业务在世界各地都有了迅速发展，且跨越了国界，使国内外保险市场的联系趋于紧密，风险分散范围进一步扩大，保险业国际化程度加快。

（五）随着资本市场发展，保险业的融资功能日益增强

正如摩根士丹利著名投资银行家 Paul M. Theil 曾指出的那样，“投资是保险行业的核心业务，没有投资等于没有保险业”。随着资本市场的完善、竞争压力的加剧、精算技术的发展，保险行业不仅在发挥经济保障功能上日益体现出其专业优势，在金融体系中的融资功能也得到了前所未有的发展，从国外保险行业的经营状况看，大多数国家的保险公司其保险业务本身是微利经营或亏损经营，主要通过保险资金投资收益来弥补直接承保业务的损失。在许多市场经济发达国家，保险公司已经成为资本市场上重要的机构投资者，国家重点基础设施和重大工程的资金提供者。保险公司的资产管理规模约占全球资产管理总规模的 20%，在全球资产管理行业中占据重要地位。据彭博社 2014 年数据显示，保险公司已成为仅次于银行的第二大资产管理机构。在全球排名前 20 名的资产管理公司中，保险公司占据 4 席，其中，安联集团以 2.43 万亿美元的资产管理规模，保险公司已成为仅次于银行的第二大资产管理机构，位居全球资产管理公司第三位和保险行业资产管理公司首位。保险融资功能的形成和完善，扩大了市场资金的来源，极大地促进了资源的优化配置，提高了经济体系的效率。2021 年我国保险行业资产管理情况见图 3-1。

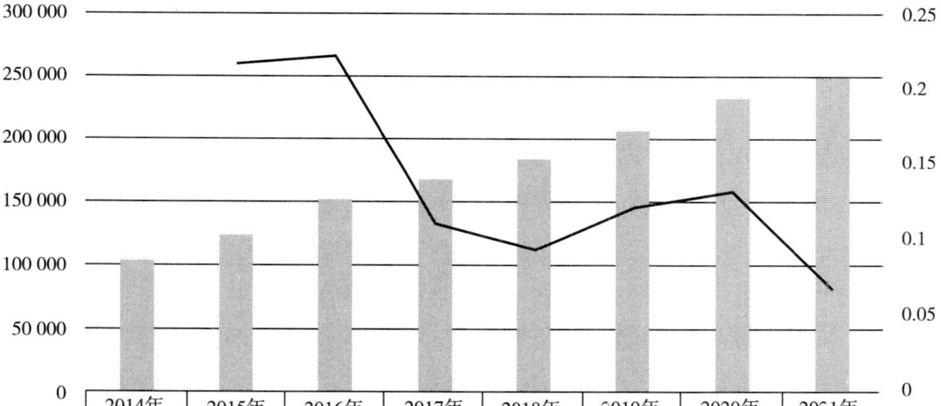

	2014年	2015年	2016年	2017年	2018年	2019年	2020年	2021年
资产总额	101 591.5	123 597.8	151 169.2	167 489.4	183 308.9	205 645	232 984.3	248 874
同比增涨		21.66%	22.31%	10.80%	9.45%	12.18%	13.29%	6.82%

资料来源：智研咨询（www.chyxx.com）

图 3-1 2014—2015 年中国保险行业资产总额情况（单位：亿元）

（六）科技与保险融合发展，推动保险发展转型升级

“科技改变生活”，科技也在深刻改变着保险行业。2018 年的中央经济工作会议把 5G、人工智能、工业互联网、物联网定义为“新型基础设施”，2020 年进一步将新基建分为信息基础设施（包括以 5G、物联网、工业互联网、卫星物联网为代表的通信网络基础设施，以及以人工智能、云计算、区块链等为代表的新技术基础设施，和以数

据中心、智能计算中心为代表的算力基础设施等）、融合基础设施（主要指深度应用互联网、大数据、人工智能等技术，支撑传统基础设施转型升级，进而形成智能交通基础设施、智慧能源基础设施等）和创新基础设施（主要指支撑科学研究、技术开发、产品研制的具有公益性的基础设施，如创业中心、教育机构等）；此外，一些传统上对经济社会国计民生影响巨大、在新基建基础上也得以不断改造、发展的技术，如生物遗传技术、地理信息技术、节能环保技术等，这些传统的、新兴的技术、产业和业态，给保险业经营管理带来了巨大影响。例如，随着互联网和数字化技术的发展，使海量数据的获取和分析成为可能，保险行业不仅能从自身经营的业务系统中获取数据，也会从政府部门以及社会组织、社交媒体获取数据，建立数据库，运用各种数据分析工具，结合认知科学和行为科学等领域知识，构建经营管理模型，广泛引用于市场企划、定价与风险选择、反欺诈、核赔、精准营销等工作；又如随着云计算、物联网、基因工程等技术的发展，保险公司与客户可以实现物联网设备数据共享，在线评估风险和过程监测、损失预警，核保时剔除潜在风险客户，对于使用了物联网设备和技术的客户，会降低保费，加快核保流程……近年来全球保险科技融资增长迅速，2021 年全球保险创新融资总额达到 306 亿美元，同比增长 59.8%，创下历史新高，中国是仅次于美国的第二大保险创新市场。2021 年全球融资规模前十被投保险科技企业来自北美洲、欧洲、亚洲的不同国家，业务范围覆盖家财险、宠物险、网络安全险等不同的领域。截至 2021 年底，头部险企基本上都已拥有自己的科技子公司。2021 年底中国保险行业协会发布《保险科技“十四五”发展规划》，制定了“十四五期间大中型保险公司信息技术投入占比超过 1%，小微型保险公司投入占比超过 1. 8%”的保险科技发展目标，同时鼓励保险机构结合自身优势性资源、阶段性需求和具体战略目标制定多元化、差异化的保险科技实施方案，以特色化发展路径推动保险行业协调健康稳定发展。保险行业协会保险科技专业委员会也已经成立，在推动着行业基础设施、数字新基建与合作服务平台建设。在科技加持下，保险业的经营管理逻辑也在从“承保+理赔”的“老保险”向“承保+减损+赋能+理赔”的“新保险”进化，实现转型升级。

第三节　保险产生的条件

从上面对保险起源和发展过程的介绍中，我们可以看出，保险，特别是符合现代保险原理的专业保险，其产生和发展依赖于两个条件，即自然基础和经济前提。

一、自然灾害和意外事故的客观存在是保险产生的自然基础

人类为了生存和发展，就要从事物质资料的生产。而物质资料的生产总是在认识自然、改造自然、同自然作斗争，使自然适应人的需要的过程中实现的，从原始社会到现代社会都不例外。自然界有其运动规律，人们对自然规律的认识总是相对的、有限的，自然灾害和意外事故的发生造成的损失总是不可避免的。例如：火灾、台风、洪水、地震、雷电、冰雹、泥石流等自然灾害；矿井塌方、瓦斯爆炸、轮船触礁、火

车颠覆、飞机坠毁、机械故障、车辆肇事等意外事故；因人的过失或产品质量缺陷造成的各种责任事故；违反合同、不守信用所引起的各种经济损失等。有时一些灾害事故的破坏力是极大的，甚至可以使社会上多年生产和积累的物质财富毁于一旦，人员也会发生重大伤亡，从而造成经济活动的中断，同时，还会引起一系列的间接损失。这就是人们所关注的风险。风险可能造成物质资料生产的中断和人身伤亡事故的发生，这不仅损害社会生产力的发展，也影响到人们生活的安定。

为了避免风险给人类生产和生活所带来的不利影响，人们从长期实践中总结出多种有效管理风险的手段和措施，如前面所提到的避免、保留、预防和转移等。虽然预防措施可以减少风险的发生，但是风险的发生在时间上和空间上都具有不确定性，加上科学技术水平及经济能力的限制，人们还不可能通过预防措施防止一切风险的发生。抢救措施也只能起到制止灾害事故的蔓延和损失扩大的作用，因此需要对风险造成的损失进行补偿。这就需要事先建立用于补偿灾害事故损失的社会后备基金。尽管这种社会后备基金有三大类，即国家财政形式的后备基金，企业和家庭自留的后备基金和保险形式的后备基金，但其中最重要的一类就是保险形式的后备基金。

可见，如果无风险存在，无损失发生，无经济损失补偿的需要，也就没有以风险为经营对象，以承担经济损失补偿为责任的保险业的产生。

二、剩余产品的出现和增多是保险产生的经济前提

风险存在于人类社会历史的任何阶段，但作为一种经济范畴和历史范畴，保险的产生还必须有其经济上的前提条件，具有将人们对保险的潜在需求变为有效需求的可能性。在原始社会，生产力水平低下，人们生产出来的产品只能勉强维持最低的生活消费。没有剩余产品，就无法建立补偿损失的保险基金，因而也就没有可能产生保险。在奴隶社会，社会生产力虽有进步，但基本上仍是一种简单再生产，剩余产品不多。奴隶主不仅占有一切生产资料，而且占有奴隶本身，也根本无法组织保险。到了封建社会，由于劳动工具的改进，使社会生产力水平有了很大提高，剩余产品有所增加，并逐步出现了为交换而生产的商品，以及交换媒介——货币。这时，开始有了国家的、个别经济单位的或个人的为防止意外而储备的资金和物资。随着第二次社会大分工的发展，手工业、商业和运输业逐步兴盛起来，进而出现了一些有共同利益的经济单位和个人，它们共同提存资金后备，从而产生了保险的萌芽。正如马克思所指出的："对于由于异常的自然现象，火灾、水灾等等引起的破坏所做的保险，和损耗的补偿及维修劳动完全不同。保险必须由剩余价值来补偿，是剩余价值的一种扣除。或者说，从整个社会的观点来看，必须不断地有超额生产，也就是说，生产必须大于单纯补偿和再生产现有财富所必要的规模进行——完全撇开人口的增长不说——以便掌握一批生产资料，来消除偶然事件和自然力所造成的异乎寻常的破坏。"①

① 《马克思恩格斯全集》第24卷，第198页，人民出版社，1972年版。

三、商业保险是商品经济发展到一定阶段的产物

资本主义社会是商品生产和商品交换空前繁荣的社会。随着资本主义社会生产力的迅速发展，商品生产和交换的规模日益扩大，社会的专业分工越来越细，生产的社会化程度越来越高，物质财富越来越相对集中。与此同时，各种风险也越来越集中，其影响更为广泛和深刻。任何生产和流通环节上发生较大灾害事故都会对生产力造成巨大的破坏，在社会上产生剧烈震荡，带来一系列经济和社会问题。面对相对集中的风险，由一个或几个经济单位共同提存的后备基金就不敷使用，难以充分补偿风险造成的损失，这样就逐步出现了专门承担风险的组织——保险人。众多的被保险人可将自己的风险转嫁给保险人。作为转嫁风险的一种代价，被保险人则按照不同风险种类和程度支付适当的保险费。上述过程表明：当市场经济发展到一定阶段，一方面，工业资本、商业资本、农业资本、借贷资本为了保障其生产资料和利润的安全，使其不致因灾害事故的不幸发生而承担较大的经济和社会责任，以致倒闭、破产，从而产生了购买保险的强烈愿望和必要条件；另一方面，有一部分资本可以从社会总资本中分离出来，专门用来经营风险，从而成为保险资本，以获取平均利润。这时，也只有在这时，专业性保险才可能产生。

第四节 我国保险业的起步与发展[①]

我国保险发展起步较晚，大致可以分为三个阶段。

一、1949 年以前

我国现代形式的保险是伴随着外国资本输入而传入的。19 世纪初，西方列强开始了对东方的侵略，保险也作为列强资本输出与经济侵略的工具进入中国。1805 年，英国保险商在广州开设了第一家保险机构，成立“谏当保安行（Canton Insurance Society）”（又称“广州保险会社”），主要经营海上保险业务，1841 年总公司迁往中国香港。1835 年，在香港设立保安保险公司（即裕仁保险公司），并在广州设立了分支机构。其后，英国的“太阳保险公司”和“巴勒保险公司”均在上海设立了分公司。1887 年，“怡和洋行”在上海设立保险部。到 20 世纪前，旧中国已形成了以上海为中心，以英商为主的外商保险公司垄断中国保险市场的局面。

1865 年 5 月 25 日，上海华商义和公司保险行成立，这是我国第一家民族保险企业，打破了外国保险公司对中国保险市场垄断的局面，标志着我国民族保险业的起步。1875 年 12 月，李鸿章授意轮船招商局集资白银 20 万两在上海创办了我国第一家规模较大的船舶保险公司——保险招商局，1876 年，又集股本白银 25 万两设立仁和保险公司。1885 年，保险招商局改组为业务独立的仁和保险公司和济和保险公司，主要承办招商局所有的轮船和货物运输保险业务，1887 年，合并为仁济和保险公司，股本白银

① 本节主要参考《中国保险史》，中国保险学会主编，中国金融出版社，1998 年。

100 万两，其业务范围也从上海转向内地，承办各种水险及火灾保险业务。1905 年，黎元洪等官僚资本自办的“华安合群人寿保险公司”是中国第一家人寿保险公司，其后，我国民族保险业得到了一定的发展。从 1865—1911 年，华商保险公司已有 45 家。1907 年，上海 9 家华商保险公司组成历史上第一家中国人自己的保险同业公会组织——华商火险公会，用以抗衡洋商的“上海火险公会”。在此期间，民族保险的数量有了很大的增加，到 1949 年 5 月，上海约有中外保险公司 400 家，其中华商保险公司 126 家。

与此同时，再保险业务得到了一定的发展。1933 年 6 月，在上海成立了唯一一家经营再保险业务的“华商联合保险股份有限公司”。抗日战争期间，由于和外商的分保关系中断，又不愿意与日本的保险公司合作，民族保险公司先后成立了久联、太平、大上海、中保、华商联合等分保集团。抗日战争胜利后，民族再保险业务主要有“中央信托局”“中国再保险公司”“华商联合保险公司”。

1949 年 10 月 1 日前，中国保险业的基本特征是保险市场基本被外国保险公司垄断，保险业未形成完整的市场体系和监管体系。外国保险公司通过组织洋商保险同业公会，垄断了保险规章、条款以及费率等制定，民族资本的保险公司虽然也组织了华商同业公会，但由于力量弱小，只能处于被支配地位。

二、新中国成立—1980 年复业

1949 年 10 月，中华人民共和国成立，翻开了中国保险事业的新篇章。

（一）改造旧保险业

1. 接管官僚资本保险企业。以上海为重点，接管工作从 1949 年 5 月开始至 10 月底基本结束。中国产物保险公司和专营船舶保险、船员意外保险的中国航联意外责任保险公司经批准恢复营业，其他官僚资本保险机构都予以停业。上海以外的官僚资本保险机构都由当地军事管制委员会接管。

2. 改造私营保险企业。各地相继制定私营保险企业管理办法，如重新清产核资、要求按业务类别交存相应的保证金等，并加强督促检查。中外私营保险公司在各地复业，但大部分公司资金实力薄弱，承保能力有限。

1951 年和 1952 年，公私合营的“太平保险公司”“新丰保险公司”相继成立。两家公司都是在多家私营保险公司的基础上组建的，业务范围限于指定地区和行业，经营上取消了佣金制度和经纪人制度。1956 年全国私营工商业的全行业公私合营完成后，国家实行公私合营企业财产强制保险，指定中国人民保险公司为办理财产强制保险的法定机构。同年，太平和新丰两公司合并，合并后称为“太平保险公司”，不再经营国内保险业务，专门办理国外保险业务。

3. 外国保险公司退出中国保险市场。新中国成立后，人民政府要求外资保险公司重新登记和交纳保证金。1950 年 5 月，全国尚有外商保险公司 61 家，随着国有保险公司业务迅速增长，外商保险公司不仅失去依靠政府特权获取的高额利润，也失去了为数很大的分保收入。在国营外贸系统和新的海关建立后，其直接业务来源越来越少。到 1952 年底，外国在华保险公司陆续申请停业，撤出中国保险市场。

（二）成立中国人民保险公司

1949 年 8 月，为尽快恢复和发展受连年战争破坏的国民经济，中国人民保险公司（以下简称“人保”）于 1949 年 10 月 20 日正式成立。这是新中国成立后第一家国有保险公司。人保成立后，重点承办了国营企业、县以上供销合作社及国家机关财产和铁路、轮船、飞机旅客的强制保险。在城市开办了火险、运输险、团体与个人寿险、汽车险、旅客意外险、邮包险、航空运输险、金钞险、船舶险等；在农村，试办了农业保险，主要是牲畜保险、棉花保险和渔业保险。为摆脱西方国家对中国保险市场的控制，人保还致力于发展国外业务，与许多友好国家建立了再保险关系。除办理直接业务外，还接受私营公司的再保险业务。

（三）中国人民保险公司停办国内业务

20 世纪 50 年代初，中国人民保险公司各地分支机构在执行政策和具体做法上出现一些问题，主要表现为依靠行政命令开展业务，内部管理比较混乱；农业保险在试办经验很不成熟的情况下全面推广，一些基层干部开展业务时搞强迫命令，在群众中造成不良影响；保险机构发展太快，许多干部不懂业务，只求保费数量不求保险合同质量，不少县级公司入不敷出。1953 年底，各地基本停办了农业保险（但是东北大部分地区由于农村经济和互助合作运动发展较快，农民大多不同意停办农业保险，经政务院批准，东北地区重新办理了耕畜保险）。随着农业合作化步伐加快，组织起来的农民对农业保险产生了一定需求。但随着农业合作社由初级社发展到高级社，牲畜归公统一使用，对保险的需求反不如初级社迫切。

从 1953 年开始，国家对城市强制保险业务进行调整，停办国家机关财产强制保险和基本建设工地强制保险，但国营企业（包括合作社）的强制保险仍继续办理；对其他业务，按对生产有无积极作用、群众是否需要和自愿、自己有无条件、是否符合经济核算四项原则，分为巩固、收缩、停办三类进行清理。由于资本主义工商业社会主义改造的推进，城市自愿保险业务明显下降。

1958 年 10 月，西安全国财贸工作会议提出，人民公社化后，保险工作的作用已经消失，除国外保险业务必须继续办理外，国内保险业务应立即停办。同年 12 月，全国财政会议正式作出“立即停办国内保险业务”的决定。从 1959 年起，国内保险业务除上海、哈尔滨等地继续维持了一段时间外，其他地方全部停办（但是部分城市国内保险业务并没有完全停办，其中有上海、哈尔滨、广州、天津等地）。

从 1966 年到 1976 年的十年间，中国国内保险业务彻底停办。首先是 1969 年月 1 月停办了交通部的远洋船舶保险，海外业务受到很大影响，接着停办的是汽车第三者责任保险。海外业务对外分保由民安保险公司代理，寿险由中国保险公司分保，港、澳、新加坡等地的保险业务下放到中国保险公司香港分公司管理。到 1969 年，与我国有再保险关系的国家由原来的32个下降到17个，有业务来往的公司由67家下降到20家，仅与社会主义国家和个别发展中国家保持分保关系。

三、我国保险事业的恢复和发展

（一）中国人民保险公司的复业

1978年12月，十一届三中全会确立改革开放政策，工作重点转移到以经济建设为中心的社会主义现代化建设。1979年4月，国务院作出“逐步恢复国内保险业务”的重大决策；1979年5月至6月，人民银行先后推出企业财产保险、货物运输保险和家庭财产保险三个险种；同年11月，全国保险工作会议对1980年恢复国内保险业务的工作进行了具体部署。

会后国内保险业务的恢复工作迅速在全国铺开。到1980年底，除西藏外，中国人民保险公司在全国各地都已恢复了分支机构，其分支机构接受总公司和中国人民银行当地分支机构的双重领导。1983年9月，中国人民保险公司升格为国务院直属局级经济实体，从1984年1月开始，其分支机构脱离中国人民银行，改由总公司领导，实行系统垂直管理。

（二）保险业的改革开放和多元化经营

市场经济体制的建立和加入WTO，推动了保险业的改革开放，保险市场快速发展。1986年2月，中国人民银行批准设立“新疆生产建设兵团农牧业保险公司”，专门经营新疆生产建设兵团农场内部的种养两业保险，成为第二家国有保险公司（1992年该公司更名为“新疆兵团保险公司”，2002年更名重组为“中华联合财产保险公司”），并扩大业务范围，打破了中国人民保险公司独家垄断保险市场的局面；1987年，中国人民银行批准交通银行及其分支机构设立保险部；1988年5月，平安保险公司在深圳蛇口成立。1991年，中国人民银行要求保险业与银行业分业经营、分业管理；批准交通银行在其保险部的基础上组建中国太平洋保险公司，成为继中国人民保险公司之后成立的第二家全国性综合性保险公司。1992年9月，平安保险公司更名为“中国平安保险公司”，成为第三家全国性综合性保险公司。

从1988年起，中国人民银行批准在四川省、大连市、沈阳市、长沙市和厦门市设立5家股份制人寿保险公司，开始探索寿险与财产险分业经营。1991年后，又先后批准在珠海、本溪、湘潭、丹东、广州、太原、天津、福州、哈尔滨、南京、昆明等地组建股份制人寿保险公司。新建立的寿险公司除了办理商业保险外，还接受地方政府的委托，代办社会保险业务。1996年7月，中国人民保险公司改组为中国人民保险（集团）公司，下设中保财产、中保人寿和中保再保险公司，实行产、寿险分业经营。根据《保险法》确立的商业保险与社会保险分开经营的原则，国务院决定将17家地方寿险公司全部并入中保人寿保险有限公司。

1996年，中国人民银行还批准设立新华人寿保险股份有限公司、泰康人寿保险股份有限公司、华泰财产保险股份有限公司、永安财产保险股份有限公司、华安财产保险股份有限公司等5家股份制保险公司。

从1980年开始，外国保险公司纷纷到中国设立代表处。1992年9月，美国友邦保险有限公司在上海设立分公司，经营人寿保险业务和财产保险业务。友邦上海分公司引进寿险代理人制度，对中国保险市场的营销体制产生了巨大的冲击，激活了潜力可观的寿险市场。

随着金融体制改革的逐步深入和保险业和不断发展，保险监管不断强化。1998年，为加强保险监管，落实银行、保险、证券分业经营、分业管理的方针，成立中国保险监督管理委员会。中国保险监督管理委员会的成立，是我国保险发展史上的一个重要里程碑，从此，中国保险业进入一个新的历史发展时期。

（三）入世以后我国保险业的发展

2001年，中国正式加入世界贸易组织（WTO），一方面外资保险公司加速进入我国，带来竞争的同时也带来先进经验与做法，促进了我国保险市场的繁荣与发展；另一方面，我国在借鉴西方国家“绿箱”政策发展农业保险支持农业经济，利用商业保险机制完善社会管理和社会保障机制等方面取得了长足进展，促进了社会的转型发展。

1. 保险业务快速发展，市场体系不断完善。2001年，全国保费收入2 112.28亿元（人民币），保险密度和保险深度分别为8.8美元和2.2%。截至2021年，全国保费收入规模突破4.49万亿元，其中产险业务原保险保费收入1.37万亿元，人身原保险保费收入3.32万亿元（其中寿险业务原保险保费收入2.36万亿元，健康险业务原保险保费收入0.84万亿元），提供保险金额6 897.04万亿元。近年行业增速虽然有所减慢，但是业务总量和结构都发生了巨大变化（见图3-2，图3-3）。我国保险业保费收入占全球市场份额从2001年的5.34%升至2021年的12.2%。截至2022年9月，行业总资产突破26万亿元，净资产突破2.7万亿元，市场规模超过日本，位列全球第二，仅次于美

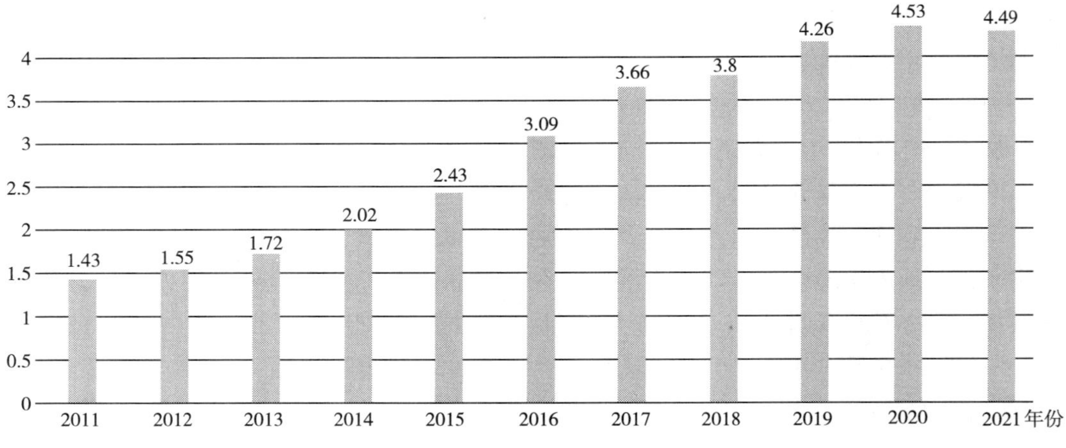

图3-2　2011—2021年中国保险行业原保险保费收入（万亿元）

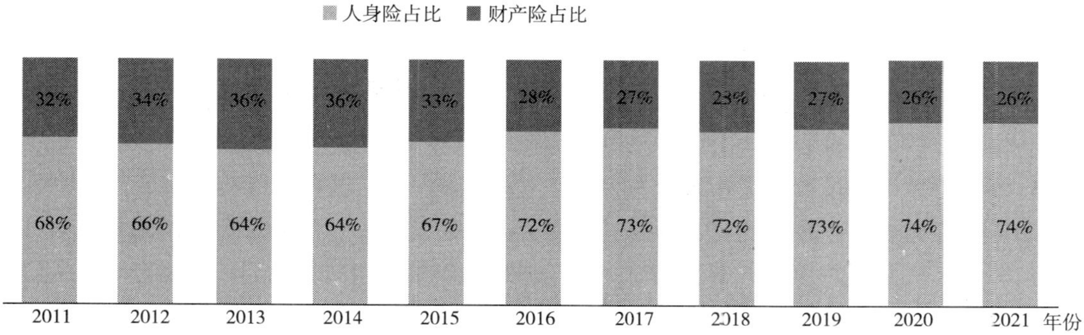

图 3-3 2011—2021 年中国保险业保费收入结构变化（单位:%）

国。2021 年全国的保险密度 3 179.88 元/人（约合 453.9 美元/人），保险深度为 3.93%，近年取得了快速进步，但是与发达国家的差距还是比较大（见表 3-1、表 3-2）。

表 3-1 中国与发达国家保险密度情况比较

	美国（2021）	日本（2021）	英国（2021）	法国（2021）	中国（2021）
保险密度（美元/人）	8 193	3 202	5 273	4 140	482

表 3-2 中国与发达国家保险深度情况比较

	美国（2021）	日本（2021）	英国（2021）	法国（2021）	中国（2021）
保险深度	11.7%	8.4%	11.1%	9.5%	3.93%

资料来源：《保险资讯》，十三个精资讯。中国的保险密度是按照汇率 6.63 换算的。

20 年间，我国保险市场的复合增长速度超过 12.3%，远高于同期国内生产总值的增长水平，是国民经济中发展最快的行业之一。保险业的市场主体也在不断增加，市场体系不断完善，截至 2019 年末，我国保险市场共有保险机构 228 家。其中，财产保险公司 89 家，人身保险公司 90 家，再保险公司 11 家，保险集团（控股）公司 14 家，保险资产管理公司 24 家，农村保险互助社 3 家。专业的健康保险公司、养老保险公司、车险公司、农业保险公司、责任险专业保险公司、互联网专业保险公司、自保公司、相互保险公司、农村保险合作社、科技保险公司等各种业态纷纷成立。2011 年以来，新华保险、中国人寿、中国平安、中国太保和中国人保五家保险集团先后在A-H股上市，2018 年安联保险集团在中国成立首家外资保险控股公司，为保险市场改革创新开启了新的探索。外资和民营资本参股中资保险公司、保险集团公司控股非保险企业的情形日益增多，股权结构更趋多元化。截至 2021 年 12 月 31 日，我国共有 235 家保险机构，2 610 家保险专业中介机构和 7 家外国再保险公司分公司。

2. 适应经济社会新需要，保险服务领域不断扩大。20 多年来，随着国民经济的快速发展、经济结构调整和民生保障的加强，以及适应新经济形态、新业态的需要，我国保险服务领域不断扩大，产品供给在引进国际先进经验的同时，还形成了中国式现代保险业高质量发展的格局：一是责任险快速发展。2006 年和 2014 年，国务院先后两次下发相关促进保险服务业发展的意见，要求充分发挥责任保险在事前风险预防、事中风险控制、事后理赔服务等方面的功能作用，用经济杠杆和多样化的责任保险产品化解民事责任纠纷。交通、旅游、医疗、教育、安全生产等领域纷纷开展了政府部门推动建立责任保险机制促进社会管理的探索，承运人责任险、医疗责任险、旅行社责任险等涉及民生福祉的保险业务快速发展；自然灾害、见义勇为、公共场所火灾爆炸、助学贷款等传统属于政府支付、救济、抚恤的领域，也引入了责任保险机制，体现了中国特色。截至 2021 年底，我国责任险市场规模达到 1 018 亿元，10 年复合增速超过 17%，而同期财产保险行业总体增速不到 10%；2021 年责任险险种占比为 7.44（即责任保险保费收入占财产保险业保费收入之比），2015 年该数据不到 4%。责任保险成为拉动行业增长新兴力量，成为行业转型发展的排头兵。二是适应互联网经济与金融的发展，相关新兴保险业务大力发展。2014 年，互联网保险业务规模继续大幅增长，有 85 家保险公司开展了互联网保险，占总保费收入的比例由 2013 年的 1.7%增长至 2014 年的 4.2%，对全行业保费增长的贡献率达到 18.9%，比 2013 年提高 8.2 个百分点。2011—2014 年，互联网渠道保费规模提升了 26 倍，2018 年，全行业互联网业务签单保费 1 889 亿元，经营互联网保险业务的公司达 152 家，其中财产保险公司 74 家，人身保险公司 78 家。2021 年实现了恢复性增长，成为拉动市场增长的一个不可或缺的因素，相关为互联网经济风险管理服务的险种，如虚拟财产损失保险、退货运费损失险、网络安全保险等新兴风险保险纷纷问世，我国第一家专业从事互联网保险业务的保险公司——众安保险公司也应运而生。并在成立后短短的四年内在香港上市，掀起保险科技的热潮。三是适应经济社会活动国际化的需要，大量满足新兴风险管理需要的保险产品，如展会责任险、活动取消保险、高尔夫一杆进洞保险、绑架赎金保险、航班延误保险、产品延长保修保险、电影保险等，纷纷被引入国内，满足了新兴产业与服务业发展的需要。四是配合国家保障民生和扶贫救助、美丽中国、振兴乡村以及“走出去”等战略的实施，政策类责任保险、城市定制型补充医疗保险（简称“惠民保”）、农民工工资履约保证险、农业保险、出口信用保险等具有中国特色、社会治理作用明显的一些险种得到大力发展，国家出台了相关保费补贴的政策，国内保险企业为中国企业“走出去”提供在投资、运营、劳动用工等方面的一揽子保险服务，同时提高了中国保险公司在海外的知名度和认可度。五是投资连结保险得到较快发展。伴随资本市场的突飞猛进，保险公司开发了投资连结保险，既满足了客户资产保值增值的需求，又为企业迅速集聚了大量可用于投资的资金。这种保险产品兼具保障和投资功能，财产险和人身险均有涉足，对保险公司迅速聚集大规模的保费用于资金运用起到了重要作用。六是保险服务从承保端向投资端延伸。随着保险规模的扩张，也带来保费资金运用的压力。促成保险资产管理公司的出现，资产管理范围由母公司扩展至全行业，不仅承担起母公司资产管理重任，还接受第三方委托进行资产管理，在一定程度上形成传统保险公司为负债端、资管公司为资产端的双头并行格局，正在逐步成为社会财富管理和支持经济发展的中坚力量。部分有实力的保险公司在尝试海外投资，购入国外优质资产。2015 年，国家发展改革委、保监会联合印发《关于保险业支持重大工程建设有关事项的指导意见》，鼓励保险资金投资重大工程项目债券，同年设立中国保险投资基金，发挥保险资金长期投资优势，对接国家重大战略和市场需求，主要投向基础设施建设，带动社会有效投资，支持实体经济发展。保险业的供给侧结构性改革在不断推进之中。2012 年到 2021 年，我国商业车险收入所占财险比重从 72. 4%下降到 56. 9%，责任保险、农业保险收入所占财险比重分别从 3. 3%、4. 4%上升到 7. 4%、7. 1%。人身险公司健康险收入所占人身险比重从 8. 49%上升到 22. 6%，保障性不强的中短存续期产品和投资理财产品大幅下滑，保险市场结构发生了巨大变化，展示出巨大的发展空间和潜力。

3. 政府职能转型加快，对商业保险的利用度加强。市场经济体制的确立要求加快政府职能转型，充分发挥市场机制配置资源的决定性作用，商业保险作为一种重要的市场工具，被各个行业广泛利用，如国家建立了政策性农业保险制度，由商业保险公司经营农业保险，中央及地方财政给予补贴，并予以免税支持；对于大病医疗保险，引入商业保险机构经营管理，减免相应税收，进一步提高了社会保障水平；对安全生产管理、生态环境治理、医疗纠纷管理等社会矛盾较多的领域，探索实施强制责任保险制度，积极利用商业保险机制实现“社会共治”；对企业投保出口贸易保险、学校投保校园方责任险，家政服务机构投保家政服务责任保险、政府部门投保土地经营权流转租金支付履约保险、财政采购或给予补贴；为“走出去”企业信誉担保采购建筑安装设计责任险、建筑工程质量保险等险种；探索发挥商业保险机制优势，进行巨灾保险试点，2014 年试点在深圳、宁波启动，现在已扩大到了四川、广东、山东等多地，地方政府为推动企业创新，财政拨付专项资金，对企业购买“首台套”综合保险、科技保险给予补贴；一些地方政府为保障民生，向商业保险公司采购了针对特殊人群的意外险、责任险，以及针对自然灾害风险、活动场所风险，采购了相应的责任保险、意外保险；为完善行业风险管理，近年各行业主管部门都在加强对保险机制的利用，如《道路运输条例》《机动车交通事故强制责任保险条例》《安全生产法》《旅游法》《环境保护法》《特种设备法》等，都鼓励或强制经营主体购买相应的责任保险以落实民事赔偿责任，特别是 2006 年我国建立了商业化运作的机动车第三者强制责任保险制度，实行无过错赔偿，并建立救助基金，对保障公众权益起到了重要作用。在政府推动下，商业保险对经济社会的渗透力显著增强，对传统经济、新兴经济、社会保障和社会管理的支持力度加大，2018 年，国家税务总局还出台了对企业采购责任保险的保险费予以税前扣除的政策，2022 年 7 月份，银保监会下发《关于进一步推动金融服务制造业高质量发展的通知》，从保险等九方面加大金融对制造业支持力度；水利、交通、环境、旅游等多个行业出台了发展保险机制、促进安全生产的文件。

4. 保险监管体系日益完善，市场规范性不断加强。入世以来，保险监管部门不断完善相关法律及规定，加强执法检查，规范竞争秩序，对于保险公司分支机构、管理人员、从业人员、保险偿付能力、再保、保险资金运用、保险产品管理等都有一系列明确的规范，形成了完整体系；在分业经营、分业监管的原则基础上，借鉴发达国家经验，允许财险公司进入被称为“第三领域”的短期健康险和意外险开展业务；为维护消费者利益，并防范系统性风险，2005年，保监会在金融领域第一个建立保险市场的退出保障机制，成立国家保险保障基金，基金来源包括境内保险公司依法缴纳的保险保障基金、依法从破产保险公司清算财产中获得的受偿收入、捐赠以及上述资金的投资收益，在保险公司被撤销、被宣告破产和在保险业面临重大危机、可能严重危及社会公共利益和金融稳定的情形下，用于向保单持有人或保单受让公司等提供救济。2008年，财政部、中国人民银行、中国保监会三部委联合印发《保险保障基金管理办法》，正式成立中国保险保障基金有限责任公司，接手对保险保障基金的管理。截至2021年底，保险保障基金规模突破1 829亿元人民币，其中财产险基金1 130.89亿元，占比61.80%；人身险基金699.09亿元，占比38.2%。

随着大量社会资金进入保险业以及保险业投资领域与规模不断扩大，保险业自身风险也在不断累积，其功能和定位在不断发展，创新活动日益频繁，监管部门的监管职能也在不断完善，如2016年，针对网络互助行为，对水滴互助等网络互助平台负责人进行重点约谈并通报监管意见，进行专项整治，9家平台共同签署《中国网络互助行业自律公约》，致力于共同推动网络互助行业健康可持续发展；针对保险企业通过销售万能险聚集资金投资的行为，下发《关于进一步完善人身保险精算制度有关事项的通知》和《关于规范人身保险公司产品开发设计行为的通知》等，引导行业发展风险保障和长期养老储蓄类产品，为实体经济和资本市场发展提供长期稳定资金；针对保险企业频频举牌上市公司的行为，下发《关于进一步加强保险资金股票投资监管有关事项的通知》，加强资金运用监管，针对问题公司下发监管函、停止或暂停相关业务，并责令整改，规范投资比例与行为，切实践行“保险姓保”的发展理念。近年，为防范化解金融风险，保险监管和银行监管机构合并成立银保监会，监管机构进一步强化了监管手段，对行业实施穿透式、常态化监管。截至2021年末，保险业平均综合偿付能力充足率为232.1%，平均核心偿付能力充足率为219.7%，均处于较高水平。财产险公司、人身险公司、再保险公司的平均综合偿付能力充足率分别为283.7%、222.5%和311.2%，均有所增长，保险业偿付能力最低资本为2.2万亿元，同比增长6.4%；财产险公司、人身险公司和再保险公司的最低资本分别为0.25万亿元、1.89万亿元和0.07万亿元，同比分别增长0.2%、6.9%和19.4%，这反映了行业转型发展取得了一定成效，保险行业在向高质量转型发展。农业保险、健康保险、信誉保证保险、责任保险、安全生产责任保险、旅行社责任保险、互联网业务等领域的专项业务管理办法相继出台，在支持经济、社会持续稳定发展与创新的同时，也促进了自身的规范、稳健发展。

自1980年我国保险业复业以来，与国民经济社会的长足发展相适应，其产品创新、行业监管、企业经营、市场需求等方面均在逐步与国际接轨，迈上了科学、规范、持续、健康发展的新阶段。随着我国进入“十三五”阶段，伴随着社会风险意识和保险观念的日益提升，以及国家对于保险业发展的政策红利逐步释放，保险行业发展面临良好的外部环境。特别是“新国十条”的出台，标志着发展现代保险服务业已经从行业意愿上升到国家意志，行业定位的重大转变，意味着保险将成为人们的必需品，商业保险发挥作用的空间和社会地位都将大大增强（见表3-3、表3-4）。2016年8

月，保监会发布《中国保险业发展“十三五”规划纲要》，进一步明确了在建设全面小康社会进程中保险的功能与定位及目标，保险服务实体经济、绿色经济、高质量发展等国家战略的作用越来越显著，“保险让生活更美好”正在成为现实，在人们的生活中占据着越来越重要的位置。

表 3-3　2000—2021 年我国保费及结构表

年份	保费收入		人身险公司保费收入		财产险公司保费收入	
	绝对值（亿元）	增长率（%）	绝对值（亿元）	增长率（%）	绝对值（亿元）	增长率（%）
2000	1 595.9	14.5	997.5	14.4	598.4	14.8
2001	2 109.4	32.2	1 424	42.8	685.4	14.5
2002	3 053.1	44.7	2 274.8	59.7	778.3	13.6
2003	3 880.4	27.1	3 011.1	32.4	869.4	11.7
2004	4 323.0	11.4	3 198.2	6.2	1 124.8	29.4
2005	4 928.4	14.0	3 644.9	14.0	1 283.1	14.1
2006	5 640.2	14.4	4 059.1	11.4	1 581.1	23.2
2007	7 033.4	24.7	4 946.5	21.9	2 086.6	32.0
2008	9 789.1	39.2	7 342.6	48.4	2 446.2	17.2
2009	11 137.3	13.8	8 144.2	10.9	2 992.9	22.3
2010	14 528.0	30.4	10 500.9	28.9	4 026.9	34.5
2011	14 341.0	-1.3	9 560.0	-9.0	4 780.9	18.7
2012	15 485.5	8.0	9 955.4	4.1	5 530.1	15.7
2013	17 217.9	11.2	10 736.5	7.8	6 481.2	17.2
2014	20 233.6	17.5	12 687.3	18.2	7 546.1	16.4
2015	24 286.5	20.0	15 859.1	25.0	8 427.4	11.7
2016	30 959.1	27.5	21 692.8	36.8	9 266.2	9.9
2017	36 581.9	18.16	26 039.6	20.04	10 541.4	13.76
2018	38 016.6	3.92	26 260.9	0.85	11 755.7	11.52
2019	42 645.0	12.17	29 628.0	12.8	13 016.0	10.72
2020	45 257	6.1	31 674	6.9	13 584	4.36
2021	44 900.17	-0.79	21 223.67	-1.42	13 676	0.68

表 3-4　2000—2021 年我国保险深度、保险密度

年份	保险深度（%）	保险密度（元/人）
2000	1. 84	127. 7
2001	2. 2	169
2002	2. 98	237. 6
2003	3. 3	300. 3
2004	3. 39	332. 2
2005	2. 7	375. 6
2006	2. 8	431. 3
2007	2. 93	532. 4
2008	3. 25	736. 7
2009	3. 32	834. 4
2010	3. 65	1 083. 4
2011	3. 04	1 064. 4
2012	2. 98	1 143. 7
2013	3. 03	1 265. 4
2014	3. 18	1 479. 3
2015	3. 59	1 766. 5
2016	4. 16	2 239. 0
2017	4. 42	2 632
2018	4. 22	2 724
2019	4. 30	3 046
2020	4. 45	3 233
2021	3. 93	3 179. 88

资料来源：中国银保监会网站。

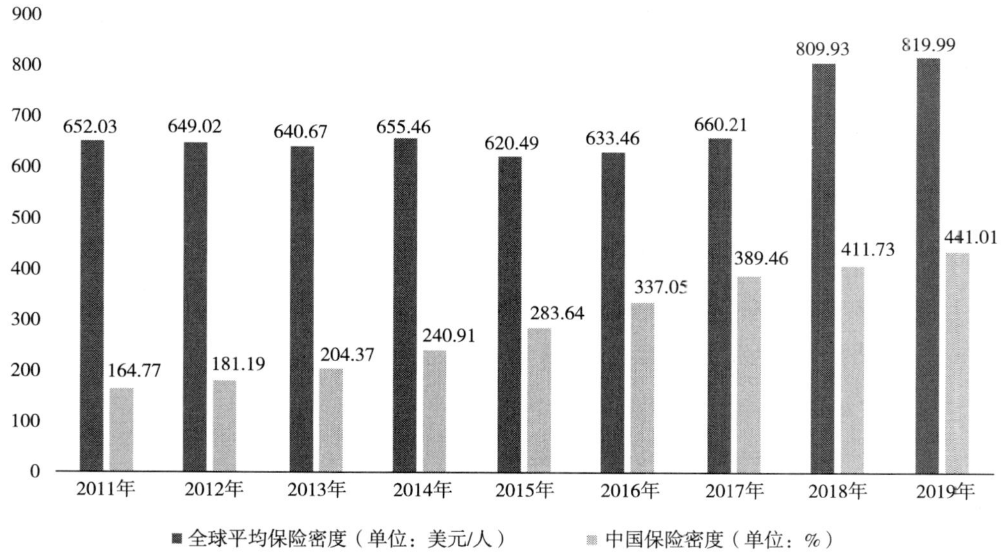

图 3-4 2011—2019 年全球与中国平均保险密度情况

资料来源：国家统计局 保险年鉴 联合国 前瞻产业研究院整理

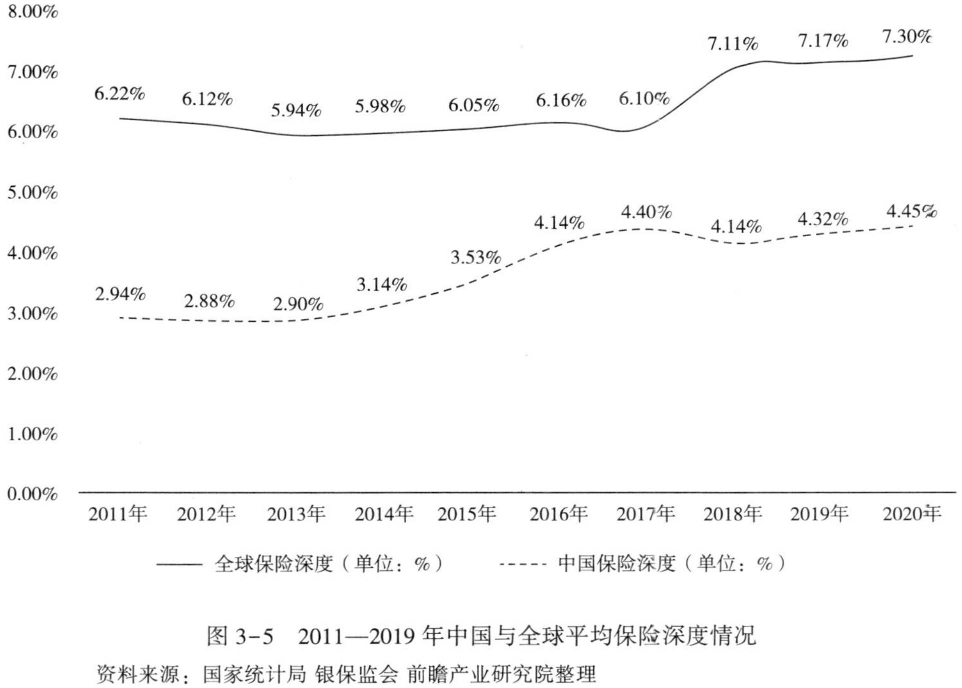

图 3-5 2011—2019 年中国与全球平均保险深度情况

资料来源：国家统计局 银保监会 前瞻产业研究院整理

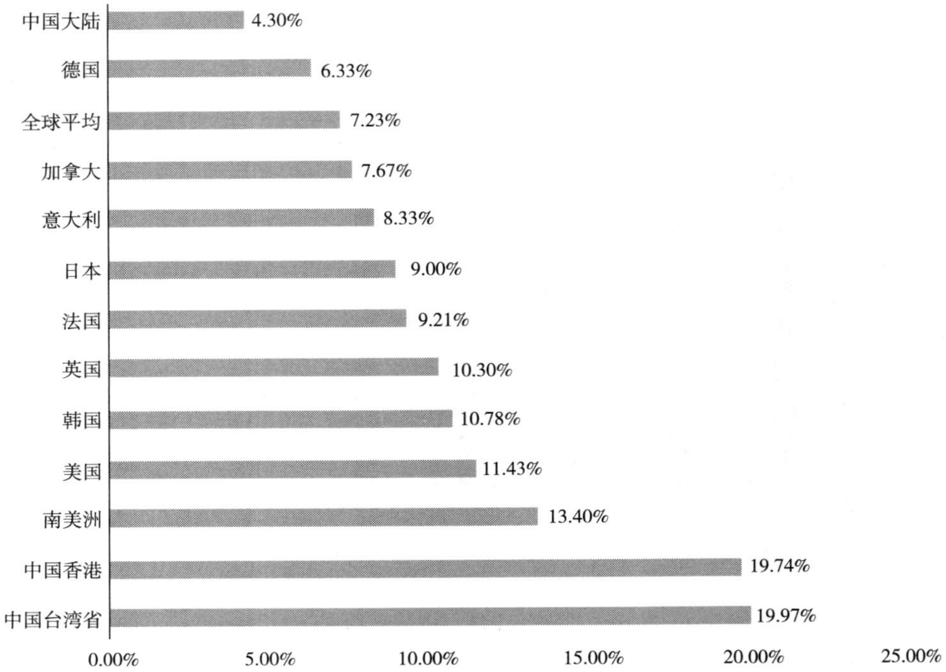

图 3-6 2019 年全球部分国家和地区保险深度

资料来源：Statista 前瞻产业研究院整理

复习思考题

1. 我国古代有哪些值得借鉴的保险思想？这些保险思想是如何体现互助共济性的？
2. 各种专业保险的产生和发展过程有何共同规律？
3. 我国保险业的曲折发展历史有什么值得吸取的教训？
4. 现代保险在支持我国社会经济发展的作用主要体现在哪些方面？

第四章　保险的分类

本章要点

- 保险的各种分类方法及险别
- 商业保险的主要险种

分类是指按照种类、等级或性质分别归类。保险分类是指根据保险经营的性质、目的、对象、法规要求以及历史习惯等标准对保险类别进行划分。国际上对保险分类没有固定的原则和统一的标准，各国通常根据各自需要采取不同的划分方法。进行科学的保险分类，有助于加深对保险产品和业务本质及其特征的理解，也有利于掌握各保险险别、险种的运行规律，规范保险经营管理，更好地发挥保险的职能和作用。

第一节　保险的一般分类

一、依据保险标的分类

依据保险标的的不同，保险可以分为人身保险和财产保险。

（一）人身保险

人身保险是以人的寿命和身体作为保险标的的保险。保险人对因意外灾害、疾病、衰老以致丧失工作能力、伤残、死亡或年老退休时给付约定的保险金。其主要目的是为生、老、病、死、残等人身风险提供保障，解决因此所造成的财务困难。按照保障责任的范围，人身保险又可以进一步细分为人寿保险、意外伤害保险和健康保险。

1. 人寿保险。人寿保险，又称寿险或生命保险，是以被保险人的寿命为保险标的，并以被保险人在保险期满时仍生存或在保险期间内死亡为条件，给付约定保险金。人寿保险包括定期寿险、终身寿险、两全保险、年金保险、养老保险等。

2. 意外伤害保险。意外伤害保险是以人的身体和寿命作为保险标的，当被保险人在保险期间因遭遇意外事故致使身体遭受伤害而残废或死亡时，由保险人按约定给付保险金的一类保险。

3. 健康保险。健康保险是指保险公司通过疾病保险、医疗保险、失能收入损失保险和护理保险等方式对因健康原因导致的损失给付保险金的保险。

（二）财产保险

财产保险是以各种有形无形财产及其相关利益作为保险标的的保险，在保险期间保险人对于因保险合同约定的保险事故发生所造成的保险标的的损失承担经济赔偿责任的一类保险。

财产保险有狭义的财产保险和广义的财产保险之分。狭义的财产保险是以各类财产作为保险标的的；而广义的财产保险除了承保财产，还承保与财产有关的责任与信用。狭义的财产保险仅指财产损失保险，而广义的财产保险除财产损失保险外，还包括责任保险、信用保险和保证保险。

1. 财产损失保险。财产损失保险是以各类财产作为保险标的，在保险期间，因保险事故发生致使保险标的遭受的损失，由保险人承担经济赔偿责任。包括企业财产保险、利润损失保险、家庭财产保险、运输工具保险、货物运输保险、建筑工程保险、专利被侵权损失保险等。

2. 责任保险。责任保险是以被保险人的民事损害赔偿责任作为保险标的的保险。由于被保险人的过失、疏忽等行为，给他人造成了经济损失，根据法律规定或者合同约定应由被保险人对受害人承担的经济赔偿责任，由保险人负责赔偿。包括公众责任保险、雇主责任保险、产品责任保险、职业责任保险等。

3. 信用保险。信用保险是以信用行为作为保险标的的保险，是债权人因债务人不能偿付或拒绝偿付债务而遭受的经济损失为保险标的的保险，包括商业信用保险、出口信用保险、信用卡保险等。

4. 保证保险。保证保险是由投保人（债务人）要求保险人对本人的信用提供担保。如果由于投保人不履行合同义务致使债权人（被保险人）受到经济损失，应由保险人承担赔偿债权人损失责任。

二、依据经营目的分类

依据经营目的的不同，保险可以分为商业保险和社会保险。

（一）商业保险

商业保险是营业性保险，具有以营利为目的的性质，并遵循自愿原则。商业保险是一种合同关系，由投保人与保险人双方根据平等自愿、协商一致的原则订立，保险对象可以是自然人，也可以是财产或责任，保险费完全由投保人承担。

（二）社会保险①

社会保险是保障性保险，具有社会政策性质，遵循强制性原则，是国家通过立法

① 我国台湾学者袁宗蔚将保险分为商业保险与政策保险，而政策性保险根据政策性质，又可以分为社会政策保险，即大陆地区的社会保险（基本养老保险，基本医疗保险等）和经济政策保险，即大陆地区的政策性保险（出口信用保险，政策性农业保险等）。

形式，对社会成员在年老、疾病、残废、伤亡、生育、失业情况下的基本生活需要给予物质帮助的一种社会保障制度。社会保险的保险对象通常只能是自然人，保险费通常由国家、雇主和个人三方面负担，保险待遇根据国家法律规定的标准、个人贡献和社会经济发展水平来确定。

（三）政策保险

政策保险是依据经济政策的目标实施的有政府财政税收等政策支持的保险。例如出口信用保险、投资保险，政策性农业保险等。这类保险业务要完全由商业保险机构以自由竞争方式来经营，难度较大。所以一般由政府自己经营，也可以在政策支持下（例如补贴保险费和管理费等）由商业保险机构经营。

三、依据保险的实施方式分类

依据保险的实施形式的不同，保险可以分为自愿保险和强制保险。

（一）自愿保险

自愿保险是指投保人和保险人在自愿原则的条件下，订立保险合同而建立保险关系的保险。是否参加保险、参加何种保险、投保的保险金额有多少等，都由投保人自己决定；是否予以承保、适用何种费率等内容，则由保险人自己决定。只有在双方协商一致的情况下，才能订立保险合同。我国《保险法》第十一条明确规定："订立保险合同，应当协商一致，遵循公平原则确定各方的权利和义务。""除法律、行政法规规定必须保险的以外，保险合同自愿订立。"大部分的保险业务都采用自愿保险的方式，以适应人们对不同种类、不同层次的保险需求。

（二）强制保险

强制保险，也称法定保险，是根据国家颁布的有关法律法规在规定范围内的个人或单位必须投保的保险。这类保险是为实施某项政策目的所采用的保险手段，具有强制性、全面性等特点。投保人（被保险人）与保险人之间的权利、义务关系是基于国家法律、行政法规的效力而产生的，不论保险双方是否同意，都必须办理，而且只要是在国家法律、行政法规规定的保险范围内的保险标的，必须全部参加保险。例如，机动车第三者责任保险和雇主责任保险在不少国家都是依法强制投保的。

四、依据保险人承保方式分类

依据保险人承保方式的不同，保险可以分为原保险、再保险、共同保险和重复保险。

（一）原保险

原保险是指投保人和保险人直接订立保险合同，当保险标的发生该保险合同责任范围内的损失时，由保险人直接对被保险人承担经济赔偿责任的保险。在实务中，原保险也叫直接保险。

（二）再保险

再保险，也称分保，是指保险人或再保险人将其承担的保险业务部分或全部转移给其他保险人或再保险人而形成的保险关系，其目的是减轻自身承担的保险风险和责任。

（三）共同保险

共同保险，简称共保，是指由两个或两个以上保险人，使用同一保险合同对同一保险标的共同承担同一风险责任的保险。

（四）重复保险

重复保险是投保人对同一保险标的、同一保险利益、同一保险事故分别与两个以上保险人订立若干份保险合同，且保险金额总和超过保险价值的保险。

五、依据投保方式分类

依据投保主体的不同，保险可以分为个人保险和团体保险。

（一）个人保险

个人保险是指以个人作为投保人、被保险人的保险，如个人养老金保险、家庭财产保险等。

（二）团体保险

团体保险一般以团体或者单位为投保人，以团体或者单位员工为被保险人的保险。参加人数一般为该团体或单位人数的75%以上。

六、依据承保风险分类

依据承保风险的不同，保险可以分为单一风险保险和综合风险保险。

（一）单一风险保险

单一风险保险是指在保险合同中只承保一种风险责任的保险。根据合同规定，保险人只对该种风险事故的损失进行经济补偿。

（二）综合风险保险

综合风险保险是指在保险合同中，保险人承保两种及两种以上风险责任的保险。根据合同规定，凡是约定的风险事故损失，保险人都要进行经济补偿。保险人承保风险责任多而且广泛的保险，在业务中称为一切险（或全险）保险。

第二节　人身保险的主要险别险种

如前所述，人身保险主要分为三类，即人寿保险、意外伤害保险和健康保险，这三类又具体分为不同的险种。

一、人寿保险

人寿保险的主要险种包括简易人身保险，养老年金保险，子女教育、婚嫁金保险，投资连结保险和分红保险。

（一）简易人身保险

简易人身保险简称简身险。年龄在 16~65 周岁、身体健康的被保险人，在保险期间发生死亡、伤残等保险事故或满期仍生存，保险人将依约定给付保险金。简身险属于生死两全险附加意外伤害保险的一种混合型人身保险险种。

（二）养老年金保险

养老年金保险就是保险人在约定的期间内定期给付保险金的一种生存保险。凡年满 16 周岁的城乡居民均可投保，从约定领取养老金年龄开始，保险人按约定周期，如年、季、月等，给付保险金，直至被保险人死亡。

（三）子女教育、婚嫁金保险

子女教育、婚嫁金保险，也属于混合型险种，是由两全保险、年金保险、意外伤害保险、意外伤害医疗保险混合而成的。凡满 1 周岁的儿童均可作为被保险人。保险人承担的保险责任包括中学教育金、大学教育金给付、婚嫁金给付、死亡给付、残废给付和医疗费给付。

（四）投资连结保险

投资连结保险是由中国平安保险公司在 1999 年首推的一种新型人寿保险，带有投资功能的寿险险种。保险费分为两部分，一部分用于保险保障，另一部分用于投资，投保人或被保险人要承担投资风险，投资收益将全部计入投资账户，属于投保人或被保险人所有。此类险种的投资与其他寿险险种所形成的保险基金的投资是分开的。

（五）分红保险

分红保险既能为被保险人提供风险保障，又可以让被保险人参与分红，使被保险人分享保险公司的投资和经营成果。

二、意外伤害保险

意外伤害保险的主要险种包括团体意外伤害保险、学生团体平安保险和旅客意外伤害保险。

（一）团体人身意外伤害保险

团体人身意外伤害保险是一种集体投保，以各类企事业单位、机关、团体的成员为被保险人，对被保险人因意外伤害事故致死、致残，保险人按约定给付保险金的意外伤害保险。

（二）学生团体平安险

学生团体平安险也称学平险，是一种集体投保，以在校的大、中、小学学生为被保险人，在保险期内被保险人因疾病或意外伤害事故致死、致伤、致残，以及所需用的医疗费用由保险人按约定给付保险金。这是一种意外伤害保险附加健康保险的混合型险种。

（三）旅客意外伤害保险

旅客意外伤害保险是一种以乘坐火车、飞机、轮船、长途汽车等交通工具的旅客为被保险人，被保险人如在指定的旅程内因意外伤害事故致死、致伤、致残，由保险人按约定给付保险金的意外伤害保险。

三、健康保险

健康保险的主要险种包括重大疾病保险、医疗保险、失能收入损失保险和护理保险。

（一）重大疾病保险

重大疾病保险是针对一系列特定的重大疾病（如恶性肿瘤、白血病、肾衰竭等）的医疗费用而设计的医疗保险险种。当被保险人在保险期间被确诊患有这些疾病或因这些疾病而死亡、残废时，由保险人给付医疗费和保险金。

（二）医疗保险

医疗保险是保险人以保险合同约定的医疗行为发生为给付保险金条件，为被保险人诊疗期间的医疗费用支出提供保障的健康保险。包括费用补偿型医疗保险、住院医疗保险、意外医疗保险和门诊医疗费用保险。

（三）失能收入损失保险

失能收入损失保险，又叫收入保障保险，是指以因保险合同约定的疾病或者意外伤害导致工作能力丧失为给付保险金条件，为被保险人在一定时期内收入减少或者中断提供保障的保险。

（四）护理保险

护理保险是指以因保险合同约定的日常生活能力障碍引发护理需要为给付保险金条件，为被保险人的护理支出提供保障的保险。

第三节 财产保险的主要险别险种

根据我国保险法的规定，财产保险又可进一步细分为财产损失保险、责任保险、信用保险和保证保险。

一、财产损失保险

（一）火灾及其他灾害事故保险

火灾及其他灾害事故保险是以存放在固定地点、处于静止状态的有形财产为保险标的，以火灾及其他列明的各种自然灾害和意外事故为保险责任的一种财产保险，也简称火灾保险。我国各保险公司目前开办的火灾保险险种主要有：企业财产保险、家庭财产保险和涉外财产保险。

1. 企业财产保险。企业财产保险通常是指以投保人存放在指定地点的财产物资为保险对象的保险。它主要承保工商、建筑、交通运输、服务行业、国家机关、事业单位和人民团体等，对因火灾及保险单中列明的各种自然灾害和意外事故，引起保险标的的直接损失、从属于或后果损失和与之相关联的费用损失。凡是被保险人所有或与他人共有而由被保险人负责的财产，由被保险人经营管理或替他人保管的财产，具有法律认可的与被保险人有经济利害关系的财产以及经与保险人特别约定的财产都可以作为保险标的投保企业财产保险。企业财产保险的主要功能作用包括：为企业分担风险、提供经济补偿并增强企业抵抗风险的能力。

2. 家庭财产保险。凡是属于城乡居民的家庭财产，包括房屋及附属设备、家庭生活资料、农村家庭的农具、工具、已收获入库的农副产品、个体劳动者的营业器具、工具、原材料及经与保险人特别约定的财产，都可以作为保险标的投保家庭财产保险。

家庭财产保险按照缴费方式分为普通家庭财产保险和家庭财产两全险两种。普通家庭财产保险采取缴纳保险费的方式，保险期满后，所缴纳的保险费不退还，继续保险需要重新办理保险手续。家庭财产两全险采取缴纳保险储金的方式，保险期间内无论是否得到赔偿，在保险期满后都能将原缴的保险储金全部退还被保险人。因为这种保险既能保障财产，又能到期还本，所以称为两全保险。

（二）货物运输保险

货物运输保险是以各种在途运输的货物作为保险标的，以运输过程中因自然灾害或意外事故造成标的物损失为保险责任的一种财产保险。根据适用的范围，货物运输保险分为国内货物运输保险和国际（涉外）货物运输保险。

1. 国内货物运输保险。凡是公司或企业、国家机关、事业单位、人民团体以及公民个人，都可以将其在国内运输过程中的货物作为保险标的，投保国内货物运输保险。

根据货物运输的运输工具不同，国内货物运输保险分为国内水路货物运输保险、国内铁路货物运输保险、国内公路货物运输保险、国内航空货物运输保险、国内邮包保险等险种，供被保险人选择。

2. 涉外货物运输保险。涉外货物运输保险主要是以进出口贸易中的运输货物为保险标的。涉外货物运输保险业务以海洋货物运输保险为主，还有航空货物运输保险、集装箱货物运输保险、多式联运货物运输保险等。

（三）运输工具保险

运输工具保险是以各种运输工具作为保险标的，承保因自然灾害、意外事故造成标的物的毁损和对第三者造成的人身伤害及财产损失依法应承担的经济赔偿责任作为保险责任的一类财产保险。

根据运输工具的特性，运输工具保险包括机动车辆保险、船舶保险和飞机保险等险种。

1. 机动车辆保险。机动车辆保险也称汽车保险，是以机动车辆为保险标的的一种运输工具保险，主要承保机动车辆遭受自然灾害和意外事故以及车辆对第三者、车上人员造成的人身、财产损失。凡是经公安交通管理部门检验合格，具有其核发的有效行驶证和号牌的机动车辆，包括汽车、摩托车、拖拉机和各种特种车辆，都可以作为保险标的，投保机动车辆保险。

2. 船舶保险。船舶保险是以各类船舶作为保险标的的运输工具保险，分为国内船舶保险和远洋船舶保险。

国内船舶保险是适用于国家、集体、个人所有或与他人共有的仅限于航行于国境内以及沿海区域的各种船舶的保险。

远洋船舶保险是以航行于国际航线上的各类船舶，包括运输船舶、专用船舶及建造中的船舶、浮码头等作为保险标的的保险。

3. 飞机保险。飞机保险是以各种类型的客机、货机、客货两用机以及具有专业用途的特种飞机作为保险标的的运输工具保险。

（四）工程保险

工程保险是以各种建筑工程、安装工程、机器及附属物为保险标的，以建筑、安装工程以及机器设备安装过程中或使用过程中因自然灾害或意外事故而造成的经济损失为保险责任的一种财产保险，包括建筑工程一切险和安装工程一切险。

1. 建筑工程一切险。建筑工程一切险是以在建的建筑工程，包括厂房、仓库、大楼、宿舍、道路、桥梁及物资等，建筑施工用的机器、装置及设备，建筑工地上的其他财产为保险标的的保险。它也称建工险。建筑工程的所有人、承包人、分承包人均可以投保建工险。

2. 安装工程一切险。安装工程一切险是以各类工厂、矿山的机器设备的安装工程为保险标的的保险，也称安工险。其承保责任范围与建工险大致相同，除建工险的责任外，还负责超负荷、超电压、碰线、电弧、走电、大气放电及其他电器引起保险事故造成的损失和安装技术不善造成的损失。

（五）农业保险

农业保险主要是针对从事农业生产经营的单位或个人，在种植、养殖生产过程中因自然灾害或意外事故所造成的损失给予经济补偿的一种财产保险。根据保险标的的特点，商业性农业保险分为农作物保险、林木保险、畜禽保险和水产养殖保险等险种。

1. 农作物保险。农作物保险是以各种粮食作物（如水稻、小麦）、各种经济作物（如棉花、烟叶、瓜菜）作为保险标的，以各种作物在生长期或收获期内因自然灾害或意外事故造成的收获数量和质量损失或生产成本的损失为保险责任的保险，如生长期小麦保险、西瓜雹灾保险等。

2. 林木保险。林木保险是以国有、集体所有的林场、果园和个体林农、果农营造所有的人工林和天然林（包括森林和果树）作为保险标的，保险人承担因自然灾害或意外事故造成标的物损失的经济赔偿责任的一类保险，如森林火灾保险等。

3. 畜禽保险。畜禽保险是以农牧场、个体养殖专业户人工饲养的役用、乳用、种用、肉用、观赏用的大牲畜（包括牛、马、驴、骡）、中小家畜（包括猪、羊等）、家禽（包括鸡、鸭、鹅等）作为保险标的，保险人承担养殖过程中因自然灾害或意外事故造成经济损失的赔偿责任的一类保险，如生猪保险、养鸡保险等。

4. 水产养殖保险。水产养殖保险是以养殖场或个体养殖专业户利用浅海滩涂等海水水域或江河、湖泊、池塘等淡水水域人工养殖的各类水生动植物（包括鱼、虾、蟹、扇贝、海带等）作为保险标的，以在养殖过程中因自然灾害或意外事故造成的经济损失为保险责任的一类保险。

根据国务院2012年颁布的《农业保险条例》，农业保险内部还有另一套分类，参见本书第八章第四节。

二、责任保险

责任保险承担的责任大致有两种：一种是根据法律规定对受害人应当承担的经济赔偿责任，即“法律责任”；另一种则是根据契约规定由一方对另一方或他人所应承担的经济赔偿责任，即“契约责任”。例如，汽车肇事、建造中的建筑物倒塌、产品缺陷、医疗误诊等原因造成他人人身伤害或者财产损毁，车主、建筑承包商、产品制造企业和医生等责任者，应对受害者所负的经济赔偿责任，一经投保相应的责任保险，即可将赔偿责任转嫁给保险人承担。

责任保险险种主要有产品责任保险、雇主责任保险、公众责任保险、职业责任保险和个人责任保险。

（一）产品责任保险

产品责任保险是指以产品责任为保险标的的保险，即发生产品侵权事故后，由保险人代替被保险人承担其依法应负的经济赔偿责任的一种保险。《民法典》第一千二百零二条规定“因产品存在缺陷造成他人损害的，生产者应当承担侵权责任。”第一千二百零三条第一款又规定：“因产品存在缺陷造成他人损害的，被侵权人可以向产品的生产者请求赔偿，也可以向产品的销售者请求赔偿。”产品责任是指产品在使用过程中因其缺陷造成消费者或公众人身伤亡或财产损失时，产品供给方（生产者、销售者或产品修理者）依法应承担的民事赔偿责任。

（二）雇主责任保险

雇主责任保险是一种以雇主对雇员在其受雇期间从事与雇主业务有关的工作时因意外事故或职业性疾病而伤残或死亡时应承担的经济赔偿责任作为保险标的的责任保险，也称劳工灾害赔偿保险。

（三）公众责任保险

公众责任保险，又称普通责任保险或综合责任保险，是一种以被保险人的公众责任为标的的保险，即各类企事业单位、机关、团体、个人等在固定场所从事生产、经营等活动，以及日常生活中因意外事故造成他人的人身伤亡或财产损失依法应承担的经济赔偿责任作为保险标的的责任保险。

（四）职业责任保险

职业责任保险是以各类专业技术人员，包括医生、建筑师、药剂师、会计师、律师等，因工作上的疏忽或过失造成其当事人或其他人的人身伤害或财产损失依法应承担的经济赔偿责任作为保险标的的责任保险。

（五）个人责任保险

个人（家庭）责任保险负责赔偿自然人或其家庭成员（被保险人）在日常生产、生活中造成第三人人身伤害或者财产损失，依法需要承担赔偿责任而遭受的损失。个人（家庭）责任保险是以自然人为被保险人，为其提供风险保障。在习惯上个人（家庭）责任保险被列入公众责任保险的范畴，实际上其承保的风险并不限于公众责任风险。实务中，个人责任保险可以独立承保，也可以作为家庭财产保险的附加险承保。常见的个人（家庭）责任保险有：家庭责任保险、家政雇主责任保险和宠物责任保险。

三、信用保险

信用保险的主要种类有：

（一）国内商业信用保险

国内商业信用保险承保企业在延期付款或分期付款时，卖方因买方不能如期偿还全部或部分货款而遭受的经济损失。

（二）出口信用保险

出口信用保险是一种以鼓励本国出口商扩大出口贸易，开拓海外市场而给本国出口商提供收汇风险保障的保险。

（三）投资保险

投资保险是由保险人承保因政治原因（如战争、政府征用或没收、国家实行汇兑限制等）造成被保险人（投资商）的投资损失的信用保险，也称政治风险保险。

四、保证保险

保证保险的主要种类有：

（一）合同保证保险

合同保证保险是由保险人为权利人提供合同损失保障的保险，在约定条件下被保证人（义务人）如果不履行各种合同义务使被保险人蒙受经济损失，由保险人补偿。常见的合同保证保险险种有建筑工程承包合同保证保险、投标合同保证保险。

（二）忠诚保证保险

忠诚保证保险是由保险人承担因雇员的不诚实行为（如欺诈、盗窃、贪污、侵占、伪造等）给雇主造成经济损失时的赔偿责任的保险，也称雇员忠诚保证保险。

（三）产品质量保证保险

产品质量保证保险是一种由保险人承保产品生产者、销售者或修理者因其生产、销售或修理的产品质量有内在缺陷，而给使用者造成的产品本身的损失及引起的间接损失和费用损失的保险，也称产品质量信誉保险。

复习思考题

1. 试从不同的角度对保险进行分类，以便从整体上把握保险市场上纷繁复杂的保险产品。
2. 意外伤害保险和短期健康保险作为“第三领域”保险，应如何界定其经营主体？

第五章　保险合同

本章要点

- 保险合同的特征、分类与形式
- 保险合同的主体、客体与内容
- 保险合同的订立程序
- 保险合同的成立、生效和保险责任开始
- 保险合同的无效与效力补正
- 保险合同的撤销与解除
- 保险合同的中止与终止
- 保险合同的解释和争议处理

商业保险活动是一种商事活动，以保险合同的存在为基础，并受到《民法典》《保险法》《海商法》等一系列民商法律的规范和调整。本章主要讨论保险合同的有关问题。

第一节　保险合同的概念、特征、种类与形式

一、保险合同的概念

保险合同也称保险契约，是指投保人向保险人支付保险费，保险人则对保险标的因合同约定的保险事故发生所造成的经济损失，承担赔偿责任；或者当被保险人死亡、伤残、疾病或达到合同约定的年龄、期限时，由保险人承担给付保险金义务的协议。

二、保险合同的法律特征

保险合同作为一种债权合同，不仅具有一般债权合同的共性，而且由于其自身的特殊性而表现出一些不同于一般债权合同的法律特征。

（一）保险合同是射幸合同

所谓射幸合同是指合同当事人双方或者一方所负的支付义务，取决于合同生效后偶然事件发生与否。与之对应的是确定合同。

保险合同中，投保人支付保险费的义务通常在保险合同成立、生效时已经确定，而保险人承担经济损失补偿或者保险金给付义务，则取决于合同约定的保险事故在合

同有效期内是否发生。在保险合同有效期内，如果保险事故不发生，保险人将只收取保险费，而不承担赔偿或给付的义务。如果保险事故发生，则保险人应当按照合同约定承担赔偿或给付保险金义务。由于保险事故发生的偶然性和不确定性，保险合同就是一种典型的射幸合同（Aleatory Contract）。

（二）保险合同是最大诚信合同

凡民事活动，当事人都应该遵守诚信这一原则。《民法典》第七条规定："民事主体从事民事活动，应当遵循诚信原则，秉持诚实，恪守承诺。"《保险法》第五条规定："保险活动当事人行使权利、履行义务应当遵循诚实信用原则。"而且《保险法》对于保险合同当事人和关系人的诚信程度的要求较一般民事活动更为严格，如果双方违反诚信要求，需要承担更为严重的法律后果。详细解释请见第六章中"最大诚信原则"一节的内容。

（三）保险合同是附合合同

附合合同也就是格式合同。附合合同不经当事人双方充分协商，而由一方当事人提出合同的主要内容，另一方当事人只能在其已提出的合同内容基础上选择接受或拒绝。与之相对的是议商合同。

由于保险合同的专业技术性强，一般由保险人事先制定好，内容是标准化格式，投保人只能选择接受或拒绝保险人已拟定的合同内容，而不能变更或修改。因此，保险合同通常属于附合合同。

（四）保险合同是不要式合同

以合同的成立是否须采用法律或当事人要求的形式为标准，合同分为要式合同和非要式合同。虽然有人主张保险合同是要式合同，但是事实上保险合同更应是非要式合同。《民法典》第四百六十九条规定："当事人订立合同，可以采用书面形式、口头形式或者其他形式。"《保险法》第十三条第一款又规定："投保人提出保险要求，经保险人同意承保，保险合同成立。保险人应当及时向投保人签发保险单或者其他保险凭证。"由此可见，保险合同经双方意思表示一致，保险人同意承保即告成立，签发保险单或者其他保险凭证只是为了便于以后合同纠纷的解决，法律规定的保险人的一项义务而已。或者说，法律没有要求保险合同成立必须采用某种形式，保险单或者保险凭证不是保险合同本身不可缺少的形式，保险合同中大都有这些文件，只是为了在发生合同纠纷时方便举证而已。

（五）保险合同是有偿合同

合同当事人一方享有合同约定的权益，需要以向对方当事人付出相应的代价的合同为有偿合同。与之对应的是无偿合同。

保险合同一般情况下是有偿合同。因为通常情况下，一方面投保人和保险人订立保险合同向保险人转移风险，要求保险人承担赔偿或给付责任，需要向保险人支付保险费；另一方面保险人向投保人收取保险费后需要承担保险金的赔偿或给付责任。

（六）保险合同是继续性合同

继续性合同是指合同内容非一次给付可完结，而是继续地实现的合同。与之对应的是一时的合同。

不过，分期给付并不是判定合同是一时的合同还是继续性合同的依据，关键是看随着履行时间的推移，是否在当事人之间产生新的权利义务。即使有的保险合同中约定投保人一次性交清保费，而且保险金额或者赔偿限额都是确定的，但是在合同的履行过程中，保险人的真实赔付责任大小往往也会随时间发生变化，而且合同履行过程中还会产生安全检查、危险增加告知、合同解除等权利和义务。因此，保险合同是典型的继续性合同。

（七）保险合同是诺成性合同

诺成性合同也称不要物合同，是指不以交付标的物或者履行其他给付为成立要件的合同。与之对应的是实践性合同。

《保险法》第十三条第一款明确规定：“投保人提出保险要求，经保险人同意承保，保险合同成立。保险人应当及时向投保人签发保险单或者其他保险凭证。”第十四条继续规定：“保险合同成立后，投保人按照约定交付保险费，保险人按照约定的时间开始承担保险责任。”由此可见，保险合同的成立与否，主要看合同当事人对合同的条款是否达成协议，保险人是否同意承保，并不以投保人交纳保险费作为合同成立的要件，交纳保险费是保险合同成立后投保人的义务。因此，保险合同是诺成性合同，而不是实践性合同。

三、保险合同的种类

按照不同的分类标准，我们可以将保险合同分为不同的类型。

（一）按照保险标的不同进行划分

以保险标的为标准，保险合同可以分为财产保险合同和人身保险合同。

1. 财产保险合同。它是以各种财产及有关利益为保险标的的保险合同①。
2. 人身保险合同。它是以人的身体或生命为保险标的的保险合同。

（二）按照保险合同的性质不同进行划分

按照保险合同的性质为标准，保险合同可以分为补偿性保险合同和给付性保险

---

① 财产保险有狭义和广义之分，狭义的财产保险仅指以各种财产及与之紧密相连的利益为保险标的的保险，例如家庭财产保险、企业财产保险、利润损失保险等。此处采用的是广义财产保险的概念。

合同。

1. 补偿性保险合同。它是指当保险合同约定的保险事故发生后，保险人根据保险标的因保险事故发生所造成的实际损失额，对被保险人进行经济补偿的合同。如果约定事故没有发生或者虽然发生但未给被保险人造成经济损失，则保险人也无须履行赔偿义务，所以这种赔偿只能是补偿性质的。一般情况下，财产保险合同属于补偿性合同。

不过《农业保险条例》规定保险机构一般不得主张对受损的保险标的残余价值的权利，应该根据核定的保险标的的损失程度足额支付应赔偿的保险金。（农业）天气指数保险一般根据事先编制的天气指数和合同约定的赔偿触发条件与赔偿标准对被保险人进行赔付，并不是依据被保险人的实际损失。因此农业保险合同通常不是严格的补偿性保险合同。近年来，一些保险公司积极尝试在某些领域开发销售定额给付型财产保险，例如航班延误险、退货运费险等。显然，这些保险合同也都不是补偿性保险合同。此外，定值保险合同和重置价值保险合同也都不是严格的补偿性保险合同。

2. 给付性保险合同。它是指保险合同约定的特定事件发生或者保险期届满，保险人应当按照保险合同双方事先约定的保险金额支付保险金的合同，也称定额保险合同。主流保险理论认为，由于人的身体和生命的价值是无法用货币衡量的，保险金额只能根据被保险人的经济需求、交费能力和保险人的承保意愿来确定。当人身保险合同约定的特定事件发生后，保险人就以保险金额作为给付金额，并不以被保险人遭受损失为前提作给付限定。因此，大部分人身保险合同都属于给付性合同。不过，《健康保险管理办法》将医疗保险分为定额给付型和费用补偿型两种，其中费用补偿型医疗保险的赔偿金额以被保险人实际发生的医药费用金额为限，以规避被保险人的道德风险和法律纠纷。

（三）按照保险价值确定时间不同进行划分

按照保险价值确定时间为标准，保险合同可以分为定值保险合同和不定值保险合同。

所谓保险价值，是指保险人与被保险人相互约定的或根据某种方式确定的保险标的的价值。人的寿命和身体的价值是无法用货币来衡量的，因此人身保险不存在保险价值一说。而且，无论保险价值的确定方式如何，保险价值都是保险标的的价值，因此保险价值也不适用于那些以与财产物资相联系的经济利益为保险标的的财产保险。或者说，保险价值只存在于以有形财产、无形财产为保险标的的财产保险中。也就是说，这一分类标准一般仅适用于财产损失保险合同。

1. 定值保险合同。它是指保险合同当事人双方在订立保险合同时，事先确定保险价值的具体金额，并载明于保险单中一种财产保险合同。定值保险合同的保险金额一般不会超过保险价值。当保险事故发生后，无论保险标的出险时的实际价值是多少，保险人都以保险合同中载明的保险价值为基础进行损失赔付。货物运输保险合同就是典型的定值保险合同。

2. 不定值保险合同。它是指保险合同当事人双方在订立保险合同时，并不事先约定保险价值的具体金额，仅在合同中列明保险金额作为赔偿的最高限额的财产保险合同。如果发生保险事故，以事故发生时，事故当地保险标的的市场价格为准来确定保险价值金额，或者根据合同事先约定的方法、标准来确定保险价值金额，并以此作为处理赔偿的基础，对被保险人进行损失赔付。大多数的财产保险合同都属于这种不定值保险合同。

（四）按照保险价值与保险金额的关系不同进行划分

以保险价值与保险金额的关系为标准，保险合同可以分为足额保险合同、不足额保险合同和超额保险合同。显然，这一分类标准也仅适用于财产损失保险合同。判定一份财产保险合同是足额保险合同还是不足额保险合同是进行保险理赔之前的重要工作，直接决定了保险赔偿遵循的规则。

1. 足额保险合同。它是指保险价值与保险金额相等的保险合同。对于这种保险合同，当发生保险事故造成保险标的损失时，全部损失按照保险金额赔偿，部分损失则在保险金额范围内按照实际损失赔偿。

2. 不足额保险合同。它是指保险价值大于保险金额的保险合同。当保险事故发生并造成保险标的的损失时，保险人一般根据保险金额与保险价值的比例承担赔偿责任，部分家庭财产保险合同不遵循这一规则，而是采用第一危险方式赔付。

3. 超额保险合同。它是指保险价值小于保险金额的保险合同。对于这种保险合同，当保险事故发生并造成保险标的的损失时，保险人仅按照实际损失进行赔偿，高于保险价值的保险金额部分则视为无效。《保险法》第五十五条第三款规定：“保险金额不得超过保险价值。超过保险价值的，超过部分无效，保险人应当退还相应的保险费。”

（五）按照承担保险责任的次序不同进行划分

以直接保险人在保险合同中的身份不同，保险合同可以分为原保险合同和再保险合同。

1. 原保险合同。它是投保人直接和保险人订立的保险合同。

2. 再保险合同。它是指直接保险人为部分转移其承担的承保风险和责任与其他保险人订立的保险合同。财产保险公司和人寿保险公司都可以就其承保的风险责任签订再保险合同予以转移。不过，无论是财产再保险合同还是人寿再保险合同都属于财产保险合同。

（六）按照承保的保险人数量多少不同进行划分

以承保的保险人数量多少为标准，保险合同可以分为单保险合同和重复保险合同。

1. 单保险合同。它是指投保人就某一保险标的、某一保险利益、某一保险事故与一个保险人订立的保险合同。多数保险合同都是单保险合同。

2. 重复保险合同。它是指投保人对同一保险标的、同一保险利益、同一保险事故分别与两个以上保险人订立的保险合同，且保险金额总和超过保险价值。《保险法》第五十六条第四款规定："重复保险是指投保人对同一保险标的、同一保险利益、同一保险事故分别与两个以上保险人订立保险合同，且保险金额总和超过保险价值的保险。"重复保险合同有广义和狭义之分。广义的重复保险合同不强调保险金额之和超过保险价值。显然，我国现行《保险法》取的是狭义。

另外，由两个或者两个以上的保险人联合对同一保险标的、同一保险利益、同一保险事故共同和投保人签订一份保险合同，该保险合同一般被称作共同保险合司。实践中，航天保险、核保险和一些地方农业保险都是由多家保险公司组成保险共司体签订共同保险合同来承保的。此外，一些大项保险项目招标中也经常采用共同保险方式。

（七）按照合同承保的风险的多寡不同进行划分

按照合同承保的风险多寡为标准，保险合同可以分为单一风险保险合同和综合风险保险合同。

1. 单一风险保险合同。它是指在保险合同中载明保险人只对一种风险承担保险责任的合同。例如，地震保险合同、西瓜雹灾保险合同、人禽流感保险合同、SAES 保险合同等都属于单一风险保险合同。

2. 综合风险保险合同。它是指在保险合同中承保多种风险责任的保险合同。多数保险合同属于综合风险保险合同。其中，如果保险合同列明免除的责任，即不保风险，除不保风险外，保险人承保其他所有风险责任，我们又称之为一切险合同，例如建筑工程一切险合同。

（八）按照保险期限确定与否进行划分

以保险的期限确定与否为标准，保险合同可以分为定期保险合同和不定期保险合同。

1. 定期保险合同。它是指合同载明保险责任有效期限的合同，例如 1 年期企业财产保险合同、定期 5 年的人寿保险合同等。

2. 不定期保险合同。它是指合同不明确规定保险责任的有效期的合同。合同按照约定的终止条件终止或者由合同一方提前通知对方终止，例如终身人寿保险合同、航空旅客人身意外伤害保险合同、船舶航程保险合同、再保险合同等。

四、保险合同的形式

虽然保险合同通常并非要式合同，但是由于保险合同的复杂性和技术性较强的特点，实践中一般采用书面合同的形式。保险合同的书面形式主要包括投保单、保险单、暂保单、保险凭证等。

（一）投保单

投保单也称要保书、投保书或投保申请书，是指投保人要求参加保险时所填写的书面要约。它一般由保险人事先印就，内容包括投保人身份、地址，被保险人身份、地址，保险标的及其坐落地，拟投保险别和金额等内容。投保人投保时要按照所列明的项目逐一填写。投保单一经保险人正式接受并同意承保，保险合同即告成立，保险人根据投保单出具保险单。

（二）保险单

保险单简称保单，俗称大保单，是指保险人同意承保后出具给投保人的表明合同已经成立的正式证明文件。保险合同成立后保险人应当尽快向投保人签发保险单并在保险单中详细载明当事人双方约定的具体内容。保险单通常也是被保险人或者收益人向保险人索赔的依据。在保险合同有效期内，合同双方当事人（包括被保险人）必须全面履行保险单中约定的各项义务。

（三）暂保单

暂保单又称“临时保险书”，暂保单是保险人或者其代理人在出立正式保险单之前签发的证明保险人已同意给予投保人以保险保障的一种临时凭证。暂保单仅表明投保人已经办理了保险手续，并等待保险人出立正式保险单，内容一般较为简单。出具暂保单不是订立保险合同的必经程序，使用暂保单一般有以下三种情况：①保险代理人在争取到业务时，还未向保险人办妥保险单手续之前，给被保险人的一种证明；②保险公司的分支机构在接受投保后，还未获得总公司的批准之前，先出立的保障证明；③在拟订或续订保险合同时，订约双方还有一些条件需商讨，在没有完全谈妥之前，先由保险人出具给被保险人的一种保障证明。

暂保单具有和正式保险单同等的法律效力，但一般暂保单的有效期不长，通常不超过30天，具体有效期由双方约定。当正式保险单出立后，暂保单就自动失效。如果保险人最后考虑不出立保险单时，也可以终止暂保单的效力，但必须提前通知投保人。

（四）保险凭证

保险凭证又称“小保单”，指保险人签发给被保险人的承保凭证。保险凭证是保险单的一种简化形式，一般不印保险条款。保险凭证与保险单具有同等的法律效力，凡是保险凭证上没有列明的，或者保险凭证上的内容与保单出现不一致的，均以对应的保险单为准。为了便于双方履行合同，这种在保险单以外单独签发的保险凭证主要在这几种情况下使用：①团体保险单下，一般需要给每一个被保险人签发一张单独的保险凭证，便于被保险人索赔；②在货物运输保险订有流动保单或者预约保单的情况下，需要对每一笔货运签发单独的保险凭证，便于其随着货物转让；③为了便于交强险的被保险人随身携带以供有关部门检查，保险人出具的交强险便携式保险标志也是一种保险凭证；④我国还有一种联合保险凭证，主要用于保险公司同外贸公司合作时附印在外贸公司的发票上，仅注明承保货运险的险别、保险金额、检验和理赔代理人的名称及地址，其他项目均以发票所列为准，这种凭证目前仅适用于对港澳地区的出口业务。

（五）批改单

批改单简称批单或背书，是保险人应投保人或被保险人的要求出立的修订或更改保险单内容的证明文件。批改单常在两种情况下适用：一种情况是对印好的标准保险单要做部分修正，这种修正一般不改变保险单的基本条件，这种批单也称特别约定；另一种情况是保险合同订立后，在保险合同的有效期内对某些保险项目进行更改和调整。在保险合同有效期内，保险双方都有权通过协商更改和修正保险合同的内容。如果是投保人需要更改合同内容，需要向保险人提出申请，经保险人同意后出立批单。批单可以在原保险单或保险凭证上批注（背书），也可以另外出立一张变更合同内容的附贴便条。凡经过批改的内容，以批单为准；多次批改，应以最后批改为准。批改单一经签发，就自动成为保险合同的重要组成部分。

通常情况下，投保单、保险单和批单在一起共同组成完整的保险合同，仅其中某一项一般不能构成完整的保险合同。一般保险合同条款中都有类似“保险合同由本条款、投保单、保险单、批单和特别约定共同组成”[①] 的约定。

第二节　保险合同的要素

保险合同和常见的民事合同一样，都要满足三个要素，即合同的主体、客体和内容。

一、保险合同的主体

保险合同的主体是保险合同订立、履行过程中的参与者，也就是根据保险合同的约定，享有相关权利并承担相应义务的人。根据参与者在保险合同订立、履行过程中所发挥的作用不同，通常又将保险合同的主体分为当事人、关系人和辅助人三类。合同当事人是指依法订立保险合同并享有相关权利和承担相应义务的利害关系人，包括投保人和保险人[②]；合同关系人是指未参与保险合同的订立，但是享有合同约定利益并承担相应义务的人，包括被保险人和受益人；辅助人是辅助保险合同当事人订立合同、履行合同，并办理有关保险事项的人。

（一）保险合同的当事人

1. 保险人。保险人（Insurer）又称承保人，是指按照保险合同的约定向投保人收

① 有的财产保险可能需要以承保财产的估价报告作为承保依据，有的人身保险可能需要以被保险人的体检报告作为承保依据，那么财产估价报告和体检报告都是保险合同的有效组成部分。当然合同当事人还可以约定附加其他材料，这些都是保险合同的有效组成部分。

② 《海商法》第二百二十一条规定：“被保险人提出保险要求，经保险人同意承保，并就海上保险合同的条款达成协议后，合同成立。保险人应当及时向被保险人签发保险单或者其他保险单证或其他保险单证中载明当事人双方约定的合同内容。”再根据《保险法》第一百八十二条的规定，可以认为海上保险合同的当事人是被保险人和保险人。

取保险费，并于保险事故发生或者约定的期限届满时，承担赔偿或者给付保险金责任的组织或个人。

绝大多数国家要求保险人必须是法人组织或者法人组织的分支机构，只有少数国家（例如英国）允许保险人是自然人。《保险法》第六条规定："保险业务由依照本法设立的保险公司以及法律、行政法规规定的其他保险组织经营，其他单位和个人不得经营保险业务。"《农业保险条例》第二条第二款规定："本条例所称保险机构，是指保险公司以及依法设立的农业互助保险等保险组织。"除此之外，目前没有其他法律或者行政法规对保险经营机构的组织形式作规定。因此，当前在我国依法有资格经营保险业务的只能是保险公司及其分支机构以及专门从事农村保险业务的互助保险组织，而不能是自然人，也不能是其他法人组织或非法人组织。保险公司的分支机构不能独立承担民事责任、超出其财产的债务最终由上级公司承担，但是具有独立的诉讼主体资格。

依据《公司法》的规定，公司的组织形式又可以分为股份有限公司和有限责任公司，实践中股份有限公司是我国保险公司的主流组织形式。不过，部分外资保险公司在我国设立的分公司的组织形式是有限责任公司；2005 年经国务院同意我国在黑龙江设立了阳光相互农业保险公司，是我国第一家设立的相互制保险公司。2017 年，原保监会批准设立了三家相互保险社，即信美人寿相互保险社、众惠财产相互社和汇友财产相互保险社。此外，我国还有一些保险相互社和保险合作社等保险组织。

2. 投保人。投保人（Applicant）又称要保人，是指向保险人申请订立保险合同，并按照合同约定负担交纳保险费义务的组织或个人。

按照相关法律规定，作为保险合同的当事人，投保人必须满足以下条件：

（1）投保人必须具有法律规定的行为能力。包括具有完全民事行为能力的自然人（含个体工商户和农村承包经营户）、法人组织和以自己名义从事民事活动的非法人组织（如个人独资企业、合伙企业、不具有法人资格的专业服务机构等）。《民法典》第一百四十三条 规定："具备下列条件的民事法律行为有效：（一）行为人具有相应的民事行为能力……"第一百四十四条规定："无民事行为能力人实施的民事法律行为无效。"第一百四十五条第一款规定："限制民事行为能力人实施的纯获利益的民事法律行为或者与其年龄、智力、精神健康状况相适应的民事法律行为有效；实施的其他民事法律行为经法定代理人同意或者追认后有效。"因此，没有取得或者已经丧失法定资格无民事权利能力的法人以及没有民事行为能力的未成年人、精神病患者作为投保人同保险人订立的保险合同是无效合同，不受法律的保护。而且，限制民事行为能力的未成年人、精神病人作为投保人同保险人订立的保险合同只有经过其法定代理人追认才能生效，否则该合同不能生效。不过，保险人赠予限制民事行为能力人的纯获利性保险合同，例如以限制民事行为能力人为被保险人的生存保险合同应属于有效保险合同。

（2）投保人必须具有交纳保险费的能力。商业保险公司经营保险业务是一种商业逐利行为。一般情况下投保人要想未来保险人能够按照保险合同的约定承担保险责任，向被保险人提供保险保障，必须在同保险人订立保险合同后按照合同约定向保险人支付一定的保险费作为对价。因此，投保人购买保险除了考虑被保险人的风险保障需求外，还要考虑到自身的缴费能力大小，以做到量力而行。

（3）人身保险合同投保时投保人应该对被保险人具有保险利益。《保险法》第十二条第一款规定："人身保险的投保人在保险合同订立时，对被保险人应当具有保险利益。"第三十一条第三款规定："订立合同时，投保人对被保险人不具有保险利益的，合同无效。"因此，投保人在同保险人订立人身保险合同时必须对保险标的具有保险利益，否则保险合同无效。

（二）保险合同的关系人

1. 被保险人。保险的被保险人（Insured）是指其财产或者有关经济利益，或者人身受保险合同保障，享有保险金请求权的人。

财产保险的被保险人既可以是自然人，也可以是法人或者其他非法人组织，但对于人身保险合同而言，被保险人只能是自然人。当然，并不是所有自然人、法人或非法人组织都能成为保险合同的被保险人，对于财产保险合同而言被保险人同保险标的之间应该存在保险利益关系。《保险法》第四十八条规定："保险事故发生时，被保险人对保险标的不具有保险利益的，不得向保险人请求赔偿保险金。"对于人身保险合同而言，合同中一般还存在对被保险人年龄、健康状况或职业等要求。

2. 受益人。合同受益人（Beneficiary）从广义上看一般指合同中约定的或者法律规定的可以从合同中获得一定利益的自然人、法人或其他非法人组织。他可以是合同的当事人，也可以是当事人以外的第三人。例如，信托合同中可以约定委托人和受托人之外的第三人为受益人①。不过，《保险法》第十八条第三款规定："受益人是指人身保险合同中由被保险人或者投保人指定的享有保险金请求权的人。投保人、被保险人可以为受益人。"因此保险合同中受益人应当取狭义的概念，限定于人身保险合同，财产保险合同中不应该出现受益人的概念。如果财产保险合同真的出现了，那也不应该是《保险法》中规定的受益人。自然人、法人或者非法人组织，甚至胎儿都可以成为人身保险合同的受益人。不过，用人单位为员工投保人身保险不得指定被保险人及其亲属以外的人为受益人。

另外，含有死亡责任的人身保险本质上是一种利他保险，实际保障的是被保险人死亡之后受益人的生活。指定或者变更胎儿为死亡保险金受益人显然是为了保障胎儿利益，为其提供未来的生活保障。《民法典》第十六条规定："涉及遗产继承、接受赠与等胎儿利益保护的，胎儿视为具有民事权利能力。但是胎儿娩出时为死体的，其民事权利能力自始不存在。"因此，指定或者变更胎儿为死亡保险金受益人既有实际需要，也有法律依据。但是，如果胎儿娩出时为死体的，此次指定或者变更无效。

（三）保险合同的辅助人

保险合同的辅助人也叫保险中介人，即在保险合同的订约、履约过程中起辅助作

① 我国《信托法》规定受益人是信托合同的当事人。但是本书认为以第三人为受益人的信托合同中受益人并非订立信托合同之人，不属于合同当事人。此合同应当属于涉他合同中的为第三人利益合同。

用的自然人、法人或者其他非法人组织。狭义的保险合同辅助人仅指保险代理人、保险经纪人和保险公估人；广义的保险合同辅助人除了保险代理人、保险经纪人和保险公估人外，还包括对保险合同订立、履行起辅助作用的会计师、律师、资产评估师等其他人。此处仅指狭义的保险合同辅助人。

1. 保险代理人。保险代理人是根据保险人的委托，向保险人收取佣金，并在保险人授权的范围内代为办理保险业务的机构或者个人。保险代理人根据保险人的委托，按照代理协议的具体规定，在保险人授权的范围内代理保险人进行展业、承保、签发保险单、收取保险费以及查勘出险案件、理赔和法律诉讼等部分或者全部保险业务活动。

在我国，保险代理人可以分为专业保险代理人、兼业代理人和个人代理人三种。专业保险代理人就是保险专业代理机构，根据《保险代理人监管规定》，保险专业代理机构通常采取有限责任公司或股份有限公司两种组织形式，监管机构另有规定的除外；保险兼业代理人就是保险兼业代理机构，是指受保险人委托，在从事自身主营 业务的同时，为保险人代办保险业务的单位；个人保险代理人一般是指受保险公司委托，在保险人的授权范围内从事保险业务的保险营销员。不过，保险营销员并不都是保险代理人，也有的是保险公司的正式员工，只有那些和保险公司签订了规范的代理协议的营销员才是个人代理人。《保险法》第一百二十五条规定：“个人保险代理人在代为办理人寿保险业务时，不得同时接受两个以上保险人的委托。”

保险代理人在授权范围内，以被代理人名义，独立实施一切法律行为，其后果由被代理人承担。但代理人不得滥用代理权，不得超出代理人的权限范围。《保险法》第一百二十七条规定：“保险代理人根据保险人的授权代为办理保险业务的行为，由保险人承担责任。”“保险代理人没有代理权、超越代理权或者代理权终止后以保险人名义订立合同，使投保人有理由相信其有代理权的，该代理行为有效。保险人可以依法追究越权的保险代理人的责任。”

2. 保险经纪人。保险经纪人是投保方的代理人，是指基于投保人的利益，为投保人与保险人订立保险合同提供中介服务，并按约定收取佣金的单位或个人。一般情况下，保险经纪人为客户提供投保服务时应该向保险人收取佣金，因为其为客户提供该项服务也就是为保险公司销售了保单。但是需要注意的是法律并没有禁止保险经纪人向投保人收取佣金。根据《保险经纪人监管规定》，在我国不允许个人从事保险经纪业务，保险经纪机构通常采取有限责任公司或股份有限公司两种组织形式，监管机构另有规定的除外。

3. 保险公估人。保险公估人是指接受保险当事人或者关系人的委托，专门从事保险标的的评估、勘验、鉴定、估损、理算等业务的单位或个人。保险公估人是以第三者的立场，凭借其专业知识与技术及客观、公正的态度，处理保险合同当事人双方委托办理的有关保险业务公正事项，其报酬一般由委托人支付。不过，《保险法》第六十四条规定：“保险人、被保险人为查明和确定保险事故的性质、原因和保险标的的损失程度所支付的必要的、合理的费用，由保险人承担。”

由于保险公估活动的技术性和专业性很强，其行为的后果直接对保险合同当事人的权益产生重大的影响，因此，各国对保险公估人都有极其严格的资格认定。在我国个人不能独立从事保险公估业务。根据《保险公估人监管规定》，保险公估机构应当采用合伙者或者公司形式。

二、保险合同的客体

要理解保险合同的客体，先需要理解两个紧密相关的概念保险标的和保险利益。

保险标的是有可能发生保险事故的本体，它是投保方要求转嫁风险并取得保险保障的对象，也是保险方提供经济保障责任的对象。保险标的的存在形态有物质的，例如房屋、汽车、人的身体和生命等，也有非物质的，例如被保险人的侵权和违约责任、义务人的信用等。但是，非物质形态的保险标的往往也会有具体的物质形态载体，例如机动车第三者责任保险之保险标的的物质载体就是被保险机动车；出口信用保险之保险标的的物质载体就是被保险的出口货物。我们可以把这种非物质形态保险标的的物质载体称作保险标的物。对于物质形态的保险标的而言，保险标的和保险标的物是同义语。

保险利益也叫可保利益，是指投保人或被保险人对保险标的所具有的合法的经济利益（详细阐述请见第六章的“保险利益原则”一节）。

主流保险理论认为，保险合同双方当事人订约的目的是为了实现对被保险人的经济保障，即在约定条件下因保险事故发生酿成保险标的的损害或损失，这种损害或损失使被保险人的经济利益受到侵害，保险人予以补偿或给付，因此保险合同当事人权利和义务所共同指向的对象是与保险标的（物）相关的保险利益，而不是保险标的（物）本身。也就是说，保险合同的客体就是投保人或者被保险人对保险标的（物）所具有的保险利益。

三、保险合同的内容

保险合同的内容，是指规定保险双方当事人的权利和义务及其他有关事项的文字条文，是当事人双方履行合同义务、承担法律责任的依据。保险合同的内容通常也叫保险合同条款，注意不应该将其和保单条款或者保险条款相混淆。保险合同条款一般可以分为三类，即基本条款、附加条款、保证条款。

（一）基本条款

基本条款是按法律规定通常情况下应当在保险合同中列明的内容，缺少这些条款有时就需要依法推定，更多的是保险合同不能成立。根据我国《保险法》第十八条和《海商法》第二百一十七条的规定，保险合同的基本条款包括以下事项：

1. 保险合同的当事人和关系人。保险合同的当事人、关系人条款主要包括：保险人的名称和住所；投保人、被保险人的姓名或者名称、住所；以及人身保险的受益人的姓名或者名称、住所。这些内容确定了保险合同中权利和义务的承担者，明确了保险合同的履行地点和合同纠纷的诉讼管辖。《民事诉讼法》第二十四条规定：“因保险合同纠纷提起的诉讼，由被告住所地或者保险标的物所在地人民法院管辖。”

2. 保险标的。保险标的（物）是保险利益的物质载体，明确保险标的，便于确定保险合同的种类，判断保险利益是否存在以及保险人承担保险责任的范围。

3. 保险责任和责任免除。保险责任和责任免除条款是保险合同的核心内容，也是区别各险种的重要标志。

（1）保险责任。它是指保险人在保险事故发生后对被保险人（受益人）所承担的经济赔偿或给付责任的具体范围，也称承保责任。

（2）责任免除。它是指保险人在发生风险事故后对于被保险人不承担经济补偿和保险金给付责任的具体范围。《海商法》中称作除外责任，海上保险和出口信用保险、进口信用保险以及海外投资保险的保险条款中仍然习惯称之为除外责任。

4. 保险期限和保险责任开始时间。保险期限是指保险人对被保险人承担经济补偿或给付责任的起讫时间。保险责任开始时间则是指保险人开始履行保险责任的时间。需要注意，有时候保险期限不等于保险合同有效期，因为保险合同生效和保险责任开始的时间可能不一致。

一般情况下保险合同的保险期限采用公历时间规定，如某年某月某日零时起至某年某月某日二十四时止，保险责任开始时间一般从双方订立保险合同之日的次日起算，也就通常所说的“零时起保”。也有的保险合同只约定起保时间，不约定具体结束时间，而是依据合同约定条件或者一方当事人的通知来结束保险合同。另外，还可以根据某一事件的过程确定保险期限。例如，人身保险中的旅客意外伤害保险或者财产保险中的货物运输保险，保险期限不规定具体时间，而是以旅程、航程的开始与结束为一个保险期限。

5. 保险价值。保险价值是指保险标的的价值，是保险金额确定的基础。一般，定值保险合同中会事先约定保险标的的保险价值金额。有少数不定值保险合同中会约定出险时保险价值的确定方法，多数不定值保险合同中不会出现该条款，而是根据出险时保险标的的实际价值来确定保险价值金额。

6. 保险金额。保险金额是指由投保人和保险人约定并在合同中载明，在发生保险事故时保险人承担给付保险金责任的最高限额。在责任保险和信用保证保险合同中一般称作赔偿限额或责任限额。实务中，保险金额一般是保险费计算的依据。

保险类别不同，保险金额确定的方式也不同。一般情况下，财产损失保险的保险金额以保险标的的实际价值或保险价值为基础确定；责任保险和信用保证保险的赔偿限额一般根据被保险人的实际需要、投保人的交费能力和义务人的信用状况等因素由保险合同当事人协商确定；人身保险的保险金额则根据被保险人的实际需要、投保人或被保险人的交费能力等因素，由保险双方当事人协商确定的。

7. 保险费以及支付办法。保险费是为被保险人获得保险保障而由投保人支付给保险人的代价。交纳保险费是投保人的义务。

保险费的支付方式有趸交、分期交清、限期交清等多种方式。趸交保险费一般要求投保人在订立保险合同时一次性交清全部保险费，财产保险和保险期限在一年或一年期以下的人身保险通常采取趸交保险费；分期交费是将保险费分为（多为均分）若干期，按约定时间间隔如每年、季、月交纳一次保险费，保险期限在一年期以上的长期人身保险险种多采用这种方式。分期交费中如果交费期和保险期限一致就称为满期交费方式，交费期短于保险期限，则称为限期交费方式。投保人可根据自己的需要选择各种交费方式，并在合同中明确表示。

8. 保险金的索赔与理赔。索赔与理赔是在保险合同有效期内发生约定的保险事故并受到损失后，被保险人或者受益人向保险人提出要求保险人赔偿或者给付保险金的申请，保险人对被保险人的索赔申请进行赔偿处理的活动。保险赔偿处理是保险基本职能的最终体现。

9. 违约责任和争议处理。违约责任是指保险人、投保人或被保险人或受益人在合同有效期内违反了法律规定或者保险合同约定的义务而应当承担的责任，明确违约责任可以防范和减少当事人、关系人违约行为的发生。

争议处理条款是当发生保险合同争议纠纷后的解决方式，主要有协商、调解、仲裁和诉讼四种方式。

（二）附加条款

附加条款是指保险人为满足投保人或被保险人的特殊需要，在保险合同基本条款的基础上，增加一些补充内容，以扩大或者限制承保的责任的条款。

保险的险种有主险和附加险之分，主险是可以独立承保的险种；附加险不能独立承保，只能附加在某一个主险项下承保。投保附加险一般意味着扩大了保险人承保的责任范围。

另外，保险合同订立后如果需要进行变更补充，通常采用在原合同上加贴附加条款的方式。附加条款是对基本条款的变更补充，其效力优于基本条款。

（三）保证条款

保证条款通常是在保险合同中保险人要求被保险人在保险合同有效期内应予以遵守的规定。这些规定必须严格遵守，否则保险人有权解除保险合同甚至拒绝承担保险责任。不过，有时保险合同中也会出现要求保险人予以保证的规定，例如医疗保险合同中的保证续保条款。具体阐述见第六章“最大诚信原则”一节。

第三节 保险合同的订立和履行

一、保险合同的订立

保险合同的订立是投保人与保险人之间基于意思表示一致而进行的法律行为。它同订立其他合同一样，需要经过一定的法律程序。《保险法》第十三条第一款规定：“投保人提出保险要求，经保险人同意承保，保险合同成立。保险人应当及时向投保人签发保险单或者其他保险凭证。”因此，保险合同的成立，需要经过投保人提出保险要求和保险承保两个阶段。这就是保险合同的要约和承诺。

（一）保险合同的订立程序

1. 要约。要约又称“订约提议”，是合同一方当事人以缔结合同为目的，向对方当事人提出合同条件，希望对方当事人接受的意思表示。保险合同的要约人通常是投保人。实务中，保险人及其代理人进行展业活动不应该看作要约，可以看成是要约邀请。也就是说，保险人及其代理人宣传保险产品后，投保人签署投保单时保险合同并未成立，只有在投保人提出投保申请，即填写好投保申请书（投保单）并交给保险人或其代理人，保险人审核后同意承保，保险合同才告成立。

2. 承诺。承诺又称“接受订约提议”，是承诺人（即要约相对人）向要约人表示同意与其缔结合同的意思表示。承诺需要在有效的时间内由承诺人或其代理人无条件地作出。当投保人递交填好的投保单后，经保险人或其代理人审查，认为符合要求的，同意承保，即承诺，保险合同成立。如果完全不符合要求，保险人会予以拒保。如果保险人对投保单的内容审核后不完全赞同，提出实质性修改意见或附加承保条件的，不能看成是承诺，而应该看成是保险人向投保人发出反要约，如果投保人无条件接受后，保险合同也告成立，这时投保人是承诺人。由此可见，保险合同的订立过程可能是一个反复要约，直至承诺的过程。保险合同成立后，保险人应当及时签发保险单或其他保险凭证。如果保险人提出的是非实质性修改意见，除投保人及时表示反对或者投保时要求承诺不得对要约的内容作出任何变更的以外，该承诺有效，保险合同的内容以保险人承诺的内容为准。

（二）保险合同的成立、生效与保险责任开始

1. 保险合同的成立。保险合同的成立是指投保人与保险人就保险合同条款达成一致，保险人同意承保。保险合同成立不一定标志着保险合同生效。保险合同成立后，如果合同双方没有采取行为来满足合同生效的条件，合同成立并未生效。这意味着，在此期间如果发生保险事故，例如人身保险合同的被保险死亡，保险人理论上可以不承担保险责任。不过，一定条件下投保人、被保险人或者受益人可以根据《民法典》第四百九十七条和《保险法》第十九条的规定主张该约定条件无效。

2. 保险合同的生效。保险合同生效是指保险合同条款开始对投保人（或被保险人、受益人）和保险人产生约束力，即保险合同条款产生法律效力。《民法典》第五百零二条第一款规定：“依法成立的合同，自成立时生效，但是法律另有规定或者当事人另有约定的除外。”《保险法》第十三条第三款也规定：“依法成立的保险合同，自成立时生效。投保人和保险人可以对合同的效力约定附条件或者附期限。”如果双方当事人在保险合同中没有约定合同生效条件，一般认为根据《民法典》第五百零二条第一款和《保险法》第十三条第三款的规定，保险合同成立即告生效。不过，我国保险实践中，多数财产保险合同和部分人身保险合同中都没有约定保险合同生效的时间和条件，合

同成立即生效。当然合同当事人双方也可以约定保险合同生效的其他条件。例如，大额人寿保险合同有时会要求被保险参加体检，体检合格保险合同才生效。

3. 保险责任开始。保险责任开始是指根据保险合同的约定保险人自某一时间开始承担保险责任。当前国内保险实践中，保险合同中往往约定有保险责任开始的时间或者条件，而较少约定保险合同生效的时间或条件。保险责任开始和保险合同生效是两个不同的概念。保险合同生效是指保险合同依据条款约定对合同双方产生约束力的起点；保险责任开始是保险人承担保险责任的起点。《保险法》第五十四条规定："保险责任开始前，投保人要求解除合同的，应当按照合同约定向保险人支付手续费，保险人应当退还保险费。保险责任开始后，投保人要求解除合同的，保险人应当将已收取的保险费，按照合同约定扣除自保险责任开始之日起至合同解除之日止应收的部分后，退还投保人。"这也进一步说明，保险责任开始与保险合同生效两个概念是不相同的。实践中，保险责任开始的时间同保险合同生效的时间相比较分三种情况：①保险责任在保险合同生效之前开始，例如一些约定有追溯期的保险合同；②保险合同生效之时保险责任开始，这在人寿保险合同中比较多见；③保险合同生效一段时间之后保险责任开始，这在财产保险合同和健康保险合同中最常见。

总之，保险合同生效的时间要么与保险合同成立同时，要么在保险合同成立之后；保险责任开始的时间既可以与保险合同生效同时，也可以在保险合同生效之前或者之后。

（三）保险合同的无效与效力补正

1. 保险合同的无效。保险合同严重欠缺有效的要件，绝对不许按"主体合意"的内容赋予法律效果，即为保险合同无效。保险合同无效与保险合同不成立不同，后者是欠缺合同成立的条件，前者是合同已经成立但欠缺有效要件。

保险合同无效，是自始、绝对、当然地无效。保险合同无效按程度轻重可以分为全部无效和部分无效。无效原因存在于合同内容的全部时，合同全部无效；无效的原因仅存于合同内容一部分，该部分无效又不影响其余部分时，其余部分仍然有效。投保人（被保险人或者受益人）和保险人，甚至其他利益相关人均可以主张。保险合同无效由人民法院和仲裁机关认定。保险合同无效的原因有：

保险合同全部无效的原因有：

（1）保险合同当事人无民事行为能力。《民法典》第一百四十四条规定："无民事行为能力人实施的民事法律行为无效。"例如，投保人为无民事行为能力人，或者保险人不具有合法的组织形式。

（2）投保人与保险人以虚假的意思表示订立的保险合同。《民法典》第一百四十六条第一款规定："行为人与相对人以虚假的意思表示实施的民事法律行为无效。"例如，投保人与保险人以虚构的保险标的订立某政策性保险合同骗取政府保费补贴。

（3）投保人与保险人恶意串通，损害他人合法权益。《民法典》第一百五十四条规定："行为人与相对人恶意串通，损害他人合法权益的民事法律行为无效。"例如，投保人与保险人恶意串通，通过订立高储蓄性保险合同转移财产损害债权人利益。

（4）违背公序良俗。《民法典》第一百五十三条第二款规定：“违背公序良俗的民事法律行为无效。”例如，保险合同约定为被保险人酒驾提供风险保障（交强险除外）。

（5）保险合同约定的生效条件无法成就。《保险法》第十三条第三款也规定：“依法成立的保险合同，自成立时生效。投保人和保险人可以对合同的效力约定附条件或者附期限。”例如，某人身保险合同约定被保险人体检合格保险合同生效，结果被保险人体检结果不合格。

（6）保险标的不确定。保险标的不确定会使得保险目的无法实现，最终导致保险合同无效。《保险法》第十八条第一款规定：“保险合同应当包括下列事项：……（三）保险标的；……”例如，X 出租车公司有 500 辆某车型的出租车，Y 保险公司对此明知。但是为规避监管，双方商定合同载明的该车型被保险机动车数量为 200 辆，并按 200 辆交保费，Y 保险公司对 500 辆车中的任何车辆出险都应当承担保险责任。该保险合同就会因为保险标的不确定而无效。

（7）人身保险合同投保时投保人对被保险人没有保险利益。《保险法》第三十一条第三款规定：“订立合同时，投保人对被保险人不具有保险利益的，合同无效。”例如，投保人在未经与其没有利害关系的人同意的情形下为其投保人身保险。

（8）投保人为无民事行为能力人投保以死亡为给付保险金条件的人身保险。《保险法》第三十三条第一款：“投保人不得为无民事行为能力人投保以死亡为给付保险金条件的人身保险，保险人也不得承保。”例如，张某作为监护人为其因患有严重精神疾病而无民事行为能力的哥哥投保以死亡为给付保险金条件的保险就属于此种情况。不过，父母为不满 8 周岁的未成年子女投保以死亡为给付保险金条件的保险的不受此限。

（9）违反法律、法规的强制性规定的。《民法典》第一百五十三条第一款规定：“违反法律、行政法规的强制性规定的民事法律行为无效，但是该强制性规定不导致该民事法律行为无效的除外。”例如，投保人与无保险经营资格的机构订立保险合同。

保险合同部分无效的原因有：

（1）保险人没有提示或者明确说明责任免除等对投保人一方利益有重要影响的格式条款。《民法典》第四百九十六条第二款规定：“采用格式条款订立合同的，提供格式条款的一方应当遵循公平原则确定当事人之间的权利和义务，并采取合理的方式提示对方注意免除或者减轻其责任等与对方有重大利害关系的条款，按照对方的要求，对该条款予以说明。提供格式条款的一方未履行提示或者说明义务，致使对方没有注意或者理解与其有重大利害关系的条款的，对方可以主张该条款不成为合同的内容。”《保险法》第十七条第二款规定：“对保险合同中免除保险人责任的条款，保险人在订立合同时应当在投保单、保险单或者其他保险凭证上作出足以引起投保人注意的提示，并对该条款的内容以书面或者口头形式向投保人作出明确说明；未作提示或者明确说明的，该条款不产生效力。”需要强调的是，这里的免责条款不限于保险条款标明“责任免除”的条款，其他虽然不属于标明的“责任免除”条款下列明的责任，但是事实上起到（一定条件下）免除保险人的责任的条款都应该在此列。

（2）父母为未成年子女投保人身保险的死亡保险金总和超过国务院保险监管机构规定的限额。《保险法》第三十三条第二款规定：“父母为其未成年子女投保的人身保险，不受前款规定限制。但是，因被保险人死亡给付的保险金总和不得超过国务院保险监督管理机构规定的限额。”2015 年中国保监会规定不满 10 周岁的未成年人死亡保险金限额为 20 万元；已满 10 周岁但未满 18 周岁的未成年人死亡保险金限额为 50 万元；航空意外身故和重大自然灾害意外身故死亡保险金额不计算在死亡保障限额中①。

（3）人身保险合同的死亡保险金额超过被保险人同意并认可的金额。《保险法》第三十四条第一款规定：“以死亡为给付保险金条件的合同，未经被保险人同意并认可保险金额的，合同无效。”例如，李某为其妻子投保了一份人身意外伤害保险，其中死亡保险金额为 50 万元，但是其妻子同意并认可的死亡保险金额为 30 万元，则超过 30 万元以上的 20 万元死亡保险金额无效。不过，父母为未成年子女投保的不受此限。

（4）财产保险的保险金额超过保险价值。《保险法》第五十五条第三款规定：“保险金额不得超过保险价值。超过保险价值的，超过部分无效，保险人应当退还相应的保险费。”例如，小刘为其价值 100 万元的一套住宅投保家庭财产（房屋）保险，约定保险金额为 150 万元，则超过 100 万元以上的 50 万元保额无效。

（5）不合理地免除或者减轻保险人的责任、加重对方责任、限制对方主要权利的格式保险条款。例如，某保险合同中约定当该险种总赔款达到某一标准时对此后的保险索赔不再承担赔偿责任。

（6）排除投保人、被保险人或者受益人主要权利的格式保险条款。例如，过去我国的林木火灾保险条款中约定保险人不承担被保险人支付的施救费用。这显然是排除了《保险法》赋予被保险人的权利。

2. 保险合同的效力补正。保险合同效力的补正，是指保险合同欠缺有效要件，能否发生当事人预期的法律效力尚未确定，只有经过有权人的追认，才能化欠缺有效要件为符合有效要件，产生当事人预期的法律效力，如果有权人在一定期间内不予以追认，保险合同归于无效。由于这一类保险合同在有权人追认之前处于有效抑或无效的状态，因而被称为效力未定保险合同或效力待定保险合同。

在保险合同效力未定的情况下，无须相对人同意，而只要有权人明确表示同意该合同，即发生补正的法律效力，使效力未定的保险合同变成确定有效的保险合同。也有人认为可以以有权人自愿履行合同债务的推定方式作出。而且，有权人的追认必须是无条件的，是对保险合同全部条款的承认。

效力未定的保险合同主要是指以下几种情形订立的保险合同：

（1）限制民事行为能力人订立的保险合同。根据《民法典》第十九条、第二十二条的规定，限制民事行为能力人订立的保险合同必须经过其法定代理人同意、追认方

① 此项规定中对未成年人年龄划分的依据，其实是《民法通则》中规定的未成年人民事行为区分的年龄标准，如今《民法典》已经将无民事行为能力的年龄标准由不满 10 周岁下调为不满 8 周岁，未来保险监督机构的此项规定应该也会对年龄标准作重新调整。

有效。当然，如果限制民事行为能力人从保险人处获得一份免费赠与的生存保险合同，这属于纯获利益合同，无需法定代理人同意、追认。《民法典》第一百四十五条第二款又规定："相对人可以催告法定代理人自收到通知之日起三十日内予以追认。法定代理人未作表示的，视为拒绝追认。民事法律行为被追认前，善意相对人有撤销的权利。撤销应当以通知的方式作出。"

（2）无权代理人订立的保险合同。这里的无权代理人包括无权的保险代理人和无权的投保人代理人（例如保险经纪人）。根据《民法典》第一百七十一条第一款的规定，行为人没有代理权、超越代理权或者代理权终止后以被代理人名义订立的保险合同，只有经过被代理人追认方有效。第二款也规定相对人可以催告被代理人在三十日内予以追认。

不过，《民法典》第一百七十二条又规定表见代理除外。《保险法》第一百二十八条第二款对保险代理人的表见代理情况也作了规定，但是实际上表见代理不限于保险代理人，也可能是投保人的代理人。

二、保险合同的履行

保险合同的履行是指保险合同双方当事人（或关系人）依法全面完成保险合同义务的行为。而且在保险合同履行的过程中还可能会出现保险合同的变更、质押、转让、撤销、解除、中止、复效和终止等情形。

（一）保险合同的履行

保险合同的履行也是保险合同当事人之间的合同义务的履行。主要包括投保人（被保险人或受益人）合同义务的履行和保险人合同义务的履行。

1. 投保人（被保险人或受益人）义务的履行。投保人（被保险人或受益人）在保险合同履行过程中，需要履行如实告知义务、支付保费义务、出险通知义务和提供单证义务等。

（1）如实告知义务。根据《保险法》第十六条、《海商法》第二百二十二条的规定，订立保险时，保险人可以就被保险人的有关情况向投保人询问，投保人应履行如实告知义务。由于此时保险合同尚未生效，投保人（被保险人）的此项义务不是合同义务，而应该是先合同义务。因此严格说，投保人（被保险人）履行该项义务应不属于履行保险合同。

（2）支付保费义务。有的时候支付首期保费是保险合同生效的条件，严格说此时支付首期保费也不应属于合同义务。不过，如果保险合同约定分期交费，那么交纳续期保费的义务应属于投保人的合同义务。当然，如果保险合同并不以交纳（首期）保费为生效条件，那么支付保费一般是投保人的合同义务。

（3）保证义务。保证包括明示保证和默示保证。例如，财产保险合同中被保险人一般有保证保险标的（物）安全的义务，海上保险中一般还要求被保险人保证船舶适航，人身保险合同中较少出现被保险人的保证义务条款。

（4）风险显著增加通知义务。《保险法》规定财产保险合同标的风险程度增加，被保险人应该按照合同约定及时通知保险人，保险人有权按照保险合同的约定要求增加保费或者解除保险合同。但是，《农业保险条例》第十一条规定："在农业保险合同有效期内，合同当事人不得因保险标的的危险程度发生变化增加保险费或者解除农业保险合同。"另外，保险实务中，部分人身保险合同（例如人身意外伤害保险合同或健康保险合同）中也会约定被保险的职业变更导致危险显著增加，被保险人应当及时通知保险人。

（5）保险标的（物）转让通知义务。通常情况下，财产保险的保险标的（物）由被保险人保管，被保险人的变更可能会引起风险的变化，因此要求保单随着保险标的（物）发生转让，原被保险人或者新被保险人应当及时将此情况通知保险人。《保险法》第四十九条第二款对此有规定，《海商法》第二百三十条第一款也规定船舶保险合同随船舶转让应当取得保险人同意。货物运输保险合同发生转让情形例外。而且，如果保险合同中另有约定也可不通知。

（6）重复保险的通知义务。《保险法》第五十六条第一款规定重复保险的投保人应当将重复保险的有关情况通知各保险人。

（7）出险通知义务。根据《保险法》第二十一条的规定，投保人、被保险人或者受益人在知道保险事故后应当及时通知保险人，否则致使保险事故的性质、原因、损失程度等难以确定的，保险人对无法确定的部分，不承担赔偿或者给付保险金的责任。当然，保险人通过其他途径已经及时知道或者应当及时知道保险事故发生的除外。

（8）积极施救义务。《保险法》第五十七条规定："保险事故发生时，被保险人应当尽力采取必要的措施，防止或者减少损失。""保险事故发生后，被保险人为防止或者减少保险标的（物）的损失所支付的必要的、合理的费用，由保险人承担；保险人所承担的费用数额在保险标的损失赔偿金额以外另行计算，最高不超过保险金额的数额。"《海商法》第二百三十六条也有类似规定。这既是财产保险合同被保险人的义务，也是其支付的合理施救费用获得补偿的权利。人身保险合同的被保险人一般没有此项义务。

（9）提供索赔单证义务。被保险人或受益人向保险人索赔时应当提供与确认保险事故的性质、原因、损失程度等有关的证明和资料。这些证明和资料既是被保险人或者受益人向保险人索赔的依据，也是保险人判定责任范围和赔付保险金额的依据。

（10）协助保险人代位追偿义务。《保险法》第六十三条和《海商法》第二百五十二条第二款都规定了保险人向第三人行使代位追偿权时，被保险人有协助义务。不过，被保险人的协助义务仅限于其所能够提供的文件和所知道的情况，被保险人对于不能提供的文件和不知道的情况没有义务向保险人提供。

以上各项义务中，如实告知义务、各项通知义务和保证义务都是最大诚信原则对投保人、被保险人或者受益人的要求，详细阐述见第六章"最大诚信原则"一节。合同义务中的支付保费义务属于投保人的主给付义务，其他各项义务属于附随义务。

2. 保险人义务的履行。保险人在合同履行过程中的义务主要有向投保人解释说明条款、承担保险责任、为投保人及其他保险合同关系人保密等。

（1）提示、解释和说明格式保险条款义务。提示、解释和说明保险条款是最大诚信原则在保险人身上的体现。由于此时保险合同尚未生效，该项义务属于保险人的先合同义务，而非合同义务。严格地说，保险人履行该项义务也不属于履行保险合同。

（2）出具保单或保险凭证义务。《保险法》第十三条要求保险人在保险合同成立后应该及时向投保人签发保险单或者其他保险凭证。这一般可以理解为保险人的附随义务。

（3）索赔资料补充的一次性通知义务。《保险法》第二十二条第二款规定："保险人按照合同的约定，认为有关的证明和资料不完整的，应当及时一次性通知投保人、被保险人或者受益人补充提供。"

（4）及时核定索赔申请并通知核定结果义务。根据《保险法》第二十三条第一款的规定，保险人收到被保险人或者受益人的赔偿或者给付保险金的请求后，应当及时作出核定；情形复杂的，应当在30日内作出核定，但合同另有约定的除外。而且，保险人应当将核定结果通知被保险人或者受益人。

（5）赔付保险金义务。投保人为被保险人投保保险的目的在于获得保险保障，发生保险事故后能够从保险人处领取保险金。因此，保险人在保险事故发生后履行赔付保险金的义务也是被保险人（或受益人）对保险人的基本要求。不过，该义务的履行是以保险事故的发生为前提的。也就是说虽然该项义务是保险人的主给付义务，但是是一项或有义务。

（6）为投保人及保险合同关系人保密。根据《民法典》第五百零一条的规定，保险人应该在保险合同订立过程中、有效期内以及保险合同结束之后的合理期限内为投保人及其他保险合同关系人保密。《保险法》第一百一十六条也禁止保险人泄漏投保人、被保险人的商业秘密。这是对保险人的基本道德要求。

（二）保险合同的撤销与解除

1. 保险合同的撤销。保险合同的撤销是指因意思表示不真实，通过撤销权人行使撤销权，使已经生效的保险合同归于消灭。保险合同的撤销由撤销权人行使撤销权来实现，但撤销权人是否行使撤销权由他自己决定；撤销权不行使，保险合同继续有效，一旦行使合同即归于无效。这是保险合同撤销与保险合同无效的不同点。

由于我国《保险法》没有规定保险合同可撤销的情形，因此保险合同可撤销的法律依据是《民法典》。具体说来，保险合同可撤销的原因主要有：

（1）投保人的重大误解。《民法典》第一百四十七条规定："基于重大误解实施的民事法律行为，行为人有权请求人民法院或者仲裁机构予以撤销。"例如，某人因自己从事高温工作易遭受烧烫伤决定买保险，结果因为根据一些医学知识将烧烫理解为疾病而投保了疾病保险。

（2）保险人或其代理人的欺诈。《民法典》第一百四十八条规定："一方以欺诈手段，使对方在违背真实意思的情况下实施的民事法律行为，受欺诈方有权请求人民法院或者仲裁机构予以撤销。”例如，投保人在保险代理人的误导之下以为是办理储蓄存款，实际上投保了一份理财型人身保险。此处“欺诈”是指违反诚信原则，就保险人及其代理人而言主要是指没有对格式保险合同条款中的非责任免除条款进行解释说明或者进行了错误的解释说明。

（3）第三人实施欺诈，导致保险合同当事人违背真实意思订立保险合同，且对方知道该欺诈行为。《民法典》第一百四十九条规定：“第三人实施欺诈行为，使一方在违背真实意思的情况下实施的民事法律行为，对方知道或者应当知道该欺诈行为的，受欺诈方有权请求人民法院或者仲裁机构予以撤销。”例如，某资产评估机构为了多收取评估费用，利用所有人对其资产的市场行情不熟悉而恶意高估该资产的市场价值，导致所有人据此投保了一份严重超额的财产保险。而保险人对该资产的市场价值非常熟悉，为了多收保费而没有提醒投保人。

（4）保险合同当事人一方或者第三人胁迫另一方订立保险合同。《民法典》第一百五十条规定：“一方或者第三人以胁迫手段，使对方在违背真实意思的情况下实施的民事法律行为，受胁迫方有权请求人民法院或者仲裁机构予以撤销。”例如，投保人胁迫保险人的代理人在违背自己真实意思的情况下以低于正常费率向其出售保险单。

（5）一方当事人乘人之危订立的保险合同，且显失公平。《民法典》第一百五十一条规定：“一方利用对方处于危困状态、缺乏判断能力等情形，致使民事法律行为成立时显失公平的，受损害方有权请求人民法院或者仲裁机构予以撤销。”例如，保险人的代理人利用投保人的危难处境，迫使其投保其代理的保险产品给投保人造成损失的。

根据《民法典》的规定，撤销权人应该通过诉讼的方式，请求法院或仲裁机构对以上情形下订立的保险合同予以撤销。另外，《民法总则》第一百五十二条规定：“有下列情形之一的，撤销权消灭：（一）当事人自知道或者应当知道撤销事由之日起一年内、重大误解的当事人自知道或者应当知道撤销事由之日起三个月内没有行使撤销权；（二）当事人受胁迫，自胁迫行为终止之日起一年内没有行使撤销权；（三）当事人知道撤销事由后明确表示或者以自己的行为表明放弃撤销权。”“当事人自民事法律行为发生之日起五年内没有行使撤销权的，撤销权消灭。”

2. 保险合同的解除。保险合同解除是指在保险合同成立、生效之后，当解除的条件具备时，因当事人一方或双方的意思表示，使合同关系自始或仅向将来消灭的行为。《民法典》第一百三十六条第二款规定：“行为人非依法律规定或者未经对方同意，不得擅自变更或者解除民事法律行为。”因此，根据保险合同解除是依据保险合同本身的约定还是法律的规定，可以分为协议解除、约定解除和法定解除。《保险法》第十五条规定，保险合同双方当事人可以在保险合同中约定保险合同的解除条件，除了法律另有规定法，在合同履行的过程中合同解除的条件出现后，保险合同当事人一方或双方可以依据合同事先约定解除保险合同。例如，健康保险合同被保险人职业、工种变更导致危险增加解除保险合同就属于约定解除。除此之外，出现法定解除的条件时，解除权人也可以依法宣布解除保险合同。保险合同法定解除的条件一般有：

（1）投保人要求解除。《保险法》第十五条规定：“除本法另有规定或者保险合同另有约定外，保险合同成立后，投保人可以解除合同，保险人不得解除合同。”也就是说，投保人几乎具有合同的任意解除权，除了法律有规定和合同事先有约定外，投保人提出解除保险合同的要约，保险人应当承诺。这事实上是通过强制缔结一份新合同来解除旧合同。

《民法典》第五百六十二条第一款规定：“当事人协商一致，可以解除合同。”因此，尽管保险人不能任意解除保险合同，但是保险人可以向投保人提议并经过双方协商来解除保险合同。不过，这不属于法定解除。

（2）因不可抗力致使不能实现保险合同的目的。根据《民法典》第五百六十三条第一款第一项的规定，因不可抗力致使不能实现保险合同目的，保险合同双方当事人都有权解除保险合同。不可抗力一般是指是指不能预见、不能避免并不能克服的客观情况。主要包括这样几种情形：①自然灾害；②政府行为；③社会异常事件。但是不可抗力情形出现并不必然引起保险合同的解除，只有不可抗力的发生致使合同双方当事人当初订立保险合同的目的不能实现，合同当事人才可以解除保险合同。如果不可抗力仅是导致保险合同履行迟延，保险合同当事人不能据此解除保险合同。

（3）投保人不按期交纳保费。首先，《保险法》第三十七条第一款针对分期交费的保险合同规定：“合同效力依照本法第三十六条规定中止的（超过宽限期未支付当期保费），经保险人与投保人协商并达成协议，在投保人补交保险费后，合同效力恢复。但是，自合同效力中止之日起满二年双方未达成协议的，保险人有权解除合同。”其次，对于人身保险合同的首期保费，以及财产保险合同的保费（包括某些长期财产保险合同应分期交纳的保费），根据《民法典》第五百六十三条第一款第三项的规定，投保人如果未能按期交纳，经保险人催告之后仍未能在合理期限内交纳，保险人有权解除保险合同。

（4）投保人拒绝交纳保险费。从理论上讲，合同双方当事人或者关系人都有可能拒绝履行合同。但是就保险合同而言，由于投保人具有保险合同的任意解除权，解除保险合同并不需要以保险人拒绝或者延迟履行合同为理由。因此，通常只可能是投保人拒绝交纳保险费，保险人宣布解除保险合同。不过，对于分期交费的人身保险合同而言，除非投保人明确表示不再交纳续期保费，否则保险人不能马上宣布解除保险合同，而只能等待保险合同效力中止满二年且双方未达成复效协议，才可以宣布解除保险合同。

（5）保险诈骗犯罪。根据《保险法》第二十七条的规定，被保险人或受益人在未发生保险事故的情况下谎称发生了保险事故，或者投保人（被保险人）故意制造保险事故的，保险人有权解除保险合同。

（6）投保人不履行如实告知义务。《保险法》第十六条第二款规定：“投保人故意或者因重大过失未履行前款规定的如实告知义务，足以影响保险人决定是否同意承保或者提高保险费率的，保险人有权解除合同。”不过，人身保险合同中如果投保人仅是申报被保险人年龄不真实，只有被保险人的真实年龄不符合保险合同约定的限制时，保险人才可以解除保险合同。而且，合同成立超过两年的，保险人不得解除。

（7）被保险人违反保证（保险标的安全）义务。《保险法》第五十一条第三款规定：“投保人、被保险人未按照约定履行其对保险标的的安全应尽责任的，保险人有权要求增加保险费或者解除合同。”《海商法》第二百三十五条规定：“被保险人违反合同约定的保证条款时，应当立即书面通知保险人。保险人收到通知后，可以解除合同，也可以要求修改承保条件、增加保险费。”也就是说一般财产保险合同中被保险人违反保证保险标的安全义务以外的保证义务，除了合同另有约定外，保险人不得解除合同，但是海上保险对保证条款要求更为严格，只要被保险人违反保证条款，保险人就有权解除保险合同。

（8）被保险人违反保险标的危险增加通知义务。《保险法》第五十二条第一款规定：“在合同有效期内，保险标的的危险程度显著增加的，被保险人应当按照合同约定及时通知保险人，保险人可以按照合同约定增加保险费或者解除合同。保险人解除合同的，应当将已收取的保险费，按照合同约定扣除自保险责任开始之日起至合同解除之日止应收的部分后，退还投保人。”这也仅是针对财产保险合同而言的。

（9）保险人履行完毕部分损失的赔偿责任。《保险法》第五十八条第一款规定：“保险标的发生部分损失的，自保险人赔偿之日起三十日内，投保人可以解除合同；除合同另有约定外，保险人也可以解除合同，但应当提前十五日通知投保人。”该条件同样仅适用于财产保险合同。

以上有关保险合同解除的规定都是针对自愿性商业保险合同的，而且相关法律、法规对保险人的合同双方当事人的合同解除权作了部分特别限制：

第一，对合同双方解除权的限制。①货物运输保险合同和运输工具航程保险合同，保险责任开始后，合同当事人不得解除合同。②在农业保险合同有效期内，合同当事人不得因保险标的的危险程度发生变化增加保险费或者解除农业保险合同。③法律没有规定或者当事人没有约定保险合同解除权行使期限，自解除权人知道或者应当知道解除事由之日起一年内不行使，或者经对方催告后在合理期限内不行使的，该权利消灭。

第二，对保险人合同解除权的限制。①因投保人未履行如实告知义务或者履行如实告知义务不符合法律规定的，自保险人知道有解除事由之日起，超过三十日不行使合同解除权，解除权消灭。②自保险合同成立之日起超过二年的，保险人不得以投保人未履行如实告知义务或者履行如实告知义务不符合法律规定为由解除合同。③保险人在合同订立时已经知道投保人未如实告知不得解除保险合同。

此外，通常投保人不得解除机动车交通事故责任强制保险合同，但有下列情形之一的除外：①被保险机动车被依法注销登记的；②被保险机动车办理停驶的；③被保险机动车经公安机关证实丢失的。

3. 保险合同撤销与保险合同解除的区别。保险合同的撤销与保险合同的解除虽然都是使保险合同消灭的制度，但是两者并不相同：

（1）二者的适用范围不同。保险合同撤销适用于有效要件有瑕疵的保险合同，而保险合同解除一般适用于成立、生效的保险合同。

（2）发生的原因不同。保险合同撤销的原因是由法律直接规定的，而保险合同解除的原因既有法律规定的，也有当事人事先约定的，还有当事人事后协商的。

（3）实施的方式不同。撤销权人只有通过诉讼或仲裁的方式才能撤销保险合同，而解除权人可以自己宣布解除保险合同。

（4）产生的效力不同。《民法典》第一百五十五条规定："无效的或者被撤销的民事法律行为自始没有法律约束力。"因此，保险合同撤销具有溯及力。因保险合同多是继续性合同，解除多没有溯及力或者仅具有部分溯及力。

（5）原因发生的时间不同。保险合同撤销的原因发生在保险合同成立之前，而解除的原因很多时候发生在保险合同成立之后。

（6）除斥期不同。根据《民法典》的规定，一般情况下撤销权的除斥期为 1 年，但是撤销权人因重大误解而获得的撤销权的除斥期为 3 个月。另外，当事人自民事法律行为发生之日起 5 年内没有行使撤销权的，撤销权消灭。保险人因投保人未履行如实告知义务或者履行义务不符合法律规定、财产保险标的危险程度显然增加或者财产保险发生部分损失而行使合同解除权的除斥期为 30 天，对其他情形下为 1 年或者催告后的合理期限。

据以上分析，投保人不履行如实告知义务其实就是在订立保险合同时的欺诈或者导致保险合同显失公平。此一般是保险合同成立之前的行为，因此，按照合同法理论这应该属于保险合同撤销的条件，而不应该是保险合同解除的条件。但是，《保险法》将其规定为合同解除条件，这更有利于维护保险人的利益。

（三）保险合同的变更

保险合同的变更就是指在保险合同有效期内合同当事人依法对合同内容所作的修改和补充。保险合同的变更有两种理解，一种是狭义的，一种是广义的。狭义的变更是指保险合同当事人权利和义务的变更；广义的变更除包括狭义变更外，还包括保险合同主体和客体的变更。保险合同的转让，其实就是保险合同投保人（或者被保险人）的变更。保险合同的质押通常是对含有现金价值的人身保险合同而言的，指如果投保人不能按期偿还保险合同所担保的债务，质押权人可以根据质押合同约定处置保险合同，从保险合同现金价值中获偿。保险合同质押需要在以批单的形式在合同中加以注明，因此也是一种保险合同的变更。

1. 保险合同主体变更。保险合同主体的变更包括当事人和关系人的变更。

（1）投保人的变更。分期交费保单或者含有现金价值①的保单的投保人可能由于保单的有偿转让（表现为保单贴现）或者无偿转让（包括赠予、继承等）而变更。实践中有时可能是事实上发生变更，但转让当事人并没有到保险公司办理相关变更手续。一次性交费且不含有保单现金价值的保单变更投保人一般没有什么实质性意义，较少

① 根据《保险法》第十五条的规定，退保权由投保人行使，因此虽然法律没有明确规定，但是我们可以推定除法律另有规定或者合同另有约定外，保单现金价值的所有权应该归投保人所有。

出现。

（2）保险人的变更。保险人的变更一般不会经常发生，但是当保险公司出现合并、分拆、破产等情况时可能会出现保险人的变更。

（3）被保险人的变更。财产保险合同如果发生保险标的或与标的相联系的其项物权或者责任发生转让，那么就可能会发生被保险人的变更。《保险法》第四十九条第二款规定："保险标的转让的，被保险人或者受让人应当及时通知保险人，但货物运输保险合同和另有约定的合同除外。"人身保险是以被保险人的生命或身体作为保险标的的，与被保险人紧密相连，一旦被保险人发生变化，保险合同所保障的标的风险状况一般也会发生变化，原保险合同就会失去存在的基础。因此，通常情况下人身保险合同的被保险人不能变更，但是，团体人身保险合同由于团体人员流动可能出现被保险人变更的情形。

（4）受益人的变更。保险合同的受益人可以由投保人或者被保险人进行变更。实践中，保险合同质押有时也是通过约定（或）变更受益人来实现的，而且质押权人成为（新）受益人后应该是不可变更的受益人，其受益次序和受益金额都不得在未经质押权人同意后变更，投保人转让保单也应该征得质押权人的同意。不过，《保险法》并没有对此予以明确。

2. 保险合同客体的变更。保险合同的客体的变更就是保险利益的变更，而且保险利益的变更一般表现为保险金额的变化。在财产保险中，保险标的价值发生增减后，投保人（或者被保险人）可能要求变更保险金额，这需要得到保险人的同意。由于人的生命和身体是无价的，保险利益的量无法准确界定，只要是投保人和保险人双方都认可的保险金额通常就是有效的。

3. 保险合同其他内容的变更。除了前面各项外，保险合同的其他条款和内容一般在征得保险人同意后也可以发生变更。例如，投保人住址的变更、保险责任范围的变更、保险期限的变更等。

（四）保险合同的中止与终止

1. 保险合同的中止。保险合同的中止是指保险合同存续期间，由于一定事由的发生而使保险合同的效力暂时性归于停止，所以也称保险合同停效。在保险合同中止期间，发生保险事故，保险人不承担赔偿责任。

由于很多人身保险合同的期限较长，数年至数十年不等，且可能是分期交费的。从保护投保人和被保险人利益出发，《保险法》第三十六条规定："合同约定分期支付保险费，投保人支付首期保险费后，除合同另有约定外，投保人自保险人催告之日起超过三十日未支付当期保险费，或者超过约定的期限六十日未支付当期保险费的，合同效力中止，或者由保险人按照合同约定的条件减少保险金额。"第三十七条又规定："合同效力依照本法第三十六条规定中止的，经保险人与投保人协商并达成协议，在投保人补交保险费后，合同效力恢复。但是，自合同效力中止之日起满二年双方未达成协议的，保险人有权解除合同。"

保险合同当事人还可以约定其他保险合同效力中止的情况，例如违反约定的保证条款而中止。保险合同中止一般都约（规）定有期限，在此期限内如果没有能够满足保险合同复效的条件，保险合同将自动终止或者合同相对人有权宣布解除。

2. 保险合同的终止。保险合同的终止，即指具有法律效力的保险合同在一定条件下结束其效力，也就是保险关系的消灭。保险合同的终止一般有以下几种情况：

（1）保险期限届满终止。是指在保险合同有效期内没有发生保险事故，保险人不必承担赔偿给付责任，合同期限届满时，保险合同终止。

（2）义务履行完毕终止。就是保险合同有效期内发生保险事故，保险人履行赔偿或给付保险金合同约定金额或累计达到保险金（限）额的义务后，保险人的保险责任履行完毕，保险合同终止。

（3）提前解除而终止。合同提前解除就是指有合同解除权的保险合同当事人宣布解除保险合同而使保险合同提前终止。需要注意的是拥有合同解除权的当事人并不一定会解除合同，如果没有解除合同的意思表示，合同并未实际解除，也就并不会终止，其真实情况可能是继续有效，也有可能是处于效力中止状态。前面所列举那么多保险合同解除条件都属于这种情况。

（4）提前自动终止。保险合同提前自动终止是指根据合同约定或者法律规定，合同履行过程中，出现保险合同自动终止的条件，保险合同自动终止。例如，《海商法》第二百三十条规定："因船舶转让而转让船舶保险合同的，应当取得保险人同意。未经保险人同意，船舶保险合同从船舶转让时起解除；船舶转让发生在航次之中的，船舶保险合同至航次终了时解除。"

（5）因保险标的灭失或者被保险人死亡而自动终止。这里是指财产保险的保险标的因非保险事故而消灭和人身保险合同的被保险人因非保险事故而死亡，投保险或者被保险人不再具有保险利益，保险合同也就自然终止，不必合同当事人宣布。需要注意的是，《交强险条例》将保险标的的灭失作为投保人有权解除合同的条件。

第四节　保险合同的解释和争议处理

一、保险合同的解释

实践中，保险双方当事人由于客观原因会对合同的基本条款的理解和认识产生分歧，这就需要依据法律规定的方式或其他方式，对保险合同内容给予确定或说明。

保险合同的解释，既要考虑订立合同时双方当事人的真实意图，也不能脱离合同文本，也就是要作出公平、合理的解释。保险合同的解释主要有以下几个原则：

（一）文义解释原则

文义解释原则是指对保险合同中的条文要用最一般、最普通的文字意义进行解释。合同条文中前后同类用语采用相同的解释；当出现某些行业的专业用语时，依据该术语所属专业部门的标准解释。

（二）意图解释原则

意图解释原则是指当保险合同因使用的文字词语概念混乱、意思表示不清而产生纠纷时，应根据双方当事人订立合同时的真实意图来进行解释。一般要根据订立合同时的背景、客观情况、合同条款所用文字等综合因素进行分析判断。

（三）有利于被保险人的解释原则

由于保险合同通常属于格式合同，为体现公平互利原则，在解释保险合同内容时，就要充分考虑被保险人的利益和尊重被保险人的理解，使被保险人的权益得到保障。《民法典》第四百九十八条规定："对格式条款的理解发生争议的，应当按照通常理解予以解释。对格式条款有两种以上解释的，应当作出不利于提供格式条款一方的解释。格式条款和非格式条款不一致的，应当采用非格式条款。"《保险法》第三十条也规定："采用保险人提供的格式条款订立的保险合同，保险人与投保人、被保险人或者受益人对合同条款有争议的，应当按照通常理解予以解释。对合同条款有两种以上解释的，人民法院或者仲裁机构应当作出有利于被保险人和受益人的解释。"运用有利于被保险人解释原则应该注意以下两点：第一，如果前两个原则能够很好地解释保险合同条款争议，体现双方的真实意图且不存在明显不公平，争议解释应该适用前两个原则；第二，有利于被保险人解释原则只适用于格式条款，如果有产生争议的保险合同条款并不是格式条款，而是保险合同双方当事人当初协商的结果，就不能简单地作出有利于被保险人的解释。当前我国司法实践中，这一原则有被滥用的现象。

此外，保险合同的解释还应遵守明示条件优于默示条件的原则和合同变更优于合同正文的原则。

二、保险合同的争议处理

保险合同订立后，当事人在履行过程中会在保险责任的归属、赔款的计算等问题上产生争议，需要采取合理的方式予以解决，以维护双方当事人的权益。保险合同的争议处理一般有三种方法：

（一）协商解决

当保险合同发生争议后，首先应采用协商解决方法，即保险当事人双方在互谅互让、实事求是、平等互利、合法的基础上友好协商解决，消除纠纷。这种解决方式气氛比较友好、缓和，既能解决争议，又可以节约费用，有利于保险合同继续执行。

（二）调解

调解是指保险合同争议双方自愿在第三者（即调解的人）的主持下，在查明事实、分清是非的基础上，由第三者对纠纷双方进行说明劝导，促使他们互谅互让，达成和解协议，从而解决争议的活动。《人民纠纷调解法》颁布实施之后很多地方的保险行业协会在有关部门的支持下都专门成立了保险纠纷调解委员会来调解保险合同争议。

（三）仲裁

通过协商不能解决争议或不愿采用协商解决争议的，可以通过仲裁方式进行处理。仲裁也称公断，即由第三者依据双方在保险合同中订立的仲裁条款或自愿达成的仲裁协议，按照法律规定对保险合同争议事项进行居中裁断，以解决合同争议的一种方式。

（四）诉讼

诉讼是指当发生合同纠纷时，当事人直接请求法院通过审判予以裁决，法院在合同当事人和其他有关人员共同参与下，依据法定诉讼程序，审理和解决合同纠纷的活动。

复习思考题

1. 试解释保险合同的特征。
2. 试从各个角度对保险合同进行分类。
3. 保险合同的书面形式有哪几种？
4. 试述保险合同的主体、客体和内容。
5. 简述保险合同订立的程序。
6. 简述保险合同成立、保险合同生效和保险责任开始之间的关系。
7. 哪些情形下保险合同无效？
8. 保险合同双方主要有哪些义务？
9. 试比较保险合同撤销和保险合同解除。
10. 保险合同的变更包括哪些情况？
11. 什么是保险合同的中止？
12. 保险合同终止包括哪些情况？
13. 保险合同的解释应遵循哪些原则？
14. 保险合同的争议处理有哪些方法？

第六章　保险的基本原则

本章要点

- 保险利益的性质和意义
- 财产保险和人身保险的保险利益如何确定
- 保险利益的存在和转移对保险合同效力的影响
- 最大诚信原则的含义与运用
- 近因原则的具体适用
- 补偿原则的限制条件和补偿方式
- 代位追偿、物上代位和委付的含义
- 在重复保险条件下的分摊原则如何实施

在保险业的长期实践和发展过程中，逐渐形成了一系列的行业技术规范和业务处理的基本原则，这些规范和原则中的大部分先后被各国的保险法律规范所吸收，成为调整保险活动各方关系的基本准则。它们是保险利益原则、最大诚信原则、近因原则和补偿原则。

第一节　保险利益原则

一、保险利益和保险利益原则

（一）保险利益及其性质

保险利益（Insurable Interest），又称可保利益，指投保人或者被保险人对保险标的具有的法律上承认的利益。那么，保险利益具有哪些性质呢？

1. 保险利益是建立或者实现保险合同关系的前提。在投保人或者被保险人对保险标的不具有保险利益的情况下，如果不对他们和保险人之间建立保险关系或者最终实现保险关系作必要的限制，则可能诱发严重的道德风险，危及保险人的经营和保险制度的持续。因此，各国普遍通过立法形式来确立保险利益和保险合同之间的关系。我国《保险法》第十二条第一款规定："人身保险的投保人在保险合同订立时，对被保险人应当具有保险利益。"第三十一条第三款规定："订立（人身保险）合同时，投保人对被保险人不具有保险利益的，合同无效。"第十二条第二款规定："财产保险的被保险人在保险事故发生时，对保险标的应当具有保险利益。"第四十八条规定："（财产）

保险事故发生时，被保险人对保险标的不具有保险利益的，不得向保险人请求赔偿保险金。”也就是说，如果人身保险合同的投保人投保时对被保险人（保险标的）不具有保险利益，其就不能和保险人建立有效的保险合同关系；如果财产保险合同的被保险人在保险事故发生时被保险人对保险标的不具有保险利益，虽然不能像人身保险那样否定保险合同的有效性，但是出险后被保险人并不能向保险人请求赔偿保险金，保险关系无法最终实现。

2. 保险利益是保险合同的客体。投保人向保险人购买保险，并不是为了让保险标的免遭危险，而是为投保人或被保险人对保险标的的合法权益提供风险保障和损失补偿。因此，保险利益是保险合同的客体。

（二）保险利益成立的条件

1. 保险利益应为合法的利益。投保人或者被保险人对保险标的所具有的利益要为法律所承认，因为只有在法律上可以主张的利益才能受到国家法律的保护。因此，保险利益必须是符合法律规定的、符合社会公共秩序的、为法律所认可并受到法律保护的利益。例如，在财产保险中，被保险人对保险标的的所有权、占有权、使用权、收益权等，必须是依照法律、法规、有效合同等合法取得、合法享有、合法承担的利益，因违反法律规定或损害社会公共利益而产生的利益，不能作为保险利益。例如，因偷税漏税、盗窃、走私、贪污等非法行为所得的利益不得作为保险利益而投保，如果投保人为不受法律认可的利益投保，则该保险合同得不到法律保护。

另外，尽管责任保险的保险标的特殊，但是由其产生的保险利益仍然是合法的利益。首先，民事法律制度规定加害人应对其损害他人的人身、财产权利的行为负责，必要时要承担损害赔偿责任。加害人用其自己的合法财产来履行该赔偿责任，也就造成了其自己合法财产的损失。也就是说，责任保险承保的损害赔偿责任引起的保险利益最终指向了被保险人的合法财产利益。其次，民事法律制度要求致害人依法承担对受害人的赔偿责任，主要是为了保障受害人的权益，弥补其损失，并不是为了对加害人施以惩戒。致害人事先通过投保相应的责任保险将这种潜在的损害赔偿责任转嫁由保险人承担有利于提高其赔偿能力，更好地保障受害人的利益。因此，责任保险的保险利益同样是合法的利益。

2. 保险利益应为具有利害关系的利益。投保人或者被保险人对保险标的必须具有利害关系。这里的利害关系是指保险标的的安全与损害直接关系到被保险人或者投保人的切身经济利益。根据我国《保险法》的相关规定，在财产保险合同中，保险标的的毁损、灭失直接影响被保险人的经济利益，视为被保险人对该保险标的具有保险利益；在人身保险合同中，投保人的直系亲属，如配偶、子女、父母等的生老病死，与投保人有一定的经济关系，视为投保人对这些人具有保险利益。

3. 保险利益应为确定的利益。保险利益应当是一种确定的利益，是投保人或者被保险人对保险标的在客观上或事实上已经存在或可以确定的利益。这种利益是客观存在的利益，不是当事人主观臆断的利益。

对于财产保险而言，这种客观存在的确定利益包括现有利益和期待利益。现有利益是指在客观上或事实上已经存在的经济利益，例如由财产所有权而产生的利益；期待利益是指在客观上或事实上尚未存在，但根据法律、法规或有效合同的约定等可以确定在将来某一时期内将会产生的经济利益，例如预期利润。在投保时，现有利益和期待利益均可作为确定保险金额的依据；但在受损索赔时，期待利益必须已转化为现实利益，或者说因为保险事故的发生阻止其转化现实利益，才属索赔范围，保险人的赔偿以被保险人实际损失的保险利益为限。我国《保险法》第四十八条规定：“（财产）保险事故发生时，被保险人对保险标的不具有保险利益的，不得向保险人请求赔偿保险金。”

对于人身保险而言，这种客观存在的确定利益就是投保人与被保险之间的现实的利害关系，表现为某种现实的人身关系。预期的利害关系（人身关系）不能在投保人和被保险人之间形成合法的经济利益。根据我国《保险法》第三十一条的规定，投保人对下列人员具有当然的保险利益：（一）本人；（二）配偶、子女、父母；（三）前项以外与投保人有抚养、赡养或者扶养关系的家庭其他成员、近亲属；（四）与投保人有劳动关系的劳动者。尽管恋爱中的男女未来可能转化为夫妻关系，但是在他们尚没有结成夫妻之前，相互之间就不具有这种当然的保险利益，除非一方同意另一方为其投保，否则保险合同无效。

4.（财产保险的）保险利益应是可以用货币计量的利益。由于财产保险主要是通过货币形式的经济补偿来实现其风险分担和损失补偿职能的，如果财产保险合同的被保险人的利益不能用货币来计量，则保险人的承保和补偿就难以进行。因此，财产保险合同的被保险人对保险标的的保险利益在数量上应该可以用货币来计量，无法定量的利益不能成为保险利益。保险利益一般可以精确计算，对那些像纪念品、日记、账册等不能用货币计量其价值的财产，虽然和被保险人之间存在利益关系，但一般属于不可保财产。由于人的生命和身体是无价的，一般情况下，人身保险的保险利益有一定的特殊性，不能用货币来准确计量，只要投保人与被保险人之间具有利害关系，就认为投保人对被保险人具有保险利益。只是在个别情况下，人身保险的保险利益才可加以计算和限定，比如债权人对债务人生命的保险利益就是债务本金余额和相应的利息。

（三）保险利益原则

所谓保险利益原则，就是在签订和履行保险合同的过程中，投保人或被保险人对保险标的必须具有保险利益。人身保险合同投保时投保人应当对被保险人具有保险利益，不具有保险利益，签订的保险合同无效；财产保险合同保险事故发生时被保险人应当对保险标的具有保险利益，不具有保险利益，无权向保险人请求赔偿保险金。

二、保险利益原则的意义

（一）防止将保险演变为赌博

在保险经济关系中，如果投保人或者被保险人对保险标的不具有保险利益，以与己无关的财产或人身向保险人投保，期待保险标的受损时获得保险赔偿，企图以小额的保费付出获得高额的保险赔偿金，此时保险无异于赌博。在英国，早期的海上保险业务中，有人以与己毫无利益关系的船舶或货物的安全为赌注，向保险人投保。如果船货安全抵达目的港，投保人只损失付出的少量保费，如果船货遭遇海难，他便可获得千百倍于保费的赔款。后来，英国又出现了赌博性寿险合同：投保人为与己无关的他人的生命向保险人投保，获取毫无保险利益的寿险保单。由于保险标的的损毁、灭失并未使被保险人或者投保人蒙受经济损失，因此，保险标的实际上充当了赌博对象，模糊了保险与赌博的界限，诱发并助长了被保险人或者投保人故意制造保险事故的可能。为了禁止以保险合同来赌博，英国议会于1746年、1774年先后修改和制定相关法律，旨在禁止没有保险利益的赌博性保险合同成为有效保险合同。可见，保险关系必须以保险利益的存在为条件，以维护社会公共利益，保证保险经营的科学性。

（二）防止道德风险的发生

投保人或被保险人对其所投保的保险标的如果不具有保险利益，因保险标的的损毁，不但不会使其蒙受经济损失，反会带来几十倍、几百倍于保费的保险赔偿，这种“利润”就会使一些人铤而走险，从而产生违法犯罪行为。例如，投保人用他人的财产以自己为被保险人投保，或以与己无关的他人的生命或身体作为保险标的，以自己为被保险人或受益人投保，为获保险赔偿金，就会故意损毁他人财物或危害他人的生命，因此极易导致他人受害。17世纪在英国就出现过多例投保人采用暗杀方式使他人死亡而领取保险给付金的案例。为了防止道德风险的发生，法律规定投保人或者被保险人应对保险标的有保险利益。这样规定虽然仍存在各当事人、关系人促使保险事故发生的可能，但其所得到的损害赔偿仅为原有的保险利益，使其故意促使保险事故发生的行为无利可图。在寿险中亦严格限定了投保人与被保险人的保险利益关系，最大限度地控制了这种不道德行为的发生。保险利益原则的限定，杜绝了无保险利益保单的出现，从而有效地控制了产生道德风险的诱因，在很大程度上保护了被保险人的保险财产和生命安全。

（三）限定（财产）保险赔偿的额度

根据保险利益原则，从定性的角度，财产保险的被保险人要对保险标的具有保险利益；从定量的角度，保险金额的大小要与保险标的的实际价值相符，也可由投保人与保险人共同商定。即保险人的赔偿金额不能超过保险利益，否则，被保险人可以因较少的损失而获得较大的赔偿额，这超过保险利益的部分，同样会导致道德风险。例如，某人将自己价值10万元的汽车以15万元的保险金额投保，即使汽车全损，他也只能获得10万元的赔偿金，因为他对超过汽车实际价值部分的5万元金额没有保险利益。也就是说，保险利益为确定财产保险的赔偿额度提供了科学的依据。

显然，在保险利益原则的以上三项意义中，“防止道德风险的发生”居于核心地位。不过，近年来在我国农业保险实践中，一些保险公司积极开发销售各种天气指数保险，由于是否应该理赔和理赔的金额完全由约定的天气条件触发，不存在任何道德风险。那么，这些天气指数保险是否应该遵循保险利益原则呢？答案是肯定的。因为如果不要求被保险人对农业保险标的具有保险利益关系，那么天气指数保险就可能蜕变为被保险人与保险人之间关系天气状况的赌博。

三、保险利益的种类

（一）财产损失保险的保险利益

在财产损失保险中，保险利益并非财产本身，而是财产中所包含的与被保险人有关的利益。该利益是由于被保险人对保险标的具有某种利害关系而产生的，这种利害关系一般指的是因法律上或合同上的权利或义务所产生的关系。被保险人与保险标的具有某种法律关系或合同关系，他们对该标的就具有保险利益。物质财产损失保险的保险利益有以下四种：

1. 财产所有人的保险利益。财产所有人对其拥有的财产物资具有保险利益，可以为其财产物资投保相应的财产保险。财产可能为个人所有、单位所有，也可能与他人共有，如为与他人共有，则每一财产所有人的保险利益仅限于他对共同财产所占有的份额。

2. 担保权利人（债权人）的保险利益。担保权利人（债权人）因债权债务的担保关系对有关财产有利害关系，因此对这些财产有保险利益。例如，银行发放购房抵押贷款，购房人将自己所购的房产抵押给银行，作为清偿贷款的担保。这里购房人是抵押人，银行是抵押权人即债权人，银行便对该房产价款或赔偿款具有优先受偿的权利。该房产的灭失或价值下降，都会给银行带来风险，因此银行对该房产具有保险利益，可以该房产为标的投保财产保险。

3. 财产受托人或保管人、承运人、承包人、承租人的保险利益。财产的受托人、保管人、货物的承运人、各种承包人、承租人，由于对所托、管、运、租的物质财产的安全负有法律责任，一旦该财物因其过失而受损，上述各当事人就要承担赔偿责任，其经济利益必然会受到损失，从而对该财物具有保险利益。例如，旅店店主对旅客的行李，修理人对受托修理的财物，承运人对承运的物品和运费，船舶承租人对船舶均具有保险利益。这些受托、代管、承运、承租的财物虽然不是归受托人或保管人、承运人、承包人、承租人所有，但这些财物的毁损灭失也会给其带来经济上的损失，因而他们与该财物存在利害关系，具有保险利益。

4. 经营者对合法的预期利益有保险利益。预期利益也称期待利益，是指被保险人因对财产有现有利益而具有的未来利益。例如，企业的财产是其获得经营利益的基础，现有财产的损毁，必然导致其未来正常经营利润的减少，因此可以为这种预期利润投保。又如，因营业中断导致预期利润丧失、票房收入减少、租金收入减少、待销商品的利润减少等，经营者对这类预期利益具有保险利益，可以投保利润损失保险。预期利益必须以现有利益为基础，而且必须是能够确定的。

（二）责任保险的保险利益

责任保险的保险标的是被保险人对其所应负的民事损害赔偿责任。被保险人在生产经营、业务活动或日常生活中，因疏忽或过失造成他人人身伤害或财产损失，按照法律规定应对受害人承担赔偿责任，或者被保险人虽无过失，但根据法律规定仍然需要承担对受害人的赔偿责任。被保险人需要用自己的合法财产来履行这种赔偿责任，结果自然会给被保险人自己带来经济上的损失，因此被保险人对这种民事损害赔偿责任具有保险利益。根据常见的责任保险分类方法，责任保险的保险利益主要包括以下几种：

1. 公共场所的经营者或者管理人的保险利益。各种公共场所，如商场、饭店、医院、娱乐场所、公园、公共交通工具等的经营者或者管理人应该依法对顾客、观众或者其他人在公共经营管理的公共场所遭受的人身伤害或财产损失承担赔偿责任。这些公共场所的经营者或者管理人对该责任具有保险利益，可投保相应的公众责任险。不过，为了避免同各种交通工具保险中的责任保险构成重复投保，实践中公众责任保险通常将各种交通工具责任保险排除在外。

2. 产品生产者、销售商的保险利益。产品的生产者、销售商（或者其他相关责任人）因其生产、销售的产品存在缺陷造成消费者或者其他人的人身伤害或财产损失，依法应当承担赔偿责任，他们对该责任具有保险利益，可投保产品责任保险。

3. 雇主（用人单位）的保险利益。雇员（员工）在受雇期间因从事本职工作而罹患职业病或遭受伤、残、死亡等，雇主依法应承担赔偿责任，因而对这种责任具有保险利益，可投保雇主责任保险。

4. 专业技术人员的保险利益。律师、医师、会计师、设计师、工程师等专业技术人员，在工作中致使顾客或者他人人身或者财产遭受损害，依法应承担赔偿责任，他们对这种责任也具有保险利益，可投保相应的职业责任险。

（三）信用保证保险的保险利益

在社会经济活动中，义务人的信用好坏影响权利人的利益：义务人的信用好，权利人受损失的机会就少；义务人的信用不好，权利人受损失的机会就多。因此，权利人对义务人的信用具有保险利益。由权利就其面临的义务人的信用风险向保险人投保的是信用保险，由义务人就其信用可能给权利人带来的风险向保险人投保就是保证保险，二者合称信用保证保险。

（四）人身保险的保险利益

人身保险的保险标的是被保险人的生命或身体。当投保人和被保险人之间存在某种利害关系时，才对被保险人具有保险利益。虽然人的生命和身体无价，但对于投保人而言，被保险人的生存或身体健康能保证其原有的经济利益；反之，如果被保险人死亡或伤残，将使其遭受经济损失。人身保险的保险利益主要有以下几种：

1. 本人的保险利益。投保人对自己的生命或身体具有保险利益，因其自身的安全健康与否与其自己的利益密切相关。任何具有相应民事行为能力的自然人都可以作为投保人，以自己为被保险人，与保险人订立各种人身保险合同，而且保险金额一般不受限制。即使投保人指定他人作为受益人，其本质也是基于自己的意志，将自己享有的权利转移给受益人享有。

2. 家庭成员之间的保险利益。因婚姻、血亲、收养等关系形成的家庭成员之间相互具有保险利益。因为家庭成员之间存在着抚养、赡养、扶养关系，从而产生了经济上的利害关系。因此，家庭成员之间相互具有保险利益，如夫妻之间、父母与子女之间、祖父母与孙子女之间、亲兄弟姐妹之间。有些国家法律规定除有亲属关系外，还要有经济上互助的利益。如英、美等国，成年子女与父母之间、兄弟姐妹之间，保险利益的存在是以是否具有金钱利害关系为基准的。

3. 由劳动关系产生的保险利益。在用人单位（雇主）和员工（雇员）之间由劳动关系而产生经济上的利害关系，前者对于后者的生命或身体具有保险利益，因为用人单位一般需要对员工的疾病、伤残、死亡、年老会负担一部分费用，甚至关键员工的疾病、伤残、死亡会给用人单位造成重大损失。用人单位为员工投保人身保险，既转移了自身面临的风险，又可作为对员工的一项福利措施。

4. 因债权债务关系、合作经济关系而产生的保险利益。在债权人与债务人之间，如果债务人在清偿债务之前死亡且遗产少于其生前所欠债款，或者被保险人因意外伤害或者疾病而高残导致收入丧失或者大幅下降，债权人就可能遭受损失。因此，债权人对债务人的生命和身体具有保险利益，可作为投保人，以债务人为被保险人，债权人为受益人，同保险人订立死亡或者健康保险合同。当然，债权人的保险利益不能超过债权本金余额和相应利息。在合伙经营企业的人、合作进行课题研究或著书的人之间，如果中途一方死亡或丧失相应的能力，会使得合伙（作）事业难以按时完成，无法获得预期收益，造成经济上的损失，因此合伙（作）者之间相互具有保险利益。

总之，在我国，人身保险的保险利益是对投保人的要求，而不是对被保险人或受益人的要求。我国《保险法》第三十一条规定：“投保人对下列人员具有保险利益：（一）本人；（二）配偶、子女、父母；（三）前项以外与投保人有抚养、赡养或者扶养关系的家庭其他成员、近亲属；（四）与投保人有劳动关系的劳动者。”“除前款规定外，被保险人同意投保人为其订立合同的，视为投保人对被保险人具有保险利益。”在为他人的生命或身体投保时，我国采取利益原则与同意原则相结合的方式。一方面，要求投保人与被保险人之间有利害关系，形成保险利益；另一方面，只要经被保险人同意，投保人便对被保险人具有了保险利益。

四、保险利益的存在、转移和消灭

（一）保险利益的存在

订立财产保险合同时，《保险法》不要求投保人对保险标的具有保险利益，只要求保险事故发生时被保险人对保险标的应当具有保险利益。对于人身保险合同，《保险法》不要求保险利益在合同存续期间始终存在，也不要求保险利益在保险事故发生存在，只要求保险利益在保险合同订立时应当存在。之所以要求保险利益在保险合同订立时存在，是为了防止投保人因与被保险人无利害关系而诱发道德风险，危及被保险人生命或身体的安全。但在人身保险合同订立之后，即使投保人与被保险人的关系发生了变化，如夫妻离婚、员工调离原单位等，投保人对被保险人失去了保险利益，保险合同也不因此而失效。发生保险事故时，保险人仍应承担保险责任，履行给付保险金的义务。最高人民法院《关于适用〈中华人民共和国保险法〉若干问题的解释（三）》第四条规定："保险合同订立后，因投保人丧失对被保险人的保险利益，当事人主张保险合同无效的，人民法院不予支持。"

（二）保险利益的转移

保险利益的转移是指在保险合同有效期间，因特定事由使保险利益主体发生变化，而保险合同仍然有效。

在财产保险中，由于财产的转让、经营管理权的变更、企业的破产清算等原因，可能使保险利益由原被保险人转移到新被保险人名下。在保险事故发生前，如果被保险人（自然人）死亡，除合同另有约定外，其继承人可以自动获得保险利益，保险合同继续有效。如果因保险标的所有权发生转让或经营管理权变更而导致保险合同随之转让，除合同另有约定外，保险利益随之转移，受让人对该标的具有保险利益。

在人身保险中，保险标的是自然人的生命或身体，因此除因存在债权、债务关系而订立的人身保险合同，保险利益可随债权一同转让外，保险利益不能转移。

（三）保险利益的消灭

在财产保险中，如果保险标的灭失，保险利益即消灭；或者虽然保险标的仍存在，但在保险事故发生时被保险人和保险标的之间已经没有经济利害关系，如标的物被售出等，则被保险人也失去了保险利益。

在人身保险中，如果投保人与被保险人之间丧失了形成当然保险利益的各种人身关系，原则上保险利益也就随之消失。

第二节　最大诚信原则

一、最大诚信原则的含义

（一）最大诚信原则的概念

最大诚信原则可表述为：保险合同主体在订立和履行合同的过程中，应向对方提供影响对方作出订约与履约决定的全部实质性重要事实，并绝对信守合同订立的条件与承诺。这里所说的重要事实，对于投保人一方而言是指那些足以影响保险人判断风险大小、决定保险费率、确定是否接受风险转嫁，是否要求增加保费、解除保险合同，或者是否应该拒绝赔偿或者减少赔款的各种情况；对于保险人一方而言是指足以影响投保人决定是否投保的各种情况，主要是指保险合同的格式条款，特别是责任免除条款。

诚实信用原则是人们在民事和商业活动中应该遵循的基本原则。诚实信用原则要求民商活动主体应该诚实守信，以善意的方式履行其义务，不得滥用权力和规避法定或约定义务；维持当事人之间的利益及当事人利益和社会利益的平衡。保险作为一种重要的商业活动，要求活动主体在订立和履行保险合同过程中也应该遵守诚实信用原则。而且，相较其他民商活动，保险活动对当事人和关系人的诚信要求最为严格，因此被称为“最大诚信原则”。也就是说，“最大”是通过违反诚实信用原则的法律后果来体现的。根据我国《民法典》的规定，订立合同过程中一方存在欺诈行为，对方有权要求变更或者撤销合同。但是，《保险法》规定订立保险合同过程中如果投保人没有履行如实告知义务，保险人有权解除保险合同，可能对合同解除前发生的保险事故不承担保险责任，而且不退还保费。此外，《保险法》还规定在保险合同履行过程中，投保人、被保险人或者受益人需要履行多项通知义务和保证义务，否则需要承担不利的法律后果，但是《民法典》在这方面的规定要简单得多。

相比较过去的《合同法》，《民法典》第四百九十六条第二款和第四百九十七条强化了格式条款提供方在合同订立时的诚信义务，甚至比《保险法》的要求更为严格。因此，“最大诚信原则”演变成主要是对投保人一方的要求①。不过，在保险合同履行过程中，法律对于保险人诚信义务的要求还是要比普通民商合同严格一些。虽然弃权与禁止反言对于所有保险合同双方都是适用的，但是《保险法》专门针对保险人规定了一些不同于《民法典》的、具体的默示弃权与禁止反言的情形。这可以看成是法律对保险人的诚信要求强于普通民商活动的情形。换句话说，法律对保险人的“最大诚信”要求主要体现在一些默示弃权与禁止反言情形中。

---

① 可以预见，《保险法》未来修订时至少应该保证在保险合同订立时就格式保险条款对保险人的诚信要求与《民法典》趋同。

（二）最大诚信原则产生的原因

首先，保险活动中保险人接受投保方转嫁的风险，但是保险标的通常仍由投保方管理和控制，其对保险标的的风险及有关情况最为清楚，而保险人远离保险标的所在地，难以进行实地查勘。首先，订立保险合同时主要也只能根据投保人的告知来决定是否承保、如何承保以及保险费率的高低，因而投保人的告知是否属实和准确，对保险人的决策以及其所承担的义务至关重要，如果投保方告知不实或有意欺骗，保险人是难以及时发现的。其次，保险期间保险标的风险状况的变化（风险显著增加）、保险标的的转让和保险事故的发生等事项也是投保方更容易获知。再次，保险期间投保方是否能够按照法律规定、合同约定或者行业惯例严格遵守保证事项，保险人也不可能随时检查。投保方在这几点具有明显的信息优势。另外，由于保险合同是射幸合同，一旦发生保险事故被保险人或者受益人所获得的保险金是投保人所交保费的十倍、百倍、千倍甚至更多，这又容易引诱投保人故意不履行诚信义务。因此，要求投保方在投保时和合同有效期内履行如实告知、通知、保证等一系列法定义务或者合同义务。

其次，保险合同大多属于格式合同，合同主要条款和内容都是由保险人单方拟定的，投保人只能同意或不同意。而且，保险合同条款又非常复杂，专业性强，普通投保人或被保险人不易理解与掌握。这同样存在信息不对称的问题，保险人成为拥有信息优势的一方。因此要求保险人在订立合同时应当如实向投保人提示、解释、说明保险条款，不能以任何方式欺骗投保人或被保险人。虽然《保险法》对保险人在订立保险合同时就格式保险条款的诚信要求并不比《民法典》更严格，但是相对于民商活动中更为常见的议商合同条款，显然是更为严格的。

再次，在保险合同履行过程中《保险法》还是对保险人提出了更为严格的诚信要求，具体体现在一些弃权与禁止反言条款上。这背后的理由还是因为保险合同多是格式合同且专业性强，保险人在合同履行过程中的特定情形下具有明显的信息优势。

二、保险合同的诚信要求

（一）对投保人、被保险人、受益人的诚信要求

1. 投保人的如实告知义务。

（1）如实告知的内容。投保人申请订立保险合同时，应把有关投保标的的风险情况、保险利益关系及其自身的一些事实情况如实地向保险人申报。虽然，财产保险合同不要求投保时被保险人对保险标的具有保险利益，但是投保时被保险是否具有现实的保险利益或者未来可预见的保险利益对保险人面临的道德风险大小有重要影响，因此订立财产保险合同时要求投保人告知保险利益关系同样非常重要。

（2）如实告知的形式。如实告知的形式通常分为两种，即无限告知和询问告知。①无限告知义务又称客观告知义务，即法律对告知的内容没有确定性的规定，投保人

或被保险人自行尽量将保险标的的风险状况及有关重要事实如实告知保险人；②询问告知义务又称主观告知义务，是指投保人或被保险人对保险人询问的问题必须如实告知，对询问以外的问题则视为非实质性重要事项，无须告知。

《保险法》第十六条第一款规定："订立保险合同，保险人就保险标的或者被保险人的有关情况提出询问的，投保人应当如实告知。"也就是说，我国《保险法》所确定的告知形式属于"询问告知"。2013 年最高人民法院发布的《关于适用〈中华人民共和国保险法〉若干问题的解释（二）》第五条规定："保险合同订立时，投保人明知的与保险标的或者被保险人有关的情况，属于保险法第十六条第一款规定的投保人'应当如实告知'的内容。"也就是说，投保人的如实告知义务限于明知的内容。

2. 投保人、被保险人或受益人的通知义务。投保人、被保险人或者受益人按照法律的规定，在保险合同有效期内负有数项通知义务，具体包括：

（1）被保险人的保险标的转让通知义务。通常情况下，保险标的由被保险人保管，被保险人的变更可能会引起风险的变化，因此要求保险标的发生转让，原被保险人或者新被保险人应当及时将此情况通知保险人。《保险法》第四十九第二款规定："保险标的转让的，被保险人或者受让人应当及时通知保险人，但货物运输保险合同和另有约定的合同除外。"《海商法》第二百三十条第一款规定："因船舶转让而转让船舶保险合同的，应当取得保险人同意……"货物运输保险合同随着货物的转让而发生转让，被保险人之所以不负通知义务，是因为在途运输的货物所面临的风险的大小受承运人影响，和被保险人是谁没有什么关系。

（2）被保险人的保险标的危险程度显著增加通知义务。在保险合同有效期内，如果保险标的面临的风险发生变化，被保险人应当按照合同的约定履行通知义务，以便保险人决定是否继续承担保险责任，或以什么条件继续承保。我国《保险法》第五十二条第一款规定："在合同有效期内，保险标的的危险程度显著增加的，被保险人应当按照合同约定及时通知保险人，保险人可以按照合同约定增加保险费或者解除合同……"《最高人民法院关于适用〈中华人民共和国保险法〉若干问题的解释（四）》第四条规定："人民法院认定保险标的是否构成保险法第四十九条、第五十二条规定的'危险程度显著增加'时，应当综合考虑以下因素：（一）保险标的用途的改变；（二）保险标的使用范围的改变；（三）保险标的所处环境的变化；（四）保险标的因改装等原因引起的变化；（五）保险标的使用人或者管理人的改变；（六）危险程度增加持续的时间；（七）其他可能导致危险程度显著增加的因素。""保险标的危险程度虽然增加，但增加的危险属于保险合同订立时保险人预见或者应当预见的保险合同承保范围的，不构成危险程度显著增加。"另外，在保险实务中部分人身保险合同（例如人身意外伤害保险合同或健康保险合同）中也会约定被保险人的职业变更导致危险显著增加，被保险人应当及时通知保险人。总之，无论是财产保险还是人身保险，被保险人的保险标的危险显著增加通知义务是基于"保险合同的约定"，如果合同中没有约定，则被保险人无此义务。

（3）被保险人的重复保险（保险竞合）的通知义务。由于财产保险理赔时通常应当遵循损失补偿原则（详见本章第四节），因此一旦多份保险合同之间构成重复保险或者保险竞合，需要在各保险人之间按照一定的规则进行赔款的分摊。另外，重复保险或者保险竞合容易诱发被保险人故意制造保险事故的道德风险。也就是说，重复保险或保险竞合的出现会影响保险人决定是否继续承保或者以什么样的条件继续承保。因此，此前订立的保险合同的保险人通常要求被保险人及时通知此情况。当然，对于正在订立的那份保险合同而言，被保险人的此项义务一般应属于如实告知义务。《保险法》第五十六条第一款规定："重复保险的投保人应当将重复保险的有关情况通知各保险人。"

（4）投保人、被保险人或者受益人的保险事故发生通知义务。保险事故发生后投保人、被保险人或者受益人应当及时将保险标的的受损情况、施救费用等通知保险人。而且，索赔时投保人、被保险人或者受益人有义务向保险人提供其所能提供的与确认保险事故的性质、原因、损失程度等有关的证明和资料。《保险法》第二十一条规定："投保人、被保险人或者受益人知道保险事故发生后，应当及时通知保险人……"第二十二第一款又规定："保险事故发生后，按照保险合同请求保险人赔偿或者给付保险金时，投保人、被保险人或者受益人应当向保险人提供其所能提供的与确认保险事故的性质、原因、损失程度等有关的证明和资料。"《海商法》第二百三十六条第一款规定："一旦保险事故发生，被保险人应当立即通知保险人，并采取必要的合理措施，防止或者减少损失……"

此外，《海商法》第二百三十三条规定："被保险人知道经预约保险合同保险的货物已经装运或者到达的情况时，应当立即通知保险人。通知的内容包括装运货物的船名、航线、货物价值和保险金额。"这是《海商法》规定的预约性海上货物运输保险合同的被保险人的一项通知义务，因为这直接影响到保险人承担风险的大小。

3. 被保险人的保证义务。

（1）保证的概念。从一般意义上来讲，保证就是根据法律的规定或者合同的约定，要求合同当事人或合同关系人对某些特定事项的作为或不作为，或者某种状态存在或不存在的担保。就保险合同而言，保证可以是对投保方（包括投保人、被保险人和受益人）的要求，也可以是对保险方的要求。例如，某些健康保险合同中约定的保证续保条款就是对保险人的保证要求。不过，通常情况下我们说保险合同的保证义务是特指对被保险人的要求，即被保险人根据法律的规定或者合同的约定，对保险人作出的在保险期间对某种特定事项的作为或不作为，或者某种状态持续存在或者不存在的担保。保证是保险合同赖以存续的一项重要基础。由于保险合同是依据订立合同时投保人所告知的标的所处风险状况而签订的，因此是以风险因素和风险程度不再增加为条件的，保险人向投保人收取的保险费也是以风险不再增加为前提，或以不能存在其他危险标的为前提。如果被保险人未经保险人同意而进行风险较大的活动，会引起保险标的危险的增加，必然会破坏合同双方事先确定的等价地位。例如，某人在投保货物运输险时，承诺在合同有效期内不运载危险货物，这个承诺就是保证。

保证条款对被保险人来说是一种利益上的约束。现在，各国保险立法均对此加以限制，为了维护投保人或者被保险人的利益，使保险合同中保证的条款能正常运作，在履行保证条款时要求：①保证的事项必须是重要的；②保证条款通常应在保险合同中载明；③对保证条款应作出严格的解释，除非有特别需要不能赋予被保险人更多的不利。

（2）保证的形式。保证可以分为明示保证和默示保证。明示保证是在保险合同中有明确记载的保证。例如，企业财产保险条款载明："保险期间仓库的自动喷淋装置系统始终保持正常运转。"默示保证则是指一些重要保证在保险单上没有文字记载，但订约双方在订约时都清楚的保证。默示保证不通过文字来说明，而是根据有关的法律、惯例及行业、保险界的同业习惯来决定的。默示保证的法律效力同明示保证一样，不得违反。例如，《保险法》第五十一条第一款规定："被保险人应当遵守国家有关消防、安全、生产操作、劳动保护等方面的规定，维护保险标的的安全。"《海商法》第二百四十四条规定："除合同另有约定外，因下列原因之一造成保险船舶损失的，保险人不负赔偿责任：（一）船舶开航时不适航，但是在船舶定期保险中被保险人不知道的除外……"这些都属于默示保证。

（二）对保险人的诚信要求

1. 合同格式条款的提示、解释和说明义务。保险人对合同格式条款的提示、解释和说明义务是指保险人在订立保险合同时，如果使用由保险人提供的格式条款，则保险人应当向投保人说明格式条款的内容，特别要提示和明确说明免责条款的内容。所谓格式条款就是当事人为了重复使用而预先拟订，并在订立合同时未与对方协商的条款。《保险法》第十七条规定："订立保险合同，采用保险人提供的格式条款的，保险人向投保人提供的投保单应当附格式条款，保险人应当向投保人说明合同的内容。""对保险合同中免除保险人责任的条款，保险人在订立合同时应当在投保单、保险单或者其他保险凭证上作出足以引起投保人注意的提示，并对该条款的内容以书面或者口头形式向投保人作出明确说明……"《民法典》第四百九十六条第二款也规定："采用格式条款订立合同的，提供格式条款的一方应当遵循公平原则确定当事人之间的权利和义务，并采取合理的方式提请对方注意免除或者减轻其责任等与对方有重大利害的条款，按照对方的要求，对该条款予以说明。"

2. 索赔资料补充的一次性通知义务。保险事故发生后，投保人、被保险人或者受益人有义务及时通知保险人，帮助保险人能够正确地判断事故的性质、原因和损失程度等。同时，保险索赔的规则和程序是保险人事先制定的，投保人、被保险人和受益人对此并不熟悉，难免准备的索赔资料存在遗漏或者不符合保险人的要求，出现此种情形时，保险人有义务及时通知对方补充相关资料，而且防止保险人借此故意刁难对方，法律要求保险人应当一次性通知对方。《保险法》第二十二条第二款规定："保险人按照合同的约定，认为有关的证明和资料不完整的，应当及时一次性通知投保人、被保险人或者受益人补充提供。"

3. 保险人的弃权与禁止反言。

（1）弃权。汪瀚章先生主编的《法律大辞典》对“弃权”的解释是：“即抛弃自己之权利之谓也。权利以得自由抛弃为从来之观念。但因现代人事之变迁、社会之推移，权利抛弃之自由，次第受法律上制限。例如选举权不得自行宣言抛弃是。”也就是说，权利通常都是可以被权利人所放弃的，只有在其弃权可能妨害国家、集体或者他人的权利或利益时才可能被法律所禁止。因此，就保险合同的各权利人而言都有可能存在弃权的行为，而不限于保险人一方。不过，在保险实践中，由于保险合同的特殊性决定了保险人处于相对强势的地位，因此除了保险人明确表示放弃自己的某项权利外，法律还规定在特定情形下可以推定保险人存在弃权行为。也就是说，保险人的弃权行为分为明示弃权和默示弃权两种。例如，根据《保险法》第十六条的规定，投保人违反如实告知义务保险人有合同解除权，但是自保险人知道解除事由起超过30天不行使而消灭。这就是一种关于保险人默示弃权的规定。总之，构成弃权必须具备两个条件：①权利人应当知悉权利的存在；②权利人应当有明示或者默示弃权的意思表示。

（2）禁止反言。禁止反言也称为禁止抗辩，是指权利人既然已经放弃某项权利，将来不得再主张该项权利。《保险法》第十六条第六款规定：“保险人在合同订立时已经知道投保人未如实告知的情况的，保险人不得解除合同；发生保险事故的，保险人应当承担赔偿或者给付保险金的责任。”这是又一有关保险人弃权与禁止反言的规定。

总之，禁止反言与弃权构成一对同时存在的概念。在保险实践中弃权与禁止反言主要是用来约束保险人的。

三、违反诚信要求的后果

（一）投保人、被保险人、受益人违反诚信要求的后果

1. 投保人违反如实告知义务的法律后果。投保人违反如实告知义务的情形分为投保人故意不履行如实告知义务和投保人因重大过失未履行如实告知义务两种情形。《保险法》第十六条第二款规定：“投保人故意或者因重大过失未履行前款规定的如实告知义务，足以影响保险人决定是否同意承保或者提高保险费率的，保险人有权解除保险合同。”第三十二条第一款又规定：“投保人申报的被保险人年龄不真实，并且其真实年龄不符合合同约定的年龄限制的，保险人可以解除合同，并按照合同约定退还保险单的现金价值。保险人行使合同解除权，适用本法第十六条第三款、第六款的规定”。法律还进一步细化了两种情形的法律后果：①《保险法》第十六条第四款规定：“投保人故意不履行如实告知义务的，保险人对于合同解除前发生的保险事故，不承担赔偿或者给付保险金的责任，并不退还保险费。”②《保险法》第十六条第五款规定：“投保人因重大过失未履行如实告知义务，对保险事故的发生有严重影响的，保险人对于合同解除前发生的保险事故，不承担赔偿或者给付保险金的责任，但应当退还保险费。”显然，对于投保人因重大过失未履行如实告知义务，除非未告知事项对发生的保险事故有重要影响，保险人才可以不承担保险赔付责任，否则保险人对合同解除前发

生的保险事故仍然要承担保险赔付责任。

2. 投保人、被保险人或受益人违反通知义务的法律后果。如前所述，《保验法》和《海商法》规定了投保人、被保险人或受益人的多项通知义务和违反相关义务的法律后果。不过，《保险法》并没有规定被保险人违反重复保险通知义务的法律后果，《海商法》也没有规定预约货物运输保险合同的被保险人违反货物装运和到运通知义务的法律后果。如果希望就此类义务加强对被保险人的约束，需要在合同中设置专门条款来规定被保险人违反该项义务的后果。

（1）被保险人违反保险标的转让通知义务的法律后果。《保险法》第四十九条第四款规定："被保险人、受让人未履行本条第二款规定的通知义务的，因转让导致保险标的危险程度显著增加而发生的保险事故，保险人不承担赔偿保险金的责任。"显然，如果保险标的转让没有导致危险程度显著增加，即使被保险人没有将转让通知保险人，发生保险事故保险人仍然需要承担赔偿责任。不过，海上船舶保险标的转让的情形应当遵循《海商法》的规定。《海商法》第二百三十条规定："……未经保险人同意，船舶保险合同从船舶转让时起解除；船舶转让发生在航次之中的，船舶保险合同至航次终了时解除。"

（2）被保险人违反保险标的危险程度显著增加通知义务的法律后果。《保险法》第五十二条第二款规定："被保险人未履行前款规定的通知义务的，因保险标的的危险程度显著增加而发生的保险事故，保险人不承担赔偿保险金的责任。"

（3）投保人、被保险人或者受益人违反保险事故发生通知义务的法律后果。《保险法》第二十一条规定："……故意或者因重大过失未及时通知，致使保险事故的性质、原因、损失程度等难以确定的，保险人对无法确定的部分，不承担赔偿或者给付保险金的责任，但保险人通过其他途径已经及时知道或者应当及时知道保险事故发生的除外。"《海商法》第二百三十六条第二款规定："对于被保险人违反前款规定所造成的扩大的损失，保险人不负赔偿责任。"

3. 被保险人违反保证义务的法律后果。《保险法》没有规定人身保险合同中被保险人的保证义务，因此人身保险合同中被保险人的保证义务全部是通过保险合同约定明示保证义务，被保险人违反保证义务的后果也需要由保险合同约定。

《保险法》第五十一条第三款规定："投保人、被保险人未按照约定履行其对保险标的的安全应尽责任的，保险人有权要求增加保险费或者解除合同。"《海商法》第二百三十五条规定："被保险人违反合同约定的保证条款时，应当立即书面通知保险人。保险人收到通知后，可以解除合同，也可以要求修改承保条件、增加保险费。"被保险人违反保证会使保险标的风险程度显著增加，也就是没有按照约定来维护保险标的安全。因此，财产保险合同中被保险人违反明示保证义务的法律后果通常是保险人有权解除合同或者要求增加保费。如果因被保险违反保证义务且没有通知保险人并因违反保证引起保险事故，保险人可以根据《保险法》第五十二条第二款的规定拒绝承担保险责任。

被保险人违反默示保证的法律后果通常由法律直接规定。例如，《海商法》第二百四十四条第一款规定："除合同另有约定外，因下列原因之一造成保险船舶损失的，保险人不负赔偿责任：（一）船舶开航时不适航，但是在船舶定期保险中被保险人不知道的除外……"

（二）保险人违反诚信要求的后果

保险人弃权的法律后果就是禁止反言，前面已经阐述过了。另外，法律虽然规定保险人要求索赔人补充索赔资料时应当一次性通知，但是并没有规定保险人违反此项义务的法律责任。因此，此处保险人违反诚信要求的法律后果主要是指保险人违反格式条款提示、解释、说明义务的法律后果。《保险法》第十七条第二款规定："对保险合同中免除保险人责任的条款，保险人在订立合同时应当在投保单、保险单或者其他保险凭证上作出足以引起投保人注意的提示，并对该条款的内容以书面或者口头形式向投保人作出明确说明；未作提示或者明确说明的，该条款不产生效力。"《民法典》第四百九十六条第二款规定："采用格式条款订立合同的，提供格式条款的一方应当遵循公平原则确定当事人之间的权利和义务，并采取合理的方式提示对方注意免除或者减轻其责任等与对方有重大利害关系的条款，按照对方的要求，对该条款予以说明。提供格式条款的一方未履行提示或者说明义务，致使对方没有注意或者理解与其有重大利害关系的条款的，对方可以主张该条款不成为合同的内容。"也就是说，根据《民法典》的该规定，保险人对于其提供的格式保险条款如果没有提示和说明，只要投保人没有能够注意且理解该条款，且该条款对投保人（被保险人、受益人）的利益有重大影响，那么投保人（被保险人、受益人）可以主张这些格式条款不具有法律效力。显然，这些对投保人（被保险人、受益人）利益有重要影响的格式条款不限于保险合同中的责任免除条款，还包括其他重要条款。例如，赔款计算条款、理财类保险产品中的收益与费用分摊条款等。

此外，《民法典》第四百九十七条还规定："有下列情形之一的，该格式条款无效：……（二）提供格式条款一方不合理地免除或者减轻其责任、加重对方责任、限制对方主要权利；（三）提供格式条款一方排除对方主要权利。"这意味着对于即便保险人对格式保险合同中的责任免除条款等限制、排除投保人（被保险人、受益人）主要权利的条款履行了提示、说明义务，这些条款仍然可能不具有法律效力。不过，如果格式保险合同中的责任免除条款也是法律或者行政法规所规定的条款，则即使保险人没有履行提示、解释和说明义务，投保人、被保险人或者受益人也不能据此规定而主张其无效。

第三节　近因原则

一、近因原则的含义

近因原则是保险经营的又一个重要原则。它是指保险赔偿以损失发生的近因属于承保风险为要件的原则。英国《1906 年海上保险法》第五十五条对近因原则下了如下定义:“任何灭失的近因是由承保的风险所造成的,保险人应承担责任。”这个原则为各国所采用,沿用至今。在保险理赔中必须遵循近因原则,按照近因原则,当保险标的遭受风险事故而受损,损失近因是由承保的风险所造成时,保险人才予以赔付;如果损失的近因不属于承保的风险,保险人不给予赔付。近因原则同样是从保险实践中产生的。若不根据近因原则确定损失原因,任何原因导致的保险标的损失均需赔付的话,保险人的赔偿责任扩大,其权利义务不对等,不利于保险业的正常经营。再者,如果不问何种风险致损,有损就赔,会助长灾害事故的发生,不利于保障人们的生命财产安全。因此,目前世界各国一般都采取近因原则来断定损失原因及处理赔案。

保险所讲的近因是指造成保险损失事件的最直接起主导作用的原因,但并非指时间上、空间上最接近损失的原因。近因与风险事故的产生有直接的因果关系,它是一种活跃而有效的动因,在效果上有支配力,它直接促使某种事件产生后果,是诱发事件的主要原因或在诸因素中起支配作用的因素。例如,司机酒后驾车造成交通事故,近因是司机酒驾。又如,有人趁火灾之际偷盗物品,则被盗物品损失的近因不是火灾,而是盗窃。

二、近因的判断方法

认定近因的关键是确定风险因素与损害之间的关系,确定的方法有两种:顺序法和倒推法。

(一) 顺序法

从最初事件出发,按照逻辑推理,分析判断下一个事件可能是什么;然后再从下一个事件出发,分析判断再下一个事件可能是什么,如此下去,直至分析到损失为止。如果最初事件是导致损失的第一个原因,则最初事件即是损失的近因。如果最初事件是保险责任范围内的事件,则保险人应当承担赔偿责任。

(二) 倒推法

从损失开始,按照逻辑推理,分析引起损失的原因是否是前一事件,如果是,再继续分析导致前一事件发生的原因,直至最初事件为止。如果最初事件是导致损失的近因,则保险人承担保险赔偿责任。例如,“赖斯彻尔诉博里克”案:一艘拖船航行中触礁,结果导致船体开洞,于是船员用塞子堵水,在拖港修理途中塞子脱落,船舶进水最终沉没。本案在审理中,保险人以拖港途中塞子脱落而进水属不保的海上固有风险进行抗辩,最终法庭判决触礁是船舶沉没的近因,属保险责任,保险人应当赔偿。本案用上述两种方法判断。顺序法:船舶触礁→船体开洞→用塞子堵水→塞子脱落→船舶进水沉没;倒推法:船舶进水沉没→由于塞子脱落→塞子是用来堵水的→因为船体有洞→因为船舶触礁。用上述两种方法均可分析出船舶触礁是近因。

三、近因原则的具体适用

（一）单一原因造成损害

造成保险标的损害的原因只有一个，这个原因就是损害的近因。如果这个近因属于承保风险，保险人应对损害负保险责任；如果这个近因不属于承保风险，则保险人不予赔付。例如，某人投保了家庭财产保险并附加盗窃险，某日家中被盗，保险人应负责赔偿；如果他只投保了家庭财产保险，未附加盗窃险，被盗仍为近因，则保险人不负赔偿责任。

（二）同时发生的多项原因造成损害

造成保险标的损害的原因有多个，且难以确定先后顺序，视为多种原因同时作用。在这种情况下，不能以先后次序作为推断的依据，应当视具体原因区别对待：

1. 多项原因都是保险责任范围内的原因，保险人对这些原因所致损失均负赔偿责任。反之，若多项原因均属责任免除，则保险人不负保险责任。

2. 多项原因中既有保险责任，又有责任免除，且各自造成保险标的的损害的界限往往难以准确划分。此种情形下，保险人是否应当承担保险责任以及如何承担保险责任在我国保险实践中存在很大争议。传统的因果关系理论主张对因果关系进行判定只有两种可能：有因果关系和没有因果关系，不主张有第三种结论，如果没有办法确定造成保险标的损害的近因是承保风险还是不保风险，则保险人不予赔付。但是，这对被保险人来说是不公平的。实践中，司法机关已经常运用比例因果关系理论来处理此类案件引起的争议。《最高人民法院关于适用〈中华人民共和国保险法〉若干问题的解释（三）》第二十五条规定："被保险人的损失系由承保事故或者非承保事故、免责事由造成难以确定，当事人请求保险人给付保险金的，人民法院可以按照相应比例予以支持。"

（三）连续发生的多项原因造成损害

如果损害的发生由多个有因果连续关系的原因造成，则最初的原因为近因，保险人赔偿的处理方式有以下几种：

1. 连续发生的原因都是承保风险，则对保险事故发生后的一切损失，保险人都负责赔付。例如，雷击引起火灾，火灾引起爆炸，则企业财产保险的保险人对所有损失均负赔偿责任。

2. 在连续发生的原因中，若前因是承保风险，后因是不保风险，但后因是前因的直接的延续和后果，则保险人对所有损失均负责赔付。例如，一艘装有皮革与烟草的船舶投保了"水渍险"，遭遇海难，大量的海水侵入使皮革腐烂，海水虽未直接接触包装烟草的捆包，但由于腐烂皮革散发的气味，致使烟草串味变质。烟草未被水浸，保险人对烟草的损失是否应当赔偿？用倒推法来分析：烟草变质是被皮革腐烂的气味所熏，皮革腐烂是由于海水侵入所致，海水侵入是由于船舶遭遇海难。从以上分析可得出结论：海难是近因，因此保险人对皮革与烟草的损失均应赔付。

3. 在连续发生的原因中，若前因是不保风险，后因是承保风险，后因是前因的必然结果，则保险人对所有损失均不予赔付。例如，因地震（不保风险）的发生而引起火灾（承保风险），烧毁了被保的家庭财产，由于损失的近因是地震而不是火灾，而地震属于保险合同约定的责任免除，故保险人对标的财产的损失不负赔偿责任。

4. 在连续发生的原因中，前因与后因均属不保风险，则保险人对损失不予赔付。例如，船舶因航海延迟致使舱内水果变质，虽说气候变化也是造成水果变质的原因之一，但延迟是致损的近因，延迟致使水果保存时间过长，而延迟又是海上货物运输保险合同中约定的责任免除，故保险人不负赔偿责任。

（四）间断发生的多项原因造成损害

损害是由两个以上不相关联的原因引起的，如果造成损害的多项原因中既有承保风险又有不保风险，则保险人仅对由承保风险造成的损害予以赔付，对不保险风险造成的损害不予赔付。若造成损害的多项原因中没有承保风险，则保险人对损害不予赔付。例如，船舶在航行时因遭遇台风被刮到对岸搁浅，对岸系敌国领海，船被敌方扣留，为使船舶脱浅需要卸货，因而产生装卸费用的损失，再无其他损失。这样，虽有台风、搁浅、扣留等致损原因，但只有搁浅是造成卸货的必然原因，因此它是损失的近因，搁浅属于保险责任，保险人应予以赔偿。

第四节　补偿原则

保险制度是社会后备制度的一部分，是对风险事故造成的损失的一种补偿安排。这种补偿也是保险制度一项重要职能。但是，保险损失的补偿如何进行？依据什么规则？为什么这样规定呢？

一、补偿原则的含义与意义

（一）补偿原则的含义

补偿原则也称赔偿原则、损失补偿原则。补偿原则的基本含义是指保险事故发生使被保险人遭受损失时，保险人应当在保险责任范围内对被保险人所遭受的损失进行补偿，使其恢复到损失前所处的经济状态。损失补偿原则的含义包括两个方面的内容：①被保险人只有因保险合同约定的保险事故的发生而遭受损失，才能得到补偿。②补偿的金额应当等于被保险人的损失，被保险人所获得的补偿不能超过其遭受的损失。因此，各国保险法均对保险金额超过保险价值的超额保险均作了限制性规定。《保险法》第五十五条第三款规定：“保险金额不得超过保险价值。超过保险价值的，超过部分无效，保险人应当退还相应的保险费。”通常补偿原则适用于财产保险，而不适用于人身保险。不过，财产保险中的定值保险、重置价值保险、天气指数保险等保险合同的被保险人从保险人那里所获得的赔款可能大于其所遭受的实际损失，不严格遵循补偿原则。《健康保险管理办法》将医疗保险分为费用补偿型医疗保险和定额给付型医疗保险，其中费用补偿型医疗保险是指根据被保险人实际发生的医疗费用、康复费用支出，按照约定的标准确定保险金数额的医疗保险。《健康保险管理办法》还规定，费用补偿型医疗保险的给付金额不得超过被保险人实际发生的医疗费用、康复费用金额。因此，费用补偿型医疗保险理赔时一般也需要遵循补偿原则。

（二）补偿原则的意义

补偿原则对保险合同双方均有约束力。对保险人而言，补偿原则是对其履行保险赔偿义务行为的约束；对被保险人来说，则是获得赔偿的限定。该原则使保险的补偿行为科学化、规范化。

1. 补偿原则是保险的本质和职能的体现。保险的本质是通过分摊损失的方式保障被保险人的保险利益。保险的基本职能是损失补偿，是按照保险合同约定的责任范围和保险金额限度内的实际损失数额给予赔付。补偿原则的质的规定和量的限定都是保险基本职能的具体体现。补偿原则约束保险人应当在合同约定条件下承担保险保障的义务，履行保险赔偿责任；对被保险人而言，该原则保证了其正当权益的实现。

2. 补偿原则有利于防止被保险人通过保险赢利，减少道德风险的发生。补偿原则的质的规定是“有损失，有赔偿；无损失，无赔偿”。量的规定是被保险人因同一损失从有关方面获得的补偿总额，不能超过其所受的实际损失。因此被保险人所获得的保险赔偿不得超过其实际损失，即被保险人最多只能得到将保险标的恢复到与损失发生前相同的财务状况的赔偿，所以该原则有利于防止被保险人通过保险赔偿而获得额外的利益，有利于减少道德风险的发生。

二、补偿原则的限制条件

（一）以实际损失为限

保险人的赔偿额的确定是以保险事故发生时受损财产实际损失的现金价值为限。例如，某机器设备投保时保额为 15 万元，发生保险事故造成全损，残值为 1 万元，当时该设备的市价为 10 万元，则保险人的赔偿额按实际损失金额确定为 9 万元。

（二）以保险金额为限

保险金额是保险人履行赔偿义务的最高限额，保险人的赔偿金额在任何情况下均不能超过保险金额。另外，保险金额通常要与保险标的的实际价值相符，如果高于保险标的的实际价值（保险价值），则超额部分无效。例如，某人将一台实际价值为 7 万元的旧机器按重置价值 10 万元确定保险金额投保企业财产保险，则超额部分的 3 万元无效，即使全损，保险赔偿的最高限额也是 7 万元。在不足额保险的情况下，因保险价值大于保险金额，则保险赔偿额按保险金额占保险价值的比例来计算。例如，某房产实际价值为60万元，保险金额为30万元，若发生保险事故损失20万元，则保险人按比例计算保险赔偿金额为10万元［20×（30/60）］，被保险人获得的损失补偿程度为50%。

（三）以被保险人对标的的保险利益为限

保险赔偿是以被保险人的保险利益为条件的，保险人的赔偿也要以受损时被保险人对保险标的具有的保险利益为限。例如，李某为其价值400万元的出租门面房投保足额的房屋保险，在保险期间内其同妻子离婚进行财产分割，各获得该门面房的一半产权。其未到保险公司办理保险合同变更手续。不久该门面房因一场火灾而全损，则保险公司只能赔偿李某200万元。因为保险事故发生时李某对该门面房的保险利益只有200万元，另外200万元的保险利益他已经失去。

需要特别注意的是，天气指数保险是按照合同中约定的赔偿触发条件（如日气温、日降水量等）和约定的赔款计算公式来确定保险赔偿金额的。因此，单个天气保险合同可能不严格遵循损失补偿原则，被保险人所获得的保险赔款可能大于也可能小于其实际损失。但是，对于投保某款天气指数保险的所有被保险人而言，某次保险事故的赔款总额应当符合损失补偿原则，在不考虑免赔的情况下，总赔款额应当与所有被保险人的实际损失总额或者总保额大体相当。否则，可能严重侵害参保农户的利益。当然，出现此种情形也有违对保险人的诚信要求。

三、补偿的方式

（一）现金赔付

保险补偿最常用的方式就是现金赔付。在财产保险中，当保险标的全损或接近全损时，保险人通常用现金赔偿损失。

（二）恢复原状

当保险标的发生部分损坏或部分零部件的损坏时，保险人指定或委托有关维修部门，把损坏的部分修理好，使保险标的恢复到损失前的状态，修复费用由保险人承担。例如车辆、船舶出险受损需要维修，保险人一般是为被保险人报销修理费。

（三）更换

当受损标的物的零部件因保险事故所致损坏无法修复时，保险人通常采用替代、更换的方法进行赔付，如机动车的玻璃单独破碎保险。

（四）重置

当保险标的损毁或灭失时，保险人可以重新购置一个与毁损标的等同规格、型号、性能的标的，来恢复标的的本来面目。由于重置需在市场上找到完全相同的商品，比现金赔偿困难得多，因此保险人一般较少采用这种赔偿方式。

四、代位原则

如前所述，财产保险理赔时通常应当遵循补偿原则，在于体现保险制度的补偿职能，同时更是防范被保险人道德风险的需要。同样为了防范被保险人的道德风险，在补偿原则的基础上又派生出代位追偿原则和物上代位原则，二者合称代位原则。

（一）代位追偿

1. 代位追偿的概念。代位追偿是指因第三者对保险标的的损害而造成保险事故，保险人向被保险人履行保险赔偿责任之后，可以在赔偿金额范围内代位行使被保险人对第三者的赔偿请求权。《保险法》第六十条第一款规定：“因第三者对保险标的的损害而造成保险事故的，保险人自向被保险人赔偿保险金之日起，在赔偿金额范围内代位行使被保险人对第三者请求赔偿的权利。”

2. 代位追偿的意义。由于第三者的责任而造成保险事故，保险理赔时遵循代位追偿原则具有重要意义。

（1）被保险人可以从向责任方索赔的争议诉讼中解脱出来，并及时获得经济补偿，尽快恢复正常的生产、生活。而且，保险人一般都聘有专业律师，相比较被保险人参加诉讼更能有效地维护自身权利并提高诉讼的效率。

（2）可以防止被保险人额外获利。保险标的的损失属于保险责任，同时这种损害是由于第三者的责任造成的，被保险人既可以依据保险合同向保险人索赔，也可以依据侵权责任法或者合同法向第三者索赔。如果不遵循代位追偿原则，则被保险人将有可能获得双重赔偿，或者获得的赔偿数额高于实际损失，从而获得额外利益，违背补偿原则和保险的宗旨。

（3）代位追偿原则使第三者受到应有的追究。第三者对保险标的的损害负有经济赔偿责任，不能因保险人的赔偿而免除其应负的责任。否则，会使第三者逍遥法外，逃避责任。

（4）代位追偿原则有利于维护保险人的公平地位。保险人履行了赔偿义务，对造成损害的第三方就获得了追偿的权利，从而维护了保险人的利益。

3. 保险人取得代位追偿权的要件。由《保险法》第六十条第一款的规定可知，保险人取得代位追偿权必须同时具备下列三个要件：

（1）保险合同是合法有效的，并且造成损失的事故属于保险责任范围。

（2）保险人必须在履行了全部或者部分保险赔偿责任之后才能取得代位追偿权。如果保险人没有履行保险赔偿责任，就不能获得代位追偿权。同理，保险人也不能以放弃代位追偿权为理由而拒绝履行保险赔偿责任。

（3）应当有负有责任的第三者，这是代位追偿权产生的原因。在第三者与被保险人之间必须存在民事赔偿责任，即第三者对保险事故的发生和保险标的的损失须负有违约赔偿责任或者侵权赔偿责任。

4. 代位追偿权的行使。

（1）保险人行使代位追偿权的名义。由《保险法》第六十条第一款的规定可知，保险人履行保险赔偿责任之后，就当然地依法取得代位追偿权。也就是说，代位追偿权是保险人的一项法定权利。因此，保险人只能以其自己的名义来行使代位追偿权。

（2）保险人行使代位追偿权的对象范围。第三者的界定是正确行使代位追偿权的前提。此处的第三者是指保险人和被保险人（投保人）以外的对保险事故的发生和保险标的的损害负有民事损害赔偿责任的人，可以是法人，也可以是自然人。《保险法》第六十二条对第三者的范围还有进一步的限定，“除被保险人的家庭成员或者其组成人员故意造成本法第六十条第一款规定的保险事故以外，保险人不得对被保险人的家庭成员或者其组成人员行使代位请求赔偿的权利”。因为被保险人的家庭成员或与被保险人有相同利害关系的人往往与被保险人有一致的利益，若保险人向这些人行使代位追偿权，与向被保险人行使权利效果类似，使被保险人的损失不能真正得到保险赔偿。

（3）保险人行使代位追偿权的金额范围。保险人行使代位追偿权的金额范围仅限于其所支付的保险赔偿金。保险人不能通过行使代位追偿权而获得额外利益。而且，保险人行使代位追偿权不得损害被保险人利益。《保险法》第六十条第三款规定：“保险人依照本条第一款规定行使代位请求赔偿的权利，不影响被保险人就未取得赔偿的部分向第三者请求赔偿的权利。”

（4）保险人行使代位追偿权对被保险人的要求。首先，被保险人不得放弃对第三者请求赔偿的权利。《保险法》第六十一条第一款和第二款分别规定：“保险事故发生后，保险人未赔偿保险金之前，被保险人放弃对第三者的请求赔偿的权利的，保险人不承担赔偿保险金的责任。”“保险人向被保险人赔偿保险金后，被保险人未经保险人同意放弃对第三者请求赔偿的权利的，该行为无效。”其次，被保险人有协助保险人向第三者追偿的义务。《保险法》第六十三条规定：“保险人向第三者行使代位请求赔偿的权利时，被保险人应当向保险人提供必要的文件和所知道的有关情况。”第六十一条第三款还规定：“被保险人故意或者因重大过失致使保险人不能行使代位请求赔偿的权利的，保险人可以扣减或者要求返还相应的保险金。”

（二）物上代位与委付

1. 物上代位。物上代位指保险标的因承保风险而遭受损失，保险人向被保险人履行了保险赔偿义务后拥有对保险标的全部或部分的所有权，即代位取得对受损保险标的的物权权利。《保险法》第五十九条规定：“保险事故发生后，保险人已支付了全部保险金额，并且保险金额等于保险价值的，受损保险标的的全部权利归于保险人；保险金额低于保险价值的，保险人按照保险金额与保险价值的比例取得受损保险标的的部分权利。”

2. 委付。

（1）委付的含义。委付是海上保险中特有的一种法律行为，是指被保险人在保险标的处于推定全损状态时，向保险人声明愿意将保险标的的一切权益，包括财产权及一切由其产生的权利与义务，转让给保险人，而要求保险人按照全损给予赔偿的一种行为。被保险人向保险人发出委付通知，经保险人接受方能生效。保险人可以接受委付，也可以不接受委付。即使保险人认可保险标的处于推定全损状态，仍然可以不接受委付，而同意按全损赔付。《海商法》第二百四十九条第一款规定："保险标的发生推定全损，被保险人要求保险人按照全部损失赔偿的，应当向保险人委付保险标的。保险人可以接受委付，也可以不接受委付，但是应当在合理的时间内将接受委付或者不接受委付的决定通知被保险人。"第二百五十六条又规定："除本法第二百五十五条的规定外，保险标的发生全损，保险人支付全部保险金额的，取得对保险标的的全部权利；但是，在不足额保险的情况下，保险人按照保险金额与保险价值的比例取得对保险标的的部分权利。"

（2）委付的构成要件。①委付应以推定全损为条件；②被保险人提出委付必须有明确的意思表示；③委付应及于保险标的全部，而不能是部分；④被保险人提出委付不能附带条件；⑤委付需经保险人同意方有效。

（3）委付与物上代位的联系与区别。

第一，委付与物上代位的联系：①委付和物上代位都是由补偿原则派生出来保险理赔规则；②委付和物上代位都是以保险标的全损赔偿为条件；③委付是一种特殊的物上代位。

第二，委付和物上代位的区别：①物上代位适用于所有物质财产损失保险，而委付仅适用于海上保险；②物上代位以保险标的的全损为条件，包括推定全损和实际全损，而委付只能以推定全损为条件；③保险人获得物上代位权所取得的通常只是保险标的的所有权，而保险人接受委付不仅获得保险标的的所有权，还要承担此后可能因保险标的而新发生的义务。例如，保险人接受被保险船舶的委付之后就可能负有未来产生的沉船打捞、油污清理等义务。④物上代位可以撤销，而委付一经保险同意不得撤回。

五、分摊原则

（一）分摊原则的含义

分摊原则是补偿原则的另一个派生原则。分摊原则既适用于重复保险，也适用于某些保险竞合[①]的情形，但是保险竞合的情形过于复杂，世界各国的法律一般都没有明确规定保险责任在不同保险人之间的分配，但是无论怎样分配保险赔偿责任，最终都应该遵循损失补偿原则。此处所介绍的分摊原则特指重复保险条件下的分摊原则。《保险法》第五十六条第四款对重复保险的定义是："重复保险是指投保人对同一保险标的、同一保险利益、同一保险事故分别与两个以上保险人订立保险合同，且保险金额

① 通常将那些不符合重复保险构成要件、多张保单应当对同一损失负赔偿责任的情形称为保险竞合。例如，一个人同时拥有的多份医疗保险合同之间就会产生保险竞合；停车场责任险和全车盗抢险之间也可能产生竞合。

总和超过保险价值的保险。”在重复保险中，如果保险标的因保险事故而遭受损害，被保险人就会同时向两个或两个以上的保险人索赔，其所获赔偿金额可能超过标的的实际损失，使被保险人获得额外利益，这就违背了保险的补偿原则，因此，在赔偿时必须对被保险人有所限制。另外，为防止保险人在重复保险情况下不承担赔偿责任，也必须加以限制，由此产生了分摊原则。

在重复保险条件下，被保险人所能得到的赔偿总额应当由各保险人采用适当的方法进行分摊。

（二）分摊的方法

1. 比例责任制。比例责任制又称保险金额比例分摊制。我国《保险法》第五十六条第二款规定：“重复保险的各保险人的赔偿金的总和不得超过保险价值。除合同另有约定外，各保险人按照其保险金额与保险金额总和的比例承担赔偿责任。”也就是说，当保险标的发生损失时，各保险人按各自出立的保险单中承保的保险金额与总保险金额的比例承担赔偿责任。比例责任制是分摊原则中最常用的一种重复保险赔款分摊方法。其计算公式为：

$$某保险人的赔偿额=\frac{该保险人所出立保险合同约定的保险金额}{所有保险合同约定的保险金额之和}\times 损失额$$

《保险法》第五十五条第三款规定：“保险金额不得超过保险价值。超过保险价值的，超过部分无效，保险人应当退还相应的保险费。”因此，此处的“保险金额’应当是“有效保险金额”，单张保险合同中超过保险价值部分的无效保险金额不能用来计算分摊赔款。

例如，王某为某食品企业的职工，有一处住宅价值 200 万元。2009 年 3 月 2 日，食品企业为全体职工在甲保险公司投保了住房保险，每人保险金额为 250 万元。王某的妻子李某所在的纺织企业在 2009 年 4 月 1 日向乙保险公司为每一职工投保了保险金额为 100 万元的住房保险。2009 年 12 月 2 日王某家失火，造成损失 120 万元。按照比例责任制，两保险公司分摊赔款计算如下：

首先，我们需要判定每份保险合同中保险金额的有效性，第一份保险合同是一份超额保险合同，根据《保险法》超额部分无效。也就是说，第一份保险合同的有效保险金额是 200 万元。第二份保险合同是不足额保险合同，全部保险金额 100 万元都有效。

甲保险公司分摊的赔款：$\frac{200}{200+100}\times 120=80$（万元）

乙保险公司分摊的赔款：$\frac{100}{200+100}\times 120=40$（万元）

2. 责任限额制。责任限额制又称独立责任制，是以各个保险人的独立责任为依据来分摊损失，即各保险人承担的赔偿额以在没有其他保险人的情况下单独应当承担的限额比例来进行分摊。其计算公式为：

$$某保险人赔偿额=\frac{该保险人的独立责任}{所有保人独立责任之和}\times损失金额$$

仍以上述案例为例，按照责任限额制来计算两保险公司的分摊赔款需要先计算两保险公司的独立责任。第一份保险合同是超额保险合同，如果其保险人独立承担赔偿责任，应当赔偿被保险人的全部损失 120 万元；第二份保险合同都是不足额的住宅保险合同，实践中通常根据《保险法》第五十五条第四款的规定按比例赔付来确定各自的独立责任：

甲保险公司的独立责任：120（万元）

乙保险公司的独立责任：$\frac{100}{200}\times 120=60$(万元)

再计算两保险公司的分摊赔款如下：

甲保险公司分摊的赔款：$\frac{120}{120+60}\times 120=80$（万元）

乙保险公司分摊的赔款：$\frac{60}{120+60}\times 120=40$（万元）

其实，通常情况下按比例责任制计算的各保险人分摊的赔款和按责任限额制计算的各保险人分摊的赔款金额是相同的，请大家自己证明之。不过，实践中也有保险公司的住宅保险合同约定不足额保险按“第一危险方式”赔偿。此时，按比例责任制和限额责任制计算的各保险人分摊赔款金额是不相同的。如果本例中两份保险合同都约定了“第一危险方式”赔付条款，则按责任限额制计算的两保险公司分摊的赔款是多少呢？也请大家自己计算之。

3. 顺序责任制。按照订立保险合同的先后顺序分摊赔偿责任，第一个签订保险合同者首先赔偿，在第一个保险人依照保险金额承担赔偿责任后，不足时由第二个保险人赔偿，以此类推，直至被保险人的损失得以足额补偿为止。

仍按上例，按照顺序责任制，各保险公司的分摊赔款计算如下：

甲公司在 3 月 2 日出单，首先赔付 120 万元。乙公司在 4 月 1 日出单，不用赔付。

顺序责任制的赔偿方法对各个保险人来讲不大公平，因此一般很少采用这种方法。

另外，《保险法》第五十五条第三款规定：“保险金额不得超过保险价值。超过保险价值的，超过部分无效，保险人应当退还相应的保险费。”第五十六条第三款又规定：“重复保险的投保人可以就保险金额总和超过保险价值的部分，请求各保险人按比例返还保险费。”因此，在上述案例中第一份保险合同涉及超额退费和重复保险退费，第二份保险合同只涉及重复保险退费。具体退费金额请大家自己计算。

复习思考题

1. 试比较财产保险的保险利益与人身保险的保险利益的异同。
2. 试比较保险利益的存在和转移对财产保险合同和人身保险合同效力影响的异同。

3. 试述最大诚信原则的含义及其对保险合同主体的约束。
4. 试举例说明在保险实务中如何运用近因原则确定保险责任。
5. 试举例说明在保险实务中补偿原则的限制条件。
6. 试比较代位追偿、物上代位和委付的异同。
7. 试举例说明分摊原则的三种分摊方式在保险实务中的运用。

第七章　财产保险（一）

本章要点

- 团体火灾保险和家庭财产保险的主要内容和各自特点
- 机动车保险 2014 版示范条款的基本内容
- 新机动车保险条款和费率的特点
- 水路、陆路货物运输保险的特点
- 水险中的平安险、水渍险和一切险的保险责任范围比较
- 船舶保险的特点
- 船舶保险的保险责任和责任免除
- 船舶保险的保险金额、保险费率和免赔额
- 船舶战争、罢工险条款
- 飞机机身险保险金额的确定方法
- 飞机第三者责任险的责任范围
- 飞机旅客责任险保险限额的确定

前面几章概括地介绍了保险的基本原理、原则，接下来的五章将分门别类地介绍和论述各类保险的实务内容，包括财产保险、人身保险、再保险、社会保险。

本章和下一章介绍财产保险。财产保险有广义和狭义之分。

凡是以物质财产或其有关利益作为标的的各种保险属于广义财产保险。这里的财产指建筑物、货物、运输工具、农作物等有形资产；有关利益是指运费、预期利益、权益、责任、信用等无形财产。狭义的财产保险是指以物质财产为标的的各种保险，如企业财产、家庭财产、运输货物、运输工具等保险。它不包含责任保险、保证保险、信用保险等以责任、利益为保险标的的各种保险。

广义财产保险是目前我国财产保险公司经营的主要内容，主要包括在表 7–1 中。

表 7–1　广义财产保险的险别险种一览表

第一层次	第二层次	第三层次	第四层次
财产损失保险（以承保物质财产损失为内容的各种保险业务）	火灾保险	团体财产保险	财产保险基本险、综合险、一切险、附加险等
		家庭财产保险	基本险、综合险、附加险等
	运输工具保险	机动车辆保险	车身损失险、第三者责任险等
		船舶保险	全损险、一切险等
		飞机保险	飞机机身保险、旅客责任保险、第三者责任保险等

续表

第一层次	第二层次	第三层次	第四层次
财产损失保险 （以承保物质财产损失为内容的各种保险业务）	货物运输保险	内陆货运保险 海洋货运保险 航空货运保险等	基本险、综合险 平安险、水渍险、一切险 航空运输险、航空运输一切险等
	工程保险	建安工程保险 科技工程保险 机器损坏保险	建筑工程保险、安装工程保险等 航天保险、核电站保险等
农业保险 （也可归入财产损失保险，但标的性质特殊，故单列）	种植业保险	粮食作物保险 经济作物保险 蔬菜园艺作物保险 水果和果树保险 林木保险 其他种植业保险	水稻、玉米、小麦保险等 棉花保险、油菜保险等 蔬菜作物、园艺作物保险 仁果类保险、核果类保险等 火灾保险、风灾保险、综合保险等 绿肥牧草作物保险、温室大棚作物保险、制种保险等
	养殖业保险	大牲畜保险 小牲畜保险 家禽保险 水产养殖保险 特种养殖保险	养牛保险、养马保险等 养猪保险、养羊保险等 养鸡保险、养鸭保险等 淡水养鱼保险、养虾保险等养鹿保险、鸵鸟养殖保险等
	涉农保险		渔船保险、农机保险、农房保险等
责任保险 （承保法律赔偿责任风险）	公众责任保险	场所责任保险 承包人责任保险 承运人责任保险	商场、宾馆、车库责任保险等 建筑工程承包人责任保险等 货物承运人责任险、旅客承运人责任险
	雇主责任保险		普通雇主责任保险、各种附加责任保险等
	职业责任保险		医生、会计师、律师责任保险等
	产品责任保险		电视机、卡式炉责任保险等
信用保证保险 （承保信用风险）	信用保险	国内短期贸易信用保险 出口信用保险 进口预付款信用保险 海外投资保险	短期出口信用保险、中长期出口信用保险等 股权投资保险、债权投资保险等
	保证保险	合同保证保险 产品质量保证保险 忠诚保证保险	建筑工程承包合同保证保险、存款保证保险等 冰箱、电脑质量保证保险等 总括雇员忠诚保证保险、表定雇员忠诚保证保险等

第一节 火灾及其他灾害事故保险

火灾及其他灾害事故保险承保火灾以及各种自然灾害和意外事故引起的财产损失。火灾及其他灾害事故保险源于火灾保险。最早的火灾保险承保的责任范围主要是火灾、雷击和爆炸。现在的火灾保险的保险责任进一步扩展到暴风、暴雨、雪灾、雹灾、冰凌、泥石流、地陷、崖崩等十多种，有的国家还扩大到地震等。为使名称确切起见，我国的火灾保险现在改称火灾及其他灾害事故保险。

在我国，火灾及其他灾害事故保险按照适用范围分为团体财产保险、家庭财产保险等。它们除了适用一般保险原则和规定外，各自还有一些特殊形式和特约承保的附加危险。

下面，主要介绍团体财产保险①和家庭财产保险。

一、团体财产保险

团体财产保险是以企事业单位、党政机关和社会团体在固定地点的财产物资及有关利益为保险标的，由保险人承担火灾及有关自然灾害、意外事故损失赔偿责任的财产保险。团体财产适用范围很广，一切工商、建筑、交通运输、饮食服务行业，国家机关、社会团体的固定资产、流动资产（存货）、账外财产和代保管财产均可投保这一险种。

按承保方式不同划分，团体财产保险可以分为主险和附加险；按保险责任范围不同划分，团体财产保险可以分为基本险、综合险、一切险、特定对象保险和特定风险保险等。团体财产保险是我国财产保险中的主要险别，在财产保险公司的业务经营中占有十分重要的地位。

以下主要介绍团体财产保险的中基本险、综合险和一切险。

（一）团体财产保险的保险标的

1. 可保财产。下列财产可以作为团体财产保险基本险、综合险或者一切险的标的：

（1）属于被保险人所有或与他人共有而由被保险人负责的财产。

（2）由被保险人经营管理或替他人保管的财产。

（3）其他具有法律上承认的与被保险人有经济利害关系的财产。

2. 特约可保财产。下述财产非经保险双方特别约定，并在保险单上载明保险价值，不在保险标的范围以内：

（1）金银、珠宝、钻石、玉器、首饰、古币、古玩、古书、古画、邮票、字画、艺术品、稀有金属等珍贵财物。

---

① 保险实务中经常也称作企业财产保险。由于其适用对象的范围很广，除企业外还可以是党政机关、社会团体等，因此本教材称之为团体财产保险。

（2）堤堰、水闸、铁路、道路、涵洞、隧道、桥梁、码头。

（3）矿井（坑）内的设备和物资。

（4）便携式通信装置、便携式计算机设备、便携式照相摄像器材以及其他便携式装置、设备。

（5）尚未交付使用或者验收的工程。需要注意的是，由于特约可保财产投保时需要在保单中载明保险价值，因此这部分属于定值保险。

3. 不保财产。下列财产不在保险标的范围以内：

（1）土地、矿藏、水资源及其他自然资源。

（2）矿井、矿坑。

（3）货币、票证、有价证券以及有现金价值的磁卡、集成电路（IC）卡等卡类。

（4）文件、账册、图表、技术资料、计算机软件、计算机数据资料等无法鉴定价值的财产。

（5）枪支弹药。

（6）违章建筑、危险建筑、非法占用的财产。

（7）领取公共行驶执照的机动车辆。

（8）动物、植物、农作物。

（二）团体财产保险的保险责任

财产基本险和综合险都采取列明风险的方式确定保险责任，保险标的只有遭受保险条款中列明的灾害事故造成损失时，保险人才承担赔偿责任；财产一切险承保各种自然灾害、意外事故造成的保险标的损坏或者灭失，属于合同指明的责任免除的除外。

1. 基本险的保险责任：

（1）火灾。

（2）爆炸。

（3）雷击。

（4）飞行物体及其他空中运行物体坠落。

2. 综合险的保险责任：

（1）火灾、爆炸。

（2）雷击、暴雨、洪水、暴风、龙卷风、冰雹、台风、飓风、暴雪、冰凌、突发性滑坡、崩塌、泥石流、地面突然下陷下沉。

（3）飞行物体及其他空中运行物体坠落。

（4）被保险人拥有财产所有权的自用的供电、供水、供气设备因保险事故遭受损坏，引起停电、停水、停气以致造成保险标的的直接损失。

另外，财产保险基本险、综合险和一切险对保险事故发生时，为抢救保险标的或防止灾害蔓延，采取必要的、合理的措施而造成保险标的的损失，保险人也负赔偿责任；保险事故发生后，被保险人为防止或者减少保险标的的损失所支付的必要的、合理的费用，也应由保险人承担。

投保基本险、综合险的被保险人如有需要，可以特约附加投保各种主险合同未承保的特殊风险扩展条款，如台风、飓风扩展条款，暴风雨扩展条款，地震扩展条款，盗窃、抢劫扩展条款，恐怖活动扩展条款，露天存放及简易建筑内财产扩展条款等。

（三）团体财产保险的责任免除

1. 财产基本险、综合险和一切险的共同责任免除：

（1）投保人、被保险人及其代表的故意或重大过失行为。

（2）行政行为或司法行为。

（3）战争、类似战争行为、敌对行动、军事行动、武装冲突、罢工、骚乱、暴动、政变、谋反、恐怖活动。

（4）地震、海啸及其次生灾害。

（5）核辐射、核裂变、核聚变、核污染及其他放射性污染。

（6）大气污染、土地污染、水污染及其他非放射性污染，但因保险事故造成的非放射性污染不在此限。

（7）保险标的的内在或潜在缺陷、自然磨损、自然损耗，大气（气候或气温）变化、正常水位变化或其他渐变原因，物质本身变化、霉烂、受潮、鼠咬、虫蛀、鸟啄、氧化、锈蚀、渗漏、烘焙。

（8）盗窃、抢劫。

（9）保险标的遭受保险事故引起的各种间接损失。

（10）广告牌、天线、霓虹灯、太阳能装置等建筑物外部附属设施，存放于露天或简易建筑物内部的保险标的以及简易建筑本身，由于雷击造成的损失。

（11）锅炉及压力容器爆炸造成其本身的损失。

（12）保险合同中载明的免赔额或按本保险合同中载明的免赔率计算的免赔额。

2. 财产基本险、综合险共同的责任免除：

（1）保险标的的自燃。

（2）水箱、水管爆裂。

（3）其他不属于本保险合同责任范围内的损失和费用。

3. 财产基本险和一切险共同的责任免除：任何原因导致供电、供水、供气及其他能源供应中断造成的损失和费用。

4. 财产综合险和一切险共同的责任免除：广告牌、天线、霓虹灯、太阳能装置等建筑物外部附属设施，存放于露天或简易建筑物内的保险标的以及简易建筑，由于暴雨、洪水、暴风、龙卷风、冰雹、台风、飓风、暴雪、冰凌、沙尘暴造成的损失。

5. 财产基本险特有的责任免除：暴雨、洪水、暴风、龙卷风、冰雹、台风、飓风、暴雪、冰凌、沙尘暴、突发性滑坡、崩塌、泥石流、地面突然下陷下沉。

6. 财产一切险特有的责任免除：

（1）设计错误、原材料缺陷或工艺不善造成保险标的本身的损失。

（2）非外力造成机械或电气设备本身的损失。

（3）被保险人及其雇员的操作不当、技术缺陷造成被操作的机械或电气设备的损失。

（4）盘点时发现的短缺。

（四）团体财产保险的保险价值与保险金额

1. 团体财产保险的保险价值。财产基本险、综合险和一切险的保险价值可以为出险时的重置价值、出险时的账面余额、出险时的市场价值或其他价值，由投保人与保险人协商确定，并应在保险合同中载明。其中：流动资产（存货）的保险价值一般是出险时的账面余额；固定资产的保险价值可以是出险时的重置价值、市场价值或者其他商定价值。以重置价值作为固定资产的保险价值，有利于被保险人受灾后尽快重建和恢复生产，但是由于保险标的的实际价值往往小于重置价值，容易诱发道德风险。

2. 团体财产保险的保险金额。保险金额由投保人参照保险价值自行确定，并在保险合同中载明。保险金额不得超过保险价值。超过保险价值的，超过部分无效，保险人应当退还相应的保险费。

（五）团体财产保险的赔偿处理

1. 赔偿方式：保险标的发生保险责任范围内的损失，保险人有权选择赔偿方式：

（1）货币赔偿：保险人以支付保险金的方式赔偿。

（2）实物赔偿：保险人以实物替换受损标的，该实物应具有保险标的出险前同等的类型、结构、状态和性能。

（3）实际修复：保险人自行或委托他人修理修复受损标的。

2. 赔偿金额的计算：

（1）保险金额等于或高于保险价值时，按实际损失计算赔偿，最高不超过保险价值。

（2）保险金额低于保险价值时，按保险金额与保险价值的比例乘以实际损失计算赔偿，最高不超过保险金额。

（3）若保险合同所列标的不止一项，且分别列明保险金额时，应分项按照上述规定处理。

发生保险事故时，被保险人所支付的必要、合理的施救费用的赔偿金额在保险标的损失以外另行计算，最高不超过保险金额的数额。若受损保险标的按比例赔偿时，则该项费用也按相同的比例赔偿。被施救的财产中，含有未承保财产的，按被施救保险标的的保险价值与全部被施救财产价值的比例分摊施救费用。

因第三者对保险标的的损害而造成保险事故的，保险人自向被保险人赔偿保险金之日起，在赔偿金额范围内代位行使被保险人对第三者请求赔偿的权利。

二、家庭财产保险

家庭财产保险是面向城乡居民家庭，以其住房及存放在固定场所的物质财产为保险标的物，以火灾、爆炸以及其他列明的自然灾害或意外事故为保险责任的一类财产保险。

按承保方式不同划分，家庭财产保险可以分为主险和附加险；按保险责任范围不同划分，家庭财产保险可以分为基本险、综合险和特定风险保险；按照保险标的物不同划分，家庭财产保险可以分为住宅保险、室内财产保险、装修工程保险等；按照功能不同划分，家庭财产保险可以分为传统家庭财产保险、个人贷款抵押房屋综合保险和理财型家庭财产保险。

以下主要介绍家庭财产保险的中基本险和综合险①。

（一）家庭财产保险的保险标的

1. 可保财产：被保险人所有或使用②并坐落于保单载明地址内的下列财产，在保险标的范围以内：

（1）房屋及其室内附属设备（如固定装置的水暖、气暖、卫生、洪水、管道煤气及供电设备、厨房配套的设备等）。

（2）室内装潢。

（3）室内财产：

①家用电器（包括安装在房屋外的空调器和太阳能热水器等家用电器的室外设备）和文体娱乐用品③；

②衣物和床上用品；

③家具及其他生活用具。

（4）存放于院内室内的农机具、农用工具、生产资料、粮食及农副产品④。

2. 特约可保财产：下列财产经合同双方特别约定，并在保险单上载明，可包括在保险标的范围以内：

（1）属于被保险人代他人保管或者与他人共有而由被保险人负责的上述可保财产。

（2）无人居住的房屋及存放在里面的财产⑤。

（3）经保险人同意的其他财产。

3. 不保财产：下列财产不在保险标的范围以内⑥：

（1）金银、珠宝、钻石及制品，玉器、首饰、古币、古玩、字画、邮票、艺术品、稀有金属、手表等珍贵财物。

（2）货币、票证、有价证券、文件、书籍、账册、图表、技术资料、电脑软件和

---

① 由于家庭财产保险基本险和综合险的不同主要是保险责任，其他方面几乎没有区别，此处主要参考中国人民财产保险股份有限公司的《家庭财产综合保险条款（2012版）》进行介绍。

② 有的家庭财产保险仅限于所有人投保，也有的家庭财产的投保人可以包括保管人。

③ 有的家庭财产保险合同中的家用电器并不包括安装在房屋外的空调器和太阳能热水器等家用电器的室外设备。

④ 有的家庭财产保险合同将此项列为特约可保财产。

⑤ 有的家庭财产保险合同将此项列为不保财产。

⑥ 有的家庭财产保险合同将其中部分项目列为特约可保财产，甚至是可保财产。

电子存储设备及资料。

（3）日用消耗品、机动车、商业性养殖及种植物。

（4）仅用于生产和商业经营活动的房屋及其他财产。

（5）用芦席、稻草、油毛毡、麦秆、芦苇、竹竿、帆布、塑料布、纸板等为外墙、屋顶的简陋屋棚及柴房、禽畜棚；与保险房屋不成一体的厕所、围墙。

（6）政府有关部门征用、占用的房屋，违章建筑、危险建筑、非法占用的财产。

（7）其他不属于可保财产或特约可保财产的家庭财产。

（二）家庭财产保险的保险责任

1. 基本险的保险责任：

（1）火灾。

（2）雷击。

（3）爆炸。

（4）飞行物体及其他空中运行物体坠落，不属于被保险人所有或使用的其他建筑物和固定物体的倒塌。

2. 综合险的保险责任：

（1）火灾、爆炸。

（2）雷击、台风、龙卷风、暴风、暴雨、洪水、暴雪、冰雹、冰凌、泥石流、崩塌、突发性滑坡、地面突然下陷。

（3）飞行物体及其他空中运行物体坠落，外来不属于被保险人所有或使用的建筑物和其他固定物体的倒塌。

另外，基本险和综合对保险事故发生时，为抢救保险标的或防止灾害蔓延，采取必要的、合理的措施而造成保险标的的损失，保险人也负责赔偿；保险事故发生后，被保险人为防止或者减少保险标的的损失所支付的必要的、合理的费用，也应由保险人承担。

（三）家庭财产保险的责任免除

1. 下列原因造成的损失、费用，保险人不负责赔偿：

（1）核辐射、核爆炸、核污染及其他放射性污染。

（2）被保险人及其家庭成员、寄宿人、雇佣人员的故意或违法行为。

（3）地震、海啸及其次生灾害。

（4）行政行为或司法行为。

2. 下列损失、费用保险人也不负责赔偿：

（1）保险标的遭受保险事故引起的各种间接损失。

（2）家用电器因使用过度、超电压、短路、断路、漏电、自身发热、烘烤等原因所造成本身的损毁。

（3）坐落在蓄洪区、行洪区，或在江河岸边、低洼地区以及防洪堤以外当地常年警戒水位线以下的家庭财产，由于洪水所造成的一切损失。

（4）保险标的本身缺陷、保管不善导致的损毁。

（5）保险标的的变质、霉烂、受潮、虫咬、自然磨损、自然损耗、自燃、烘焙所造成本身的损失。

（6）保险合同中约定的免赔额或按保险合同约定的免赔率计算的免赔额。

（四）家庭财产保险的保险金额

保险金额由投保人自行确定，并在保险合同中载明。其中：

1. 房屋及室内附属设备、室内装潢的保险金额由投保人根据当时的实际价值自行确定。

2. 室内财产的保险金额由被保险人根据当时实际价值分项目自行确定。不分项目的，按各大类财产在保险金额中所占比例确定，即室内财产中的家用电器及文体娱乐用品占40%，衣物及床上用品占30%，家具及其他生活用具占30%。

3. 农机具等财产的保险金额由投保人根据当时实际价值分项目自行确定。

4. 特约财产的保险金额由投保人和保险人双方约定，并在保单中载明。

（五）家庭财产保险的赔偿处理

1. 赔偿方式：保险标的发生保险责任范围内的损失，保险人有权选择赔偿方式：

（1）货币赔偿：根据受损标的的实际损失和保险合同的约定，以支付保险金的方式赔偿。

（2）实物赔偿：保险人以实物替换受损保险标的，该实物应具有保险标的出险前同等的类型、结构、状态和性能。

（3）实际修复：保险人自行或委托他人修理修复受损标的。

2. 赔偿金额的确定：发生保险责任范围内的损失时，保险人按照其实际损失扣除保险合同约定的免赔额或按保险合同载明的免赔率计算的免赔额后，在保险金额范围内计算赔偿。这就是我们通常所说的“第一危险方式赔偿”①。

（六）家庭财产保险的附加险

目前，各财产保险公司的家庭财产保险在普通险的基础上，还开设多种附加险，可供被保险人自由选择投保。下面介绍其中的几种附加险：

1. 附加盗抢保险。被保险人存放于保险单所载明地址室内的保险标的，由于遭受外来人员盗抢（指盗窃或抢劫），并已经公安部门确认为盗抢行为所致的直接损失，保险人按照合同约定负责赔偿。

2. 附加家用电器用电安全保险。由于下列原因致使电压异常而引起被保险人的家

---

① 实践中，有些家庭财产保险合同约定对房屋及室内装潢存在不足额投保时采用比例赔偿，此时保险价值是房屋及室内装潢的重置价值。

用电器直接损毁，保险人按照合同约定负责赔偿：

（1）供电线路因遭受家庭财产保险主险保险合同责任范围内的自然灾害和意外事故。

（2）供电部门或施工失误。

（3）供电线路发生其他意外事故。

3. 附加管道破裂及水浸保险。负责赔偿因被保险人室内的自来水管道、下水管道和暖气管道（含暖气片）突然破裂致使水流外溢或邻居家及公共区域漏水造成被保险人保险财产的损失。

4. 附加现金、金银珠宝盗抢保险。保单载明的保险标的，由于遭受外来人员盗抢（指盗窃或抢劫），并已经公安部门确认为盗抢行为所致丢失的直接损失保险人按照合同约定负责赔偿。

5. 附加地震保险。保险标的因破坏性地震（国家地震部门公布的震级 M5 级且烈度达到Ⅵ度以上的地震）振动或由此引起的海啸、火灾、火山爆发、埋没、爆炸、地陷、地裂、泥石流及滑坡而造成的直接损失，保险人负责赔偿。保险标的在连续 72 小时内遭受一次或多次地震（余震）所致损失应视为一次单独事故。

第二节　运输工具保险——机动车辆保险

在财产保险公司的业务中，运输工具保险是其中重要一类。运输工具保险承保因遭受自然灾害和意外事故造成运输工具本身的损失，采取施救、保护所支付的合理费用，以及对第三者的人身伤害和财产损失依法应负的经济赔偿责任。

在我国，运输工具保险划分为：机动车辆保险、船舶保险、飞机保险和其他运输工具保险。本节仅介绍机动车辆保险。

我国实行的机动车辆保险条款近年来发生了较大的变化。1999 年，为了整顿当时极为混乱的机动车保险市场，中国保监会颁布了“大一统”的车险条款，2000 年重新修订，随着市场经济的发展和加入 WTO 后市场开放的要求，改革费率制度至关重要。因此，中国保监会决定自 2001 年 10 月 1 日起在广东省进行车险费率改革试点，并于 2003 年 1 月 1 日起实行全面改革，由各保险公司自主制定条款和费率改革方案。于是各保险公司纷纷推出个性化的条款和费率来取代原来的“大一统”条款和费率。2006 年 7 月 1 日，我国车险市场的又一项重大改革——机动车第三者责任强制保险（我国称为“机动车交通事故责任强制保险”）正式推出。实施近一年后，2007 年 4 月 1 日，中国保监会再次对商业车险进行改革，推出了 A、B、C 三款商业保险条款，供车险消费者在投保时选择。2015 年，再次正式启动商业车险费率改革，中国保监会明确提出了要“构建统一开放、竞争有序、监管有力的商业车险市场体系，建立健全市场化的商业车险条款费率形成机制”。2015 年 2 月 3 日保监会印发《关于深化商业车险条款费率管理制度改革的意见》（以下简称《意见》），积极稳妥推进商业车险条款费率管理制度改革。《意见》紧紧围绕建立健全市场化的条款费率形成机制的改革核心目标，一方面强调“放开前端”，逐步扩大财产保险公司定价自主权；另一方面坚持“管住后端”，强化事中事后监管和偿付能力监管刚性约束。

从2015年6月1日起，商业车险改革率先在黑龙江、广西等六个地区展开试点。2015年11月商业车险改革试点在前期6省份试点的基础上，启动第二批12省份试点。此次纳入试点的包括天津、内蒙古、吉林、安徽、河南、湖北、湖南、广东、四川、青海、宁夏、新疆12个省份。保监会要求这些地方尽快完善商业车险改革配套制度，加强事中事后监管，确保改革试点平稳有序推进。

商业车险改革的一大核心是将保险产品定价权交给保险公司，将产品选择权交给车主，让保费真正与风险对接，并最大限度地保护消费者利益。商业车险改革后，对于驾驶记录良好的低风险客户，最高保费优惠幅度可达到5折以下，而对于高风险客户，保费最高浮动也可能达2倍。

据统计，2016年6至8月，当时试点地区约77%的消费者保费同比下降，约23%的消费者保费同比上升，只有9%的投保人保费涨幅超过20%。值得注意的是，此次改革将“零整比”（即车辆全部零配件的价格之和与整车销售价格的比值）概念引入车险费率定价的调整。零整比系数高，就意味着后续可能需要支付相对较高的维修成本。也就是说，在不考虑其他因素的前提下，两款售价相同的车，零整比越高的车，其保费就越高。此外，由于此次车险改革更加强调风险与费率挂钩，风险越高的车主，要付出的保费就越高。“不同的车型风险不一样，在交的保险费上就体现出来了。”过去定高的会降下来，过去费率定低的根据大数据得出来的风险数据，车险就有可能上升。整体上来看，车险费率不会有大幅度的下降。

2020年9月商业车险条款再次进行大幅度改革，此次改革遵循四个基本原则：

一是市场决定，监管引导。充分发挥市场在车险资源配置中的决定性作用，更好地发挥政府作用，最大限度地减少监管对车险微观经济活动的直接干预。运用市场化、法治化手段，改进事前、事中、事后监管，加大市场秩序整治力度，提高准备金等监管有效性，强化偿付能力监管刚性约束。

二是健全机制，优化结构。加大车险供给侧结构性改革力度，健全以市场为导向、以风险为基础的车险条款费率形成机制。优化条款责任，理顺价格成本结构，科学厘定基准费率，引导市场费率更加合理，促进各险种各车型各区域车险价格与风险更加匹配。

三是提升保障，改进服务。不断丰富车险产品，优化示范产品，支持差异化产品创新。规范险类险种，扩大保障范围和保障额度，改进车险服务，提升车险经营效率和服务能力，提高消费者满意度。

四是简政放权，协调推进。深化“放管服”改革，稳步放开前端产品和服务准入，提升微观主体自主能力和创新能力，增强市场活力。把有利于消费者作为正确处理改革发展稳定关系的结合点，把握好改革的时机、节奏和力度，防止大起大落，促进市场稳定。

以“保护消费者权益”为主要目标，具体包括：市场化条款费率形成机制建立、保障责任优化、产品服务丰富、附加费用合理、市场体系健全、市场竞争有序、经营效益提升、车险高质量发展等。短期内将“降价、增保、提质”作为阶段性目标。

较之2014版，条款体系结构进一步优化，不仅创新设置了驾乘意外伤害保险条款，原有的四个条款也都进行了大幅的调整，扩大了责任范围，提高了保障水平，降价、增保、提质，处处彰显让利消费者，呈现出保险责任更宽、免责事项更少以及更有助于解决消费者难点、痛点问题等显著特点。

本书此次修订时，正值车险综合改革方案刚刚公布并实施，2020版的商业车险条款共分为5个：中国保险行业协会机动车商业保险示范条款（2020版）、中国保险行业协会特种车商业保险示范条款（2020版）、中国保险行业协会摩托车、拖拉机商业保险示范条款（2020版）、中国保险行业协会机动车单程提车保险示范条款（2020版）、中国保险行业协会驾乘人员意外伤害保险示范条款（2020版）。这里仅以中国保险行业协会的商业车险示范条款（2020版）为蓝本，且仅介绍机动车综合商业保险。

一、现行机动车综合商业保险的主要内容

机动车综合商业保险分为主险和附加险。其中主险包括机动车损失保险、机动车第三者责任保险、机动车车上人员责任保险共三个独立的险种，即投保人既可以选择全部投保，也可以选择投保其中的部分险种。而附加险则不能单独投保。

这里，我们来介绍机动车辆保险的三个主险。

（一）机动车损失保险

1. 保险责任。保险期间内，被保险人或被保险机动车驾驶人在使用被保险机动车过程中，因自然灾害、意外事故造成被保险机动车直接损失且不属于免除保险人责任的范围，保险人负责赔偿。

保险期间内，被保险机动车被盗窃、抢劫、抢夺，经出险地县级以上公安刑侦部门立案证明，满60天未查明下落的全车损失，以及因被盗窃、抢劫、抢夺受到损坏造成的直接损失，且不属于免除保险人责任的范围，保险人依照保险合同的约定负责赔偿。

发生保险事故时，被保险人或驾驶人为防止或者减少被保险机动车的损失所支付的必要的、合理的施救费用，由保险人承担；施救费用数额在被保险机动车损失赔偿金额以外另行计算，最高不超过保险金额的数额。

2. 责任免除。在上述保险责任范围内，下列情况下，不论任何原因造成被保险机动车的任何损失和费用，保险人均不负责赔偿：

（1）事故发生后，被保险人或驾驶人故意破坏、伪造现场、毁灭证据。

（2）驾驶人有下列情形之一者：

①交通肇事逃逸；②饮酒、吸食或注射毒品、服用国家管制的精神药品或者麻醉药品；③无驾驶证，驾驶证被依法扣留、暂扣、吊销、注销期间；④驾驶与驾驶证载明的准驾车型不相符合的机动车。

（3）被保险机动车有下列情形之一者，保险人不负责赔偿：

①发生保险事故时被保险机动车行驶证、号牌被注销；②被扣押、收缴、没收期间；③在竞赛、测试期间，在营业性场所维修、保养、改装期间；④被保险人或驾驶人故意或重大过失，导致被保险机动车被利用从事犯罪行为。

下列原因导致的被保险机动车的损失和费用，保险人不负责赔偿：

（1）战争、军事冲突、恐怖活动、暴乱、污染（含放射性污染）、核反应、核辐射。

（2）违反安全装载规定。

（3）被保险机动车被转让、改装、加装或改变使用性质等，导致被保险机动车危险程度显著增加。且未及时通知保险人，因危险程度显著增加而发生保险事故的。

（4）投保人、被保险人或驾驶人故意制造保险事故。

下列损失和费用，保险人不负责赔偿：

（1）因市场价格变动造成的贬值、修理后因价值降低引起的减值损失；

（2）自然磨损、朽蚀、腐蚀、故障、本身质量缺陷；

（3）投保人、被保险人或驾驶人知道保险事故发生后，故意或者因重大过失未及时通知，致使保险事故的性质、原因、损失程度等难以确定的，保险人对无法确定的部分，不承担赔偿责任，但保险人通过其他途径已经知道或者应当及时知道保险事故发生的除外；

（4）因被保险人违反本条款赔偿处理中（4）的约定，导致无法确定的损失；

（5）车轮单独损失，无明显碰撞痕迹的车身划痕，以及新增加设备的损失；

（6）非全车盗抢、仅车上零部件或附属设备被盗窃。

3. 免赔额。对于投保人与保险人在投保时协商确定绝对免赔额的，保险人在依据本保险合同约定计算赔款的基础上，增加每次事故绝对免赔额。

4. 保险金额。保险金额按投保时被保险机动车的实际价值确定。投保时被保险机动车的实际价值由投保人与保险人根据投保时的新车购置价减去折旧金额后的价格协商确定或其他市场公允价值协商确定。折旧金额可根据本保险合同列明的参考折旧系数表确定。

5. 赔偿处理：

（1）发生保险事故后，保险人依据本条款约定在保险责任范围内承担赔偿责任。赔偿方式由保险人与被保险人协商确定。

（2）因保险事故损坏的被保险机动车，修理前被保险人应当会同保险人检验，协商确定维修机构、修理项目、方式和费用。无法协商确定的，双方委托共同认可的有资质的第三方进行评估。

（3）被保险机动车遭受损失后的残余部分由保险人、被保险人协商处理。如折归被保险人的，由双方协商确定其价值并在赔款中扣除。

（4）因第三方对被保险机动车的损害而造成保险事故，被保险人向第三方索赔的，保险人应积极协助；被保险人也可以直接向本保险人索赔，保险人在保险金额内先行赔付被保险人，并在赔偿金额内代位行使被保险人对第三方请求赔偿的权利。

被保险人已经从第三方取得损害赔偿的，保险人进行赔偿时，相应扣减被保险人从第三方已取得的赔偿金额。

保险人未赔偿之前，被保险人放弃对第三方请求赔偿的权利的，保险人不承担赔偿责任。

被保险人故意或者因重大过失致使保险人不能行使代位请求赔偿的权利的，保险人可以扣减或者要求返还相应的赔款。

保险人向被保险人先行赔付的，保险人向第三方行使代位请求赔偿的权利时，被保险人应当向保险人提供必要的文件和所知道的有关情况。

（5）机动车损失赔款按以下方法计算：

全部损失：

赔款＝保险金额－被保险人已从第三方获得的赔偿金额－绝对免赔额

部分损失：

被保险机动车发生部分损失，保险人按实际修复费用在保险金额内计算赔偿：

赔款＝实际修复费用－被保险人已从第三方获得的赔偿金额－绝对免赔额

施救费：

施救的财产中，含有本保险合同之外的财产，应按本保险合同保险财产的实际价值占总施救财产的实际价值比例分摊施救费用。

（6）被保险机动车发生保险事故，导致全部损失，或一次赔款金额与免赔金额之和（不含施救费）达到保险金额，保险人按保险合同约定支付赔款后，保险责任终止，保险人不退还机动车损失保险及其附加险的保险费。

（二）机动车第三者责任保险

1. 保险责任。保险期间内，被保险人或其允许的驾驶人在使用被保险机动车过程中发生意外事故，致使第三者遭受人身伤亡或财产直接毁损，依法应当对第三者承担的损害赔偿责任，且不属于免除保险人责任的范围，保险人依照保险合同的约定，对于超过机动车交通事故责任强制保险各分项赔偿限额的部分负责赔偿。

保险人依据被保险机动车一方在事故中所负的事故责任比例，承担相应的赔偿责任。

被保险人或被保险机动车一方根据有关法律法规规定选择自行协商或由公安机关交通管理部门处理事故，但未确定事故责任比例的，按照下列规定确定事故责任比例：

被保险机动车一方负主要事故责任的，事故责任比例为70%；

被保险机动车一方负同等事故责任的，事故责任比例为50%；

被保险机动车一方负次要事故责任的，事故责任比例为30%；

涉及司法或仲裁程序的，以法院或仲裁机构最终生效的法律文书为准。

2. 责任免除。在上述保险责任范围内，下列情况下，不论任何原因造成的人身伤亡、财产损失和费用，保险人均不负责赔偿。

（1）事故发生后，被保险人或驾驶人故意破坏、伪造现场、毁灭证据。

（2）驾驶人有下列情形之一者：

①交通肇事逃逸；

②饮酒、吸食或注射毒品、服用国家管制的精神药品或者麻醉药品；

③无驾驶证，驾驶证被依法扣留、暂扣、吊销、注销期间；

④驾驶与驾驶证载明的准驾车型不相符合的机动车；

⑤非被保险人允许的驾驶人。

（3）被保险机动车由下列情形之一者：

①发生保险事故时被保险机动车行驶证、号牌被注销的；

②被扣押、收缴、没收期间；

③竞赛、测试期间，在营业性场所维修、保养、改装期间；

④全车被盗窃、被抢劫、被抢夺、下落不明期间。

下列原因导致的人身伤亡、财产损失和费用，保险人不负责赔偿：

（1）战争、军事冲突、恐怖活动、暴乱、污染（含放射性污染）、核反应、核辐射；

（2）第三者、被保险人或驾驶人故意制造保险事故、犯罪行为，第三者与被保险人或其他致害人恶意串通的行为；

（3）被保险机动车被转让、改装、加装或改变使用性质等，导致被保险机动车危险程度显著增加，且未及时通知保险人，因危险程度显著增加而发生保险事故的。

下列人身伤亡、财产损失和费用，保险人不负责赔偿：

（1）被保险机动车发生意外事故，致使任何单位或个人停业、停驶、停电、停水、停气、停产、通信或网络中断、电压变化、数据丢失造成的损失以及其他各种间接损失；

（2）第三者财产因市场价格变动造成的贬值，修理后因价值降低引起的减值损失；

（3）被保险人及其家庭成员、驾驶人及其家庭成员所有、承租、使用、管理、运输或代管的财产的损失，以及本车上财产的损失；

（4）被保险人、驾驶人、本车车上人员的人身伤亡；

（5）停车费、保管费、扣车费、罚款、罚金或惩罚性赔款；

（6）超出《道路交通事故受伤人员临床诊疗指南》和国家基本医疗保险同类医疗费用标准的费用部分；

（7）律师费，未经保险人事先书面同意的诉讼费、仲裁费；

（8）投保人、被保险人或驾驶人知道保险事故发生后，故意或者因重大过失未及时通知，致使保险事故的性质、原因、损失程度等难以确定的，保险人对无法确定的部分，不承担赔偿责任，但保险人通过其他途径已经知道或者应当及时知道保险事故发生的除外；

（9）因被保险人违反本条款第二十八条约定，导致无法确定的损失；

（10）精神损害抚慰金；

（11）应当由机动车交通事故责任强制保险赔偿的损失和费用；

（12）保险事故发生时，被保险机动车未投保机动车交通事故责任强制保险或机动车交通事故责任强制保险合同已经失效的，对于机动车交通事故责任强制保险责任限额以内的损失和费用，保险人不负责赔偿。

3. 责任限额。

（1）每次事故的责任限额，由投保人和保险人在签订保险合同时协商确定。

（2）主车和挂车连接使用时视为一体，发生保险事故时，由主车保险人和挂车保险人按照保险单上载明的机动车第三者责任保险责任限额的比例，在各自的责任限额内承担赔偿责任。

4. 赔偿处理。

（1）保险人对被保险人或其允许的驾驶人给第三者造成的损害，可以直接向该第三者赔偿。

被保险人或其允许的驾驶人给第三者造成损害，对第三者应负的赔偿责任确定的，根据被保险人的请求，保险人应当直接向该第三者赔偿。被保险人怠于请求的，第三者就其应获赔偿部分直接向保险人请求赔偿的，保险人可以直接向该第三者赔偿。

被保险人或其允许的驾驶人给第三者造成损害，未向该第三者赔偿的，保险人不得向被保险人赔偿。

（2）发生保险事故后，保险人依据本条款约定在保险责任范围内承担赔偿责任。赔偿方式由保险人与被保险人协商确定。

因保险事故损坏的第三者财产，修理前被保险人应当会同保险人检验，协商确定维修机构、修理项目、方式和费用。无法协商确定的，双方委托共同认可的有资质的第三方进行评估。

（3）赔款计算：

当（依合同约定核定的第三者损失金额-机动车交通事故责任强制保险的分项赔偿限额）×事故责任比例等于或高于每次事故责任限额时：

赔款=每次事故责任限额

当（依合同约定核定的第三者损失金额-机动车交通事故责任强制保险的分项赔偿限额）×事故责任比例低于每次事故责任限额时：

赔款=（依合同约定核定的第三者损失金额-机动车交通事故责任强制保险的分项赔偿限额）×事故责任比例

（4）保险人按照《道路交通事故受伤人员临床诊疗指南》和国家基本医疗保险的同类医疗费用标准核定医疗费用的赔偿金额。

未经保险人书面同意，被保险人自行承诺或支付的赔偿金额，保险人有权重新核定。不属于保险人赔偿范围或超出保险人应赔偿金额的，保险人不承担赔偿责任。

（三）机动车车上人员责任保险

1. 保险责任：

（1）保险期间内，被保险人或其允许的驾驶人在使用被保险机动车过程中发生意外事故，致使车上人员遭受人身伤亡，且不属于免除保险人责任的范围，依法应当对车上人员承担的损害赔偿责任，保险人按照保险合同的约定负责赔偿。

（2）保险人依据被保险机动车一方在事故中所负的事故责任比例，承担相应的赔偿责任。

被保险人或被保险机动车一方根据有关法律法规规定选择自行协商或由公安机关交通管理部门处理事故未确定事故责任比例的，按照下列规定确定事故责任比例：

被保险机动车一方负主要事故责任的，事故责任比例为70%；

被保险机动车一方负同等事故责任的，事故责任比例为50%；

被保险机动车一方负次要事故责任的，事故责任比例为30%；

涉及司法或仲裁程序的，以法院或仲裁机构最终生效的法律文书为准。

2. 责任免除。在上述保险责任范围内，下列情况下，不论任何原因造成的人身伤亡，保险人均不负责赔偿：

（1）事故发生后，被保险人或其允许的驾驶人故意破坏、伪造现场、毁灭证据。

（2）驾驶人有下列情形之一者：

①交通肇事逃逸；

②饮酒、吸食或注射毒品、服用国家管制的精神药品或者麻醉药品；

③无驾驶证，驾驶证被依法扣留、暂扣、吊销、注销期间；

④驾驶与驾驶证载明的准驾车型不相符合的机动车；

⑤非被保险人允许的驾驶人。

（3）被保险机动车由下列情形之一者：

①发生保险事故时被保险机动车行驶证、号牌被注销的；

②被扣押、收缴、没收期间；

③在竞赛、测试期间，在营业性场所维修、保养、改装期间；

④全车被盗窃、被抢劫、被抢夺、下落不明期间。

下列原因导致的人身伤亡，保险人不负责赔偿：

（1）战争、军事冲突、恐怖活动、暴乱、污染（含放射性污染）、核反应、核辐射；

（2）被保险机动车被转让、改装、加装或改变使用性质等，导致被保险机动车危险程度显著增加，且未及时通知保险人，因危险程度显著增加而发生保险事故的；

（3）投保人、被保险人或驾驶人故意制造保险事故。

下列人身伤亡、损失和费用，保险人不负责赔偿：

（1）被保险人及驾驶人以外的其他车上人员的故意行为造成的自身伤亡；

（2）车上人员因疾病、分娩、自残、斗殴、自杀、犯罪行为造成的自身伤亡；

（3）罚款、罚金或惩罚性赔款；

（4）超出《道路交通事故受伤人员临床诊疗指南》和国家基本医疗保险同类医疗费用标准的费用部分；

（5）律师费，未经保险人事先书面同意的诉讼费、仲裁费；

（6）投保人、被保险人或其允许的驾驶人知道保险事故发生后，故意或者因重大过失未及时通知，致使保险事故的性质、原因、损失程度等难以确定的，保险人对无法确定的部分，不承担赔偿责任，但保险人通过其他途径已经及时知道或者应当及时知道保险事故发生的除外；

（7）精神损害抚慰金；

（8）应当由机动车交通事故责任强制保险赔付的损失和费用。

3. 责任限额。驾驶人每次事故责任限额和乘客每次事故每人责任限额由投保人和保险人在投保时协商确定。投保乘客座位数按照被保险机动车的核定载客数（驾驶人座位除外）确定。

4. 赔偿处理。

（1）赔款计算。

对每座的受害人，当（依合同约定核定的每座车上人员人身伤亡损失金额–应由机动车交通事故责任强制保险赔偿的金额）×事故责任比例高于或等于每次事故每座责任限额时：

赔款＝每次事故每座责任限额

对每座的受害人，当（依合同约定核定的每座车上人员人身伤亡损失金额–应由机动车交通事故责任强制保险赔偿的金额）×事故责任比例低于每次事故每座责任限额时：

$$\text{赔款}=\left(\begin{array}{c}\text{依合同约定核定的每座车上}\\ \text{人员人身伤亡损失金额}\end{array}-\begin{array}{c}\text{应由机动车交通事故}\\ \text{责任强制保险赔偿的金额}\end{array}\right)\times\begin{array}{c}\text{事故责任}\\ \text{比例}\end{array}$$

（2）保险人按照《道路交通事故受伤人员临床诊疗指南》和国家基本医疗保险的同类医疗费用标准核定医疗费用的赔偿金额。

未经保险人书面同意，被保险人自行承诺或支付的赔偿金额，保险人有权重新核定。不属于保险人赔偿范围或超出保险人应赔偿金额的，保险人不承担赔偿责任。

（四）通用条款

1. 保险期间。除另有约定外，保险期间为一年，以保险单载明的起讫时间为准。

2. 其他事项：

（1）发生保险事故时，被保险人或驾驶人应当及时采取合理的、必要的施救和保护措施，防止或者减少损失，并在保险事故发生后48小时内通知保险人。

被保险机动车全车被盗抢的，被保险人知道保险事故发生后，应在24小时内向出险当地公安刑侦部门报案，并通知保险人。

被保险人索赔时，应当向保险人提供与确认保险事故的性质、原因、损失程度等有关的证明和资料。

被保险人应当提供保险单、损失清单、有关费用单据、被保险机动车行驶证和发生事故时驾驶人的驾驶证。

属于道路交通事故的，被保险人应当提供公安机关交通管理部门或法院等机构出具的事故证明、有关的法律文书（判决书、调解书、裁定书、裁决书等）及其他证明。

被保险人或其允许的驾驶人根据有关法律法规规定选择自行协商方式处理交通事故的，被保险人应当提供依照《道路交通事故处理程序规定》签订记录交通事故情况的协议书。

被保险机动车被盗抢的，被保险人索赔时，须提供保险单、损失清单、有关费用单据、《机动车登记证书》、机动车来历凭证以及出险当地县级以上公安刑侦部门出具的盗抢立案证明。

（2）保险人按照本保险合同的约定，认为被保险人索赔提供的有关证明和资料不完整的，应当及时一次性通知被保险人补充提供。

（3）保险人收到被保险人的赔偿请求后，应当及时作出核定；情形复杂的，应当在三十日内作出核定。保险人应当将核定结果通知被保险人；对属于保险责任的，在与被保险人达成赔偿协议后十日内，履行赔偿义务。保险合同对赔偿期限另有约定的，保险人应当按照约定履行赔偿义务。

保险人未及时履行前款约定义务的，除支付赔款外，应当赔偿被保险人因此受到的损失。

（4）保险人依照本条款第四十二条的约定作出核定后，对不属于保险责任的，应当自作出核定之日起三日内向被保险人发出拒绝赔偿通知书，并说明理由。

（5）保险人自收到赔偿请求和有关证明、资料之日起六十日内，对其赔偿数额不能确定的，应当根据已有证明和资料可以确定的数额先予支付；保险人最终确定赔偿数额后，应当支付相应的差额。

（6）保险人受理报案、现场查勘、核定损失、参与诉讼、进行抗辩、要求被保险人提供证明和资料、向被保险人提供专业建议等行为，均不构成保险人对赔偿责任的承诺。

（7）在保险期间内，被保险机动车转让他人的，受让人承继被保险人的权利和义务。被保险人或者受让人应当及时通知保险人，并及时办理保险合同变更手续。

因被保险机动车转让导致被保险机动车危险程度发生显著变化的，保险人自收到前款约定的通知之日起三十日内，可以相应调整保险费或者解除本保险合同。

（8）保险责任开始前，投保人要求解除本保险合同的，应当向保险人支付应交保险费金额3%的退保手续费，保险人应当退还保险费。

保险责任开始后，投保人要求解除本保险合同的，自通知保险人之日起，本保险合同解除。保险人按日收取自保险责任开始之日起至合同解除之日止期间的保险费，并退还剩余部分保险费。

（9）因履行本保险合同发生的争议，由当事人协商解决，协商不成的，由当事人从下列两种合同争议解决方式中选择一种，并在本保险合同中载明：

①提交保险单载明的仲裁委员会仲裁；

②依法向人民法院起诉。

本保险合同适用中华人民共和国法律（不含港、澳、台地区法律）。

下面介绍机动车辆保险的附加险。

附加险条款的法律效力优于主险条款。附加险条款未尽事宜，以主险条款为准。除附加险条款另有约定外，主险中的责任免除、双方义务同样适用于附加险。主险保险责任终止的，其相应的附加险保险责任同时终止。

2020 版的车险示范性条款共有 11 个附加险：附加绝对免赔率特约条款、附加车轮单独损失险、附加新增加设备损失险、附加车身划痕损失险、附加修理期间费用补偿险、附加发动机进水损坏除外特约条款、附加车上货物责任险、附加精神损害抚慰金责任险、附加法定节假日限额翻倍险、附加医保外医疗费用责任险、附加机动车增值服务特约条款。

知识链接：机动车辆保险的 11 种附加险

1. 附加绝对免赔率特约条款。绝对免赔率为 5%、10%、15%、20%，由投保人和保险人在投保时协商确定，具体以保险单载明为准。

被保险机动车发生主险约定的保险事故，保险人按照主险的约定计算赔款后，扣减本特约条款约定的免赔。即：

主险实际赔款=按主险约定计算的赔款×（1−绝对免赔率）

2. 附加车轮单独损失险。投保了机动车损失保险的机动车，可投保本附加险。

（1）保险责任。

保险期间内，被保险人或被保险机动车驾驶人在使用被保险机动车过程中，因自然灾害、意外事故，导致被保险机动车未发生其他部位的损失，仅有车轮（含轮胎、轮毂、轮毂罩）单独的直接损失，且不属于免除保险人责任的范围，保险人依照本附加险合同的约定负责赔偿。

（2）责任免除。

①车轮（含轮胎、轮毂、轮毂罩）的自然磨损、朽蚀、腐蚀、故障、本身质量缺陷；

②未发生全车盗抢，仅车轮单独丢失。

③保险金额。保险金额由投保人和保险人在投保时协商确定。

（3）赔偿处理。

发生保险事故后，保险人依据本条款约定在保险责任范围内承担赔偿责任。赔偿方式由保险人与被保险人协商确定。

赔款=实际修复费用−被保险人已从第三方获得的赔偿金额。

在保险期间内，累计赔款金额达到保险金额，本附加险保险责任终止。

3. 附加新增加设备损失险。投保了机动车损失保险的机动车，可投保本附加险。

（1）保险责任。保险期间内，投保了本附加险的被保险机动车因发生机动车损失保险责任范围内的事故，造成车上新增加设备的直接损毁，保险人在保险单载明的本附加险的保险金额内，按照实际损失计算赔偿。

（2）保险金额。保险金额根据新增加设备投保时的实际价值确定。新增加设备的实际价值是指新增加设备的购置价减去折旧金额后的金额。

（3）赔偿处理。发生保险事故后，保险人依据本条款约定在保险责任范围内承担赔偿责任。赔偿方式由保险人与被保险人协商确定。

赔款=实际修复费用−被保险人已从第三方获得的赔偿金额

4. 附加车身划痕损失险。投保了机动车损失保险的机动车，可投保本附加险。

（1）保险责任。保险期间内，被保险机动车在被保险人或被保险机动车驾驶人使用过程中，发生无明显碰撞痕迹的车身划痕损失，保险人按照保险合同约定负责赔偿。

（2）责任免除。

①被保险人及其家庭成员、驾驶人及其家庭成员的故意行为造成的损失；

②因投保人、被保险人与他人的民事、经济纠纷导致的任何损失；

③车身表面自然老化、损坏，腐蚀造成的任何损失。

（3）保险金额。保险金额为 2 000 元、5 000 元、10 000 元或 20 000 元，由投保人和保险人在投保时协商确定。

（4）赔偿处理。

①发生保险事故后，保险人依据本条款约定在保险责任范围内承担赔偿责任，赔偿方式由保险人与被保险人协商确定。

赔款=实际修复费用−被保险人已从第三方获得的赔偿金额

②在保险期间内，累计赔款金额达到保险金额，本附加险保险责任终止。

5. 附加修理期间费用补偿险。投保了机动车损失保险的机动车，可投保本附加险。

（1）保险责任。保险期间内，投保了本条款的机动车在使用过程中，发生机动车损失保险责任范围内的事故，造成车身损毁，致使被保险机动车停驶，保险人按保险合同约定，在保险金额内向被保险人补偿修理期间费用，作为代步车费用或弥补停驶损失。

（2）责任免除。下列情况下，保险人不承担修理期间费用补偿：

①因机动车损失保险责任范围以外的事故而致被保险机动车的损毁或修理；

②非在保险人认可的修理厂修理时，因车辆修理质量不合要求造成返修；

③被保险人或驾驶人拖延车辆送修期间。

（3）保险金额。本附加险保险金额=补偿天数×日补偿金额。补偿天数及日补偿金额由投保人与保险人协商确定并在保险合同中载明，保险期间内约定的补偿天数最高不超过 90 天。

（4）赔偿处理。全车损失，按保险单载明的保险金额计算赔偿；部分损失，在保险金额内按约定的日补偿金额乘以从送修之日起至修复之日止的实际天数计算赔偿，实际天数超过双方约定修理天数的，以双方约定的修理天数为准。

保险期间内，累计赔款金额达到保险单载明的保险金额，本附加险保险责任终止。

6. 附加发动机进水损坏除外特约条款。投保了机动车损失保险的机动车，可投保本附加险。

保险期间内，投保了本附加险的被保险机动车在使用过程中，因发动机进水后导致的发动机的直接损毁，保险人不负责赔偿。

7. 附加车上货物责任险。投保了机动车第三者责任保险的营业货车（含挂车），可投保本附加险。

（1）保险责任。保险期间内，发生意外事故致使被保险机动车所载货物遭受直接损毁，依法应由被保险人承担的损害赔偿责任，保险人负责赔偿。

（2）责任免除。

①偷盗、哄抢、自然损耗、本身缺陷、短少、死亡、腐烂、变质、串味、生锈，动物走失、飞失、货物自身起火燃烧或爆炸造成的货物损失；

②违法、违章载运造成的损失；

③因包装、紧固不善，装载、遮盖不当导致的任何损失；

④车上人员携带的私人物品的损失；

⑤保险事故导致的货物减值、运输延迟、营业损失及其他各种间接损失；

⑥法律、行政法规禁止运输的货物的损失。

（3）责任限额。责任限额由投保人和保险人在投保时协商确定。

（4）赔偿处理。

①被保险人索赔时，应提供运单、起运地货物价格证明等相关单据。保险人在责任限额内按起运地价格计算赔偿。

②发生保险事故后，保险人依据本条款约定在保险责任范围内承担赔偿责任，赔偿方式由保险人与被保险人协商确定。

8. 附加精神损害抚慰金责任险。投保了机动车第三者责任保险或机动车车上人员责任保险的机动车，可投保本附加险。

在投保人仅投保机动车第三者责任保险的基础上附加本附加险时，保险人只负责赔偿第三者的精神损害抚慰金；在投保人仅投保机动车车上人员责任保险的基础上附加本附加险时，保险人只负责赔偿车上人员的精神损害抚慰金。

（1）保险责任。保险期间内，被保险人或其允许的驾驶人在使用被保险机动车的过程中，发生投保的主险约定的保险责任内的事故，造成第三者或车上人员的人身伤亡，受害人据此提出精神损害赔偿请求，保险人依据法院判决及保险合同约定，对应由被保险人或被保险机动车驾驶人支付的精神损害抚慰金，在扣除机动车交通事故责任强制保险应当支付的赔款后，在本保险赔偿限额内负责赔偿。

（2）责任免除。

①根据被保险人与他人的合同协议，应由他人承担的精神损害抚慰金；

②未发生交通事故，仅因第三者或本车人员的惊恐而引起的损害；

③怀孕妇女的流产发生在交通事故发生之日起30天以外的。

（3）赔偿限额。本保险每次事故赔偿限额由保险人和投保人在投保时协商确定。

（4）赔偿处理。本附加险赔偿金额依据生效法律文书或当事人达成且经保险人认可的赔付协议，在保险单所载明的赔偿限额内计算赔偿。

9. 附加法定节假日限额翻倍险。投保了机动车第三者责任保险的家庭自用汽车，可投保本附加险。

保险期间内，被保险人或其允许的驾驶人在法定节假日期间使用被保险机动车发生机动车第三者责任保险范围内的事故，并经公安部门或保险人查勘确认的，被保险机动车第三者责任保险所适用的责任限额在保险单载明的基础上增加一倍。

10. 附加医保外医疗费用责任险。投保了机动车第三者责任保险或机动车车上人员责任保险的机动车，可投保本附加险。

（1）保险责任。保险期间内，被保险人或其允许的驾驶人在使用被保险机动车的过程中，发生主险保险事故，对于被保险人依照中华人民共和国法律（不含港澳台地区法律）应对第三者或车上人员承担的医疗费用，保险人对超出《道路交通事故受伤人员临床诊疗指南》和国家基本医疗保险同类医疗费用标准的部分负责赔偿。

（2）责任免除。下列损失、费用，保险人不负责赔偿：

①在相同保障的其他保险项下可获得赔偿的部分；

②所诊治伤情与主险保险事故无关联的医疗、医药费用；

③特需医疗类费用。

（3）赔偿限额。赔偿限额由投保人和保险人在投保时协商确定，并在保险单中载明。

（4）赔偿处理。被保险人索赔时，应提供由具备医疗机构执业许可的医院或药品经营许可的药店出具的、足以证明各项费用赔偿金额的相关单据。保险人根据被保险人实际承担的责任，在保险单载明的责任限额内计算赔偿。

11. 附加机动车增值服务特约条款。投保了机动车保险后，可投保本特约条款。

本特约条款包括道路救援服务特约条款、车辆安全检测特约条款、代为驾驶服务特约条款、代为送检服务特约条款共四个独立的特约条款，投保人可以选择投保全部特约条款，也可以选择投保其中部分特约条款。保险人依照保险合同的约定，按照承保特约条款分别提供增值服务。

（1）道路救援服务特约条款。

①服务范围。保险期间内，被保险机动车在使用过程中发生故障而丧失行驶能力时，保险人或其受托人根据被保险人请求，向被保险人提供如下道路救援服务。

单程50公里以内拖车；

送油、送水、送防冻液、搭电；

轮胎充气、更换轮胎；

车辆脱离困境所需的拖拽、吊车。

②责任免除。

根据所在地法律法规、行政管理部门的规定，无法开展相关服务项目的情形；

送油、更换轮胎等服务过程中产生的油料、防冻液、配件、辅料等材料费用；

被保险人或驾驶人的故意行为。

③责任限额。保险期间内，保险人提供2次免费服务，超出2次的，由投保人和保险人在签订保险合同时协商确定，分为5次、10次、15次、20次四档。

（2）车辆安全检测特约条款。

①服务范围。保险期间内，为保障车辆安全运行，保险人或其受托人根据被保险

人请求，为被保险机动车提供车辆安全、检测服务，车辆安全检测项目包括：

发动机检测（机油、空滤、燃油、冷却等）；

变速器检测；

转向系统检测（含车轮定位测试、轮胎动平衡测试）；

底盘检测；

轮胎检测；

汽车玻璃检测；

汽车电子系统检测（全车电控电器系统检测）；

车内环境检测；

蓄电池检测；

车辆综合安全检测。

②责任免除。

检测中发现的问题部件的更换、维修费用；

洗车、打蜡等常规保养费用；

车辆运输费用。

③责任限额。保险期间内，本特约条款的检测项目及服务次数上限由投保人和保险人在签订保险合同时协商确定。

（3）代为驾驶服务特约条款。

①服务范围。保险期间内，保险人或其受托人根据被保险人请求，在被保险人或其允许的驾驶人因饮酒、服用药物等原因无法驾驶或存在重大安全驾驶隐患时提供单程30公里以内的短途代驾服务。

②责任免除。根据所在地法律法规、行政管理部门的要求，无法开展相关服务项目的情形。

③责任限额。保险期间内，本特约条款的服务次数上限由投保人和保险人在签订保险合同时协商确定。

（4）代为送检服务特约条款。

①服务范围。保险期间内，按照《中华人民共和国道路交通安全法实施条例》，被保险机动车需由机动车安全技术检验机构实施安全技术检验时，根据被保险人请求，由保险人或其受托人代替车辆所有人进行车辆送检。

②责任免除。

根据所在地法律法规、行政管理部门的要求，无法开展相关服务项目的情形；

车辆检验费用及罚款；

维修费用。

释义

【使用被保险机动车过程】指被保险机动车作为一种工具被使用的整个过程，包括行驶、停放及作业，但不包括在营业场所被维修养护期间、被营业单位拖带或被吊装等施救期间。

【自然灾害】指对人类以及人类赖以生存的环境造成破坏性影响的自然现象，包括雷击、暴风、暴雨、洪水、龙卷风、冰雹、台风、热带风暴、地陷、崖崩、滑坡、泥石流、雪崩、冰陷、暴雪、冰凌、沙尘暴、地震及其次生灾害等。

【意外事故】指被保险人不可预料、无法控制的突发性事件，但不包括战争、军事冲突、恐怖活动、暴乱、污染（含放射性污染）、核反应、核辐射等。

【交通肇事逃逸】是指发生道路交通事故后，当事人为逃避法律责任，驾驶或者遗弃车辆逃离道路交通事故现场以及潜逃藏匿的行为。

【车轮单独损失】指未发生被保险机动车其他部位的损失，因自然灾害、意外事故，仅发生轮胎、轮毂、轮毂罩的分别单独损失，或上述三者之中任意二者的共同损失，或三者的共同损失。

【车身划痕】仅发生被保险机动车车身表面油漆的损坏，且无明显碰撞痕迹。

【新增加设备】指被保险机动车出厂时原有设备以外的，另外加装的设备和设施。

【新车购置价】指本保险合同签订地购置与被保险机动车同类型新车的价格，无同类型新车市场销售价格的，由投保人与保险人协商确定。

【全部损失】指被保险机动车发生事故后灭失，或者受到严重损坏完全失去原有形体、效用，或者不能再归被保险人所拥有的，为实际全损；或被保险机动车发生事故后，认为实际全损已经不可避免，或者为避免发生实际全损所需支付的费用超过实际价值的，为推定全损。

【家庭成员】指配偶、父母、子女和其他共同生活的近亲属。

【市场公允价值】指熟悉市场情况的买卖双方在公平交易的条件下和自愿的情况下所确定的价格，或无关联的双方在公平交易的条件下一项资产可以被买卖或者一项负债可以被清偿的成交价格。

【参考折旧系数表】详见表7-2：

表 7-2

车辆种类	月折旧系数			
	家庭自用	非营业	营业	
			出租	其他
9座以下客车	0.60%	0.60%	1.10%	0.90%
10座以上客车	0.90%	0.90%	1.10%	0.90%
微型载货汽车	/	0.90%	1.10%	1.10%
带拖挂的载货汽车	/	0.90%	1.10%	1.10%
低速货车和三轮汽车	/	1.10%	1.40%	1.40%
其他车辆	/	0.90%	1.10%	0.90%

折旧按月计算，不足一个月的部分，不计折旧。最高折旧金额不超过投保时被保

险机动车新车购置价的80%。

折旧金额=新车购置价×被保险机动车已使用月数×月折旧系数

【饮酒】指驾驶人饮用含有酒精的饮料，驾驶机动车时血液中的酒精含量大于等于20mg/100ml的。

【法定节假日】法定节假日包括：中华人民共和国国务院规定的元旦、春节、清明节、劳动节、端午节、中秋节和国庆节放假调休日期，及星期六、星期日，具体以国务院公布的文件为准。

法定节假日不包括：①因国务院安排调休形成的工作日；②国务院规定的一次性全国假日；③地方性假日。

【污染（含放射性污染）】指被保险机动车正常使用过程中或发生事故时，由于油料、尾气、货物或其他污染物的泄漏、飞溅、排放、散落等造成的被保险机动车和第三方财产的污损、状况恶化或人身伤亡。

【特需医疗类费用】指医院的特需医疗部门/中心/病房，包括但不限于特需医疗部、外宾医疗部、VIP部、国际医疗中心、联合医院、联合病房、干部病房、A级病房、家庭病房、套房等不属于社会基本医疗保险范畴的高等级病房产生的费用，以及名医门诊、指定专家团队门诊、特需门诊、国际门诊等产生的费用。

二、机动车交通事故责任强制保险

机动车交通事故责任强制保险（以下简称交强险），是根据我国2006年3月通过的《道路交通安全法》的规定，单独实施的强制投保的责任保险。

2020年9月，中国银保监会发布了《关于调整交强险责任限额和费率浮动系数的公告》，并于2020年9月19日正式实施。这一调整主要表现在：一是明确了交强险死亡伤残赔偿限额18万元，医疗费用赔偿限额1.8万元，财产损失赔偿限额0.2万元；被保险人无责任时，死亡伤残赔偿限额1.8万元，医疗费用赔偿限额1 800元，财产损失赔偿限额100元。相比原来的责任限额，除财产损失赔偿限额维持不变外，死亡伤残赔偿限额和医疗费用赔偿限额均有较大提高。二是明确了全国各地区的费率浮动系数方案由原来的1类细分为5类，浮动比率中的上限保持30%不变，下浮由原来最低的-30%扩大到-50%，提高对未发生赔付消费者的费率优惠幅度。

（一）保险责任

在中华人民共和国境内（不含港、澳、台地区），被保险人在使用被保险机动车过程中发生交通事故，致使受害人遭受人身伤亡或者财产损失，依法应当由被保险人承担的损害赔偿责任，保险人按照交强险合同的约定对每次事故在下列赔偿限额内负责赔偿：

1. 死亡伤残赔偿限额为180 000元。
2. 医疗费用赔偿限额为18 000元。
3. 财产损失赔偿限额为2 000元。

4. 被保险无责任时，无责任死亡伤残赔偿限额为18 000元；无责任医疗费用赔偿限额为1 800元；无责任财产损失赔偿限额为100元。

死亡伤残赔偿限额和无责任死亡伤残赔偿限额项下负责赔偿丧葬费、死亡补偿费、受害人亲属办理丧葬事宜支出的交通费用、残疾赔偿金、残疾辅助器具费，护理费、康复费、交通费、被抚养人生活费、住宿费、误工费，被保险人依照法院判决或者调解承担的精神损害抚慰金。

医疗费用赔偿限额和无责任医疗费用赔偿限额项下负责赔偿医药费、诊疗费、住院费、住院伙食补助费，必要的、合理的后续治疗费、整容费、营养费。

（二）垫付与追偿

被保险机动车在下述1~4之一的情形下发生交通事故，造成受害人受伤需要抢救的，保险人在接到公安机关交通管理部门的书面通知和医疗机构出具的抢救费用清单后，按照国务院卫生主管部门组织制定的交通事故人员创伤临床诊疗指南和国家基本医疗保险标准进行核实。对于符合规定的抢救费用，保险人在医疗费用赔偿限额内垫付。被保险人正在交通事故中无责任的，保险人在无责任医疗费用赔偿限额内垫付。对于其他损失和费用，保险人不负责垫付和赔偿。

1. 驾驶人未取得驾驶资格的。
2. 驾驶人醉酒的。
3. 被保险机动车被盗抢期间肇事的。
4. 被保险人故意制造交通事故的。

对于垫付的抢救费用，保险人有权向致害人追偿。

（三）责任免除

下列损失和费用，交强险不负责赔偿和垫付：

1. 因受害人故意造成的交通事故的损失。
2. 被保险人所有的财产及被保险机动车上的财产遭受的损失。
3. 被保险机动车发生交通事故，致使受害人停业、停驶、停电、停水、停气、停产、通信或者网络中断、数据丢失、电压变化等造成的损失以及受害人财产因市场价格变动造成的贬值，修理后因价值降低造成的损失等其他各种间接损失。
4. 因交通事故产生的仲裁或者诉讼费用以及其他相关费用。

（四）保险期间

除国家法律、行政法规另有规定外，交强险合同的保险期间为一年，以保险单载明的起止时间为准。

（五）投保人、被保险人义务

1. 投保人投保时，应当如实填写投保单，向保险人如实告知重要事项，并提供被保险机动车的行驶证和驾驶证复印件。重要事项包括机动车的种类、厂牌型号、识别代码、号牌号码、使用性质和机动车所有人或者管理人的姓名（名称）、性别、年龄、住所、身份证或者驾驶证号码（组织机构代码）、续保前该机动车发生事故的情况以及银保监会规定的其他事项。

投保人未如实告知重要事项，对保险费计算有影响的，保险人按照保单年度重新核定保险费计收。

2. 签订交强险合同时，投保人不得在保险条款和保险费率之外，向保险人提出附加其他条件的要求。

3. 投保人续保的，应当提供被保险机动车上一年度交强险的保险单。

4. 在保险合同有效期内，被保险机动车因改装、加装、使用性质改变等导致危险程度增加的，被保险人应当及时通知保险人，并办理批改手续。否则，保险人按照保单年度重新核定保险费计收。

5. 被保险机动车发生交通事故，被保险人应当及时采取合理、必要的施救和保护措施，并在事故发生后及时通知保险人。

6. 发生保险事故后，被保险人应当积极协助保险人进行现场查勘和事故调查。发生与保险赔偿有关的仲裁或者诉讼时，被保险人应当及时书面通知保险人。

（六）赔偿处理

1. 被保险机动车发生交通事故的，由被保险人向保险人申请赔偿保险金。被保险人索赔时，应当向保险人提供以下材料：

（1）交强险的保险单。

（2）被保险人出具的索赔申请书。

（3）被保险人和受害人的有效身份证明、被保险机动车行驶证和驾驶人的驾驶证。

（4）公安机关交通管理部门出具的事故证明，或者人民法院机构出具的有关法律文书及其他证明。

（5）被保险人根据有关法律法规规定选择自行协商方式处理交通事故的，应当提供依照《交通事故处理程序规定》规定的记录交通事故情况的协议书。

（6）受害人财产损失程度证明、人身伤残程度证明、相关医疗证明以及有关损失清单和费用单据。

（7）其他与确认保险事故的性质、原因、损失程度等有关的证明和资料。

2. 保险事故发生后，保险人按照国家有关法律法规规定的赔偿范围、项目和标准以及交强险合同的约定，并根据国务院卫生主管部门组织制定的交通事故人员创伤临床诊疗指南和国家基本医疗保险标准，在交强险的责任限额内核定人身伤亡的赔偿金额。

3. 因保险事故造成受害人人身伤亡的，未经保险人书面同意，被保险人自行承诺或支付的赔偿金额，保险人在交强险责任限额内有权重新核定。因保险事故损坏的受害人财产需要修理的，被保险人应当在修理前会同保险人检验，协商确定修理或者更换项目、方式和费用。否则，保险人在交强险责任限额内有权重新核定。

4. 被保险机动车发生涉及受害人受伤的交通事故，因抢救受害人需要保险人支付抢救费用的，保险人在接到公安机关交通管理部门的书面通知和医疗机构出具的抢救费用清单后，按照国务院卫生主管部门组织制定的交通事故人员创伤临床诊疗指南和国家基本医疗保险标准进行核实。对于符合规定的抢救费用，保险人在医疗费用赔偿限额内支付。被保险人在交通事故中无责任的，保险人在无责任医疗费用赔偿限额内支付。

（七）合同变更与终止

1. 在交强险合同有效期内，被保险机动车所有权发生转移的，投保人应当及时通知保险人，并办理交强险合同变更手续。

2. 在下列三种情况下，投保人可以要求解除交强险合同：

（1）被保险机动车被依法注销登记的。

（2）被保险机动车办理停驶的。

（3）被保险机动车经公安机关证实丢失的。

交强险合同解除后，投保人应当及时将保险单、保险标志交还保险人；无法交回保险标志的，应当向保险人说明情况，征得保险人同意。

3. 发生《机动车交通事故责任强制保险条例》所列明的投保人、保险人解除交强险合同的情况时，保险人按照日费率收取自保险责任开始之日起至合同解除之日止期间的保险费。

三、现行机动车保险的主要特点

（一）商业车险方面

1. 扩展了车损险的保险责任。在原有责任基础上，增加了 7 个方面的保险责任，即机动车全车盗抢、玻璃单独破碎、自燃、发动机涉水、指定修理厂、不计免赔率、无法找到第三方全部纳入车损险的保险责任，而这些有的之前是主险之一与车损险并列，如机动车全车盗抢；有的则是车损险的附加险，需要附加保费才能得到保障，而 2020 年版新条款之后车损险涵盖了上述 7 个方面的保险责任，消费者无需再额外投保，即可获得更多保障。

2. 提升了商业第三者责任险的责任限额。第三者责任限额提高至原来的 2 倍，即原来的商业第三者限额从 5 万~500 万元不等，新条款提高到 10 万~1 000 万元，以适应消费者更高的保障需求。

3. 取消了事故责任免赔率。原有条款根据事故责任不同，保险人对被保险机动车实行 5%~30%不等的事故责任免赔率，删除事故责任免赔率以后，消费者保障更加充分，有利于减少理赔纠纷。

4. 删除了部分免责约定。剔除了易引发争议的免责条款，从而使得保险责任扩展，消费者可理赔的范围更大。如地震及其次生灾害等，这样我国的车险产品基本覆盖了主要的巨灾风险。

5. 新增附加险。在原有附加险基础上，支持保险公司开发附加险产品，如，附加车轮单独损失险和附加医保外用药责任险；附加绝对免赔率特约条款和附加发动机进水损坏除外特约条款。

6. 扩展增值服务，保险服务多样化。增值服务附加险条款，可选择四个独立的特约条款：道路救援服务、车辆安全检测、代为驾驶服务、代为送检服务，提升了用车保障。

7. 合理下调保费。车险的赔付率过去十几年逐渐走低，而费率却没有及时调整。此次改革一方面将附加费用率的上限从35%降至25%，另一方面，分两步逐步放开价格限制，先推出自主定价系数（范围在0.65~1.35之间），直至完全放开自主定价系数。

（二）交强险方面

1. 保障额度进一步提高。一方面有责赔偿限额部分的总保额从12.2万元提高到20万元，具体各分项责任限额表现为：死亡伤残从11万元提高到18万元；医疗费用从1万元提高到1.8万元；财产损失维持0.2万元不变；另一方面无责任赔偿限额部分按照与之前相同比例进行了调整，具体各分项责任限额表现为：死亡伤残从1.1万元提高到1.8万元；医疗费用从1 000元提高到1 800元；财产损失维持100元不变。

2. 引入5类费率浮动系数。明确了全国各地区的费率浮动系数方案由原来的1类细分为5类，在一定程度上缓解了交强险赔付率在各地之间差异较大的问题，提高了部分地区较低水平的交强险赔付率。

第三节 运输工具保险——船舶保险和飞机保险

一、船舶保险

（一）船舶保险的定义与特点

1. 船舶保险的定义。船舶保险是以各种类型的船舶为保险标的的保险。船舶保险的种类主要有国内船舶保险和远洋船舶保险两大类：国内船舶保险承保的船舶是在中华人民共和国境内合法登记注册从事沿海、内河航行的船舶，如机帆船、铁壳轮船、木壳轮船、铁壳驳船、木壳驳船、水泥船、钢板船、木船等；远洋船舶保险承保的是在国际航线上航行的船舶。远洋船舶保险承保的船舶按照财产的概念具有较为广泛的定义，它可以是从事运输的各种船舶，包括干货船、散装船、集装箱船、油船；木材船、滚装船、子母船及生活、生产的专用船；也可以是建造中的船舶、水上仓库（趸船）、浮码头和海上钻井平台（不论是否装有推进器）或其他各种设备等。根据我国船舶保险条款规定，船舶保险的保险标的是船舶，包括其船壳、救生艇、机器、设备、仪器、索具、燃料和物料。本保险分为全损险和一切险。

2. 船舶保险的特点。船舶保险是财产保险中的一种，但与货物运输保险比较，它有以下特点：

（1）货物运输保险一般只承保货物在运输过程中的危险，而船舶保险可以承保从船舶建造下水开始，直到船舶营运以至停泊和最后报废拆船为止的整个过程的危险。

（2）船舶保险比运输货物保险的保障范围要广泛得多。它既要保船体（船壳）、机器、设备、燃料、供给品，还保与船舶有关的利益、费用和责任。

（3）船舶保险涉及一个危险单位的价值比运输货物保险相对集中，船舶发生损失往往会出现巨额赔款。

（4）货主对运输途中的货物安全是无法控制的，而船舶所有人（船东）对于船舶无论在航行途中或停泊期间，始终是在其雇佣的经理人员和船长、船员的操纵下，这些雇佣人员又是受船东直接支配和掌握的。因而，船舶所有人的经营作风、管理水平和信誉对保险船舶的安全会有直接影响。

（二）船舶保险的保障内容

船舶保险的保障内容包括：

1. 船舶的物质损失。船舶的物质损失包括船壳、机器（包括主机、副机、发电机等）以及海洋船舶的导航设备、燃料、给养等。凡属于船舶本身以及附属于船上的财产，而为船东所有的，均予承保。物质损失是船舶保险保障的主要内容。

2. 船舶的有关利益。船舶的有关利益指船舶本身物质损失以外的利益损失。当船舶发生事故除了船舶本身遭致局部或全部损失外，还因船舶停航、修理使被保险人遭受到各种利益损失，如运费、船舶租金、营运费用、保险费以及船员工资等。这些利益损失，在国外船舶保险中，有相当一部分是作为费用来加保的。

3. 对第三者的赔偿责任。船舶保险承保的对第三者的赔偿责任是在发生船舶碰撞事故后船东或租船人对第三者所造成的财产损失和人身伤害依法应负的赔偿责任。

（三）船舶保险的保险责任

我国目前的船舶保险分为全损险和一切险两个险别。全损险只承保船舶因保险合同约定的原因导致的全部损失，其保险责任为一般风险；一切险承保船舶全部损失和部分损失。显然全损险是一切险承保责任的一部分。一切险项下的保险责任包括：全损险的保险责任、碰撞责任、施救费用、共同海损和救助。

1. 全损险的保险责任。全损险承保被保险船舶因遭受保险范围内的风险而造成的全部损失，包括实际全损和推定全损。船舶保险承保的风险采用列明方式。船舶保险全损险承保由于下列原因所造成的被保险船舶的全损：

（1）海上风险。海上风险一般是指由海上自然灾害和意外事故构成的海上灾难。包括：地震、火山爆发、雷电或其他自然灾害；搁浅、碰撞、触碰任何固定或浮动物体或其他物体或其他海上灾害。

（2）火灾或爆炸。

（3）来自船外的暴力盗窃或海盗行为。我国以往将暴力盗窃或海盗行为列为兵盗险或战争险的保险责任。鉴于保险市场的变化，伦敦保险市场将暴力盗窃和海盗行为均列为海上风险承保，因此，我国条款也作了相应的修改，将暴力盗窃和海盗行为均列为海上风险承保。

（4）抛弃货物。在海难发生时，为了船舶安全，将船上装载的易燃、易爆货物等抛弃时，可能引起船舶受损。

（5）核装置或核反应堆发生的故障或意外事故。这些核装置或核反应堆是指船舶航行所使用的核动力，是非军事用的，与核武器无关。这是为了适应现代科技的需要，扩展承保的一项风险。

（6）船员疏忽行为所致的损失。该条款称为疏忽条款，又称英琪玛利（Inchmaree）条款，即由于不可预料的疏忽或过失所造成的损失，不属于海难的范围。英琪玛利原是一艘船舶的船名，由于该船上一名船员疏忽引起锅炉爆炸，造成船舶损失赔偿纠纷。此后保险人将疏忽风险列为保险责任。我国保险条款规定：本保险还承保由于下列原因所造成的被保险船舶的全损：①装卸或移动货物或燃料时发生的意外事故；②船舶机件或船壳的潜在缺陷；③船长、船员有意损害被保险人利益的行为；④船长、船员和引水员、修船人员及租船人的疏忽行为；⑤任何政府当局，为防止或减轻因承保风险造成被保险船舶损坏引起的污染所采取的行动。但此种损失原因应不是由于被保险人、船东或管理人未恪尽职责所致的。

2. 一切险的保险责任。一切险除承担全损险的保险责任外，还负责这些风险给船舶造成的部分损失，以及下列责任和费用：

（1）碰撞责任。船舶碰撞是指船舶在水上与其他船舶或物体猛烈接触而发生的意外事故。按照国际习惯，船舶与其他船舶相撞称为碰撞；船舶与船舶以外的其他任何固定或浮动物体接触称为触碰。船舶因碰撞或触碰所致的损失是船舶保险承保的基本风险之一。船舶碰撞责任是指船舶因航行疏忽或过失造成船舶碰撞引起财产损失和人身伤亡，依法应负的赔偿责任。对于船舶碰撞责任划分的依据，一般有三种情况：①由于双方船舶都有过失引起的船舶碰撞，其损害赔偿责任应按各方船舶过失程度比例承担；②由于一方船舶过失造成的船舶碰撞，所有损害赔偿责任应由过失方承担；③由于不可抗力或意外情况所引起的船舶碰撞以及船舶碰撞原因不明造成的损失，则由遭受损害的人自行承担。

我国船舶保险碰撞责任条款规定：本保险负责因被保险船舶与其他船舶碰撞或触碰任何固定的浮动物体或其他物体而引起被保险人应负的法律赔偿责任。但本条对下列责任概不负责：

①人身伤亡或疾病；②被保险船舶本船所载的货物或财产或其他承保的责任；③清除障碍物、残骸、货物或任何其他物品的费用；④任何财产或物体所造成的污染或玷污（包括预防措施或清除的费用），但与被保险船舶发生碰撞的他船或其所载财产遭受的污染或玷污不在此限；⑤任何固定的、浮动的物体以及其他物体的延迟或丧失

使用的间接损失和费用。

船舶碰撞责任条款还规定：当被保险船舶与其他船舶发生碰撞，双方均有过失时，除一方或双方船东按法律规定享受责任限制外，本条项下的赔偿应按交叉责任的原则计算（即船舶所有人必须按照彼此的责任比例赔偿对方损失）。当被保险船舶碰撞其他物体时，亦适用此项原则。本条项下保险人的责任（包括法律费用）是本保险其他条款项下责任的增加部分，但对每次碰撞所负的责任不得超过船舶的保险金额。我国船舶保险规定的碰撞责任条款对远洋船舶保险及航行于国内的机动船舶或保险的机动船舶及拖带的保险船舶均适用。

（2）共同海损和救助。共同海损属于船舶保险承保的重要风险之一。共同海损是指在同一航程中，船舶和船上所载货物遭遇共同危险时，为了共同安全，故意而合理地采取措施所直接造成的特殊牺牲和支付的特殊费用。这种牺牲或费用应由同一航程中的船、货、运费三方按各自的获救价值进行分摊。船舶保险上的分摊则为被保险船舶应当分摊的那一部分，而非全部。

救助是指被保险船舶遭受承保风险的袭击，单凭本身力量无法解脱其困境，只好请求第三者或第三者自愿前来提供帮助解脱其所处危险的行为。由此而引起的费用称为救助费用。如果船舶遭受承保风险袭击，船上有关利益方均遭受损威胁，该项救助费用应列入共同海损费用，由各利益方按照获救价值的比例分摊，否则，不能在该条款项下赔付。除油轮救助外，国际上通行的救助合同均以“无效果、无报酬”的原则计算救助报酬。此外，还有一种以救助方的劳动时间和设备消耗加利润计算其救助费用的“雇佣合同”。

我国船舶保险条款规定：被保险船舶若发生共同海损牺牲，被保险人可获得这种损失的全部赔偿，而无须先行使向其他各方索取分摊额的权利。共同海损应按有关合同规定或适用的法律或惯例理算，如运输合同无此规定，应按《北京理算规则》或其他类似规则规定进行办理。我国船舶保险条项还规定：当所有分摊方均为被保险人或被保险船舶空载航行并无其他分摊利益时，共同海损理算应按《北京理算规则》（第五条除外）或明文同意的类似规则办理，如同各分摊方不属于同一人一样。实际上，空载船舶没有共同利益，也无共同海损，只有一方利益。

这里所指被保险船舶在空载航行中发生类似共同海损牺牲和费用，按照《北京理算规则》进行理算，实际上是保险人为了鼓励保险船舶避免全损而赔付部分损失。该规定显然对被保险人有利。

该规定在核定共同海损和救助费用时，如保险金额低于约定价值或低于共同海损或施救费用的分摊价值时，保险人的赔偿责任要按船舶的保险金额在分摊价值中所占的比例计算。

（3）施救费用。施救费用又称施救整理费用，属单独海损性质。施救费用是为了保险标的的单方利益，由被保险人或其代理人、雇佣人等对受损标的采取各种抢救、防护措施所产生的费用。施救条款规定，被保险人在保险标的发生承保风险时，要像没有将船保过险一样地谨慎，采取各种防止或减少保险标的的进一步受损的措施。我国船舶一切险条款规定：由于承保风险造成船舶损失或船舶处于危险之中，被保险人为防止或减少根据本保险可以得到赔偿的损失而付出的合理费用，保险人应予以赔付。施救费用是一种单独费用。因此，它是船舶保险其他条款规定的赔偿责任以外的一项约定，保险人对施救费用的赔偿金额不受船舶本身损失、碰撞责任、共同海损分摊和救助等赔偿金额的限制，但不得超过船舶的保险金额。

（四）船舶保险的除外责任

船舶承保人为了控制船舶损失的赔偿责任，或者为了促使被保险人爱护保险财产，对有些应由被保险人承担的责任，均在保险条款中明确列为责任免除。除保险合同另有约定外，保险人对下列原因之一造成被保险船舶损失，不负赔偿责任。

1. 船舶不适航。船舶不适航包括人员配备不当、装备不妥或配载不当，但以被保险人在船舶开航时知道或应该知道此种不适航为限。被保险船舶除必须具有合格机构签发的适航证书外，还必须在每一次航程开航前或开航时使船舶适航，亦即开航前或开航时必须使船壳、机器、设备、人员配备、燃料、物料、给养等适宜于航程的需要。是否构成不适航事实，应以船东是否知道或应该知道为限。如船舶开航前缺少大副，船东明知此事而同意开航，则由此发生的损失，保险人不予负责。

2. 被保险人及其代表的疏忽或故意行为。此处所指被保险人及其代表是指船舶所有人及其业务主管，如船舶公司的法定代表人及主管船舶经营的部门经理等，而不包括船长和船员。因为船长和船员对被保险船舶没有保险利益，不会产生道德危险，因此，被保险人或其代表的疏忽不同于船长、船员的疏忽，被保险人一般都是指船东，但是按照我国具体情况，凡实际行使船东权利，有权调动和使用船舶的人，可视为船东。至于船东代表主要是指行使管理专门业务、指挥生产的人，如航运、调度、船技部门的负责工作人员，由于他们的疏忽，造成船舶损失，保险人不负赔偿责任。故意行为是明知故犯，属于船东故意行为所致的损失，保险人在证据确凿的情况下，不承担任何赔偿责任。

3. 被保险人恪尽职责应予发现的正常磨损、锈蚀、腐烂或保养不周或材料缺陷，包括不良状态部件的更换和修理。由于船舶在营运过程中船壳、机件磨损、锈蚀、腐烂是必然现象，为了维护船舶安全，按计划及时进行保养、更换或修理是被保险人应尽的职责，因此保险人不予负责。

4. 保险公司承保的战争险、罢工险的保险责任和责任免除。一般财产保险单均将此类由于政治原因造成的损失除外，但海洋船舶保险一般可以加保战争、罢工险。

5. 清除障碍物、残骸及清除航道费用。被保险船舶沉没在航道上，政府当局为了保持航道畅通，按照法律采取强制手段，命令船东清理航道、打捞沉船或设灯标，此类法律责任不在船舶保险范围内，一般由船东保赔协会承保。

（五）船舶保险的保险期限

船舶保险分为定期保险和航次保险。定期保险是船舶保险期限的主要形式。定期保险期限一般为1年，最短不能少于3个月。起止时间以保险单上注明的日期为准。航次保险的责任期限按保险单订明的航次为准。但远洋船舶保险与国内船舶保险的保险期限有所不同。

1. 远洋船舶保险的保险期限。远洋船舶保险的保险期限分为两种：

（1）定期保险的保险期限。定期保险是船舶保险期限的主要形式。定期保险期限一般为1年，最短不能少于3个月。起止时间以保险单上注明的日期为准。保险责任期满时，如被保险船舶尚在航行中或处于危险中或在避难港或中途港停靠，经被保险人事先通知保险人并按日比例加付保险费后，本保险继续负责到船舶抵达目的港为止。保险船舶在延长时间内发生全损，需加付6个月的保险费。

（2）航次保险的保险期限。航次保险的保险期限按保险单订明的航次为准。起止时间按下列规定办理：①不载货船舶：不载货船舶自起运港解缆或起锚时开始至目的港抛锚或系缆完毕时终止；②载货船舶：载货船舶自起运港装货时开始，至目的港卸货完毕时终止。但自船舶抵达目的港当日午夜零时起，最多不得超过30天。在任何情况下，航次保险的最长期限不得超过90天，如果要超过90天，必须事先征得保险人的同意并交付额外保费以后保险合同方为有效。

2. 国内船舶保险的保险期限。国内船舶保险为定期保险，保险期限一般为1年，起止时间以保险单上注明的日期为准。

（六）船舶保险的保险金额、保险费率和免赔额

1. 保险金额的确定。船舶保险的保险金额是根据船舶的保险价值确定。船舶保险一般是定值保险，船舶的保险价值在订立保险合同时由双方商定，并载明在保险单上。保险价值一般按船壳、机器、锅炉或特种设备（如冷藏机）等保险标的在投保当时的市价和保险费的总和计算。商定的保险价值就作为保险金额，以表明船舶保险人应当承担保险责任的最高限额。保险金额不得超过保险价值，超过部分无效。

2. 保险费率的制定。船舶保险费率通常根据船龄、船型、船籍、船舶种类、航行范围、船舶承载的货物、船级、船舶状况、船队规模大小、保险金额、船壳和机器市价、承保条件、免赔额、被保险人经营管理状况和以往事故损失记录等因素来制定。我国保险公司承保远洋运输公司船舶的保险费率，每年都依据以往5年的赔付率来进行调整。伦敦保险市场船舶保险费率的调整是由联合船舶委员会按不同的船队，制定不同的保险费率调整标准，即主要也是参照以往赔付率。

3. 免赔额。根据我国船舶保险条款，保险人对由承保风险所致被保险船舶的部分损失进行赔偿时，对每次事故要扣除保单规定的免赔额。而船舶碰撞责任、施救、共同海损和救助的索赔不扣免赔额。船舶的全损索赔以及船舶搁浅后专为检验船底引起的合理费用，保险人在赔偿时，也不扣免赔额。同时，恶劣气候造成两个连续港口之间单独航程的损失索赔应视为一次意外事故。

（七）船舶战争、罢工险条款

船舶战争、罢工险是船舶保险的一个附加保险，是承保各种带有政治因素、背景或目的的武力或暴力行为而造成的损失。

1. 保险责任。本保险承保由于下述原因造成被保险船舶的损失、碰撞责任、共同海损和救助或施救费用：

①战争、内战、革命、叛乱或由此引起的内乱或敌对行为；②捕获、扣押、扣留、羁押、没收或封锁，但这种赔案必须从发生日起满6个月才能受理；③各种战争武器，包括水雷、鱼雷、炸弹；④罢工、被迫停工或其他类似事件；⑤民变、暴动或其他类似事件；⑥任何人怀有政治动机的恶意行为。

2. 责任免除。由于下列原因引起被保险船舶的损失、责任或费用，本保险不负赔偿责任：

①原子弹、氢弹或核武器的爆炸；②由被保险船舶的船籍国或登记国的政府或地方当局所采取的或命令的捕获、扣押、扣留、羁押或没收；③被征用或被征购；④联合国安理会常任理事国之间爆发的战争（不论宣战与否）。

3. 保险终止。

（1）保险人有权在任何时候向被保险人发出注销本保险的通知，在发出通知后7天期满时生效。

（2）不论是否已发注销通知，本保险在下列情况下应自动终止：①任何原子弹、氢弹或核武器的敌对性爆炸发生；②联合国安理会常任理事国之间爆发的战争（不论宣战与否）；③船舶被征用或出售。

4. 承保原则。

（1）本保险系本公司船舶保险的附加险。船舶保险的条款也适用本保险，但与本保险条款有抵触时，则以本保险条款为准。

（2）被保险船舶如同时有其他保险，索赔应由其他保险负责时，本保险不负赔偿责任。

（3）如本保险由于船舶被征用或出售的原因终止时，净保费可按日比例退还给被保险人。本保险不办理停泊退费。

二、飞机保险

（一）飞机机身保险

飞机机身保险是飞机保险的基本险之一。它承保各种类型的客机、货用机以及从事各种专业用途的飞机。飞机机身包括机壳、推进器、机器及设备。

1. 责任范围。我国国内航线的飞机保险机身险，保险公司一般对因下列原因造成的损失和费用负责赔偿：①飞机在飞行、滑行中以及在地面上，因自然灾害或意外事故造成飞机及其附件的损失；②飞机起飞后超过规定时间（一般为 15 天）尚未得到行踪消息所构成的失踪损失；③因意外事故引起的飞机拆卸、重装和运输费用；④清理残骸的合理费用；⑤飞机发生上述自然灾害或意外事故时，采取施救、保护措施所支出的合理费用，但最高不得超过飞机机身保险金额的 10%。飞机机身保险的除外责任有：战争、军事行动和劫持风险；飞机不符合适航条件而飞行；被保险人的故意行为；飞机任何部件的自然磨损或构造及结构缺陷；飞机受损后引起被保险人停航、停运等间接损失。

2. 保险金额。机身险原来是按不定值保险方式承保，赔偿方式是在保险期限内选择现金赔付或置换相同的飞机。但由于国际市场上新型飞机不断出现，价格持续上升，而旧型飞机价格下跌，如果被保险人按旧型飞机原价投保，保险人虽按下跌后的市价去置换一架旧型号飞机，但远不能满足被保险人重置一架新型飞机的需要。于是，机身险便逐渐采取了定值保险方式。我国承保国际航线的飞机也采用定值保险方式。新、旧飞机的价格悬殊，如果旧飞机按新飞机的市价投保，不论发生全部损失还是部分损失，均按新飞机的市价进行赔偿，这样处理更有利于被保险人；但如果按旧飞机的市价投保，一旦发生部分损失，在修理或配置零部件时按新飞机的市价赔偿，则会产生少收保费、多付赔款的问题。为此，国外保险公司主要通过如下两种方法来调整：

（1）零部件条款。该条款对部分损失的赔偿金额加以限制，当飞机的任何零部件发生损失或损坏，赔偿责任以保单附表中列明的一定百分比的保额为限。如机身外壳占 40%、机翼占 10%、起落架占 10%等等。超额部分的损失由被保险人承担。

（2）70%分成法。它是指承保人根据以往赔付数据统计，在机身险的全部赔款中，70%用于全部损失赔偿，30%用于部分损失赔偿。因此，对部分损失需增收飞机新、旧价差额部分的保险费。

我国国内航线机身险的保险金额可以按照净值确定，也可以由被保险人和保险公司协商确定，新购买的飞机可以按原值确定。

3. 保险费率。我国涉外机身险的保险费率是根据其以往损失记录制定的，并对不同型号的飞机使用不同的费率。在国际市场上，制定机身险费率要考虑多种因素，除了以往赔付率外，还要考虑航空公司的内部管理制度、训练制度、飞行员的经验、机场条件、飞机用途、飞机型号，以及保险责任范围、免赔额等。

国内航线飞机保险的费率按飞机种类制定，如表 7-3 所示。

表 7-3 国内航线飞机保险的费率险别种类机身险第三者责任险

飞机类型	费率	固定保险费（元）	最高赔偿额（元）
喷气式飞机	1.5%	50 000	50 000 000
螺旋式飞机	2.5%	20 000	20 000 000
直升机	5%	10 000	10 000 000

（二）飞机第三者责任保险

飞机第三者责任保险承保投保人依法应负的有关飞机对地面、空中或机外的人员造成意外伤害或死亡事故或财物损毁的损失赔偿责任。第三者是被保险人与被保险人以外的另一方，如飞机在空中失事坠落，损毁地面工厂，压死厂内人员，或者两机相撞，保险飞机使对方受损等。飞机第三者责任保险的基本内容包括：

1. 保险责任。凡因飞机或飞机上坠人、坠物所造成的第三者人身伤亡或财产损失依法应由被保险人承担的经济赔偿责任，以及涉及被保险人的赔偿责任所引起的诉讼费用，均可由保险人负责赔偿，且诉讼费用不受保险单上载明的最高赔偿额的限制。

2. 除外责任。飞机第三者责任保险的除外责任有：战争和军事行动；飞机不适航而飞行；被保险人的故意行为；因飞机事故产生的善后工作所支出的费用；被保险人及其工作人员和本机上的旅客或其所有以及代管的财产。

3. 赔款限额与保险费。飞机第三者责任保险的赔偿限额和保险费一般根据不同的飞机类型来确定。以原中国人民保险公司的规定为例，喷气式飞机的赔偿限额为 5 000 万元，保险费为 5 万元；螺旋式飞机的赔偿限额为 2 000 万元，保险费为 2 万元；直升机的赔偿限额为 1 000 万元，保险费为 1 万元。

（三）旅客责任保险

承保旅客在乘坐或上下保险飞机时发生意外事故使旅客受到人身伤害，或随身携带和已经交运登记的行李、物件的损失以及对旅客行李或物件在运输过程中因延迟而造成的损失；根据法律或合同应由被保险人负担的赔偿责任。旅客是指购买飞机票的旅客或被保险人同意免费搭载的旅客，但不包括为完成被保险人的任务而免费搭载的人员。保险责任一般从乘客验票后开始到离开机场之前提取了其行李时止。航空承运人在国内航线所负的责任限额，一般由所在国家的航空法律来规定。从 1994 年 1 月 1 日起修订施行的我国《国内航空运输旅客身体损害赔偿暂行规定》，对每名旅客的最高赔偿金额为人民币 7 万元。向外国人、华侨、港澳同胞和台胞给付的赔偿金，也可以兑换成该国或地区的货币。在国际航线所负的责任限额，一般均按国家所批准的国际公约或相应的国内法规来办理。1929 年《华沙公约》是一个处理航空承运人对旅客和货物责任的国际公约。目前国际上绝大多数国家的航空公司对旅客赔偿责任均按《华沙公约》及 1955 年 9 月在海牙修改的议定书办理，对每一个旅客的最高赔偿金额为 250 000 金法郎，对托运行李或者货物每公斤的最高赔偿金额为 250 金法郎，对每件旅客自己保管的行李的最高赔偿金额为 5 000 金法郎。我国是《华沙公约》及《海牙议定书》的参加国之一。该议定书于 1975 年 11 月 18 日对我国生效，因此，我国民航对国际航线上的旅客、行李和货物的赔偿也须按上述规定办理。但是，由于航空事故的情况很复杂，受理法院对航空公司的赔偿判决往往会超过上述限额。如美国虽是《海牙议定书》的签字国，但该议定书从未得到美国参议院的批准。美国提出承运人对每一个旅客的最高赔偿金额为100 000美元。1966年2月在蒙特利尔召开的国际民用航空组织（ICAC）向美国政府提出了一项限额为75 000美元的临时协议，凡是在该临时协议上签字的承运人，均同意旅客的运输合同不受《华沙公约》和《海牙议定书》的约束，凡出发地、目的地或约定停留地有一处在美国境内者，该承运人的最高赔偿金额为75 000美元。按照美国联邦航空法规定，凡开航美国的外国航空公司必须参加该协议，作为享受豁免某些款项的条件。现在有180多家外国航空公司参加该协议。

（四）飞机保险实务

1. 承保实务。投保人填写投保单，其内容包括：投保人、标的、保险金额、保险期限、飞行区域、责任限额、损失记录等各种详尽内容。保险人需要考虑的因素主要有：飞机型号、结构、机场管理和指挥系统、驾驶员训练素质等。在承保前对各类型的客机、客货两用机以及各种专业用途的飞机必须经国家指定的有关部门检验合格，并签发适航证明文件。然后，结合承保条件厘定费率，签发保险单。若遇到飞机失事，如要做好定损工作，须经专门检验。飞机的检验人可称为保险公司的“现场代理人”。检验人应具有从事过与飞机有关的经营或制造工作的经验，应熟知飞机修理工时成本与费用情况。检验人的检验报告，不仅从技术上，而且还要求在法律上具有处理保险事故的权威性。

2. 理赔实务。发生索赔，承保人应根据申请和现场查勘情况以及检验人员提供的全部资料进行研究，然后决定该项索赔是否成立。具体而言，保险人要弄清以下几点：①出险飞机是否属于保单项下承保的；②出险时，保单是否有效；③事故是否发生在保单规定的界限以内；④飞行员是否符合条件，等等。经过认真负责的审核，确属保险责任事故损失，承保人就应按合同约定在分别情况和扣除免赔额后计算并支付赔款。

（五）飞机保险的其他规定

1. 停航退费。飞机飞行时和停在地面上的风险是不一样的，所以飞机进行修理（正常修理）或连续停航超过10天时，此间的保险费可以按日计算退回50%。如果飞机是因为发生保险责任事故后修理等原因停航的，则对修理期间的停航不退费。

2. 安全奖励。保险飞机全年未发生赔款，年终可退回全年保险费的25%；虽发生赔款，但赔款低于保险费的30%，退回全年保险费的15%；赔款达到或超过保险费的30%，则不退费。

3. 声明价值附加费。凡承保飞机上载运的行李和货物，托运人向航空公司声明价值的，航空公司应将按申明价值所收的附加保险费的80%交给保险公司。此项附加保险费每年结算一次。在承保飞机保险时，同被保险人约定一个免赔额，可以促使飞机营运人注意飞机的飞行安全，降低飞机失事风险。现将我国飞机保险规定的免赔额（按每次事故每一损失计算）列举如下：在地面上的损失，免赔额为20 000美元；在飞行、滑行中的损失，免赔额为保险金额的1%，不低于500 000美元；喷气飞机吸入飞鸟等造成损失的免赔额为保险金额的1%，但不低于600 000美元，最高以两个引擎为限，最高免赔额为1 200 000美元；旅客行李，每件免赔额为500美元；货物每件免赔额为10 000美元；飞机如遭全损无免赔额。

第四节 货物运输保险

货物运输保险承保货物在运输途中由于发生自然灾害和意外事故而遭受的损失。货物运输保险主要包括国内货物运输保险和海上货物运输保险两种。

一、国内水路、陆路货物运输保险

由于水路、陆路运输货物量占我国国内运输货物总量的70%以上，因此以其为例，其他货运险与其类似。

（一）保险责任

1. 基本险。①因火灾、爆炸、雷电、冰雹、暴风、暴雨、洪水、地震、海啸、地陷、崖崩、滑坡、泥石流所造成的损失；②由于运输工具发生碰撞、搁浅、触礁、倾覆、沉没、出轨或隧道、码头坍塌所造成的损失；③在装货、卸货或转载时，因遭受不属于包装质量不善或装卸人员违反操作规程所造成的损失；④按国家规定或一般惯例应分摊的共同海损的费用；⑤在发生上述灾害、事故时，因纷乱而造成货物的散失以及因施救或保护货物所支付的直接合理的费用。

2. 综合险。除了基本险的保险责任外，还包括：①因受震动、碰撞、挤压而造成破碎、弯曲、凹瘪、折断、开裂或包装破裂致使货物散失的损失；②液体货物因受震动、碰撞或挤压致使所用容器（包括封口）损坏而渗漏的损失，或用液体保藏的货物因液体渗漏而造成保藏货物霉烂变质的损失；③遭受盗窃或整件提货不着的损失；④符合安全运输规定而遭受雨淋所致的损失。

（二）保险责任起讫期

保险责任的起讫期是自签发保险凭证和保险货物运离起运地发货人的最后一个仓库或储存处所时起，至该保险凭证上注明的目的地的收货人在当地的第一个仓库或储存处所时终止。但保险货物运抵目的地后，如果收货人未及时提货，则保险责任的终止期最多延长至以收货人接到到货通知后的15天为限（以邮戳为准）。

（三）除外责任

除外责任包括：①战争或军事行动；②核事件或核爆炸；③保险货物本身的缺陷或自然损耗以及包装不善；④被保险人的故意行为或过失；⑤全程是公路货物运输的，盗窃或整件提货不着的损失；⑥其他不属于保险责任范围内的损失。

（四）保险金额

保险金额按货价或货价加运杂费计算。

（五）赔偿处理

1. 货物发生保险责任范围内的损失时，按货价确定保险金额的，保险人应根据实际损失按起运地货价计算赔偿；按货价加运杂费确定保险金额的，保险人应根据实际损失按起运地货价加运杂费计算，但最高赔偿金额以保险金额为限。

2. 如果被保险人投保不足，保险金额低于货价时，保险人对其损失金额及支付的施救保护费用按保险金额与货价的比例计算赔偿，保险人对货物损失的赔偿金额，以及因施救或保护货物所支付的直接、合理的费用，应分别计算，并各以不超过保险金额为限。

3. 货物发生保险责任范围内的损失，如果根据法律规定或有关约定，应当由承运人或其他第三者负责赔偿一部分或全部的，被保险人应首先向承运人或其他第三者索赔。如被保险人提出要求，保险人也可以先予赔偿，但被保险人应签发权益转让书给保险人，并协助保险人向责任方追偿。

（六）国内水路、陆路货物运输保险的特点

第一，货物运输保险是以运输过程中的各种货物作为保险标的的，这就决定了其保险标的具有较大的流动性。普通财产保险的保险标的通常是处于相对静止的状态，而货物运输险中的保险标的则被从一地运到另一地，经常处于运动状态之中。

第二，货物运输保险的保险责任起讫时间是以保险标的的实际所需的运输时间为准。普通财产保险的保险期限一般按时间计算来确定，而货物运输保险是运程保险，责任是从货物运离发货人仓库开始，直至运达目的地收货人仓库或储存地为止。

第三，货物运输保险中的保险标的保障范围广。普通财产保险仅负责被保险财产的直接损失以及为避免损失扩大采取施救、保护等措施而产生的合理费用，而货物运输险除了负责上述损失和费用外，还要承担货物在运输过程中因破碎、渗漏、包装破裂、遭受盗窃以及整件货物提货不着而引起的损失。此外，按照一般惯例应分摊的共同海损和救助费用，货物运输险也予以负责。

第四，货物运输保险的被保险财产往往在承运人的控制之下。普通财产保险中的被保险人多数情况下是在被保险人的直接照看和控制下；而货物运输保险则不同，货物一般是交由承运人，货物一经起运，保险责任便开始了，这时，被保险人根本无法控制其财产。

二、海上货物运输保险

海上货物运输保险（Marine Cargo Insurance），简称“水险”，是指保险人对于货物在运输途中因海上自然灾害、意外事故或外来原因而导致的损失负赔偿责任的一种保险。

（一）海上货物运输保险的险别及其保险责任

我国海上货物运输保险可分为三大类：基本险、附加险和专门险（见图 7-1）。

- 海上货物运输险种一览
  - 基本险
    - 平安险
    - 水渍险
    - 一切险
  - 附加险
    - 一般附加险
      - 偷窃险、提货不着险、淡水雨淋险、
      - 短量险、混杂玷污险、渗漏险、
      - 碰损破碎险、串味险、受潮受热险、
      - 钩损险、包装破裂险、锈损险
    - 特别附加险
      - 交货不到险、进口关税险、舱面险、
      - 拒收险、黄曲霉素险、港澳存舱火险
    - 特殊附加险
      - 战争险
      - 罢工险
  - 专门险
    - 海洋运输冷藏货物保险
    - 海洋运输散装桐油保险

图 7-1 我国海上货物运输保险险别一览图

1. 基本险。

（1）平安险（Free from Particular Average，简称 FPA）。①被保险货物在运输途中由于恶劣气候、雷电、海啸、地震、洪水等自然灾害造成整批货物的全部损失或推定全损；②由于运输工具遭受搁浅、触礁、沉没、互撞、与流冰或其他物体碰撞以及失火、爆炸等意外事故造成货物的全部或部分损失；③在运输工具已经发生搁浅、触礁、沉没、焚毁等意外事故的情况下，货物在此前后又在海上遭受恶劣气候、雷电、海啸等自然灾害所造成的部分损失；④在装卸或转运时，由于一件或数件整件货物落海造成的全部或部分损失；⑤被保险人对遭受承保责任内危险的货物采取抢救、防止或减少货损的措施而支付的合理费用，但以不超过该批被救货物的保险金额为限；⑥运输工具遭遇海难后，在避难港由于卸货、存仓及运送货物所产生的特别费用；⑦共同海损的牺牲、分摊和救助费用；⑧运输契约订有“船舶互撞责任”条款，根据该条款规定应由货方偿还船方的损失。

平安险保险条款有以下一些特点：

第一，平安险的主要责任有三项：①对于自然灾害（恶劣气候、雷电、海啸、地震、洪水）造成的单独海损不负责赔偿，但对全部损失要负责赔偿；②对于意外事故所造成的单独海损和全部损失都要负责赔偿；③对于在海上意外事故发生前后，由于海上自然灾害所造成的单独海损也要负责赔偿。

第二，负责赔偿根据运输契约中订有的“船舶互撞责任条款”所规定的应由货方偿还船方的损失。船舶互撞责任条款（Both-to-Blame Collision Clause），是货主在与承运人签订的提单或租船合同中加上的条款。该条款规定，如本船与他船发生碰撞，其原因是由于他船的过失，同时也是本船船长、船员或引水员在驾驶或管理船舶中的疏忽、过失或不履行职责而与他船碰撞，则本船货主应就他船即非载其货物的船舶在赔付给自己所受货损的赔款以后，又对本船承运人提出的一部分索赔进行补偿。换言之，船舶互撞责任条款就是要求货主补偿本船承运人原来可以免责却又被迫承担的他船应对本船货物损失所负赔偿责任中的那部分赔款。

平安险条款中订有这样一条，主要是为了将被保险人（货主）根据“船舶互撞责任条款”中规定的应负比例责任，作为保险责任项下应予补偿的损失，给予被保险人充分的保障。与此同时，如果载货船舶承运人按照运输合同中的“船舶互撞责任条款”向本船货主提出索赔时，货主作为被保险人应当及时通知保险人，使保险人可以被保险人的名义对承运人的索赔进行抗辩来保护自己的利益，有关费用由保险人自负。

（2）水渍险（With Particular Average，简称 WA 或 WPA）。水渍险承保的责任范围除包括平安险的各项责任外，还负责被保险货物由于恶劣气候、雷电、海啸、地震、洪水等自然灾害所造成的部分损失。

水渍险条款有以下特点：

第一，水渍险名称的英文含义为“负责单独海损赔偿”，但从中文的字面上理解，容易使人对它的承保内容发生误解，以为只对货物遭受海水水渍损失才予以赔偿，或以为只对单独海损负责赔偿。事实上，水渍险的保险责任远远超过平安险的保险责任，这是因为自然灾害造成的货物部分损失往往在海上运输过程中是最常见的或最容易发生的损失。

第二，水渍险虽然负责对单独海损的赔偿责任，但并不是被保险货物只要发生了单独海损都是水渍险的责任范围。一般来说，水渍险不负责被保险货物因某些外部原因所造成的部分损失，如碰损、锈损、钩损等。

（3）一切险（All Risks，简称 AR）。一切险的保险责任除包括平安险和水渍险的所有责任外，还包括被保险货物在海上运输途中由于各种外来原因所造成的全部损失或部分损失。具体地说，一切险的保险责任范围是平安险、水渍险和一般附加险的总和。

就三个基本险别的保险责任范围而言，一切险范围最大，水渍险次之，平安险最小，三者之间的关系如图 7-2 所示。

- 一切险
  - 水渍险
    - 平安险
      1. 由于海上自然灾害造成的实际全损或推定全损
      2. 由于海上意外事故造成的全部或部分损失
      3. 在海上意外事故发生前后，由于海上自然灾害造成的部分损失
      4. 装卸、转运时一件或数件落海造成的全部或部分损失
      5. 合理的施救费用
      6. 船舶遭遇海难后在避难港被迫卸、存、运货物产生的特别费用和卸货引起的损失
      7. 共同海损的牺牲、分摊和救助费用
      8. 根据运输合同规定的船舶互撞责任条款应由货方偿还船方的损失
    - 9. 由于海上自然灾害造成的部分损失
  - 10. 由于一般外来风险（11 种）所造成的全部或部分损失

图 7-2 水险的三种基本险保险责任范围比较图

2. 附加险。投保人在投保上述三种基本险时，还可以选择下列几种附加险：

（1）一般附加险（General Additional Risks）。亦称“普通附加险”，它承保一般外来原因所造成的货物损失。我国海上货物运输保险承保的一般附加险共十一种：

第一，偷窃、提货不着险。主要承保在保险有效期内，被保险货物由于偷窃行为，以及货物运抵目的地后整件未被收货人提取所造成的损失，由保险人按保险价值赔偿。

第二，淡水雨淋险。承保被保险货物直接因淡水、雨淋、冰雪融化所造成的损失。

第三，短量险。承保货物在运输过程中因外包装破裂、裂口、扯缝或散装货物发生散失与实际重量短少的损失。

第四，混杂、玷污险。承保被保险货物在运输的过程中，因混进杂质或被玷污所造成的损失。

第五，渗漏险。承保液体、流质类货物由于容器损坏而引起的渗漏损失，以及用液体储装的货物因液体渗漏而发生腐烂、变质的损失。

第六，碰损、破碎险。承保货物在运输途中，因震动、碰撞、受压而造成的碰损和破碎损失。

第七，串味险。承保货物因受其他物品气味的影响而引起的串味、变味损失。

第八，受潮受热险。承保货物在运输途中，因气温突然变化或由于船上通风设备失灵致使船舱内水汽凝结，引起货物发潮或发热所造成霉烂、变质或溶化的损失。

第九，钩损险。承保货物在运输、装卸过程中，因使用钩子等工具致使外包装破漏造成货物外漏或货物被直接钩破的损失。

第十，包装破裂险。承保货物因装运不慎使包装破裂造成货物的短少、玷污、受潮等损失。

第十一，锈损险。承保货物在运输途中因生锈而造成的损失。凡是货物在原装时未存在，而是在保险期限内发生的锈损，保险人都予以负责。

（2）特别附加险。它与一般附加险的不同之处有两点：一是特别附加险不包括在一切险责任范围以内；二是导致特别附加险的货物损失原因往往同政治、国家行政管理以及一些特殊的风险相关联。我国现行的特别附加险主要有以下六种：

第一，交货不到险。交货不到险的保险责任自被保险货物装上船舶时开始，不论由于何种原因，如保险货物不能在预定抵达目的地的日期起 6 个月以内交货，保险人将按全部损失赔付，但该货物的全部权益应转移给保险人。

第二，进口关税险。由于承保货物受损，但仍需按货物完好价值缴纳进口关税所造成的损失。

第三，舱面险。承保装载于舱面的货物因被抛弃或被风浪冲击落水所造成的损失。

第四，拒收险。承保货物在进口时，不论何种原因在进口港被进口国的政府或有关当局拒绝进口或没收所造成的损失。

第五，黄曲霉（毒）素险。承保某些含有黄曲霉素食物因超过进口国对该毒素的限制标准而被拒绝进口、没收或强制改变用途而遭受的损失。

第六，出口货物到香港（包括九龙在内）或澳门存仓火险责任扩展条款承保我国出口到港澳地区的货物，如果直接卸到保险单载明的过户银行所指定的仓库时，则延长存仓期间的火险责任。

(3) 特殊附加险。它与特别附加险一样，不属于一切险责任范畴。特殊附加险承保的风险主要是战争和罢工两种风险。

第一，战争险。战争险主要承保直接由于战争、类似战争行为和敌对行为、武装冲突或海盗行为所致的损失；由于上述原因引起的捕获、拘留、禁制、扣押所造成的损失；各种常规武器，包括水雷、鱼雷、炸弹所致的损失；以及由于上述原因引起的共同海损的牺牲、分摊和救助费用。

第二，罢工险。罢工险承保因罢工者，被迫停工工人，参加工潮、暴动和民众斗争的人员采取行动造成保险货物的损失。此外，对于任何人的恶意行为造成的损失也予以负责。由此引起的共同海损的牺牲、分摊和救助费用，也是保险人的责任范围。

(二) 海上货物运输保险的除外责任

根据我国《海上货物运输保险条款》规定，三个基本险（平安险、水渍险和一切险）的除外责任是：①被保险人的故意行为或过失所造成的损失；②属于发货人责任所引起的损失；③在保险责任开始前，被保险货物已存在的品质不良或数量短差所造成的损失；④被保险货物的自然损耗、本质缺陷、特性以及市价跌落、运输延迟所造成的损失或费用；⑤属于战争险条款和罢工险条款规定的保险责任和除外责任的货损。

(三) 海上货物运输保险的保险期限

在我国海上货物运输保险的基本险中，保险期限均采用“仓至仓条款”(Warehouse to Warehouse Clause，简称 W/W)。它规定了保险人对被保险货物所承担责任的空间范围，即从货物运离保险单所载明起运港发货人的仓库时开始，一直到货物运抵保险单所载明的目的港收货人的仓库时为止。保险人的保险责任起讫分为正常运输和非正常运输两种情况。

1. 在正常运输情况下的保险责任起讫。保险责任从被保险货物运离保险单载明的起运地仓库或储存处所开始运输时生效，直至该项货物保险单所载明的目的地收货人最后仓库或储存处所时为止。一旦货物到达收货人的最后仓库，保险责任即行终止。

(1) 被保险货物运抵卸货港并全部卸离海轮后，但未被收货人立即运到自己的仓库，保险责任可以从货物全部卸离海轮时起算满 60 天终止。若在 60 天内货物到达收货人仓库，保险责任即在到达仓库时终止。

(2) 被保险货物运抵卸货港，卸货港即为目的地，收货人提货后并不将货物运往自己的仓库，而是将货物进行分配、分派或分散转运，那么保险责任就从开始分配时终止。

(3) 如果被保险货物以内陆为目的地，收货人提货后运到内陆目的地自己的仓库，保险责任即行终止。如果收货人提货后没有将货物直接运往自己在内陆目的地的仓库，而是先行存入某一仓库，然后在这个仓库对货物进行分配、分派或分散转运，即使其中一部分货物运到了保单所载明的内陆目的地的最后仓库，则先行存入的某一仓库视为收货人的最后仓库，保险责任在货物到达该仓库时终止。

第（2）（3）项规定也受被保险货物全部卸离海轮后满60天的限制。如果货物全部卸离海轮后，而在这项规定的情况发生之前，时间已满60天时，保险责任先行终止。

2. 非正常运输情况下保险责任的起讫。在非正常运输情况下，保险公司要求被保险人在获知货物被迫卸货、重装或转运等情况时，及时通知保险人，并酌情收取部分费用后，原保险单继续有效。但是，保险单继续有效的责任期限要按下列规定处理：

（1）被保险货物如在非保险单所载明的目的地出售，保险责任至交货时终止，但不论任何情况，均以被保险货物在卸载港全部卸离海轮满60天为止。

（2）被保险货物如在上述60天期限内继续运往保险单所载明的原目的地或其他目的地时，保险责任仍按正常运输情况下所规定的“仓至仓”条款内容办理。

（四）海上货物运输保险的保险金额

1. *CIF*价格条件下保险金额的计算。*CIF*价格条件明确规定货物价格中已包括成本、保险费和运费。按照这种条件交易时，货物所需要的运输工具及保险，应由卖方办理，并负担费用。

我国《海商法》及国际贸易惯例一般都规定海上货物运输保险的保险金额可在*CIF*价格的基础上适当加成。按照国际商会的有关规定，一般是加成10%。

以*CIF*价格条件作为保险金额的计算公式是：

$$\text{保险金额} = CIF\text{价格} \times (1+\text{加成率})$$

2. *CFR*价格条件下保险金额的计算。*CFR*，即为成本加运费价格条件，又称离岸加运费价格条件。在这种价格条件下，卖方负责租船订舱，并将货物装上船并支付运费，负担装船以前的一切风险和费用，而由买方办理有关保险并支付保险费。

由于海上货物运输保险金额是以*CIF*价格为计算基础的，因此，买方投保时需要首先将*CFR*价格换算成*CIF*价格，然后再加成计算保险金额。*CFR*价格换算成*CIF*价格的计算公式是：

$$CIF = \frac{CFR}{1-(1+\text{加成率})\times\text{保险费率}}$$

如果货物按*CFR*价格成交，买方要按*CIF*价格加成10%办理保险，可用下列公式直接从*CFR*价格计算出保险金额：

$$\text{保险金额} = \frac{CFR}{1-(1+\text{加成率})\times\text{保险费率}} \times (1+\text{加成率})$$

3. *FOB*价格条件下保险金额的计算。*FOB*价格又称“离岸价格”，是指装运港船上交货价格条件。按照国际惯例，在*FOB*价格条件下，买卖双方各自所负担的费用和风险是以装船前后来划分的。同样，以*FOB*价格成交的货物，其投保金额也以*CIF*价格加成10%为计算基础，因此在计算保险金额时也要先将*FOB*价格换算成*CIF*价格，

换算方法同 *CFR* 价格换算成 *CIF* 价格。

（五）海上货物运输保险的保险费

国际贸易价格条件和保险费率确定之后，保险费的计算主要有以下三种：

1. *CIF* 价格条件下保险费的计算：

$$保险费 = CIF\times（1+加成率）\times费率$$

2. *CFR* 价格改为 *CIF* 价格的保险费的计算。在 *CFR* 价格条件下，如果买方要求卖方代为办理保险，其保险费的计算公式为：

$$保险费 = \frac{CFR\times（1+加成率）\times费率}{1-（1+加成率）\times费率}$$

3. *FOB* 价格改为 *CIF* 价格的保险费的计算。其保险费的计算公式为：

$$保险费 = \frac{FOB\times（1+运费率）\times（1+加成率）\times费率}{1-（1+加成率）\times费率}$$

（六）海上货物运输保险的赔偿

1. 全部损失赔偿金额的计算。在货物发生全部损失的情况下，不论是实际全损还是推定全损，其赔偿金额都是被保险货物的全部保险金额。但下列三种情况例外：

（1）部分全损的情况下，该损失的赔偿金额应是全损部分的保险金额，而不是全部的保险金额。

（2）未全部装运的情况下，其全损的赔偿金额不是全部的保险金额，而是已经装运部分的保险金额。

（3）如果发生全损时，构成保险金额的部分费用尚未支出，已至无须支出时，其赔偿金额也非全部保险金额。具体地说，在这种情况下，计算保险金额时应将无须支出的费用予以扣除。

2. 部分损失赔偿金额的计算。货物遭受部分损失时，其赔偿金额的计算因货物种类、损失性质不同而采用各种不同的计算办法。

（1）货物数量损失的计算方法。货物数量损失的赔偿，是根据货物运抵目的地时数量灭失或短少的情况计算的，其赔偿金额就是灭失或短少部分的保险金额。计算公式如下：

$$赔偿金额 = 保险金额\times\frac{已损货物件数（或重量）}{承保货物的总件数（或总重量）}$$

（2）货物质量损失的计算方法。在货物呈现损坏状态运抵目的地的情况下，可通过检验人与保险人联合审定受损货物的原因与程度，并与被保险人商定货物的损害率，以损害率乘以损坏部分货物的保险金额，即为保险人应予赔偿的金额。

假如货主决定在中途处理受损货物而不再运往目的地，通常做法是将损坏货物予以拍卖，其完好价值与受损价值则以拍卖地的市价为准。所谓完好价值是指货物如能完好无损运抵目的地的市场价值，包括已付运费、装卸费用、报关费用、进口税及附加税等。赔偿金额的计算公式如下：

$$赔偿金额=保险金额\times\frac{货物完好价值-货物受损后价值}{货物完好价值}$$

（3）扣除免赔率的计算办法。在定有免赔率的货物发生损失时，保险人赔偿金额的计算公式如下：

$$免赔数量=已损货物件数\times每件货物原装数量\times免赔率$$

$$赔偿数量=损失数量-免赔数量$$

$$赔偿金额=保险金额\times\frac{赔偿重量}{保险重量}$$

（4）加成投保的计算方法。加成投保的货物发生损失时，其赔偿金额的计算公式如下：

$$赔偿金额=保险金额\times\frac{按发票价值计算的损失额}{发票价值}$$

3. 费用损失赔偿金额的计算。

（1）施救费用损失的赔偿金额计算。施救费用损失的赔偿金额是被保险人或其代理人、受雇人、受让人实际支出的金额。保险人对施救费用和货物损失的赔偿各按一个保险金额来计算。如果保险金额低于保险价值，保险人按比例赔偿施救费用，对被保险人实际支出的费用不予考虑。

（2）特别费用损失的赔偿金额计算。特别费用在赔偿时受下列两种限制：一是已经损失的特别费用必须是保险单承保危险而产生的从属费用，赔偿时是与作为货物自身损失的单独海损一起计算的；二是特别费用损失的金额与货物损失的金额合计超过保险金额时，保险人的赔偿金额须以保险金额为限。

（3）救助费用损失的赔偿金额计算。对救助费用的赔偿金额要按下列情况区别对待：

第一，如救助行为不涉及他人财物时，其赔偿金额以被救助的货物价值或保险金额为限。

第二，如果救助行为涉及他人财物，货物与载货船舶一同被救时，其赔偿金额则按各关系方的被救助的财物价值比例计算。保险人对救助费用的赔偿额与对被保险货物本身损失的赔偿额合计以一个保险金额计算。

（4）额外费用损失的赔偿额计算。只要索赔成立，保险人支付赔款的同时也应负担赔偿与索赔有关的额外费用，反之则不用。额外费用不能加在保险标的的损失金额内，以达到或超过规定的免赔额（率）而要求索赔。

4. 受损货物残值的确定。在海上货物运输保险赔偿中，残值处理是比较经常的事。所谓残值是指经保险人赔偿后的受损物资，其残余尚有一定的价值，包括全部损失赔偿后被保险货物的残存部分及其包装，或部分损失赔偿后经配置或修理换下的被保险货物的部件等。

受损货物残值的确定方式有三种：①由保险人和被保险人协商确定；②由保险人

指定的检验代理人根据残值处理当地、当时的市场价格确定；③必要时还可委请公估拍卖行来确定受损货物的残值。总之，在估算货物残值时应考虑的因素包括货物的性质、目的地的完好价值、受损程度、损余状态、市场需求情况，以及过去处理同类货物的经验等等。

复习思考题

1. 试述团体火灾保险和家庭财产保险的主要特点。
2. 试述我国机动车保险改革的原因、意义。
3. 机动车辆保险如何计算赔款?
4. 试比较船舶全损险与一切险保险责任的联系。
5. 如何理解船舶保险的除外责任?
6. 如何确定船舶保险的保险金额、保险费率?
7. 如何确定飞机机身险的保险金额?
8. 如何确定飞机旅客责任险的责任限额?
9. 国内陆路、水路货物运输保险有哪些特点?
10. 在海上保险中，平安险、水渍险和一切险的主要区别有哪些?

第八章　财产保险（二）

本章要点

- 工程保险的概念与特点
- 工程保险的主要险别
- 责任保险的概念与特点
- 民事法律责任的构成要件
- 民事法律责任的归责原则
- 责任保险的赔偿限额
- 责任保险的赔偿处理
- 责任保险的主要险别
- 信用保险、保证保险的概念
- 信用保险和保证保险的联系与区别
- 信用保险的主要险别
- 保证保险的主要险别
- 农业保险的特殊意义
- 政策性农业保险

第一节　工程保险

一、工程保险的概念

工程保险是指以各种工程项目为主要承保对象，在保险期限内工程项目因自然灾害或者意外事故而遭受的损失，或者在工程项目实施过程中造成第三者的人身伤亡、疾病或者财产损失依法应由被保险人承担赔偿经济责任而遭受的损失，依据保险合同的约定由保险人对被保险人进行赔偿的一种财产保险。

工程保险主要包括建筑工程一切险、安装工程一切险，另外机器损坏保险也可以归入工程保险①。

二、工程保险的特点

（一）保险标的的不完整性和保险价值的递增性

工程开始施工时，工地上只有少量的工程材料和施工设备，但是随着时间的推移

① 机器损坏保险也可以作为企业财产保险的附加险承保。

和工程施工的不断推进，工地上的工程材料和施工设备逐渐增多，工程本身也逐渐显露出未来的形状，处于风险中的物质财产部分的保险标的的价值不断增加，在工程完工或工程建设合同终止时，完整的保险标的才会最终形成，其保险价值也达到最大。不过，在整个保险期限内工程保险的保险金额是事先确定的，只是在工程材料和各项费用的变动而导致造价与保险金额之间存在较大差距①时由被保险人通知保险人进行调整，或者工期超过三年的工程项目被保险人一般应当每 12 月向保险人申报调整造价。

（二）工程保险承保风险的综合性

工程保险的保险责任不仅包括工程项目本身物资财产损失，还包括由于工程项目对于第三者所造成的损害的经济赔偿责任。因此，工程保险是一种物质财产损失保险和责任保险结合在一起的综合性保险。

（三）工程保险被保险人的多方性

大多数财产保险的被保险人是一个法人、自然人或者其他非法人组织。一个工程项目往往涉及多方的利益，根据参与各方所签订的合约中有关风险分担的约定，参与各方都承担着不同种类、不同程度的风险。工程风险事故发生后，业主、承包商、分包商、设备供应方、设计方、工程监理方、贷款银行等，都有可能蒙受经济利益损失。这些对工程项目拥有利益的各方都可以成为工程保险的被保险人。因此，尽管工程保险可以由业主或者总承包商统一投保，但是以上各利益方可以同时成为被保险人。

（四）保险期限与建设期限的一致性

普通财产保险的保险期限多是一年期的，到期续保。工程保险的保险期限一般按施工期来确定，如建筑工程一切险条款中一般约定："保险人的保险责任自保险工程在工地动工或用于保险工程的材料、设备运抵工地之时起始，至工程所有人对部分或全部工程签发完工验收证书或验收合格，或工程所有人实际占有或使用或接收该部分或全部工程之时终止，以先发生者为准。但在任何情况下，建筑期保险责任的起始或终止不得超出本保险单载明的建筑保险期间范围。"

三、工程保险的主要险别

（一）建筑工程一切险

建筑工程一切险，简称建工险，承保各类以土木建筑为主体的民用、工业用和公共事业用的工程在整个建筑工程施工期间因自然灾害或意外事故造成的物资损失，以及被保险人依法应承担的对第三者人身伤亡、疾病或财产损失的民事损害赔偿责任。

---

① 因此，《保险法》第五十五条第三款"保险金额不得超过保险价值。超过保险价值的，超过部分无效，保险人应当退还相应的保险费"值得商榷。

1. 物质损失保险部分的保险标的。建筑工程一切险的物质损失保险部分的保险标的是在保险合同明细表中列明的在指定工地范围内的与实施工程相关的财产与费用，一般包括：

（1）永久性工程与临时工程。永久性工程是施工承包商按照设计要求建造并最后移交给工程业主，并执行生产、经营或生活功能的工程。如果永久性工程中包括建筑工程项目和安装工程项目，两者应该分项列明。建筑工程包括所有工程物料的购买成本、运输及保险费、其他税费、工程量价值等；安装工程包括设备购置费、运输及保险费、关税（进口设备）、其他必要的税费、安装量价值等。

临时性工程是为了永久性工程的修建或安装而进行的工程，如临时工棚、截流围堰等，在工程正式移交前需要拆除。临时工程保险价值的确定原则与永久性工程相同。

（2）施工机具。施工机具包括施工设备、机械等，它们是属于承包商所有或租赁的财产，在工程完成以后仍然归承包商所有。

（3）工地内其他财产。工地内的其他财产是指工地内或工地邻近区域原有的业主的财产。

（4）场地清理费。保险事故发生之后，被保险人为修复保险标的而清理施工现场所发生的必要、合理的费用。

施工机具、工地内其他财产和场地清理费属于特约可保标的，需要双方事先在保险合同中特别约定，并分别确定保险金额保险人才予以承保。

2. 物质损失保险部分的不保标的。建筑工程一切险的物质损失保险部分通常对下列财产不予承保：

（1）文件、账册、图表、技术资料、计算机软件、计算机数据资料等无法鉴定价值的财产；

（2）便携式通信装置、便携式计算机设备、便携式照相摄像器材以及其他便携式装置、设备；

（3）土地、海床、矿藏、水资源、动物、植物、农作物；

（4）领有公共运输行驶执照的，或已由其他保险予以保障的车辆、船舶、航空器；

（5）违章建筑、危险建筑、非法占用的财产。

3. 物质损失保险部分的保险责任和责任免除。

（1）保险责任。①在保险期间内，保险合同分项列明的保险财产在列明的工地范围内，因保险合同责任免除以外的任何自然灾害或意外事故造成的物质损坏或灭失（以下简称“损失”），保险人按保险合同的约定负责赔偿；②在保险期间内，由于保险事故发生造成保险标的的损失所产生的以下费用，保险人按照保险合同的约定负责赔偿：A. 保险事故发生后，被保险人为防止或减少保险标的的损失所支付的必要的、合理的费用；B. 对经保险合同列明的因发生上述损失所产生的其他有关费用。

（2）责任免除。①设计错误引起的损失和费用；②自然磨损、内在或潜在缺陷、物质本身变化、自燃、自热、氧化、锈蚀、渗漏、鼠咬、虫蛀、大气（气候或气温）变化、正常水位变化或其他渐变原因造成的保险财产自身的损失和费用；③因原材料缺陷或工艺不善引起的保险财产本身的损失以及为换置、修理或矫正这些缺点错误所支付的费用；④非外力引起的机械或电气装置的本身损失，或施工用机具、设备、机械装置失灵造成的本身损失；⑤维修保养或正常检修的费用；⑥档案、文件、账簿、票据、现金、各种有价证券、图表资料及包装物料的损失；⑦盘点时发现的短缺；⑧领有公共运输行驶执照的，或已由其他保险予以保障的车辆、船舶和飞机的损失；⑨除非另有约定，在保险工程开始以前已经存在或形成的位于工地范围内或其周围的属于被保险人的财产的损失；⑩除非另有约定，在保险期间终止以前，保险财产中已由工程所有人签发完工验收证书或验收合格或实际占有或使用或接收部分的损失；⑪保险合同中约定的免赔率或者免赔额。

4. 第三者责任险部分的保险责任和责任免除。

（1）保险责任。①在保险期间内，因发生与保险合同所承保工程直接相关的意外事故引起工地内及邻近区域的第三者人身伤亡、疾病或财产损失，依法应由被保险人承担的经济赔偿责任，保险人按照保险合同约定负责赔偿；②保险事故发生后，被保险人因保险事故而被提起仲裁或者诉讼的，对应由被保险人支付的仲裁或诉讼费用以及其他必要的、合理的费用（以下简称“法律费用”），经保险人书面同意，保险人按照保险合同约定负责赔偿。

（2）责任免除。①由于震动、移动或减弱支撑而造成的任何财产、土地、建筑物的损失及由此造成的任何人身伤害和物质损失；②领有公共运输行驶执照的车辆、船舶、航空器造成的事故；③保险合同物质损失项下或本应在该项下予以负责的损失及各种费用；④工程所有人、承包人或其他关系方或其所雇用的在工地现场从事与工程有关工作的职员、工人及上述人员的家庭成员的人身伤亡或疾病；⑤工程所有人、承包人或其他关系方或其所雇用的职员、工人所有的或由上述人员所照管、控制的财产发生的损失；⑥被保险人应该承担的合同责任，但无合同存在时仍然应由被保险人承担的法律责任不在此限；⑦保险合同中约定的免赔率或者免赔额。

5. 物质损失保险和第三者责任险的通用责任免除。

（1）下列原因造成的损失、费用和责任，保险人不负责赔偿：

①战争、类似战争行为、敌对行为、武装冲突、恐怖活动、谋反、政变；②行政行为或司法行为；③罢工、暴动、民众骚乱；④被保险人及其代表的故意行为或重大过失行为；⑤核裂变、核聚变、核武器、核材料、核辐射、核爆炸、核污染及其他放射性污染；⑥大气污染、土地污染、水污染及其他各种污染。

（2）下列损失、费用，保险人也不负责赔偿：

①工程部分停工或全部停工引起的任何损失、费用和责任；②罚金、延误、丧失合同及其他后果损失；③本保险合同中载明的免赔额；④按本保险合同中载明的免赔率计算的免赔额。

6. 保险金额和赔偿限额。

（1）物质损失保险部分的保险金额。①建筑工程部分的保险金额应不低于保险工程建筑完成时的总价值，包括原材料费用、设备费用、建造费、安装费、运保费、关税、其他税项和费用，以及由工程所有人提供的原材料和设备的费用。②若投保人是以保险工程合同规定的工程概算总造价投保，投保人或被保险人应：A. 在保险项下工程造价中包括的各项费用因涨价或升值原因而超出建筑工程造价时，必须尽快以书面通知保险人，保险人据此调整保险金额；B. 在保险期间内对相应的工程细节作出精确记录，并允许保险人在合理的时候对该项记录进行查验；C. 若建筑工程的建造期超过三年，必须从保险合同生效日起每隔十二个月向保险人申报当时的工程实际投入金额及调整后的工程总造价，保险人将据此调整保险费；D. 在保险期间届满后三个月内向保险人申报最终的工程总价值，保险人据此以多退少补的方式对预收保险费进行调整。③其他保险项目的保险金额由投保人和保险人协商分项确定。

（2）第三者责任险部分的责任限额。该责任限额包括每次事故责任限额、每人人身伤亡责任限额、累计责任限额，由投保人与保险人协商确定，并在保险合同中载明。

7. 保险期间。

（1）保险人的保险责任自建筑工程在工地动工或用于建筑工程的材料、设备运抵工地之时起始，至工程所有人对部分或全部工程签发完工验收证书或验收合格，或工程所有人实际占有或使用或接收该部分或全部工程之时终止，以先发生者为准。但在任何情况下，建筑期保险责任的起始或终止不得超出保险单载明的建筑保险期间范围。

（2）不论有关合同中对试车和考核期如何规定，保险人仅在保险合同明细表中列明的试车和考核期间内对试车和考核所引发的损失、费用和责任负责赔偿；若保险设备本身是在本次安装前已被使用过的设备或转手设备，则自其试车之时起，保险人对该项设备的保险责任即行终止。

（3）保险期间的展延，投保人须事先获得保险人的书面同意，否则，从保险合同明细表中列明的建筑期保险期间终止日之后发生的任何损失、费用和责任，保险人不负责赔偿。

8. 赔偿处理。

（1）对物质损失保险部分标的遭受的损失，保险人可选择以支付赔款或以修复、重置受损项目的方式予以赔偿，对保险标的在修复或替换过程中，被保险人进行的任何变更、性能增加或改进所产生的额外费用，保险人不负责赔偿。

（2）物质损失保险部分的标的损失后，保险人按下列方式确定损失金额：①可以修复的部分损失：以将保险财产修复至其基本恢复受损前状态的费用考虑保险合同约定的残值处理方式后确定的赔偿金额为准。但若修复费用等于或超过保险财产损失前的价值时，则按第②项的规定处理。②全部损失或推定全损：以保险财产损失前的实际价值考虑保险合同约定的残值处理方式后确定的赔偿金额为准。

（3）物质损失保险部分的标的发生保险责任范围内的损失，保险人按以下方式计算赔偿：①保险金额等于或高于应保险金额时，按实际损失计算赔偿，最高不超过应保险金额；②保险金额低于应保险金额时，按保险金额与应保险金额的比例乘以实际损失计算赔偿，最高不超过保险金额。

（4）物质损失保险部分标的的保险金额大于或等于其应保险金额时，被保险人为防止或减少保险标的的损失所支付的必要的、合理的费用，在保险标的损失赔偿金额之外另行计算，最高不超过被施救标的的应保险金额。保险标的的保险金额小于其应保险金额时，上述费用按被施救标的的保险金额与其应保险金额的比例在保险标的损失赔偿金额之外另行计算，最高不超过被施救标的的保险金额。被施救的财产中，含有本保险合同未承保财产的，按被施救保险标的的应保险金额与全部被施救财产价值的比例分摊施救费用。

（5）第三者责任保险部分在保险期间内发生保险责任范围内的损失，保险人按以下方式计算赔偿：①对于每次事故造成的损失，保险人在每次事故责任限额内计算赔偿，其中对每人人身伤亡的赔偿金额不得超过每人人身伤亡责任限额；②保险人在扣除保险合同载明的每次事故免赔额（率）后进行赔偿，但对于人身伤亡的赔偿不扣除每次事故免赔。

（二）安装工程一切险

安装工程一切险，简称安工险，是专门承保新建、扩建或改建的工矿企业的机器设备或钢结构建筑物在整个安装、调试期间，由于自然灾害或者意外事故造成保险财产的物质损失、间接费用以及安装期间造成的第三者财产损失或人身伤亡、疾病而依法应由被保险人承担的经济赔偿责任。

安装工程一切险和建筑工程一切险在保险标的、不保标的、通用责任免除保险金额和赔偿限额、保险期间、赔偿处理等方面基本相同，差异仅在于合同条款中“建筑”和“安装”文字上的区别，因此对这些内容此处不再赘述。

1. 物质损失保险部分的保险责任和责任免除。

（1）保险责任。①在保险期间内，保险合同分项列明的保险财产在列明的工地范围内，因保险合同责任免除以外的任何自然灾害或意外事故造成的物质损坏或灭失（以下简称“损失”），保险人按保险合同的约定负责赔偿。②在保险期间内，由于保险责任事故发生造成保险标的的损失所产生的以下费用，保险人按照保险合同的约定负责赔偿：A. 保险事故发生后，被保险人为防止或减少保险标的的损失所支付的必要的、合理的费用，保险人按照保险合同的约定负责赔偿。B. 对经保险合同列明的因发生上述损失所产生的其他有关费用，保险人按保险合同约定负责赔偿。

（2）责任免除。①因设计错误、铸造或原材料缺陷或工艺不善引起的保险财产本身的损失以及为换置、修理或矫正这些缺点错误所支付的费用；②自然磨损、内在或潜在缺陷、物质本身变化、自燃、自热、氧化、锈蚀、渗漏、鼠咬、虫蛀、大气（气候或气温）变化、正常水位变化或其他渐变原因造成的保险财产自身的损失和费用；③由于超负荷、超电压、碰线、电弧、漏电、短路、大气放电及其他电气原因造成电气设备或电气用具本身的损失；④施工用机具、设备、机械装置失灵造成的本身损失；⑤维修保养或正常检修的费用；⑥档案、文件、账簿、票据、现金、各种有价证券、图表资料及包装物料的损失；⑦盘点时发现的短缺；⑧领有公共运输行驶执照的，或已由其他保险予以保障的车辆、船舶和飞机的损失；⑨除非另有约定，在保险工程开始以前已经存在或形成的位于工地范围内或其周围的属于被保险人的财产的损失；⑩除非另有约定，在保险合同保险期间终止以前，保险财产中已由工程所有人签发完工验收证书或验收合格或实际占有或使用或接收部分的损失；⑪保险合同中约定的免赔率或者免赔额。

2. 第三者责任保险部分的保险责任和责任免除。

（1）保险责任。①在保险期间内，因发生与保险合同所承保工程直接相关的意外事故引起工地内及邻近区域的第三者人身伤亡、疾病或财产损失，依法应由被保险人承担的经济赔偿责任，保险人按照保险合同约定负责赔偿；②本项保险事故发生后，被保险人因保险事故而被提起仲裁或者诉讼的，对应由被保险人支付的仲裁或诉讼费用以及其他必要的、合理的费用（以下简称“法律费用”），经保险人书面同意，保险人按照保险合同约定负责赔偿。

（2）责任免除。①物质损失保险项下或本应在该项下予以负责的损失及各种费用；②工程所有人、承包人或其他关系方或其所雇用的在工地现场从事与工程有关工作的职员、工人及上述人员的家庭成员的人身伤亡或疾病；③工程所有人、承包人或其他关系方或其所雇用的职员、工人所有的或由上述人员所照管、控制的财产发生的损失；④领有公共运输行驶执照的车辆、船舶、航空器造成的事故；⑤被保险人应该承担的合同责任，但无合同存在时仍然应由被保险人承担的法律责任不在此限；⑥保险合同中约定的免赔率或者免赔额。

（三）机器损坏险

机器损坏险主要承保工厂机器本身的损失，对各类安装完毕并已转入运行的机器设备因人为的、意外的或物理性原因造成的物质损失负责赔偿。

1. 保险责任。在保险期间内，因下列原因引起或构成突然的、不可预料的意外事故造成的物质损坏或灭失（以下简称“损失”），保险人按照保险合同的约定负责赔偿：

（1）设计、制造或安装错误、铸造和原材料缺陷；

（2）工人、技术人员操作错误、缺乏经验、技术不善、疏忽、过失、恶意行为；

（3）离心力引起的断裂；

（4）超负荷、超电压、碰线、电弧、漏电、短路、大气放电、感应电及其他电气原因；

（5）除保险条款中“责任免除”规定以外的其他原因。

另外，保险事故发生后，被保险人为防止或减少保险标的的损失所支付的必要的、合理的费用，保险人按照保险合同的约定负责赔偿。

2. 责任免除。

（1）下列原因造成的损失、费用，保险人不负责赔偿：①被保险人及其代表的故意行为或重大过失；②被保险人及其代表已经知道或应该知道的保险机器及其附属设备在保险开始前已经存在的缺点或缺陷；③战争、类似战争行为、敌对行为、武装冲突、恐怖活动、谋反、政变、罢工、暴动、民众骚乱；④政府命令或任何公共当局没收、征用、销毁或毁坏；⑤核裂变、核聚变、核武器、核材料、核辐射及放射性污染；⑥机器设备运行必然引起的后果，如自然磨损、氧化、腐蚀、锈蚀、孔蚀、锅垢等物理性变化或化学反应；⑦由于公共设施部门的限制性供应及故意行为或非意外事故引起的停电、停气、停水；⑧火灾、爆炸；⑨地震、海啸及其次生灾害；⑩雷击、飓风、台风、龙卷风、暴风、暴雨、洪水、冰雹、地崩、山崩、雪崩、火山爆发、地面下陷下沉及其他自然灾害；⑪飞机坠毁、飞机部件或飞机物体坠落；⑫机动车碰撞；⑬水箱、水管爆裂。

（2）下列损失、费用，保险人也不负责赔偿：①保险事故发生后引起的各种间接损失或费用；②各种传送带、缆绳、金属线、链条、轮胎、可调换或替代的钻头、钻杆、刀具、印刷滚筒、套筒、活动管道、玻璃、磁、陶及钢筛、网筛、毛毡制品，一切操作中的媒介物（如润滑油、燃料、催化剂等）及其他各种易损、易耗品；③根据法律或契约应由供货方、制造人、安装人或修理人负责的损失或费用；④保险机器设备在修复或重置过程中发生的任何变更、性能增加或改进所产生的额外费用；⑤保险合同中约定的免赔额。

3. 保险金额。保险金额应为该机器设备的重置价值，即重新换置同一厂牌或相类似的型号、规格、性能的新机器设备的价格，包括出厂价格、运保费、税款、可能支付的关税以及安装费用等。

4. 保险期间。除另有约定外，保险期间为 1 年。如果保险期间在 1 年以内，以短期费率按日比例或者月比例计收保费，其中月短期费率如表 8-1：

表 8-1

保险期间	一个月	二个月	三个月	四个月	五个月	六个月	七个月	八个月	九个月	十个月	十一个月	十二个月
年费率的百分比	10	20	30	40	50	60	70	80	85	90	95	100

注：不足一个月的部分按一个月计收。

5. 赔偿处理。

（1）保险标的发生保险责任范围内的损失，保险人有权选择下列方式赔偿：①货币赔偿：保险人以支付保险金的方式赔偿；②实物赔偿：保险人以实物替换受损标的，该实物应具有保险标的出险前同等的类型、结构、状态和性能；③实际修复：保险人自行或委托他人修理修复受损标的。

对保险标的在修复或替换过程中，被保险人进行的任何变更、性能增加或改进所产生的额外费用，保险人不负责赔偿。

（2）保险标的发生保险责任范围内的损失，保险人按以下方式计算赔偿：①部分损失以将被保险机器设备修复至其基本恢复受损前状态的费用金额为准，如残值折归被保险人，则按双方协商确定的价值，在上述费用金额中扣除；②全部损失或推定全损以保险机器设备损失前的实际价值为准，如残值折归被保险人，则按双方协商确定的价值，在上述费用金额中扣除；③任何属于成对或成套的设备项目，若发生损失，保险人的赔偿责任不超过该受损项目在所属整对或整套设备项目的保险金额中所占的比例；④发生保险事故时，若受损保险标的的分项或总保险金额低于重置价值时，其差额部分视为被保险人自保，保险人则按保险合同中列明的保险金额与对应的重置价值的比例负责赔偿。如保险机器多于一项时，每一项将按照保险合同规定的分项保险金额单独计算比例赔偿的责任。

（3）保险标的发生部分损失，保险人履行赔偿义务后，保险金额自损失发生之日起按保险人的赔偿金额相应减少，保险人不退还保险金额减少部分的保险费。如投保人请求恢复至原保险金额，应按原约定的保险费率另行支付恢复部分从投保人请求的恢复日期起至保险期间届满之日止按日比例计算的保险费。

第二节 责任保险

一、责任保险的概念与特点

（一）责任保险的概念

责任保险是指以被保险人依法应负的侵权损害赔偿责任和依据合同约定应负的合同（契约）责任为保险标的，当被保险人因此而遭受损失，保险人根据保险合同约定承担赔偿责任的一种财产保险。

理解该概念需要注意以下四个问题：第一，侵权损害赔偿责任是指因为行为人存在过错，或者在法律特别规定的场合下不问过错违反法律规定的义务，以作为或者不作为的方式侵害他人人身权利和财产权利及其利益依法应当承担的损害赔偿责任，即一般侵权损害赔偿责任和特殊侵权损害赔偿责任。第二，合同责任包括合同直接责任和合同间接责任。合同直接责任指合同一方当事人不履行合同义务或者履行合同义务不符合约定，依法应该承担的责任，也就是违约责任。这种责任主要是经济赔偿责任，而且责任保险也只承保经济赔偿责任。合同间接责任是指合同一方当事人根据合同约定对另一方当事人造成他人（第三者）损害应负的赔偿责任，即合同约定的替代责任。第三，我们说责任保险既承保侵权损害赔偿责任又承保合同责任，其中的合同责任一般是指补偿性违约责任，不包括惩罚性违约责任（例如惩罚性违约金、定金等），而且往往是和侵权赔偿责任产生法律竞合的违约责任，不和侵权赔偿责任产生竞合的纯粹违约责任，责任保险很少予以承保，实践中主要以权利人为被保险人由信用保险或者保证保险来承保。第四，被保险人因依法应负侵权赔偿责任和依据合同约定应负合同（契约）责任而遭受的损失不限于被保险人应负的侵权之债或者合同之债，还可能包括因此而发生的法律费用。《保险法》第六十六条规定：“责任保险的被保险人因给第三者造成损害的保险事故而被提起仲裁或者诉讼的，被保险人支付的仲裁或者诉讼费用以及其他必要的、合理的费用，除合同另有约定外，由保险人承担。”

（二）责任保险的特点

责任保险属于广义财产保险的范畴，经营中遵循财产保险的一般理论和原则。但是责任保险的保险标的是被保险人的侵权赔偿责任和合同责任，不是有形的物质财产，因此仍然存在一些区别于物质损失财产保险业务的特点。

1. 民事法律制度的发展与完善是责任保险产生和发展的基础。只有民事法律制度，尤其是侵权法律制度不断发展和完善，人们在日常的生产经营活动和生活活动中违反相关民事法律制度的规定，需要承担民事损害赔偿责任，特别是侵权赔偿责任，行为主体就可能有投保责任保险的需求，希望通过投保该类保险来转嫁自己面临的责任风险。因此，民事法律制度的发展与完善是责任保险产生与发展的基础。

2. 责任保险的补偿对象具有二重性。物质财产损失保险的补偿对象通常就是被保险人本人，一般不涉及第三人。责任保险对被保险人因侵权或者违约需要承担的对受害人的经济赔偿责任而遭受的损失给予补偿。因此，尽管其直接补偿对象是被保险人，但是这些保险金最终都会落入受害人的手中。也就是说，责任保险的直接补偿对象是被保险人，间接补偿对象是受害人。

3. 责任保险只有赔偿限额而无保险金额。物质财产损失保险合同中，保险人承担的最高赔偿限度是保险金额，其一般根据投保时保险标的的实际价值来确定。责任保险承保的是被保险人依照法律规定或者合同约定应对第三者承担的经济赔偿责任和由此引发的法律费用，而被保险人应该承担的赔偿金额和法律费用事先都不能确定，这就会造成保险人承担保险赔偿责任的高度不确定性，使保险人面临巨大的经营风险。因此，为了有效控制这种经营风险，稳定保险经营，多数情况下保险人会在责任保险合同中约定一系列赔偿限额（也称责任限额）作为其承担赔偿责任的最高限度。当然，并不是所有责任保险必须在合同中约定赔偿限额。英国的保险公司很多时候在责任保险合同中不约定任何赔偿限额，而是按被保险人的实际损失来承担赔偿责任。

4. 责任保险的承保基础比较特殊。物质财产损失保险一般采用事故发生制保单承保，即保险人对任何发生在保险期限内属于保险责任范围内的事故负责赔偿，而不论事故被发现和索赔提出是在什么时候，只要索赔在法律上是有效的就可以。但是责任保险中有相当一部分业务经常采用索赔发生制保单承保，即保险人对发生在保单追溯期（如果有）内和保单有效期内，且受害人在保险有效期内和延长报告期（如果有）内首次向被保险人提出索赔的事故负责赔偿。追溯期是保险人向被保险人提供的从保险期限开始时间向前追溯到一定日期的前溯期间；延长报告期也称扩展报告期，是保险人向不再打算续保的被保险人提供的一部分用来报告发生在追溯期开始之后且保险期限结束之前的保险事故的额外期间。保险人通常对于在保险期限或者延长报告期内报告且发生在追溯期或者保险期限内的保险事故，保险人都负责赔偿。对于那些具有较长潜伏期的责任风险（例如医疗责任风险、环境责任风险等）而言，采用期内索赔制保单承保对保险人和被保险人双方都是有利的。

5. 责任保险的费率有不断上涨的内在要求。尽管责任保险和物质财产损失保险都属于财产保险，在理论上保险费率决定于保额损失率，但是物质财产损失保险的费率主要受自然灾害和意外事故的发生概率影响，而责任保险的费率主要受被保险人的赔偿责任大小影响。由于两个方面的原因，责任保险被保险的赔偿责任有不断上升的趋势，结果必然导致责任保险费率有上涨的内在要求。第一，从世界范围来看，侵权责任法在立法和司法两个方面都越来越倾向于保护受害人，被保险人需要承担赔偿责任的概率和赔偿责任大小都呈现上升趋势。第二，很多责任保险的保险责任都涉及人身伤亡的赔偿责任，而人身伤亡的赔偿责任通常和社会人均收入水平紧密挂钩，在那些经济发展速度较快的国家和地区（例如我国），必然会导致被保险人赔偿责任的快速上涨。即使是财产赔偿责任也会由于存在较高的通货膨胀而导致赔偿责任呈现上涨趋势。这也就是说，责任保险不能简单地根据过去的保额损失率来确定现在和未来的费率，否则在经济快速增长的国家和地区很容易使责任保险经营陷入“亏损→提高费率→再亏损→……”的无限循环之中。

6. 责任保险赔偿处理的方式比较特殊。通常情况下，责任保险的赔偿处理同物质财产损失保险相比要复杂得多。第一，由于责任保险赔偿的是被保险人因承担对第三人的损害赔偿责任而遭受的经济损失，因此赔偿处理的时候一般涉及第三方，而物质财产损失保险的赔偿处理一般不涉及第三方。第二，责任保险的赔偿责任产生后，被保险人承担的赔偿金额通常是由法院或仲裁机构根据致害人责任的大小及受害人的财产或人身的实际损害程度来裁定，并受到赔偿限额和免赔额的限制和调整。第三，责任保险和其他补偿性保险产生竞合时赔偿处理比较复杂，如何处理世界各国的相关法律法规都没有给出明确规定，一般需要根据实际情况决定具体处理方法。第四，责任保险理赔过程中针对某一事故受害人的所有索赔都应在受害人第一次提出索赔时对应的保险单项下进行赔偿。

二、责任保险的法律基础

（一）民事法律责任的构成要件

法律责任是由特定法律事实所引起的对损害予以赔偿、强制履行或者接受惩罚的特殊义务（即因违反第一性义务而引起的第二性义务），并且以不以违法或违约为前提的其他法律责任为补充。一般分为刑事法律责任、民事法律责任和行政法律责任。民事法律责任主要包括侵权责任和违约责任。作为责任保险的承保对象的民事损害赔偿责任一般需要具备以下要件：

1. 损害事实的存在。虽然有的学者认为侵权责任和违约责任都不必然以有损害事实的存在为前提，但是可以肯定的是责任保险承保的侵权责任和违约责任都是以存在损害事实为前提的。即使我们承认某些轻微的特殊的侵权行为可能不会造成损害，那么肯定也不需要承担经济赔偿责任，因此也不能构成责任保险的标的。至于国外责任保险可能承保的惩罚性赔款，那更是以普通损害赔偿责任的存在为前提的。虽然理论上一般普遍承认违约责任不以损害事实的存在为前提，但是就责任保险而言，对于不以损害事实为前提的违约金或者保证金的支付责任，责任保险是不会予以承保的，因为这会诱发严重的道德风险。责任保险所能够承担的违约责任应该都是以填补受害人的损害为限的。

2. 违法或者违约行为。一般认为侵权责任和违约责任都是以行为人的行为违法为前提的。不过，违约行为的违法性主要表现为违反受到法律保护的合同，往往不是某具体的法律条款，且有人认为如果存在不可抗力等阻却违法的事由，即使行为人客观上违反了受到法律保护的合同，也不具有违法性。因此，违约行为的违法性不是一种严格意义上的违法。至于侵权责任中的主体部分——一般侵权责任肯定是以行为人的行为违法为前提的。至于有些特殊侵权行为是否违法存在争议，产生这一争议的原因就在于对违法行为是作广义理解还是作狭义理解。

3. 行为与损害结果之间要存在因果关系。就责任保险所承保的民事损害赔偿责任而言，损害事实必须是行为人的违法行为或者违约行为所致，责任人才会在法律上负有赔偿责任，责任保险也才会承保这种赔偿责任。

4. 行为人主观上存在过错。通常认为，只有侵权行为人主观上存在过错，才对其行为造成的损害负赔偿责任。行为人的过错包括故意和过失两种，前者是已经预见到损害事实，却希望促成其形成；后者知道行为可能出现的损害事实，却主观判断不可能发生。但无论故意或过失，只要存在过错，并且造成损害事实，行为人就应当承担赔偿责任。不过，在一定条件下根据法律规定，即使行为人无过错，但给受害人造成了损害，也要承担损失赔偿责任。例如，雇主赔偿责任即是如此。另外，学者一般认为违约责任也不以行为人主观上存在过错为前提，这主要是源于对《民法典》第五百七十七条的理解。

（二）民事法律责任的归责原则

1. 侵权责任的归责原则。

（1）过错责任原则。过错责任原则是以行为人的主观上的过错作为归责的根本依据，行为人只有在存在过错的前提下才承担侵权法律责任，如果行为人不存在过错，则不需要承担法律责任。过错责任原则调整的是一般侵权行为。

（2）过错推定原则[①]。过错推定原则是指法律特别规定的场合，从损害事实的本身推定加害人有过错，并据此确定造成他人损害的行为人赔偿责任的归责原则，也称作举证责任倒置。过错推定原则主要适用于一些专家侵权责任、事故责任、物件致害责任等一部分特殊侵权责任，在此不一一列举。

---

① 很多学者认为是过错推定原则在本质上仍然属于过错责任原则，不是一个独立的归责原则。但是考虑到它与过错责任原则之间还是存在诸多差异，本书同意其为一个独立的归责原则。

（3）无过错责任。无过错责任是指在法律有特别规定的情形下，以已经发生的损害结果为价值判断标准，由与该损害结果有因果关系的行为人，不问其有无过错，都要承担侵权赔偿责任的归责原则。无过错责任原则主要适用于产品侵权责任、高危险作业责任、环境污染责任、雇主责任（工伤责任）、机动车致害非机动车驾驶人或者行人的交通事故等特殊侵权责任，不再一一列举。

至于公平责任原则，仅仅适用于双方都无过错的“侵权”形态，适用范围非常狭小，且不是所有双方无过错的损害纠纷必须适用该原则。因此不认为其是一个独立的归责原则。

2. 违约责任的归责原则。既然违约责任不以行为人主观上存在过错为构成要件，那么违约责任的归责原则就应该是无过错责任原则。不过，《民法典》还是规定了一些适用过错推定原则的情形，例如供电人责任、承揽人责任、建筑工程合同中的承包人过错责任等，不再一一列举；有时还适用过错责任原则，例如预期违约责任和加害给付责任即应如此。

（三）侵权责任和违约责任的竞合

由于民事关系的复杂性，民事违法行为的性质的多重性，使得侵权责任和违约责任常常发生竞合。例如，因产品存在缺陷而遭受损害的消费者既可以向致害人提起侵权之诉，也可以提起违约之诉。《民法典》第一百八十六条规定：“因当事人一方的违约行为，损害对方人身权益、财产权益的，受损害方有权选择请求其承担违约责任或者侵权责任。”而且，随着侵权法的覆盖范围不断扩张和合同义务来源的多元化，侵权责任和违约责任的竞合是广泛存在的。

尽管遇到受害人既可以提起侵权之诉，也可以提起违约之诉，但是不同的损害赔偿请求权对受害人的利益有很大不同的影响。受害人具体选择赔偿请求权时应该主要考虑诉讼管辖地、赔偿范围、举证责任、诉讼时效、责任构成要件和免责条件以及产生损害赔偿责任之前双方之间有无特定的权利义务关系等因素，综合比较后选择对自己更有利的赔偿请求权。责任保险通常只负责被保险人由于侵权应当承担的赔偿责任，如果受害人按违约提起诉讼，保险人也只负责被保险人按照侵权法最多应当承担的那部分赔偿责任，超过的部分属于责任保险合同责任免除的范围，由被保险人自己承担。

三、责任保险的赔偿限额

责任保险的标的是被保险人的民事损害赔偿责任，不具有固定价值，而且赔偿责任因民事损害程度的大小而不同，很难准确预计。因此，不论何种责任保险，保险合同中均不会出现保险金额，而是在承保时由保险合同双方当事人约定保险人的赔偿限额（责任限额），以此确定保险人承担保险责任的上限。凡受害人的索赔超过责任保险的赔偿限额，仍须由被保险人自行承担。从国内外的保险实践来看，责任保险的赔偿限额通常有以下几种类型：

1. 每次责任事故或同一原因引起的一系列责任事故的赔偿限额。通常每次事故责任赔偿限额又可以分为财产损失赔偿限额和人身伤亡赔偿限额两种，有的责任保险会细分出更多的分项赔偿责任限额。例如我国现行机动车交通事故责任强制保险对每次事故设置有死亡伤残赔偿限额、医疗费用赔偿限额和财产损失赔偿限额。

2. 保险期限内累计赔偿限额。保险期限内累计赔偿限额也可以分为累计的财产损失赔偿限额和累计的人身伤害赔偿限额。

3. 在某些情况下，保险人也将财产损失和人身伤亡二者合成一个限额，或者只规定每次事故和同一原因引起的一系列责任事故的赔偿限额，而不规定累计赔偿限额。例如我国的机动车第三者责任保险就是如此。

以上这些赔偿限额可以在每张保单中独立使用，也可以在一张保单中同时使用。例如国内的环境责任保险合同中通常设有每次事故赔偿限额、每次事故每人人身伤亡赔偿限额、每次事故每人医疗费用赔偿限额、每次事故财产赔偿限额、每次事故清污费用赔偿限额、每次事故施救费用赔偿限额、累计赔偿限额、法律费用赔偿限额。

四、责任保险的赔偿处理

保险人在处理责任赔偿时应掌握的原则是：

第一，损害事件属于保险责任范围。包括责任事故的原因、发生的地点和范围等都符合合同事先约定。

第二，被保险人受到第三者的赔偿请求。如果责任事故已经发生，第三者也受到了损害，但第三者（即受害人）不向被保险人请求赔偿时，被保险人就无利益损失发生，保险人对被保险人也不必承担赔偿责任。只有在损害事故发生后，被保险人受到第三者赔偿请求，且保险人接到被保险人的通知和索赔请求，保险人才代替被保险人承担对受害人的经济赔偿责任或承担对被保险人的经济损失补偿责任；如果被保险人不向保险人请求经济赔偿，受害人一般不得直接向保险人索赔，法律另有规定和合同另有约定的除外。《保险法》第六十五条第二款规定：“责任保险的被保险人给第三者造成损害，被保险人对第三者应负的赔偿责任确定的，根据被保险人的请求，保险人应当直接向该第三者赔偿保险金。被保险人怠于请求的，第三者有权就其应获赔偿部分直接向保险人请求赔偿保险金。”《道路交通安全法》第七十六条规定：“机动车发生交通事故造成人身伤亡、财产损失的，由保险公司在机动车第三者责任强制保险责任限额范围内予以赔偿；不足的部分，按照下列规定承担赔偿责任……”

第三，保险人拥有责任事故赔偿的参与权。被保险人对于第三者的赔偿责任的承诺、和解或拒绝以及赔偿金额的确定，保险人有权参与，对于被保险人私自和受害人达成的赔偿协议，保险人有权拒绝承担保险责任。

保险人对于符合责任保险合同约定的保险赔偿责任在赔偿限额以内按照被保险人的实际损失且扣除免赔部分后赔付。

五、责任保险的主要险别

（一）公众责任保险

公众责任保险是指行为人以在公众场所从事生产、经营或者日常生活中由于过失或者意外事故造成他人人身伤亡或者财产损失，依法应该由被保险人承担的各种民事损害赔偿责任为保险标的的一种责任保险。国内常见的公众责任险的种类主要有：场所责任保险、电梯责任保险、承运人责任保险、家庭责任保险、环境污染责任保险等。在英美保险市场上除了雇主责任保险、交通工具第三者责任保险以及机械设备第三者责任保险以外的责任保险都可以统称为公众责任保险。

（二）产品责任保险

产品责任保险是以产品的生产商、销售商或者修理商等为被保险人，以它们依法应该承担其生产、销售或者修理的产品存在缺陷给消费者或者第三人造成人身伤害或者财产损失而引起的经济赔偿责任作为保险标的的一种责任保险。

产品的制造者、销售商、修理商等一切可能对产品缺陷引发的事故造成的损害负有赔偿责任的人，都具有保险利益，成为产品责任保险的合格被保险人。以上各方都可以投保产品责任保险，并成为共同被保险人。实务操作时根据具体情况，可以由它们中的任何一方投保，也可以由它们中间的几方或全体联名投保。保险合同上的被保险人，除投保人本人外，可以将其他有关各方作为被保险人（必要时将加收保费），并在保险合同中约定“交叉责任条款”，即“各被保险人相互之间的赔偿责任在保险赔偿金范围内互不追偿”。

（三）雇主责任保险

雇主责任保险是以被保险人（雇主）因其工作人员在保险期间从事本职工作或与工作有关的活动时遭受职业伤害或者视同职业伤害而依法应该承担的经济赔偿责任作为保险标的的一种责任保险。

雇主责任保险可以实名承保，也可以不记名承保。具体选择何种方式承保由保险人根据投保单位的性质、员工流动性大小和控制经营风险的需要同雇主协商后确定。雇主责任保险承保的对象是各行业的雇主，即与雇员存在劳动合同关系，依《社会保险法》《工伤保险条例》以及其他民事法律法规，需要承担雇员在受雇期间从事与工作有关的活动时遭受伤害的赔偿责任的自然人或法人都可以投保雇主责任保险来转嫁风险。

（四）职业责任保险

职业责任保险是以各种专业技术人员（及其服务的单位）为被保险人，以其从事专业技术工作时的疏忽或者过失造成合同相对方或者他人的人身伤害或者财产损失依法应该承担的民事损害赔偿责任为保险标的的一种责任保险。

常见的职业责任保险有医疗（师）责任保险、律师责任保险、会计师责任保险、建筑设计（师）责任保险、美容师职业责任保险、保险代理人责任保险、保险经纪人责任保险、保险公估人责任保险等。由于不同的职业技术服务领域的技术内容差别巨大，面临的职业责任风险也是千差万别，因此职业责任险并无统一条款及保单格式，一般由保险人根据不同种类的职业责任设计制订专门保单承保。

在我国，专业技术人员多数都是某单位的员工，根据雇主替代责任的法学原理及相关法律规定，员工从事本职工作过程中因为疏忽或者过失而造成第三人损害，应当由用人单位（雇主）承担赔偿责任。因此，国内的职业责任保险多由提供各种专业技术服务的单位（机构）投保，但是可能需要单位和个人共同承担保险费。职业责任保险的承保基础既可以是事故发生制，也可以是索赔发生制，具体选择哪种保单来承保，保险人需要根据职业责任风险是否具有较强的潜伏性来决定。例如，由于医疗责任风险的潜伏期较长，因此医疗责任保险一般会选择索赔发生制保单。需要特别指出的是，职业责任保险承保的对象不仅包括被保险人（专业技术人员及其服务单位），还包括被保险人的前任。这是其他责任保险多不具备的，它表明了专业技术服务的连续性和保险服务的连续性。

（五）个人责任保险

个人责任是自然人及其家庭成员由于过错（或者在法律上特别规定的场所不问过错），违反法律规定的义务，以其作为或不作为的方式对他人的身体和（或）财产造成损害，并依法应付的赔偿责任。一般来说，这种责任有个人法律责任和个人合同责任之分。

个人责任保险是指在保险期间因个人或家庭成员（被保险人）的过失而发生意外事故并造成第三者人身伤害、死亡或财物损失，依法律规定承担赔偿责任时，保险公司将对被保险人负赔偿责任的保险。

个人责任保险在宏观上按习惯列入公众责任保险范畴，但它实质上是一类承保个人或家庭各种责任风险如个人第三者责任或公众责任、个人职业责任、个人产品责任等的独成体系的责任保险业务。早在 20 世纪 30 年代，欧美国家就开办了个人责任保险。由于西方国家在法律上强调私有财产神圣不可侵犯和个人价值，相应地使个人责任风险日益扩大，人们投保个人责任保险的需求也日益高涨，且责任范围逐渐由住宅内扩展到住宅外的个人一切日常活动乃至专业工作，因此，个人责任保险在西方国家发展迅速，在少数国家已成为保险人重要的业务来源之一。

在我国，个人责任保险还是尚待开拓的领域，虽然个别地方的家庭财产保险项目中包含有个人责任保险的内容（如液化石油气罐保险、宠物保险），但逐渐也有公司开发出一些单独险种，例如家政责任保险、家庭责任保险等。社会经济的发展与进步已使这项业务的开办和发展日显迫切。

第三节 信用保险与保证保险

一、信用保险、保证保险的概念及二者的相互关系

（一）信用保险和保证保险的概念

信用保证保险是信用保险和保证保险的合称，是由保险人为信用关系中权利人面临的义务人的信用风险提供保险保障的一类保险业务，这类保险业务在本质上是保险人为义务人向权利人提供信用担保。

1. 信用保险的概念。国内外保险实践中，对于信用保险概念的理解并不统一，大致可以分三种，或者说三个层次。第一个层次，也是最广义上的信用保险指的是所有为权利人面临的义务人的信用风险提供保障的保险，包括保证保险、信用人寿保险、信用健康保险以及最狭义的信用保险等；第二个层次，也就是较狭义的信用保险指的是为权利人面临的义务人的信用风险提供保障的财产保险，也就是排除了最广义的信用保险中的人身保险类产品，包括保证保险和最狭义的信用保险；第三个层次，也就是最狭义的信用保险指的是权利人（投保人）向保险人投保的，当义务人不履行其义务给权利人造成经济损失时，由保险人按照保险合同约定对权利人（被保险人）给予赔偿的保险。本教材以下所说的信用保险都是指最狭义的信用保险。

2. 保证保险的概念。保证保险指的是由义务人（投保人）向保险人投保的，当义务人不履行其义务或履行义务不适当给权利人造成经济损失时，由保险人按照合同约定对权利人（被保险人）给予赔偿的保险。将其同信用保险合在一起，人们习惯称为信用保证保险，它和信用保险最明显的区别就是投保人不同。

（二）信用保险和保证保险的联系与区别

信用保险和保证保险作为财产保险经营的两项保险业务，既存在联系又相互区别。

1. 信用保险和保证保险的联系。信用保险和保证保险的联系主要表现在以下几个方面：

第一，信用保险和保证保险本质上都是一种信用担保形式。虽然现代信用保险和保证保险所承保的义务人的信用发生了扩展，不再限于商业信用和银行信用，而是向道德、法律等方面的信用扩展，但是无论是信用保险还是保证保险，早期都是保险人向权利人担保义务人的信用，提高义务人的信用水平，为了促进信用交易的完成而产生的，现在也仍然没有改变这一基本属性。

第二，信用保险和保证保险都属于财产保险业务。国外保证保险业务主要由符合条件的保险公司出具保函或者保证书经营，且依赖于风险的汇集和分散技术，在本质上具有保险属性。不过，根据我国的法律环境，保证担保业务是不被承认为保险业务的，而保单式保证保险虽然也具有保证担保的性质，但是除了经营中运用风险汇集分

散技术，在本质上具有保险属性外，在形式上保证保险合同和信用保险合同一样，都具备《保险法》关于保险合同要素的规定。也就是说，该用保险和保证保险都属于财产保险业务。

第三，信用保险和保证保险所承保的都是权利人面临的义务人的信用风险，也就是信用保险和保证保险都是以义务人的信用风险作为保险标的，以权利人作为被保险人的。

第四，信用保险合同和保证保险合同产生纠纷，通常都应该适用保险法。虽然保证保险相较于信用保险而言其保证担保属性更为明显，形式上也比较接近保证合同，但是除非不能依据保险法规得到有效解决，才应该适用合同中有关保证合同的规定。根据监管规定，除中国出口信用保险公司外，其他保险公司和互助合作保险组织都不得从事有偿保证担保。否则，涉嫌超业务范围经营，会受到监管处罚。因此，涉及保证保险合同纠纷时法庭依据《民法典》有关保证合同条款要求保险人承担“额外”的法律责任，对保险人是不公平的。

2. 信用保险和保证保险的区别。信用保险和保证保险的区别主要表现在以下几个方面：

第一，信用保险投保人一般是权利人，而保证保险的投保人是一般是义务人。

第二，信用保险合同是利己合同，保证保险合同属于利他合同。信用保险是权利人为自己的利益向保险人投保，发生保险事故后由保险人对其遭受的损失进行补偿；而保证保险是义务人为权利人的利益向保险人投保，发生保险事故后由保险人对权利人遭受的损失进行赔付。

第三，信用保险的保险人一般在赔付之后通过向义务追偿来减少自己的损失，保证保险的保险人既可以通过赔付后向义务人追偿来减少自己的损失，也可以在义务人投保时要求其提供反向担保，发生赔付后运用反向担保条件来减少自己的损失。另外，实践中也有很多保证保险的保险人赔偿了被保险人（权利人）的损失后并不向义务人追偿。

第四，当前国内保险实践中，保证保险相对于信用保险而言，部分险种（主要是一些贷款保证保险）承保条件非常严格，合同将承保风险限定于因义务人的死亡、伤残给权利人带来的损失（客观信用风险），而将义务人故意违约风险（主观信用风险）予以剔除，而信用保险普遍承保义务人故意违约的风险。

第五，实务中，信用保险合同中通常约定有专门的“保密条款”，合同双方除了负有保守对方的商业秘密和个人隐私义务外，还需要遵守“未经对方同意，不得向任何人披露该保险合同的存在”的保密义务。保证保险合同一般没有类似条款，双方只负有依据《民法典》等和其他法律的规定为对方保守一般商业秘密或者个人隐私的义务。

二、信用保险和保证保险的主要险别

（一）信用保险的主要险别

目前国内常见的信用保险险别主要有：

1. 国内短期贸易信用保险。国内短期贸易信用保险是指被保险人在国内按照短期信用条件出售货物或者劳务，在买方到期不能按期付款时，由保险人赔偿被保险人因此遭受经济损失的一种信用保险。

国内短期贸易信用保险要求信用交易活动双方都必须是在中国境内注册的法人企业。如果卖方不是在国内注册的企业，或者不具有法人资格都不能成为国内短期贸易信用保险的被保险人；如果买方不是在国内注册的企业，或者不具有法人资格，卖方仍不能就此笔信用交易向信用保险机构投保国内短期贸易信用保险。

国内短期贸易信用保险承保的信用交易标的只限于货物或者劳务，其他有形资产、无形资产、金融资产等的信用交易均不在国内短期贸易信用保险的承保范围之内。其承保的信用交易的授信期限一般在 180 天以内，一定条件下可以向保险人申请展延。信用交易的方式通常包括银行汇票、商业汇票、本票、托收承付、支票等。不过，国内短期贸易信用保险通常不承保试销合同和寄售合同。

国内短期贸易信用保险只承保国内的商业性信用风险，包括买方无力偿付债务或者买方拖欠款项，不保险政治性信用风险。

2. 出口信用保险。出口信用保险是指由国际贸易中的本国出口商向保险人投保，保险人承诺赔偿因各种商业原因或者政治原因导致进口商违约给出口商所造成的经济损失的一种财产保险。

出口信用保险承保的风险同国内贸易信用保险的承保风险相比要复杂得多，分为两大类：一类是商业风险，指由于进口商的原因造成出口商的收汇风险，主要有买方拒收、拒付、迟付、破产等风险。另一类是政治风险，指由非进口商所能控制的政治原因造成的收汇风险，主要有政府没收、禁止汇兑或者延迟汇兑、禁止进口、撤销进口许可、变更进口货物的质检标准、战争、暴动等。

另外，对于资本性或者半资本性货物而言，出口信用保险还可以承保由于非出口商方面的商业或者政治原因导致贸易合同终止给出口商造成的损失。世界各国政府往往运用出口信用保险来支持本国商品，特别是资本性货物和半资本性货物的出口，因此出口信用保险业务一般都得到本国政府的扶持或者由政府设立部门直接经营，具有较强的政策性，不是纯粹的商业保险。一直以来，短期出口信用保险的商业化经营有一定程度的发展，但是中长期出口信用保险由于期限长，保险人承担的风险巨大且不稳定等原因，普遍需要本国政府的扶持。

3. 进口预付款信用保险。进口预付款信用保险是国际贸易中国内进口商向保险人投保的，当其按进口合同约定支付预付款后，因海外供应商不能履行贸易合同，且不退还预付款给其造成损失，由保险人按照保险合同约定给予赔偿，且保险期限和信用交易期限都不超过 1 年的信用保险。

进口预付款信用保险承保的信用风险也可以分为商业风险和政治风险。

4. 海外投资保险。海外投资保险指投资人（被保险人）因投资所在国的基本政治风险而遭受的损失由保险人按照保险合同的约定进行赔偿的一种信用保险。基本政治风险包括汇兑限制、征收、战争及政治暴乱。由于海外投资保险（主险）只保政治性信用风险，不保商业性信用风险，因此又称为政治风险保险。不过，中国出口信用保险公司的海外投资保险产品都可以附加承保违约，这里的违约可以是东道国政府违约，也可以是经保险人同意的其他主体的违约，即海外投资保险附加承保的违约风险既可以是政治性信用风险，也可以是商业性信用风险。另外，中国出口信用保险公司的海外投资（股权）保险还可以附加承保营业中断损失。

海外投资保险的被保险人通常应该是在境内注册成立的企业或者金融机构，但由外资控股的企业或者金融机构除外。另外，在境外注册成立的企业或者金融机构如果95%以上的股份被境内企业、机构所控制，则可以由该境内企业或者机构投保。海外投资保险适用的投资形式主要有股权投资、股东贷款、股东担保、金融机构贷款以及其他经过批准的投资形式。海外投资保险最常见的业务品种是股权保险和债权保险。

海外投资保险有两个保险期限，即承诺保险期限和初始保险期限。其中，承诺保险期限至少相当于项目的投资回收期，一般在3~20年。初始保险期限一般为3年。在初始保险期限届满之后，被保险人（投保人）每年有权选择是否续保，但是保险人无权拒绝续保，因为保险人之前已经给了被保险人一个比初始保险期限长得多的承诺保险期限。与两个保险期限相对应，海外投资保险还有两个保险金额，分别是最高保险金额和当期保险金额。其中最高保险金额在初始保险期限开始时由投保人（被保险人）进行选择并经保险人同意。当期保险金额是当前保险期限保险人所承担的赔偿责任限额，当期保险金额在当期保险期限开始时由被保险人进行选择并经保险人同意。

5. 信用卡保险。信用卡保险是信用卡经营单位（发卡人）向保险公司投保的，当其经营信用卡业务过程中持卡人及其他人由于合同列明的不法行为给造成损失且无法追回时，由保险人按照保险合同约定给予赔偿的一种信用保险。

保险人对被保险人经营信用卡业务因下列原因引起而无法向责任方追回的损失，按照合同约定负责赔偿：①持卡人使用被保险信用卡非善意透支；②被保险信用卡遗失或被盗后被他人冒用；③被保险人的职工单独或与他人串通利用被保险信用卡营私舞弊，贪污或挪用公款；④任何人使用伪造的被保险信用卡。

在多数信用保证保险条款中都会约定由于保险事故所引起的相关法律费用由保险人按照合同约定承担，但是信用卡保险条款中明确约定调查处理费和法律费用是属于责任免除项。

（二）保证保险的主要险别

目前国内保险市场上常见的保证保险险别有：

1. 贷款保证保险。贷款保证保险是由借款人向保险人投保，因其不能按照借（贷）款合同的约定按期偿还借款使贷款人遭受的损失由保险人按照保险合同的约定负责赔偿的一种财产保险。

目前国内保险市场上常见的贷款保证保险有个人消费贷款保证保险、个人汽车消费贷款保证保险、个人住房抵押贷款保证保险、国家助学贷款保证保险、小额贷款保证保险等。

贷款保证保险的赔偿限额（有的条款称作保险金额）一般是贷款的本金和利息（甚至包括逾期罚息）之和，也有少数保险公司的贷款保证保险合同中约定的赔偿限额为出险时的贷款本金余额。贷款保证保险的保险期限通常自《借款合同》生效日零时起至《借款合同》约定的清偿全部本息之日24时止。贷款保证保险的被保险人通常应该是发放贷款的金融机构，但是国内也有少数保险公司在保险合同中约定借款人为被保险人。这实际上使其变成了一种责任保险。而且，实务中为了控制借款人的主观信用风险，贷款保证保险一般要求投保人（借款人）用其他财产向保险人或者发放贷款的金融机构提供担保。

2. 产品质量保证保险。产品质量保证保险是由产品生产商或者销售商向保险人投保的，因产品质量存在缺陷造成产品本身的损失，由保险人承担赔偿责任的一种财产保险。

目前，国内各家保险公司的产品质量保证保险合同关于被保险人和保险责任的约定不尽相同。

（1）关于被保险人的约定。有的保险公司在保险合同中约定产品生产商或者销售商为被保险人，有的保险公司在合同中约定产品生产商或者销售商为被保证人，有的保险公司约定产品用户为被保险人，还有的保险公司将产品用户称作权益人。纵观各家保险公司的合同条款，将生产商或者销售商约定为被保险人、产品用户约定为权利人的情形最多。

（2）关于保险责任的约定。有的保险公司承保应该由产品生产者（销售者）对用户承担的赔偿产品本身损失的责任，有的保险公司仅承保应由产品生产者（销售者）对用户承担赔偿产品本身损失责任但没有履行的，最多的是保险公司承保依法应由生产者或者销售者（被保险人）承担的修理、更换或者退货责任以及由此引起的鉴定费用、运输费用和交通费用。

总之，当前国内的产品质量保证保险普遍约定产品的生产者或者销售者为被保险人，保险责任是由于产品缺陷而造成的被保险人应承担的产品本身的损失赔偿责任和相关费用。从保险合同的这些基本要素来看，保险公司已经实际上将其做成了一种以被保险人（义务人）的赔偿责任为保险标的责任保险，而不是真正以义务人的信用为保险标的、以权利人为被保险人、以补偿权利人遭受的损失为保险责任的保证保险。欧美国家的保险公司通常将产品质量保证保险与产品责任保险结合起来一同承保。这大概也是产品质量保证保险将产品生产商、销售商确定为被保险人的原因。

当前国内产品质量保证保险采用的承保基础也是责任保险合同中常用的期内索赔式，只要是发生在追溯期和保险合同有效期内的索赔案件，保险人就依据合同约定予以赔偿。

产品的生产商销售商投保产品质量保证保险通常需要交纳预收保费。预收保险费按照投保人预计当年产品销售额或上年产品实际销售额，乘以保险单约定的费率确定。

保险合同期满时，投保人应将保险期内已经发生的实际销售额书面告知保险人，作为调整保险费的依据。无论保险合同因任何原因终止，保险人均按照投保人在保险期内的实际销售额结算应收保险费。应收保险费与预收保险费的差额多退少补。但是，如果结算出的应收保险费低于保险单明细表列明的最低保险费，则保险人以最低保险费作为应收保险费，退还预收保险费多余的部分。

3. 雇员忠诚保证保险。雇员忠诚保证保险是由雇主向保险人投保其因雇员的不诚实行为而使雇主遭受损失，由保险人予以赔偿的一种财产保险。

雇员忠诚保证保险也称作雇员诚实保证保险，从上面的定义分析其理应归属于信用保险而不是保证保险的范畴。之所以如此，需要简单考证一下雇员忠诚保证保险的发展与演变。在国外，早期雇员忠诚保证保险的确都是由雇员（义务人）向保险公司投保，要求保险公司为其向雇主提供信用担保，好让雇主“放心”雇用自己。但是，一方面保险人为了操作的方便，逐渐用总括保单代替原有实名保单，由雇主投保代替雇员投保；另一方面也是因为很多国家法律逐渐禁止雇主要求员工提供担保。结果，雇员忠诚保证保险也就发展成了今天的信用保险操作模式，不过名称一直沿用下来了。

我国《劳动合同法》第九条规定：“用人单位招用劳动者，不得扣押劳动者的居民身份证和其他证件，不得要求劳动者提供担保或者以其他名义向劳动者收取财物。”而且，在《劳动合同法》颁布实施之前我国很多地方性法规也已经有相似规定，禁止用人单位要求员工向其提供担保。因此，即使国内很多保险公司开展业务仍然沿用“雇员忠诚保证保险”名称，且具名承保，但是实际投保人却是雇主，不是雇员。而且，国内也有少数保险公司已经在经营管理中将其归入信用保险的范畴，称作“雇员忠诚信用保险”。

雇员忠诚保证保险一般约定有发现期，追溯期根据被保险人的要求确定；发现期一般为 6 个月，被保险人需要从保险合同结束开始或者从雇员退休、死亡、被解雇开始之日起 6 个月内发现雇员的不忠诚行为。

雇员的不诚实行为成为保险责任一般需要满足三个条件：第一，是指雇员的盗窃、贪污、侵占、非法挪用、伪造等行为；第二，该行为对雇主造成损失；第三，该行为的目的是为该雇员自己获取经济利益，或通过其他人或其他机构为该雇员获取经济利益，但不包括该雇员在正常雇用过程中赚取的工资、佣金、费用、奖金、利润分成或年金。

4. 建筑工程质量保证保险。由于我国《产品质量法》明确规定建设工程不适用该法的相关规定，因此产品质量保证保险并不能用来承保建筑工程。于是，国内的一些保险公司为建筑工程专门设计了建筑工程质量保证保险。

建筑工程质量保证保险是由建筑工程施工承包人或者开发商向保险人投保的，因建筑工程的潜在缺陷造成工程本身的损坏，由保险人承担赔偿责任的一种财产保险。实务中该保险产品的被保险人和名称比较混乱，有保险公司将其命名为“建筑工程质量保证保险”，但是被保险人是建筑施工单位或者开发商；有保险公司将其命名为“建筑工程质量责任保险”，但是被保险人是建筑工程的产权人；有的保险公司干脆将其命名为“建筑工程质量保险”，回避命名的争议。建筑工程的寿命长达数十年，相关法规又规定建筑工程实行质量保修制度，保险期限应按照保证建筑物在合理寿命期限内正常使用，维护使用者合法权益的原则确定。但是，在此期间建筑施工单位和开发商很有可能申请注销，如果将施工单位或者开发商确定为被保险人显然不利于通过保险手段来维护建筑工程产权人和使用人的权益。因此，我们以为将其命名为“建筑工程质量保证保险”，并约定建筑工程产权人为被保险人更科学合理。

建筑工程质量保证保险通常要求在建筑工程开工前投保，但是合同成立后并不立即生效，需要在工程竣工验收合格一年后，由保险人或保险人委托的监理机构进行质量复查，复查合格后，保险合同才开始生效，其保险期限一般就是建筑工程的保修期限。

第四节　农业保险

一、农业保险及其作用

（一）农业保险

农业保险本来是商业性财产保险中的一个类别，与其他非寿险业务，如家庭财产保险、企业财产保险、机动车辆保险、工程保险等类业务并列，主要是承担农、林、牧、渔业生产过程中因为保险标的遭受约定的自然灾害、意外事故、疫病、疾病等保险事故所造成的财产损失，承担赔偿保险金责任的保险活动。

但现今的农业保险，虽然仍然是一种金融工具，但已经成为一种超越商业保险活动的制度安排，无论在中国还是其他国家，大都已经不是本来意义上的农业保险，它不仅仅为农业生产者提供农、林、牧、渔等财产风险保障，各国政府利用农业保险作为工具，管理本国农业风险，维持本国农业的稳定发展，提高农业竞争力，减小农民收入波动，提高农民社会福利，是一个重要的农业政策工具或者特殊的农业风险管理制度。虽然在很多国家也还是由商业保险公司在操作和经营。所以，一般被冠以“政府支持的”或者“政策性”的形容词，叫作“政府支持的农业保险”或者“政策性农业保险”。农业保险分为性质不同的两类，即商业性农业保险和政策性农业保险（或政府支持的农业保险）。在保险学的分类中，也有一种分类方法，将保险分为商业性保险和政策性保险，“政府支持的农业保险”因为是为农业政策服务的，是政策性农业保险（此外还有为外贸政策服务的出口信用保险，也是政策性保险）。其他由商业保险公司交易的农业保险，主要是雹灾保险和火灾保险，不需要政府介入和支持，是商业性农业保险。

（二）农业保险的作用

经验和理论研究表明，农业保险特别是政策性农业保险，在经济和社会发展中具有如下作用：

1. 及时和充分的农业保险赔款能够使遭受灾损的农户得以迅速恢复生产，不致因灾损而中断生产或缩小生产规模，从而促进和保持农业的稳定发展，增进国家的粮食安全。

2. 可以减少农民因灾导致的收入波动，安定农民生活。

3. 可以促进农业资源的合理配置和利用。可以不使自然条件较差地区的农民因为回避风险而减少或放弃粮食生产，充分利用宝贵的土地资源生产市场上极缺的粮食。因此，对于人均耕地只有 1.35 亩①的我国来说，农业资源特别是土地资源极其珍贵，农业保险是解决农民回避农业风险而浪费农业资源的较好途径之一。

4. 可以保障农业投资安全，促进农业新技术的推广和应用。农业的出路在于科技，2012 年科技进步对农业增长的贡献率提高到 54.5%。② 而科技成果的应用不是无偿的，必须付出一定代价。在很多情况下，农民会因为回避农业风险而放弃使用新的科学技术。

5. 可以改善农民信贷地位，促进农村金融的发展。农业的高风险，往往成为农民获得必需的农业贷款的障碍，也是农村金融发展的障碍。因此，有的发展中国家在举办农业保险时，就直接将其与农业信贷连接起来。

6. 可以减轻政府在灾后筹措救灾资金的财政负担。

7. 保险人为自身财政安全和经营稳定所采取的防灾防损措施，客观上起到减灾作用，在一定程度上降低和减少了农业的风险损失。

8. 以农产品实物形态形成的农业保险总准备金，增加了农产品的社会储备，有利于稳定农产品的供给和农产品的价格。

9. 政府对农业保险的财政补贴政策，一定程度上增加了农民收入，也提高了农户的风险保障程度，有助于贫困地区农户脱贫致富。

上面是农业保险一般意义上的作用。事实上，在世界贸易组织（WTO）的框架下，政府支持和保护本国农业的政策空间缩小了，而举办由政府财政补贴的政策性农业保险，是 WTO 允许的所谓“绿箱政策”或“黄箱政策”，因而成为政府管理本国农业风险，支持和保护本国农业可持续发展的最可行最有效的途径之一。

（三）农业保险的基本特征

农业保险虽然属于财产保险，但它天然具有许多不同于一般财产保险（例如房屋火灾保险、工程保险）的特征：

1. 农业保险经营具有高风险、高费用和高费率特点。农业保险的高风险源于农业

---

① 李有军．我国人均耕地不到世界平均水平 1/2［N］．北京：人民日报（海外版），2012-12-26.

② 马爱平．2012 年科技进步对农业增长贡献率提高［N］．北京：科技日报，2013-02-02.

生产的高风险。农业生产在很大程度上依赖于自然条件（特别是地理和气候条件），也在一定程度上依赖于当地的经济和技术发展水平，但即使是像自然条件优越且技术装备先进的发达国家，其农业生产，特别是农作物生产也频繁地遭到自然灾害的巨大影响。自然灾害的发生不仅频率高，而且一次灾害发生的范围相当广泛，特别是旱、涝、病、虫等灾害。在我国，农作物遭受自然灾害的影响有逐年加大的趋势。

农业保险的高费用源于农业在空间上较大的分散性和农业劳动力及生产资料利用的季节性。这些特点首先给农业风险区划和确定保险费率带来困难和增加了工作量。其次，保险的展业宣传、承保签约、查勘定损、理赔兑现等业务工作在时间上比较集中，地域上比较广阔，工作强度很大。这必然使保险人要花费比城镇的各种保险多得多的人力、物力和财力。

农业保险的高风险和高费用便导致了高费率。各国的经验，包括我国的试验都表明农业一切险保险的费率最低也在2%左右，高的达到15%～20%。这比家庭财产、企业财产等普通财产保险0.6‰～1‰的保险费率高出数百倍，高得吓人的保险价格必定带来诸多问题。

2. 农业保险难以商品化。保险商品同其他商品一样，在市场上，其成交及成交量都是由有效需求和有效供给共同决定的。但在保险市场上农业保险特别是农作物保险总是难以成交的。因为它既缺乏有效需求又缺乏有效供给，它的商品化或市场化缺乏经济学基础。

尽管有不少发展商品生产的农民具有投保的愿望，但从总体上来看，对农业保险实际上还是缺乏有效需求。如上面所分析的，农作物保险的价格（保险费率）昂贵但期望收益不高，而我国农民的支付能力很有限，特别是那些经济比较落后的地区（主要是中西部地区）的农民，他们从事农业生产的自然条件相对更恶劣，风险更多更大，更需要农业保险保障，可在自愿投保又无一定财政补贴的条件下，农民大多无力选择投保。在农村经济比较发达、农民收入比较高的上海、广东等地区，尽管农民支付能力较强，但农业经营本身不高的预期收益对他们缺乏足够的吸引力，所以在自愿投保又无一定补贴的条件下，也不愿选择投保。当然，除了支付能力和农业的预期收益这两个重要原因外，农民往往缺乏风险意识，侥幸思想根深蒂固，又从思想上阻碍了他们对农业保险的积极参与。

对于商业保险公司来说，投入农业保险的这部分保险资本也希望获得平均利润，不维持足够高的价格（这种价格是以纯费率为基础的），得不到平均利润，甚至亏本，这部分保险资本必然投向其他能盈利的险别险种，或向其他产业部门转移。而要维持足够高的价格，又超过了农民的负担能力。我国保险界用通俗语言对此作了概括：“保费低了（保险公司）赔不起，保费高了（农民）买不起”。

3. 经营农业保险存在着特殊的技术障碍。农业保险经营与其他财产保险业务比起来，客观上存在特殊困难，主要有：

保险费率厘订难，合理的保险责任确定难，逆选择和道德风险防范难。世界各国的农业保险经营中又有加大比例的骗保骗赔问题。定损理赔难，相对于巨大空间和活的生物，在人力上和技术上都对定损和理赔带来挑战。

（四）政策性农业保险和商业性农业保险

鉴于农业保险的上述特点及现实困难，而政府又需要通过农业保险，对农业发展加以支持和农民的收入稳定加以保护，所以大部分开办保障范围较广泛的农业保险（特别是农作物“一切险”保险或多风险保险）的国家，都是由政府提供直接保险和再保险，或者政府通过财政补贴保险费和管理费的手段支持商业保险公司和其他合作或相互保险组织举办农业保险。这种由政府财政和税收政策支持的保险和再保险，就是我们前面所说的政策性农业保险。如前所述，它一般已经成为各国农业和农村发展政策的重要组成部分。当然，并非所有的农业保险项目都必须实行政策性经营。也有一些农业保险产品可以进行商业性经营。

一般而言，政策性农业保险和商业性农业保险有以下区别：

第一，政策性农业保险制度是依据政府的农业政策目标（或服从特定的农业政策规划）建立的，而商业性农业保险制度是根据市场（或商业）目标建立的。

第二，政策性农业保险是由政府直接组织经营，或政府成立的专门机构经营，或在政府财政政策支持下，由其他商业性保险供给主体（股份公司、相互公司、合作社等）经营的；商业性农业保险只由商业性保险机构经营。

第三，政策性农业保险经营的项目或出售的产品一般说来，其保险责任较广泛且保险标的的损失概率较大，从而成本损失率较高；商业性农业保险经营的项目或出售的产品其保险责任较窄，保险标的的损失概率较小，成本损失率较低。

第四，政策性农业保险产品部分由政府买单，也就是说需要公共财政给予价格补贴；商业性农业保险产品则完全由投保人自己买单。

第五，政策性农业保险的经营不以营利为目的，而商业性农业保险的经营则要追求利润。

第六，政策性农业保险通常需要通过政府参与协调来开展，如政策性农业保险可以与农户信贷资金发放、农产品出口价格补贴、农业救灾、农业生产调整等农业保护措施紧紧地联系在一起；而商业性农业保险通常通过市场机制就能较好地运作。

第七，政策性农业保险通常通过利益诱导机制鼓励农民投保。为了解决自愿投保条件下农业保险参与率不高的问题，无论是发达国家还是发展中国家，往往会通过有关法律或法规来利诱农民参保。例如，如果符合投保条件的农户不按规定投保，就不能得到信贷资金，受灾后不能享受政府救济，不享受政府价格补贴，不能从政府的生产结构调整中得到优惠等。诸如此类的法规规定带利诱因素，从而使政策性农业保险制度在某种意义上具有了某种强制性。而商业性农业保险一般是自愿投保，不具有任何利诱性强制。

二、农业保险的分类

农业保险从不同的角度有不同的分类：根据承保对象，可分为种植业和养殖业两大险别。种植业保险根据不同作物又可分为粮食作物保险、经济作物保险、其他作物（蔬菜、保护地栽培）保险、林木保险、水果和果树保险等；养殖业保险也可分为大牲畜保险、小牲畜保险、家禽保险、水产养殖保险、特种养殖保险等。根据承保风险的多寡，可分为单一风险（特定风险）保险和一切险保险；根据实施方式，还可分为自愿保险和法定保险。在我国实践中，通常是按承保对象来划分的①（如图 8-1）。

- 农业保险
  - 种植业保险
    - 粮食作物保险
    - 经济作物保险
    - 其他作物保险
    - 林木保险
    - 水果和果树保险
    - 制种保险
  - 养殖业保险
    - 大牲畜保险
    - 小牲畜保险
    - 家禽保险
    - 水产养殖保险
    - 特种养殖保险
  - 涉农保险
    - 渔船保险
    - 农机保险
    - 农房保险
    - 农、渔民短期意外伤害保险

图 8-1　农业保险分类图

（一）种植业保险

在农业保险实践中，种植业保险是一个很宽泛的险别，它是以国有或集体的农牧场、林场和农户为被保险人，以其生产经营的生长期、收获期、初加工期、储藏期的作物、林木、水果及果树为保险标的，以各种自然灾害和意外事故为保险风险的所有农作物（包括林木）保险的总称。

1. 粮食作物保险。按我国传统的农业分类方法，禾谷类（稻、麦、玉米等）、豆类（大豆、豌豆、绿豆、蚕豆、扁豆等）和根茎类（红薯、马铃薯、山药、芋头等）作物属于粮食作物。粮食作物保险是对粮食作物在从出苗到成熟收获期间因各种自然灾害和意外事故所造成的损失，由保险人提供经济补偿的保险。它保的是保险标的预期收获量的价值，而不是该种作物的产品。

我国试办的这类保险险种有生长期水稻保险、生长期小麦保险、生长期玉米保险、生长期大豆保险、收获期小麦、水稻火灾保险等。

2. 经济作物保险。经济作物顾名思义，是主要为农民换取货币的作为工业原料的作物，例如纤维作物（棉、麻等）、油料作物（油菜、花生、籽蔴等）、糖料作物（甘

① 参见《农业保险条例》第二条和第三十二条。

蔗、甜菜等)、其他经济作物(烟草、茶树、咖啡、啤酒花等)。经济作物保险就是为经济作物生产和初加工提供的灾害、事故损失的保险。

我国举办的这类保险险种有棉花种植保险、烟草保险、油菜保险、甜菜种植保险、甘蔗种植保险、烤烟保险等。

3. 其他作物保险。其他作物是除粮食作物和经济作物以外的蔬菜作物、园林作物(供观赏的各种花草树木)、饲料作物和特种作物(包括中草药、桑树等)等。为这些作物的生产提供的灾害事故损失的保险就是特种作物保险。

我国试办的这类保险险种有露天种植蔬菜保险、塑料大棚种植蔬菜保险等。

4. 林木(森林)保险。林木保险是以具有经济价值的天然原始林和各类人工营造林为标的,对其在生长过程中,因约定的人力不可抗拒的自然灾害和意外事故造成的经济损失,保险人按照保险合同规定向被保险人提供经济补偿的一种保险。目前办理的这类保险险种主要是森林火灾保险。

5. 水果及果树保险。水果和果树保险是针对水果生产过程中,对由于受自然灾害和意外事故招致损失提供补偿的保险。在实务中,这类保险又分两类,即水果保险和果树保险。水果保险的保险期限相对较短,只是从每年水果生产季节的定果开始至水果成熟收获离枝止;而果树保险一般保险期限有一年或一年以上。

我国有的省已试办果树保险,主要是苹果、蜜桃、柑橘树的保险。

(二) 养殖业保险

养殖业保险是由保险人对生产者(被保险人)在养殖业生产过程中因灾害事故或疾病造成保险标的的损失承担赔偿责任的一类保险。在我国保险经营实践中,养殖业保险通常被分为以下四类:

1. 家畜养殖保险。以家畜为保险标的的一类保险就是家畜保险。在畜牧学中有大家畜(马、牛、驴、骡等)和小家畜(猪、羊、兔等)之分,所以保险业务中也分为大家畜养殖保险和小家畜养殖保险。

2. 家禽养殖保险。以家禽(鸡、鸭、鹅等)为保险标的的一类保险就是家禽养殖保险。

3. 水产养殖保险。水产养殖是利用海洋水域、滩涂和内陆水域中的可养面积,对鱼、虾、蟹、贝、藻类及其他水生经济动植物进行人工放养的生产经营活动。水产养殖保险就是对水产养殖过程中因自然灾害和意外事故造成经济损失(死亡或流失)提供补偿的一种养殖保险。具体还分为淡水养殖保险和海水养殖保险。

我国试办的水产养殖保险险种有:池塘养鱼保险、鳗鱼养殖保险、池塘养虾保险、网箱养鱼保险、海水养虾流失保险等,也试办过贻贝及扇贝养殖保险、蛤蜊养殖保险、海带养殖保险、珍珠养殖保险等。

4. 特种养殖保险。特种养殖是近一些年在市场经济发展中兴起的经济动物饲养业。特种养殖的动物很多,如鹿、水貂、肉狗、果子狸、肉鸽、鸵鸟、蛇、鳖、牛蛙、蚯蚓等。为这些饲养动物生产提供的保险服务就属于特种养殖保险。

我国试办过的这类保险险种有：养鹿保险、鸵鸟养殖保险、养鳖保险、牛蛙养殖保险、肉鸽养殖保险等。

（三）涉农保险

涉农保险，是指除种植和养殖业保险以外，其他为农业、农村、农民直接提供保险保障的保险，包括涉及农业生产和农民生活等方面的财产保险和人身保险。它包括涉及农用机械、农用设备、农用设施、农房等农业生产生活资料，以及农产品储藏和运输、农产品初级加工、农业信贷、农产品销售等活动的财产保险；涉及农民的寿命和身体等方面的人身保险。

涉农保险包含的险种种类繁多，且范围难以确定。通常可以按照保险对象的不同，把涉农保险划分为涉农财产保险和涉农人身保险两大类。

1. 涉农财产保险。其包括涉农企业财产保险、农村家庭财产保险、农村房屋保险、农用机械保险、渔船保险、涉农责任保险、涉农信用保险等。

2. 涉农人身保险。其包括农村人寿保险、农村养老保险、农民健康保险（含商业保险参与的新型农村合作医疗）、短期农民意外伤害保险，以及农村计划生育保险、农民工保险、失地农民保险等。有时候这些保险类别也叫“三农保险”①。

复习思考题

1. 工程保险具有哪些特点？
2. 建筑工程一切险、安装工程一切险和机器损坏保险的承保对象分别是什么？
3. 责任保险具有哪些特点？
4. 简述民事法律责任的构成要件和归责原则。
5. 责任保险的常见险别有哪些？
6. 信用保险和保证保险的联系和区别有哪些？
7. 常见的信用保险险别有哪些？
8. 常见的保证保险险别有哪些？
9. 农业保险与其他财产损失的保险经营有何区别？

---

① 参见2014年8月13日发布的《国务院关于加快发展现代保险服务业的若干意见》，国发〔2014〕29号。

第九章　人身保险

本章要点

- 人身保险的特征
- 传统人寿保险的险别
- 新型人寿保险的险别
- 人寿保险的重要条款
- 意外伤害保险的特征
- 健康保险的共性规定
- 健康保险的特征

第一节　人身保险概述

一、人身保险的定义

人身保险是以人的寿命和身体为保险标的的保险，是应对人身风险的重要措施和手段。其中以人的寿命为保险标的，且以被保险人生存或死亡为给付保险金条件的人身保险，为人寿保险。人的生命有生存和死亡两种状态，因此人寿保险就有生存保险、死亡保险和生死两全保险之险别。以人的身体为保险标的的保险为健康保险。人的身体有健康和疾病、生理机能正常与不正常、劳动能力（即人赖以谋生的手段）存在与丧失等状态存在，便有健康保险和意外伤害保险之各种险种，可以对被保险人的身体遭受疾病或意外伤害而导致的支出增加或收入损失进行补偿（给付）。

二、人身保险的特征

与财产保险相比，人身保险的特征主要表现在以下三个方面：

（一）保险金额的确定不同

在财产保险中，保险人和被保险人根据保险标的实际价值，按照被保险人对该保险标的的保险利益来确定保险金额，并作为保险人赔偿责任的最高限额。投保人在保险价值的限度内，可足额投保或不足额投保，但不可超额投保。

人身保险的保险标的是人的生命和身体。人身保险提供保险保障的目的，是为了使遭受不幸事故的被保险人及其家属获得物质上的帮助或经济上的支持，从而不至于使家庭生活计划因不幸事故的发生而遭受灾难性的打击。保险金额过低，一旦不幸事件发生，则不足以体现保险的保障功能；保险金额过高，可能会产生“逆选择”或道德风险，甚至会危害被保险人的生命，也容易导致保险合同失效或退保。

从理论上，人身保险中保险金额的确定主要有“生命价值”方法和“人身保险设计”方法。一般来说，主要根据投保人的投保愿望和缴纳保费的能力，由保险当事人双方通过协商确定保险金额。

（二）保险利益的确定不同

人身保险中对保险利益的要求不同于财产保险，表现为两个方面：

首先，在财产保险中，保险利益具有量的规定性。投保人对保险标的的保险利益一般不超出保险标的实际价值。如果保险金额超过保险价值，超过部分因无可保利益而无效。而人身保险的保险标的——人的生命和身体是很难用金钱来衡量的。因此，从理论上来说，人身保险没有金额上的限制，人身保险的可保利益没有量的规定性，只是考虑投保人有无可保利益。

其次，在财产保险中，保险利益不仅是订立保险合同的前提条件，而且也是维持保险合同效力、保险人支付赔款的条件，一旦投保人对保险标的丧失保险利益，即使发生保险事故，保险人也不负赔款责任。而在人身保险中，保险利益只是订立保险合同的前提条件，并不是维持保险合同效力、保险人给付保险金的条件。只要投保人在投保时对被保险人具有可保利益，此后即使投保人与被保险人的关系发生了变化，投保人对被保险人已丧失保险利益，并不影响保险合同的效力。

（三）保险金的给付不同

财产保险属于补偿性保险，适用损失补偿原则及其派生出来的代位追偿原则和重复保险下的损失分摊原则。

但人身保险属于定额给付性保险（医疗费用保险等除外），补偿原则不适用于人身保险。保险事故发生时，被保险人既可以有经济上的损失（残废、死亡等），也可以没有经济上的损失（如生存到保险满期），即使存在经济上的损失，也不一定能用货币估价。所以，在人身保险中，只要保险合同中约定的保险事故发生，保险人就要按照约定给付保险金，而不论被保险人有无损失及损失金额多少。

由于人身保险不适用补偿性原则，所以也不存在比例分摊和代位追偿的问题。同时，人身保险也没有重复投保和超额投保问题。被保险人可以同时持有若干份有效保险单，保险事故发生后可以同时从若干保单下获得保险金。如果保险事故是由第三方造成的，依法应由第三方负赔偿责任，那么被保险人可以同时获得保险人支付的保险金和第三方支付的赔偿金，保险人不能向第三方代位追偿。

但人身保险中的医疗费用保险可以采用定额给付方式，也可采用补偿方式。当采取补偿方式时，适用补偿原则，即保险人对被保险人给付的医疗费用保险金不超过被保险人实际支出的医疗费。

三、人身保险的分类

按照不同的标准，人身保险可作不同的分类。

（一）按保险责任分类

按照保险责任的不同，人身保险分为人寿保险、意外伤害保险和健康保险三种。

1. 人寿保险。人寿保险是以被保险人的寿命为保险标的，以被保险人生存或死亡为给付保险金条件的人身保险。人寿保险所承保的风险可以是生存，也可以是死亡，也可同时承保生存和死亡。人寿保险是人身保险的主要的和基本的种类，在全部人身保险业务中占绝大部分。

2. 意外伤害保险。人身意外伤害保险，简称意外伤害保险，是以被保险人因遭受意外伤害事故造成死亡或残废为保险事故的人身保险。在全部人身保险业务中，意外伤害保险占的比重虽然不大，但由于保费低廉，只需付少量保费便可获得保障，同时团体保险投保简便且无需检验身体，所以承保人次很多。

3. 健康保险。健康保险是对因健康原因导致的损失给付保险金的保险，包括疾病保险、医疗保险、失能收入损失保险和护理保险等。疾病保险，是指以保险合同约定的疾病的发生为给付保险金条件的保险。医疗保险，是指以保险合同约定的医疗行为的发生为给付保险金条件，为被保险人接受诊疗期间的医疗费用支出提供保障的保险。失能收入损失保险，是指以因保险合同约定的疾病或者意外伤害导致工作能力丧失为给付保险金条件，为被保险人在一定时期内收入减少或者中断提供保障的保险。长期护理保险，是指以因保险合同约定的日常生活能力障碍引发护理需要为给付保险金条件，为被保险人的护理支出提供保障的保险。

本章按照人身保险合同责任的不同，分别对人寿保险、人身意外伤害保险和健康保险等人身保险种类进行介绍。

（二）按保险期限分类

按照保险期限长短的不同，人身保险可以分为保险期间在 1 年以上的长期业务和保险期间在 1 年以下（含 1 年）的短期业务。人寿保险一般属于长期业务，健康保险既可以是长期业务，也可以是短期业务。而意外伤害保险及人寿保险中的定期保险大多为短期业务，其保险期间为 1 年或几个月。通常而言，长期业务的储蓄性质比较强，短期业务的保障性质比较强。

（三）按承保方式分类

按照承保方式不同，人身保险可分为个人保险和团体保险两大类。个人保险是指一张保险单只为一个人或一个家庭提供保障的保险。团体保险是指一张总的保险单为某一团体单位的所有员工或其中的大多数员工提供保险保障的保险。团体保险又可细分为团体人寿保险、团体年金保险、团体意外伤害和团体健康保险等。

另外，按照实施方式的不同，人身保险可以分为自愿保险和强制保险；按保单能否分红，人身保险可分为分红保险和不分红保险；按被保险人是否参加体检，人身保险可分为验体保险和免验体保险；按被保险人的危险程度，人身保险又可分为健体保险和次健体保险（或弱体保险）等。

商业保险公司的人身保险业务分类如表 9-1 所示。该表只是大概地提供了一个简单明了的人身保险业务分类体系，以便于读者具体了解各保险公司的险别险种。

表 9-1　商业保险公司的人身保险业务分类表

第一层次	第二层次	第三层次	第四层次（险种）
人寿保险	生存保险	一次性给付生存保险	养老金保险、子女备用金保险、投资连结保险、各种分红寿险等
		年金保险	养老年金保险、教育年金保险等
	死亡保险	终身死亡保险	普通终身死亡保险、限期交费终身死亡保险、趸缴终身死亡保险等
		定期死亡保险	一年期死亡保险、五年期死亡保险等
	生死合险（生死两全保险）	简易型	简易人身保险、小额保险
		投资连结型	投资连结保险、万能保险等
意外伤害保险		普通型意外伤害保险	学生平安保险、交通意外伤害保险等
		极短期型意外伤害保险	航空意外伤害保险等
		职业型意外伤害保险	执法人员意外伤害保险、计生人员意外伤害保险等
健康保险	医疗保险	个人医疗保险	大病医疗保险、住院费用保险、外科费用保险、大额医疗保险等
		团体医疗保险	（团体）补充医疗保险等
	疾病保险		重大疾病保险等
	失能收入保险		失能收入保险
	长期护理保险		长期护理保险

第二节　人寿保险

人寿保险简称“寿险”，它和意外伤害保险、健康保险一起构成了人身保险的三大基本险别。起初的人寿保险主要是为死亡提供保障，即死亡保险。随着社会的进步和经济的发展，人们的寿命越来越长，由于生存和长寿需要生活费用，为此逐步发展了生存保险，以及把死亡保险与生存保险相结合的两全保险，后来又出现了年金保险。20 世纪七八十年代，为了解除高通货膨胀率的困扰，发达国家的人寿保险公司纷纷进行产品创新，致力于推广分红寿险、投资连结保险、万能寿险等非传统型商品及利率保证契约等寿险产品。

一、传统人寿保险

人寿保险险种的归类，在不同的场合根据不同需求，从各个不同的角度，可以有许多不同的划分方法。传统人寿保险可分为死亡保险、生存保险、生死两全保险和年金保险。

（一）死亡保险

死亡保险是仅在被保险人保险期间内死亡的条件下，保险人才给付保险合同所约定金额的保险。由此可见，死亡保险有如下特征：①只对死亡事故给付，死亡保险只对被保险人在保险期间内死亡承担保险责任，如果保险期满时被保险人仍然生存，则保险人不给付；②保险费比较低；③死亡保险是利他型保险，在死亡保险中，保险人在被保险人死亡时对受益人给付保险金额，被保险人自己不能享受保险金。

根据保险期限是一定时期还是终身，死亡保险又可分为定期死亡保险和终身死亡保险，简称定期寿险和终身寿险。

1. 定期寿险。所谓定期寿险是指在保险合同有明确的保险期限，当被保险人在保险期间内（如1年、5年、10年、20年）死亡时，保险人向其受益人给付保险金；如保险期间届满，被保险人仍然生存，则保险合同终止，保险人也不承担给付责任。定期寿险是人寿保险业务中产生最早也最简单易行的一种。其适用对象主要有三种：其一是在短期内急需得到保障的人，如出差和旅游；其二是需要大额保障而经济能力有限的人，如贫困家庭的主要收入来源者；其三是在借贷合同中作为信用保证。

在实际业务中，为适合保户的需要，定期寿险以短期为主，并产生了几种变化形式：一是平准型定期寿险，即保险金额在保险期间内保持不变；二是递增型定期寿险，即保险金额在保险期间内每隔一定时间（通常是1年、3年）按照一定比例递增；三是递减型定期寿险，即保险金额在保险期间内每隔一定时间（通常是1年、3年）按照一定比例递减。

2. 终身寿险。终身寿险是以被保险人终身为保险期间，通常视作定期寿险的特殊形式。它提供被保险人终身的死亡保障，一般到生命表的终极年龄100岁或105岁为止。只要保险合同效力维持，不论被保险人在100岁或105岁以前的何时死亡，保险人都向其受益人给付保险金。

投保人投保终身寿险的目的，一般是为了在被保险人死亡后，作为受益人的家属得到一笔收入。终身寿险的保险费高于定期寿险，而低于养老寿险。因此，从保险成本的角度看，终身寿险是最贵的定期寿险。终身寿险具有现金价值，被保险人可以中途退保领取现金价值，也可在保单现金价值额度内贷款。

终身寿险的保险费有两种缴纳方式：其一是终身缴费，按这种方法缴费，保险费比较低，但被保险人生存时要按时缴费；其二是限期缴费，要求被保险人在规定的期限内缴纳保险费。

如果规定的期限是 1 年，次数是 1 次时，则要求投保人在投保时一次性缴清全部保费，即趸缴保费。

（二）生存保险

生存保险是以被保险人于保险期满时仍然生存为保险金给付条件的保险。从保险金给付的条件（保险责任）来看，生存保险与死亡保险正好相反，死亡保险是被保险人在期内死亡给付，期满生存不给付；生存保险是期内死亡不给付，期满生存给付。

生存保险主要是应保户在一定期间后资金需要而设计的，如筹备子女的教育资金、婚嫁金、创业基金，或因年老退休或配偶死亡所需的养老资金等。由此可见，生存保险是以储蓄为主，有人也称之为储蓄保险。但生存保险与储蓄又不尽相同，因为在保险期内死亡的人得不到任何给付，而期满生存的人得到的保险金中，除自己缴纳的保险费和利息外，还包括在期内死亡的人所缴纳的保费。

目前市场上纯粹的生存保险并不多见，大多采用年金保险的形式。

（三）生死两全保险

“两全保险”又称“生死合险”或“储蓄保险”，指无论被保险人在保险期内死亡或者生存到保险期满，保险人均给付保险金的保险。从保险责任来看，两全保险是生存保险与死亡保险的叠加。由于同时考虑到生存与死亡这两种生命状态，既提供强大的储蓄功能，又能防止储蓄期间的死亡风险，因此，该险种既可以保障被保险人退休后生活的需要，又可以解除由于被保险人死亡而给家庭生活带来的后顾之忧。但其保险费率比较高，除长期的两全保险与终身寿险的费率相差不大外，短期的两全保险比其他寿险的费率高很多。

生死两全保险有两项基本用途：一是提供老年退休基金；二是为遗属提供生活与教育费用。由于两全保险的储蓄性强于终身寿险，属于高度储蓄性保险产品，故其还有一些特殊用途，如作为投资工具，作为半强迫性储蓄工具，或作为个人借贷中的债务抵押品。两全保险一般规定一个期限，期限的表示方法有两种：一种是以特定的年数表示，如 10 年、15 年、20 年的两全保险；另一种是以特定的年龄表示，如 55 岁、60 岁、65 岁的两全保险。保险费通常在整个保险期间按年、半年、季或月缴付，也可以限期缴清。

（四）年金保险

年金保险是生存保险中的一类特殊的险别，由于其特殊性及其在市场中的重要地位，这里专门加以介绍。生存保险的保险金可以一次性给付，也可以分期给付。如果保险金按事先约定的周期分期给付，便是年金保险。给付周期可以是 1 年、半年、季或月，但多按月给付。年金保险的保险责任与生存保险相同。当被保险人在约定的保险期内生存时，保险人给付保险金，如果被保险人在约定的保险期内死亡，保险人不给付保险金。投保人投保年金保险的目的一般是为了保障年金领取者晚年的经济生活。在年金保险中，保费可以采用一次缴清及趸缴方式，也可以采取按月或按年的分期缴费方式。但不论采取何种方式，在开始领取年金以前，投保人必须缴清所有的保费，年金领取日往往就是缴费截止日。

按照不同的标准，年金保险可划分为不同的种类。

1. 按照年金给付开始的时间，分为即期年金和延期年金。即期年金是指投保人支付所有的保费后，年金受领人立即开始按期领取年金，即期年金一般采取趸缴保费方式。延期年金是指保险合同成立后，经过一定期间或达到一定年龄后且被保险人仍然生存时才开始给付年金，延期年金的保费可以采取分期缴纳的方式，也可以采取趸缴的方式。

2. 按照年金给付的条件，分为生存年金和确定年金。生存年金是以年金受领人的生存为给付年金的条件，即年金受领人在合同规定的期限内生存，才可以按期领取年金，也称生命年金。确定年金不受年金受领人是否生存的限制，而按合同的约定为给付年金的条件，也称固定年金。

3. 按照被保险人数的不同，分为个人年金、联合及生存者年金和联合年金。个人年金又称为“单生年金”，被保险人仅为 1 人，并以其生存作为给付条件。联合及生存者年金又称为“联合及最后生存者年金”，被保险人有两人以上，而年金给付继续到其中的最后生存者死亡为止。此种年金的投保人通常为夫妻。联合年金是以两个或两个以上的被保险人均生存作为给付条件，只要有一人先行死亡，保险金就停止给付。

4. 按照年金给付期限的不同，分为定期年金、终身年金和最低保证年金。定期年金是指保险人在约定的期限内给付年金，并以约定期满与被保险人死亡两者之间的先发生者作为终止给付年金的时间。终身年金是指保险人以被保险人的死亡作为给付年金的终止时间。显然，终身年金对长寿者非常有利，而被保险人死亡得越早越不利。最低保证年金是指在保证给付年限内年金领取人死亡的情况下，保险人继续向其指定的受益人支付年金领取人没有领完的金额，直至保证给付年限满期为止。显然，最低保证年金是为了适应某些被保险人担心过早死亡而损失本金的心理而设计的。

5. 按照年金给付额是否变动，分为定额年金和变额年金。定额年金是指每期给付的金额按合同的规定保持不变。变额年金是指每期给付的年金金额随其投资账户的投资收益的变动而不断变动。变额年金实际上属于下述新型人寿保险产品。

二、新型人寿保险

与传统型寿险产品相比，新型寿险产品是保险产品与其他金融产品的充分的和巧妙的结合，这类产品既考虑到投保人和被保险人的方便和利益，同时也注意到保险人自身经营风险的分散。新型寿险产品目前主要有以下几种：

（一）投资连结保险

投资连结保险通常又称投连险，是具有保险保障功能并至少在一个投资账户拥有一定资产价值，而不保证最低收益的人身保险。即投资连结保险除提供风险保障外，还具有投资功能。其中，投资连结保险的投资部分的回报率是不固定的，未来投资收益具有一定的不确定性，保单价值将根据保险公司实际投资收益情况确定。一方面，保险公司投资收益比较好时，客户的资金也将获得较高的投资回报；反之，保险公司投资收益不理想时，客户也将承担一定的风险。另一方面，正是由于取消了保单固定利率，所以保险公司可以制定更加积极的投资策略，通过对资金的有效地组合和运用，使资金发挥更大的效率。这样投保人就有可能获得比采用固定利率的传统人寿保险更好的投资收益。

投资连结保险具有以下特点：①更强调客户资金的投资功能。②可包含多个不同类型（根据投资对象分类）的投资账户供客户选择，客户购买后资金将直接进入其选择的投资账户。③同时可以向客户提供人身风险保障功能，保障责任可多可少，客户购买保障发生的费用及其他投连产品规定向客户收取的管理费用均定期从客户的投资账户中扣除。④同股票、基金类似，投连账户中的资产由若干个标价清晰的投资单位组成，资金收益体现为单位价格的增加。⑤客户享有投连账户中的全部资金收益，保险公司不参与任何收益分配而只收取相应管理费用，同时客户要承担对应投资风险。

（二）万能人寿保险

万能人寿保险又称为“综合人寿保险”，也是创新型寿险中的主流产品。它在投保人缴纳保费时间、交费期限、每次交费数额、交费方式、给付方式和时间等方面都富有弹性，极大地方便了客户，满足了客户的需要。由于这一特点，这种产品还可以与银行、投资基金和其他金融机构进行业务竞争。

（三）万能变额人寿保险

万能变额寿险是在变额寿险产品的基础上又吸收了万能寿险产品的弹性交费等优点而设计的创新产品，它改变了变额人寿保险缴费固定的特点，死亡给付金额、保费、保险期限在一定的限制条件内都可以变动，因而产品的灵活性大大增加。

万能变额寿险可以为被保险人提供终身保护，也可以提供一段时期的保护，通常最短的期限为 10 年，从而能灵活地适应被保险人的需求。被保险人可以在购买保单时选择一个死亡给付金额，并在一定的限度内，选择一个他们能接受的保费。保单生效后，死亡给付金额与所缴纳的保费呈同方向变动。根据投保人所缴纳的保费与对保障的需求程度，保单可以在终身寿险和定期寿险之间转化。在一定的期限内，随着保费的增加或减少，保险期限也可以随之延长或缩短，加上分离账户的收益变动，其保险金给付额也会与投保时的基本保证有较大差异。

三、人身保险合同的常用条款

保险条款是保险合同中规定当事人之间权利义务的条文，人身保险合同的常用条款是指人身保险合同中对某些事项的固定化、统一化和规范化的规定，通常更多地应用于人寿保险中。人身保险合同的常用条款并不是合同中不可缺少的组成部分。在一份具体的人身保险合同中，使用、列入哪些常用条款，是由保险人在法律的规定范围内在制订保险合同时决定，或由投保人与保险人约定的。人身保险合同的常用条款主要有：不可抗辩条款、年龄误告条款、复效条款、不丧失价值条款、宽限期条款、受益人条款及自杀条款等。

（一）不可抗辩条款

不可抗辩条款又称不可争条款，是指人身保险合同生效满一定期限（通常为 1 年或两年）后，就成为不可争议的文件，除由于投保人欠交保险费以外，保险人不得以投保人在投保时违反最大诚信原则、没有履行告知义务等理由否定保险合同的有效性。

在人身保险合同中列入不可抗辩条款，是保护被保险人利益、限制保险人权利的一项措施。最大诚信原则是保险的基本原则之一，最大诚信要求投保人在投保时如实申报被保险人的职业、年龄、健康状况等重要事项，以便保险人决定是否承保以及承保的费率。如果投保人没有履行如实告知义务，保险人有权宣告保险合同无效，以保护保险人的正当权益。但在实际业务中，人身保险一般是长期性的保险合同，有时确实是被保险人在投保时由于种种原因，遗漏而填报的内容不够准确详尽，但保险人当时没有及时指出，却在合同订立许多年后，保险人再以投保人在投保时违反最大诚信原则为理由主张保险合同无效，此时，被保险人年龄已大，身体健康状况可能发生变化，不再符合投保条件，或者虽然符合投保条件，但需要支付更多的保险费，从而极大地损害了被保险人的利益。尤其是死亡保险中，保险金是给付于受益人，如果保险人拒付，实质上是由受益人承担了被保险人的误告责任，这是很不合理的。

此外，该条款的引进也在一定程度上防止了保险人的道德风险。如果允许保险人在保险合同生效多年后，以投保人在投保时违反最大诚信原则为由，主张保险合同无效，就可能出现保险人的道德风险问题，即保险人在知道投保人投保时隐瞒了一些重要事实的情况下，仍予以承保。如果不发生保险事故，则按合同规定收取保险费；如果发生了保险事故，则主张合同无效，拒绝履行给付义务。这对投保人显失公平，也不利于保险市场的长期发展。

我国《保险法》第十六条第三款规定：“前款规定的合同解除权，自保险人知道有解除事由之日起，超过三十天后不行使而消灭。自合同成立之日起超过二年的，保险人不得解除合同；发生保险事故的，保险人应当承担赔偿或者付给保险金的责任。”

该条款也适用于保险合同失效后的复效，但为了防止逆选择，在办理复效手续时，保险人仍要求投保人如实告知，必要时可对被保险人的健康状况进行审查，并且可争时间又重新开始，从复效时起，经过争辩期后成为不可争合同。

（二）年龄误告条款

年龄误告条款规定，如果被保险人在投保时误报年龄，保险合同并不因此而失效，但保险人可以根据被保险人的真实年龄对保险合同予以调整，调整的方法通常有两种：

退还多缴保险费或调整保险金额。

在人身保险中，被保险人的年龄是确定保险费率的一个重要依据，也是判断能否承保的条件。不同年龄的人由于死亡率的不同，即使投保的险种、保险的期限以及保险金额都相同，所缴纳的保险费也是不同的。因此要求投保人在申请投保时应如实填写被保险人的真实年龄，如果所报年龄大于或小于投保时被保险人的真实年龄，所缴纳的保险费必然多于或少于实际应缴保费，或在同等保费的条件下，合同保险金额少于或多于实际可投保的金额，造成双方权利、义务的不对等，因此需要对原有承保状况进行调整。一般规定，在投保时被保险人的真实年龄超过保险公司规定的最高年龄而误告时，保险合同自始无效，保险人退还保险费。

当被保险人投保时的年龄在投保范围内，误告而多缴保费时，保险人可退还多交保费。当由于年龄误告而少缴保费时，保险人能按真实年龄减少保额，或者要求投保人补交保费。以下举例分别说明，当被保险人死亡时发现投保时年龄误报，保险金额的调整方法。

例如，某人投保 10 年定期寿险，保险金额为 5 万元，投保年龄为 40 岁，趸缴保费 3 189 元。5 年后，该被保险人死亡。保险人在理赔时发现此被保险人投保时的真实年龄为 42 岁，而 42 岁的人趸缴保费为 3 559 元。所以，实际保险金额应调整为：

$$50\ 000\times3\ 189\div3\ 559\approx44\ 800（元）$$

即保险人给付保险金 44 800 元即可。如果保险人在保险事故发生前发现投保人存在年龄误告，可以要求投保人补交保费 370 元（3 559−3 189），保持保额不变。

反之，如果被保险人投保时的真实年龄为 40 岁，申报年龄为 42 岁。理赔时保险人退还投保人多缴保费 370 元（3 559－3 189），实际支付受益人 50 370 元（50 000＋370）。

我国《保险法》第三十二条规定："投保人申报的被保险人年龄不真实，并且其真实年龄不符合合同约定的年龄限制的，保险人可以解除合同并按照合同约定退还保险率的现金价值。保险人行使合同解除权，适用本法第十六条第三款、第六款的规定。投保人申报的被保险人年龄不真实，致使投保人支付的保险费少于应付保险费的，保险人有权更正并要求投保人补交保险费，或者在给付保险金时按照实付保险费与应付保险费的比例支付。投保人申报的被保险人年龄不真实，致使投保人实付保险费多于应付保险费的，保险人应当将多收的保险费退还投保人。"

（三）不丧失价值条款

不丧失价值条款，又称不没收条款，是指当投保人无力或不愿继续缴纳保险费时，长期人身险保险单现金价值的权利依然由投保人享有，不因保险合同效力中止而丧失。也就是说，即使保险单失效了，保险单上的现金价值所有权归投保人不变，享用的方式按照保险合同的规定，可由投保人任意选择。

由于均衡保费制的实施，在人寿保险中，除定期寿险之外的大部分保险单，在交纳一定时期（一般为 2 年或 3 年）的保险费之后，都具有一定量的现金价值，且大部分险种的现金价值量是不断递增的。这部分现金价值如同储蓄存款一样（在不发生给付的情况下），为投保人所拥有。保险人应在其保单上附上现金价值表，有的还应说明计算方法，从而使投保人能准确知道保单的现金价值。

投保人处置失效保单现金价值的方式一般有三种：一是办理退保，领取退保金。二是将原保险单改为缴清保险。即在原保单的保险期限和保险责任保持不变的情况下，将保险单上的现金价值作为趸缴保险费，重新确定保险金额。缴清保险的保险金额比原保单上的保险金额要小。三是将原保险单改为展期保险。即将保险单上的现金价值作为趸缴保险费，用以购买与原保单保险金额相同的死亡保险，保险期限相应缩短，缩短的程度取决于原保单现金价值的量。

我国《保险法》第三十七条第二款规定："保险人依照前款规定（复效条款，笔者注）解除合同的应当按照合同约定退还保险单的现金价值。"第四十七条又规定："投保人解除合同的，保险人应当自收到解除约定合同通知之日起三十日内，按照合同约定退还保险单的现金价值。"可见，对于已经失效的人身保险单，其现金价值并不丧失。

（四）宽限期条款

宽限期条款是指对于没有按时交纳续期保费的投保人，保险人给予一定的宽限期（有的为 1 个月，有的为 2 个月）。只要投保人在宽限期内续交了保费，保单继续有效。在宽限期内发生保险事故的，即使保险人没有交费，保险人仍给付保险金，但要从保险金中扣除当期应交的保险费和利息。如宽限期满投保人仍未交付保险费，保险合同自宽限期满翌日停止效力。

一般保单到期没有续交保险费，应立即失效，但考虑到人身保险合同是长期性合同，交费期限有的长达几十年。在这个漫长的过程中，不可避免地会出现一些影响投保人按时交费的因素，如遗忘、外出未归、经济暂时困难等。规定一个宽限期，不仅方便投保人，避免轻易让保单失效，对保险人来说也有利于保持较高的续保率。

我国《保险法》第三十六条规定："合同约定分期支付保险费，投保人支付首期保险费后，除合同另有约定外，投保人自保险人催告之日起超过三十日来支付当期保险费，或者超过约定的期限六十日未支付当期保险费的，合同效力中止，或者由保险人按照合同约定的条件减少保险金额。"

（五）复效条款

复效条款是指人寿保险单因投保人欠缴保费而失效后，自失效之日起一定时间内（一般为二年），投保人可以申请复效，经保险人审查同意后，投保人补交失效期间的保险费和利息，保险合同即可恢复效力。如我国《保险法》第三十七条第一款规定："合同效力依照本法第三十六条规定（即有关宽限期方面的规定，作者注）中止的，经保险人与投保人协商并达成协议，在投保人补交保险费后，合同效力恢复。但是，自合同效力中止之日起满 2 年双方未达成协议的，保险人有权解除合同。"复效与重新投保不同，复效时原来的保险合同中权利、义务保留不变，如保险责任、保险期限、缴费标准、满期给付的日期都按原合同规定办理。而重新投保则一切都重新开始，此时由于被保险人年龄增大，费率会随之增加；此外身体状况可能发生了较大变化，出现加费因素甚至不符合投保条件。所以，一般来讲，复效优于重新投保，投保人大都愿意申请复效。

如果投保人在2年内不申请复效，保险人宣布解除合同后，保单也将永久失效。

（六）受益人条款

在含有死亡责任的人身保险合同中，受益人是十分重要的关系人，因此，很多国家的人身保险合同中都有受益人条款。受益人条款通常包括两方面的内容：一是明确规定受益人；二是明确规定受益人的更换。

人身保险中的受益人通常分为指定受益人和未指定受益人两类。指定受益人按其请求权的顺序分为原始受益人和后继受益人。许多国家在受益人条款中都规定："如果受益人在被保险人之前死亡，这个受益人的权利将转回被保险人，被保险人可以另再指定受益人。"这个再指定受益人就是后继受益人。当保单所有人或被保险人未指定受益人时，如果被保险人没有遗嘱指定受益人，那么，被保险人的法定继承人就成为受益人，这时保险金变成被保险人的遗产。

保单所有人或被保险人除了指定受益人外，如果保单赋予保单所有人或被保险人有变更受益人的权利，则他就拥有变更受益人的权利。变更受益人无须征求受益人同意，但必须遵循一定的程序，否则变更无效。现在最通常的手续是书面通知保险公司。这种不需要受益人同意就能变更的受益人称为可变更受益人。如果需要受益人同意才能变更的受益人称为不可变更受益人。

（七）自杀条款

自杀条款一般规定，被保险人在保单生效后的两年内自杀（包括复效），保险人不给付保险金，但退还所缴保费。但如果自杀发生在保单生效两年以后，保险人应按保险合同约定给付保险金。如我国《保险法》第四十四条规定："以被保险人死亡为给付保险金条件的合同，自合同成立或者合同效力恢复之日起2年内，被保险人自杀的，保险人不承担给付保险费的责任，但被保险人自杀时为无民事行为能力人的除外。""保险人依照前款规定的承担给付保险金责任的，应当按照合同约定退还保险单的现金价值。"

在很长一段时期内，人身保险业务一直将自杀作为除外责任，认为保险人对自杀风险承担保险责任，会助长道德危险，并直接影响保险人的经济核算。但后来，人们对自杀完全免除责任感到不合理，并普遍接受和采用自杀条款。原因主要有：①保险人精算保险费的死亡率中包括各种死亡因素，其中也有自杀，也就是说，投保人已经给自杀风险缴了费、投了保；②领取死亡保险金的是受益人，受益人往往就是依靠被保险人提供经济来源的人。如果对自杀一概不负给付保险金的责任，必将损害受益人的利益；③自杀的原因有多种，并非都是蓄意骗取保险金。规定在2年内自杀不赔，2年后自杀给付，在一定程度可以排除这种风险。

四、典型产品介绍

（一）分红保险

国寿福满一生两全保险（分红型）——中国人寿保险股份有限公司：

1. 投保范围。凡出生二十八日以上、五十五周岁以下，身体健康者均可作为被保险人，由本人或对其具有保险利益的人作为投保人投保。

2. 保险期限。合同生效之日起至被保险人年满七十五周岁的年生效对应日。

3. 保险责任。合同保险期间内，公司承担以下保险责任：

（1）特别生存金。自合同生效之日起至合同约定的福寿金开始领取日前，若被保险人生存至本合同的年生效对应日，公司每年按合同首次交纳的保险费的1%给付特别生存金。

（2）关爱金。自合同生效之日起至合同约定的福寿金开始领取日前，若被保险人生存至本合同的年生效对应日，公司每年按基本保险金额的10%给付关爱金。

（3）福寿金。自合同约定的福寿金开始领取日起至被保险人年满七十四周岁的年生效对应日止，若被保险人生存至合同的年生效对应日，公司每年按基本保险金额的20%给付福寿金。

（4）满期保险金。被保险人生存至年满七十五周岁的年生效对应日，公司按基本保险金额的100%给付满期保险金，合同终止。

（5）身故保险金。被保险人于合同生效之日起至年满十八周岁的年生效对应日前身故，公司按本合同所交保险费（不计利息）给付身故保险金，合同终止。

（6）意外伤害身故保险金。被保险人于合同生效之日起遭受意外伤害，并自意外伤害发生之日起一百八十日内因该意外伤害导致被保险人于年满十八周岁的年生效对应日起至合同约定的福寿金开始领取日前身故，公司按约定给付身故保险金后，再按基本保险金额的800%给付意外伤害身故保险金，合同终止。

4. 除外责任。因下列任何情形之一导致被保险人身故，公司不承担给付保险金（包括身故保险金和意外伤害身故保险金）的责任：

（1）投保人对被保险人的故意杀害或者故意伤害；

（2）被保险人故意犯罪或抗拒依法采取的刑事强制措施；

（3）被保险人在本合同成立或合同效力恢复之日起二年内自杀，但被保险人自杀时无民事行为能力人的除外；

（4）被保险人服用、吸食或注射毒品；

（5）被保险人酒后驾驶、无合法有效驾驶证驾驶或驾驶无有效行驶证的机动车；

（6）被保险人在本合同复效之日起一百八十日内因疾病；

（7）战争、军事冲突、暴乱或武装叛乱；

（8）核爆炸、核辐射或核污染。

无论上述何种情形发生，导致被保险人身故，合同终止，向投保人退还本合同的现金价值，但投保人对被保险人故意杀害或伤害造成被保险人身故的，公司退还本合同的现金价值，作为被保险人遗产处理。

因下列任何情形之一导致被保险人身故，公司亦不承担给付意外伤害身故保险金的责任：

（1）被保险人自杀或故意自伤，但被保险人自杀或故意自伤时为无民事行为能力人的除外；

（2）被保险人斗殴、醉酒；

（3）被保险人未遵医嘱私自使用或服用药物，但按使用说明的规定使用非处方药不在此限；

（4）被保险人参加潜水、跳伞、攀岩、驾乘滑翔机或滑翔伞、探险、摔跤、武术比赛、特技表演、赛马、赛车等高风险运动；

（5）被保险人的产前产后检查、妊娠（含宫外孕）、流产（含人工流产）、分娩（含剖腹产）、避孕、绝育手术、治疗不孕不育症以及上述原因引起的并发症；

（6）被保险人的精神和行为障碍。

（二）万能保险

平安世纪天骄终身寿险（万能型）条款——中国平安人寿保险股份有限公司：

1. 投保年龄。指投保时被保险人的年龄，投保年龄以周岁计算。本主险合同接受的投保年龄为零周岁至十七周岁，投保时被保险人为零周岁的，应当为出生满二十八日且已健康出院的婴儿。

2. 保险期间。本主险合同的保险期间为终身，自本主险合同生效日起至被保险人身故时止。

3. 保险责任。在本主险合同有效期内，承担如下保险责任：

被保险人身故，按身故当时的保险金额给付“身故保险金”，本主险合同终止。给付的身故保险金已包含身故当时的保单账户价值。

4. 责任免除。因下列情形之一导致被保险人身故的，不承担给付保险金的责任：

（1）投保人对被保险人的故意杀害、故意伤害；

（2）被保险人故意犯罪或者抗拒依法采取的刑事强制措施；

（3）被保险人自本主险合同成立或者合同效力恢复之日起2年内自杀，但被保险人自杀时为无民事行为能力人的除外；

（4）被保险人主动吸食或注射毒品；

（5）被保险人酒后驾驶、无合法有效驾驶证驾驶，或驾驶无有效行驶证的机动车；

（6）战争、军事冲突、暴乱或武装叛乱；

（7）核爆炸、核辐射或核污染。

发生上述第1项情形导致被保险人身故的，本主险合同终止，我们向受益人退还被保险人身故当时本主险合同的现金价值。

发生上述其他情形导致被保险人身故的，本主险合同终止，我们向受益人退还被保险人身故当时本主险合同的现金价值。

（三）投资连结保险

平安保险世纪理财投资连结保险。

1999 年 10 月 23 日，中国平安保险股份有限公司在上海率先推出了国内第一个投资连结保险——平安世纪理财投资连结保险。该产品一问世，受到消费者的热情追捧，销售额不断创出新高；同时也掀起了国内保险业产品创新的浪潮。但随后股市大幅缩水，投资基金单位净值下降，也引起了部分消费者的担忧甚至投诉。

该产品的保险责任有身故保险金和全残保险金，即被保险人在保险期间内身故，公司根据合同项下的投资单位价值总额或者保险金额，取二者中金额较大者，给付身故保险金；被保险人在保险期间内且于六十周岁的保单周年日之前发生全残，公司根据合同项下的投资单位价值总额或者保险金额，取二者中金额较大者，给付全残保险金。保险期间分十年、十五年，二十年和二十五年四种。投保人投保时可按被保险人当时年龄选择相应的保险期间。同时产品还设有豁免保险费条款和可保选择权条款。豁免保险费条款是指，被保险人在保险期间内且于六十周岁的保单周年日之前因疾病或意外伤害事故导致失能，投保人免交豁免期间内的保险费，合同继续有效。可保选择权条款是指，在合同有效期内，投保人可在第二、四、六、八个保单周年日，选择投保本保险的一份新保险合同。

第三节　意外伤害保险

意外伤害保险和短期健康保险具有财产保险特征，都属于短期补偿性的保险，在国际上大多数国家被视为经营上的“第三领域保险”。我国 1995 年开始实施的《保险法》规定，只有人身保险公司可以经营意外伤害保险和健康保险。2002 年修订的《保险法》在规定产险、寿险分业经营的同时，允许经营财产保险业务的公司也可以经营意外伤害保险和短期健康保险。

一、意外伤害保险的含义

意外伤害保险是指以被保险人的身体或劳动能力为保险标的的保险，在保险期间内，当被保险人遭受非本意的、外来的、突然的意外事故，以致死亡、身体残废、暂时或永久丧失劳动能力，由保险人给付保险金。

在意外伤害保险中，被保险人的死亡或伤残必须是由意外伤害而致的，如果是由于疾病、年老、生育等原因引起的，保险人不负任何责任。

由此可见，意外伤害保险与人的生命因素没有直接联系。在意外伤害保险中，被保险人所面临的危险程度，并不因为被保险人的年龄、性别而有所差异，被保险人无论是男是女，年长年幼，身体健康与否，在相同的环境中，他们的身体遭受意外伤害的概率大体是相同的。因此，在制定意外伤害保险的保险费率时，被保险人的年龄、性别等生命因素通常不多考虑，保险人承保时通常也不限制被保险人的身体条件，相反，被保险人所从事职业的性质是费率厘定时考虑的主要因素。

意外伤害保险保障的项目主要有基本保险项目和派生保险项目。基本保障项目包括：①死亡给付。在法律上发生效力的死亡包括两种情况：一是生理死亡，即已被证实的死亡；二是宣告死亡，即按照法律程序推定的死亡。当意外事故发生致使被保险人死亡的，保险人给付死亡保险金。②残疾给付。这里的残疾包括两种意思：一是人体组织的永久性残缺（或称缺损），如肢体断离等；二是人体器官正常机能的永久丧失，如丧失视觉、听觉、嗅觉、语言的机能，运动障碍等。当意外事故发生致使被保险人身体残疾的，保险人给付残疾保险金。

意外伤害保险的派生保障项目主要有：一是死亡给付派生而来丧葬给付和遗嘱生活费给付等；二是由残废给付派生的医疗费给付和误工（死亡前和残废的结果发生前所支付的医疗费及收入损失）给付等。

二、意外伤害的界定

伤害是指外来的致害物以某种方式破坏性地接触或作用于人的身体的客观事实。致害物、伤害对象、伤害事实是构成伤害的三个要素，缺一不可。致害物是指对受害者直接造成伤害的物体或物质，可以是物理类的、化学类的或生物类的。伤害对象是指致害物所侵害的客体，即人体的某个部位或某几个部位，是指对人的生理上的伤害，对人的生理机能造成了破坏，而不是指心理上或权利上的伤害。伤害事实是指致害物破坏性地接触或作用于人体的客观事实，通常有烧伤、烫伤、爆炸、碰撞、坠落、跌倒、坍塌、掩埋、倾覆、触电、急性中毒、辐射等引起的伤害。意外伤害保险保障的范围并不是所有的伤害，而是由意外伤害所引起的人员伤亡。所谓意外伤害应该由以下三个要素构成：首先，意外伤害是非本意的。即事故的发生不是本人意志的结果，事故发生的结果是受害者不能预见到的、非故意的或违背受害者主观愿望的，如行人被飞来之物砸伤、工人在操作中不慎触电致死等。其次，意外伤害是外来的。即伤害是由受害者自身以外的原因造成的，而不是由被保险人自身原因造成的。如被保险人因疾病而死亡或伤残，就不属于意外伤害。最后，意外伤害是突然的。即引致伤害的原因是突然出现，而不是早已存在的或长年累月形成的，受害者在面临风险时来不及预防。

“非本意”“外来的”“突然的”三种情况是构成意外伤害保险的“意外”不可缺少的要素。但是，由满足这三个要素的“意外”事故所造成的伤害并不一定属于意外伤害保险保障的范围。

三、意外伤害保险的特点

（一）保险金额

意外伤害保险的保险金额确定与人寿保险相同。由于人的生命和身体是无法用货币来衡量的，投保人就根据保障的需要和经济上的支付能力来确定自己投保的保险金额。

（二）费率的计算

意外伤害保险费率依据损失率而非死亡率、利率来计算。在计算费率时，一般不需要考虑被保险人的年龄、性别等因素，并不以生命表为依据。因为被保险人所面临的风险是与其职业、工种或从事的活动关系密切，被保险人遭受意外伤害的概率并不因被保险人的年龄、性别不同而有较大的差异。在其他条件相同的情况下，被保险人职业、工种或从事活动的危险程度越高，应交的保险费越多。因此意外伤害的承保条件较宽，高龄者可以投保，对被保险人也不必进行体检。

（三）保险责任

意外伤害保险的保险责任与人寿保险中的定期死亡保险责任有交叉。对于因意外伤害所致的死亡，两者都负责；但对于疾病等非意外伤害所致的死亡，意外伤害保险不负责，定期死亡保险负责；对意外伤害引起的伤残，意外伤害保险负责，定期死亡保险不负责。

此外，意外伤害保险的保险责任由三个必要条件构成，即被保险人在保险期限内遭受了意外伤害；被保险人在责任期限内死亡或残废；被保险人所遭受的意外伤害是其死亡或残废的直接原因或近因。

（四）保险期间

意外伤害保险的保险期间较短，并与责任期限存在不一致性。意外伤害保险的保险期间一般为 1 年，有些极短期意外伤害保险的保险期间往往只有几天、几个小时。但责任期限并不随着保险期限的结束而终止。

责任期限是意外伤害保险特有的概念，指从被保险人遭受意外伤害之日起的一定期限，通常为 90 天、180 天、360 天或 13 周、26 周、52 周。意外伤害保险强调被保险人在遭受伤害后的死亡或残疾必须发生在责任期限内。只要被保险人遭受的意外伤害事故发生在保险有效期间，而且自遭受意外伤害之日起的一定时期内，造成死亡、残疾的后果，保险人都要承担保险责任，给付保险金，包括期间的医疗费用和误工损失。

（五）赔偿方式

在意外伤害保险中，采用定额赔偿的方式，按保险合同中约定的金额赔偿，而不管被保险人实际损失的多少。一般在意外伤害保险中分别列明死亡保险金额和伤残保险金额。当被保险人因意外伤害而死亡时，支付死亡保险金的全部，保单同时终止。当被保险人因意外伤害致残时，根据伤残程度按比例赔付伤残保险金，但赔付总数不超过伤残保险金额。被保险人在保险期限内多次遭受意外伤害时，保险人对每次意外伤害造成的残废或死亡均按保险合同规定给付保险金，但给付总额累计不超过保险金额。

四、意外伤害保险的分类

（一）按投保对象分类

1. 团体意外伤害保险。团体意外伤害保险是意外伤害保险中最主要的险种，主要包括团体人身意外伤害保险、学生团体平安保险等。

团体意外伤害保险的特点：一是投保人与被保险人不是一个人，投保人是一个整体单位，被保险人是单位的人员，如学校的学生、企业的员工等；二是保险责任是残废和死亡责任，以被保险人残废和死亡作为给付保险金的条件，所以投保人在订立保险合同时，应经被保险人书面同意，并认可保险金额；三是保险金额一般没有上限规定，仅规定最低保额；四是保险费率低，团体意外伤害保险由于是单位投保，降低了保险人管理成本等方面的费用，保险费率因此降低；五是在通常情况下，保险费是在保险有效期开始之日一次交清，保险费交清后保单方能生效。

2. 个人意外伤害保险。它是指只承保一名被保险人的保险。机动车驾乘人员人身意外伤害保险、航空人身意外伤害保险、旅客意外伤害保险和旅游意外伤害保险等是个人意外伤害保险的主要险种。

个人意外伤害保险的特点：一是大多属于自愿保险，但有些险种属于强制性保险；二是多数险种的保险期间较短；三是投保条件相对宽松。一般的个人意外伤害保险对保险对象均没有资格限制，凡是身体健康、能正常工作或正常劳动者均可作为保险对象；四是保险费率低，而保障范围较大。由于一般的个人意外伤害保险不具有储蓄性，所以保险费仅为保险金额的千分之几甚至万分之几。

（二）按承保风险分类

1. 普通意外伤害保险。该类意外伤害保险是承保由普通的风险而导致的各种意外伤害事件。

普通意外伤害保险投保手续比较简单，由保险公司事先拟定好条款，投保方只需作出“是”与“否”的附合。在实际业务中，许多具体险种均属此类意外伤害保险，如我国现开办的团体人身意外伤害保险、个人平安保险。

2. 特种意外伤害保险。该类意外伤害保险是承保在特定时间、特定地点或由特定原因而发生或导致的意外伤害事件。由于“三个特定”，相对于普通意外伤害保险而言，后者发生保险风险的几率更大些，故称之为特种意外伤害保险。例如在游泳池或游乐场所发生的意外伤害，江河漂流、登山、滑雪等激烈的体育比赛或活动中发生的意外伤害等。实际开办此类业务时，大多采取由投保方和保险方协商一致后签订协议的方式办理。

（三）按险种结构划分

1. 单纯意外伤害保险。保险责任仅限于意外伤害。我国目前开办的团体人身意外伤害保险、公路旅客意外伤害保险、学生团体人身意外伤害保险、驾驶员意外伤害保险等，都属于单纯意外伤害保险。

2. 附加意外伤害保险。这种保险包括两种情况：一种是其他保险附加意外伤害保险，另一种是意外伤害保险附加其他保险责任。如我国目前开办的简易人身保险，以生存到保险期满或保险期限内死亡为基本保险责任，附加意外伤害造成的残废，属于生死两全保险附加意外伤害保险。再如住宿旅客意外伤害保险，保险责任包括旅客由于意外伤害造成的死亡、残废以及旅客随身携带行李物品的损失，属于意外伤害保险附加财产保险。

五、意外伤害保险的条款示范

（一）旅行意外伤害保险

美亚旅行意外伤害保险——美亚财产保险股份有限公司：

1. 保障对象。合同投保时的被保险人可以为一人或数人，但最多不超过四人（含四人），以投保单上所载的为准。被保险人的投保年龄必须符合投保单所载的年龄要求。任何情形下，本保险不承保任何国家或国际组织认定的恐怖分子或恐怖组织成员，或非法从事毒品、核武器、生物或化学武器交易人员。

2. 保险期间。合同的生效日以保险单所载的生效日期为准，保险单满期日和保险费到期日均以该日期计算。公司在本合同项下承担任何保险责任须以投保人一次缴付本合同的全部保险费或按双方约定的其他方式缴付保险费且本公司同意承保为前提。公司应签发保险单作为承保的凭证。

合同的保险期间以保险单上载明的期限为准。24 小时为一日，以北京时间为准。

如投保单次旅行，公司对各被保险人的保险责任的开始时间以下列情况中最迟发生的时间为准：①保险单所载的生效日期；②该被保险人在本合同有效期内离开其境内日常居地或日常工作地所在的市级行政区域或搭乘公共交通工具直接前往其日常居住地或日常工作地所在的市级行政区域之外的旅行目的地。该保险责任的终止时间以下列情况中最先发生的时间为准：①保险单所载保险期间满期日；②该被保险人完成旅行后直接返回至其境内日常居住地或日常工作地。

如保险期间为一年，本公司对各被保险人的保险责任的开始时间为在本合同的有效期内，任何被保险人每次离开其境内日常居住地或日常工作地所在的市级行政区域或搭乘公共交通工具直接前往其日常居住地或日常工作地所在的市级行政区域之外的旅行目的地。终止于以下最先发生的时间：①该被保险人完成该次旅行后直接返回至其境内的日常居住地或日常工作地；②自前述保险责任开始时间起到投保单所载的最长承保天数止（含始日与终日）；③保险单满期日。

3. 保险责任。

（1）身故保险金：任何被保险人于合同有效期内，在旅行期间遭遇意外事故，且自发生之日起一百八十天内身故者，公司按保险单上所载该被保险人相应的保险金额给付身故保险金予身故保险金受益人。若该被保险人于身故前曾领有本条款第二至第三项的保险金给付，则其意外事故身故保险金为扣除该二项内任何已给付保险金后的余额。

（2）意外残疾保险金：任何被保险人于合同有效期内，在旅行期间遭遇意外事故，且自发生之日起一百八十天内致成《残疾程度与保险金给付比例表》所列残疾程度之一者，本公司给付意外残疾保险金予该被保险人，该给付金额按该表所列的给付比例乘以本合同保险单上所载该被保险人相应的保险金额计算。

若同一意外事故发生在同一器官部位或同一肢体，而残疾项目所属等级不同时，仅给付一项较严重项目的残疾保险金；若不同意外事故发生在同一器官部位或同一肢体，而残疾项目所属的等级不同时，以较严重项目的残疾保险金给付为准；若后次残疾项目所属的等级较严重，则需扣除已给付的残疾保险金；若前次残疾项目所属的等级较严重，则本公司不再给付后次的残疾保险金。

若该被保险人因同一或不同意外事故致成《残疾程度与保险金给付比例表》内所列二项或二项以上残疾程度且不在同一器官部位或同一肢体时，本公司将给付各项残疾保险金之和，但给付金额之总数以本合同保险单上所载该被保险人相应的保险金额为限。

（3）意外烧伤保险金：任何被保险人于合同有效期内，在旅行期间遭遇意外事故致烧伤，本公司将按所附《意外三度烧伤保险金给付比例表》，给付意外烧伤保险金予该被保险人，该给付金额按该表所列的给付比例乘以本合同保险单上所载该被保险人相应的保险金额计算。

若该被保险人因同一意外事故导致烧伤，且发生在身体同一器官部位或同一肢体，本公司将仅按给付金额较高的一项给付保险金。若不同的意外事故导致的烧伤，发生在身体的同一器官部位或同一肢体，以较高的烧伤保险金金额为准；若后次烧伤保险金的金额较高，则需扣除前次已经给付的烧伤保险金；若前次烧伤保险金的金额较高，则本公司不再给付后次的烧伤保险金。

无论是否同一意外事故导致的烧伤，发生在身体不同的器官部位或肢体，本公司给付各项烧伤保险金之和，但给付金额的总数以本合同保险单上所载该被保险人相应的保险金额为限。

若该被保险人为同一旅行自愿投保由本公司承保的多种综合保险（不包括团体保险），且在不同保障产品中有相同保险利益的，则本公司仅按其中保险金额最高者做出赔偿，并退还其他保险项下已收取的相应保险利益的保险费。

4. 责任免除。任何在下列期间发生的或由下列原因造成的被保险人的伤害，本公司不负任何赔偿责任：①战争、军事行动、暴乱、罢工或武装叛乱。②任何生物、化学、原子能武器、原子能或核能装置所造成的爆炸、灼伤或辐射。③投保人的故意行为；或被保险人无论当时神志是否清醒，自致伤害或自杀。④因被保险人挑衅或故意行为而导致的打斗、被袭击或被谋杀。⑤被保险人参与执行军警任务或以执法者身份执行任务。⑥被保险人因从事违法犯罪的活动或因拒捕而导致的伤害；以及因遭受司法当局拘禁或被判入狱期间。⑦被保险人因酗酒或受酒精、毒品、管制药物的影响而导致的意外。⑧被保险人酒后驾车、无照驾驶或驾驶无有效行驶证的机动交通工具。⑨被保险人因精神错乱或失常而导致的意外，包括但不限于癫狂。⑩被保险人未遵医生开具的处方，私自服用、涂用或注射药物。⑪被保险人罹患艾滋病（AIDS）或感染艾滋病病毒（HIV）期间。⑫被保险人置身于任何飞机或空中运输工具（以乘客身份搭乘民用或商业航班除外）期间。⑬受保前已存在的受伤及其并发症。⑭被保险人参与任何职业体育活动或任何设有奖金或报酬的体育运动。⑮被保险人进行赛马、各种车辆表演、车辆竞赛、特技表演。⑯被保险人进行滑翔翼及跳伞活动。⑰被保险人受雇于商业船只；海军、空军服军役；职业性操作或测试任何种类交通工具。⑱被保险人从事石油挖掘，采矿，空中摄影，处理爆炸物，森林砍伐，建筑工地现场施工，交通运输司乘、搬运、装卸，水上作业，二级或以上的高处作业（以中华人民共和国国家标准 GB3608—83 为准）的职业活动。⑲被保险人因妊娠、流产及分娩引起的伤害；药物过敏、食物中毒、美容手术、外科整形手术或其他医疗导致的伤害。⑳细菌或病毒感染（但因意外伤害致有伤口而发生感染者除外）。

（二）航空意外伤害险

航空旅客意外伤害险——中国人民财产保险股份有限公司：

1. 保障范围。

（1）凡持有效机票乘坐客运航班班机的旅客，可作为被保险人参加本保险。

（2）具有完全民事行为能力的被保险人本人或者对被保险人有保险利益的其他人可作为投保人。

2. 保险期限。

（1）本合同保险期间自被保险人持本合同约定航班班机的有效机票到达机场通过安全检查时始，至被保险人抵达目的地走出所乘航班班机的舱门时止。

（2）被保险人改乘等效航班，本合同继续有效，保险期间自被保险人乘等效航班班机通过安全检查时始，至被保险人抵达目的地走出所乘等效航班班机的舱门时止。

3. 保险责任。

（1）被保险人自意外伤害发生之日起一百八十日内因同一原因身故的，公司按保险金额给付身故保险金。

（2）被保险人因意外事故下落不明，经人民法院宣告死亡的，公司按保险金额给付身故保险金。

（3）被保险人自意外伤害发生之日起一百八十日内因同一原因身体残疾的，本公司根据《人身保险残疾程度与保险金给付比例表》的规定，按保险金额及该项残疾所对应的给付比例给付残疾保险金。如治疗仍未结束的，按第一百八十日的身体情况进行残疾鉴定，并据此给付残疾保险金。

被保险人因同一意外伤害造成一项以上身体残疾时，公司给付对应项残疾保险金之和。但不同残疾项目属于同一手或者同一足时，公司仅给付其中一项残疾保险金：

如残疾项目所对应的给付比例不同时，仅给付其中比例较高一项的残疾保险金。

（4）被保险人因遭受意外伤害在公司指定或者认可的医院住院治疗所支出的、符合被保险人住所地社会医疗保险主管部门规定可报销的医疗费用，公司在保险额的10%的限额内，按其实际支出的医疗费用给付医疗保险金。

（5）公司所负给付保险金的责任以保险金额为限，对被保险人一次或者累计给付的保险金达到其保险金额时，本合同对该被保险人的保险责任终止。

4. 责任免除。因下列情形之一，造成被保险人身故、残疾或支出医疗费用的，公司不负给付保险金的责任：

（1）投保人、受益人对被保险人的故意杀害、伤害；

（2）被保险人故意犯罪或拒捕；

（3）被保险人殴斗、醉酒、自杀、故意自伤及服用、吸食、注射毒品；

（4）被保险人受酒精、毒品、管制药物的影响而导致的意外；

（5）战争、军事冲突、暴乱或武装叛乱；

（6）核爆炸、核辐射或核污染；

（7）被保险人乘坐非本合同约定的航班班机遭受意外伤害；

（8）被保险人通过安全检查后又离开机场遭受意外伤害。

第四节　健康保险

一、健康保险的概念

健康保险是对因健康原因导致的损失给付保险金的保险，包括疾病保险、医疗保险、失能收入损失保险和护理保险等。

健康保险是人身保险的一种。有的国家把健康保险和人身意外伤害保险归为一类，称意外伤害和健康保险或意外伤害和疾病保险，实际上将健康保险归类到除人寿保险之外的其他人身保险业务中。而且各个国家对健康保险的定义和分类也存在差别。如美国将健康保险定义为对疾病和意外的经济补偿，包括健康保健费用保险（包括医疗、意外伤害、外科手术和牙科等费用保险）和疾病或伤害导致的收入损失的保险。而德国将健康保险定义为补偿因疾病和意外事故而导致的经济损失的险种，包括医疗费用保险、住院日额津贴保险和收入损失补偿保险等。日本将健康保险包含在第三领域概念中，包括门诊保险、住院保险、疾病保险、护理保障保险和收入补偿保险等。

二、健康保险的主要特征

同人寿保险、意外伤害保险相比，健康保险具有以下几个特征：

（一）健康保险保障因健康原因导致的损失

健康保险是对因健康原因导致的损失给付保险金的保险。因健康原因导致的损失主要包括两类：一是由于健康原因接受治疗和护理所支出的医疗和其他相关费用；二是由于暂时或永久的丧失工作能力所导致的收入损失。

（二）健康保险承保的主要风险是疾病风险

健康保险所承保的疾病风险具有如下几个特点：其一，疾病是由被保险人自身内在的原因引起的，而非由于明显的外来因素引起；其二，疾病不是由长期存在的原因引起的，而是由偶然的原因引起的；其三，疾病是由于非先天的原因引起的。先天性疾病和保险合同订立前存在的疾病应排除在健康保险承保风险范围之外。

保险人为了严格审查疾病产生的因素，在承保标准方面，一般有以下几种规定：

1. 观察期。由于仅仅依据以前的病历难以判断被保险人是否已经患有某些疾病，为了防止已经患有疾病的被保险人投保，有时要在保单中规定一个观察期，期限一般为半年。被保险人在观察期内因疾病支出医疗费及收入损失，保险人不负责，观察期结束后保单才正式生效，亦即观察期内所患疾病推定为投保以前就患有的，观察期结束后所患疾病可推定为投保以后患有的。

2. 次健体保单。对于不能达到标准条款规定的身体健康要求的被保险人，则一般按照次健体保单来承保，这时可能采用的方法有两种：一是提高保费；二是重新规定承保范围。

3. 特殊疾病保单。对于被保险人所患的某种特殊疾病，保险人制定出特种疾病条款，以承保规定的特殊疾病。

（三）健康保险属于补偿性质的保险

健康保险是为被保险人因病发生的医疗费用和因病残疾后的收入损失提供补偿。鉴于健康保险的补偿性质，一些国家（如日本）把医疗费用保险划入损害（财产）保险范畴，允许损害（财产）保险公司承保。

健康保险的给付方式主要有两种：一是补偿式给付。补偿式健康保险实际上属于费用损失保险，适用财产保险中通行的补偿原则。它的特点是，保险人在保险金额的限度内，按被保险人实际支出的医疗费给付医疗保险金，亦即保险金给付额不能超过被保险人实际支出的医疗费。二是定额给付式。定额给付式健康保险适用人寿保险中通行的定额给付原则，保险人不问被保险人实际支出的医疗费是多少，只是按照约定的金额给付医疗保险金，但二者性质并不相同。对于被保险人来说，补偿式健康保险提供的保障比定额给付式健康保险更充分一些。因为在定额给付式医疗保险中，为了防止道德风险，约定的保险金额一般要低于平均实际需要支付的医疗费；而在补偿式健康保险中，被保险人实际支出的医疗费只要不超过保险金额，就可以得到补偿。

（四）健康保险特别是医疗保险通常需要与投保人共同分摊成本

分摊成本的主要目的是防止道德风险，降低管理成本。分摊成本的主方法有：

1. 规定绝对免赔额。只有超过免赔额才能得到费用补偿，补偿金额为超过免赔额以上部分。免赔额的计算方式一般有三种：一是单一赔款免赔额，针对每次赔款的数额；二是全年免赔额，按全年赔款总额计算免赔额；三是集体免赔额，针对团体投保而言，小额的医疗费用由被保险人自己承担。

2. 规定相对免赔比例。在医疗保险中，对超过免赔额以上的医疗费用，规定一个给付比例，如 70%或 90%，其余由被保险人自己负担。保险人与被保险人共同分摊医疗费用，既保障了被保险人的经济利益，促进被保险人对医疗费用的节约，也有利于保险人经营的稳定。在残疾收入保险中也规定给付比例，如被保险人完全残疾，残疾给付按原来实际收入的 75%或 85%计算，目的在于鼓励被保险人积极寻求力所能及的劳动达到自我补偿。

3. 规定给付限额。在合同中规定最高保险金额，超出部分由被保险人自己负担，保险人通常采用这种方法控制总支出水平。

（五）健康保险的一些特殊条款

健康保险合同除了适用一些人寿保险的常用条款，如不可抗辩条款、宽限期条款、不丧失价值条款等之外，还常用一些特殊条款，包括既存状况条款、体检条款、转换条款、协调给付条款、职业变更条款等。

1. 既存状况条款。该条款规定，在保单生效的约定期间内，保险人对被保险人的既往病症不负给付保险金的责任。既往病症是在保单签发以前就已经存在，但未在投保单中如实告知的伤残或疾病。

2. 体检条款。体检条款适用于残疾收入补偿保险。该条款要求被保险人接受定期检查，以确定被保险人是否仍然丧失工作能力。体检条款还允许保险人指定医生对提出索赔的被保险人进行体格检查，目的是使保险人对索赔的有效性作出鉴定。

3. 转换条款。该条款允许团体健康保险的被保险人在脱离团体时购买个人医疗保险，无须提供可保证明。对被保险人而言，这种权利的行使意味着其不得进行重复保险，否则保险公司将拒签保险单。将团体健康保险转换为个人健康保险时，被保险人通常要缴纳较高的保险费，在保险金给付上的限制也会多一些。

4. 协调给付条款。为防止那些享有双重团体医疗费用的团体被保险人获得双重的保险金给付，协调给付条款规定了优先给付计划和第二给付计划。优先给付计划必须给付它所承诺的全部保险金，当其付清所承诺的保险金之后，被保险人即可向第二给付计划提出索赔，同时声明优先给付计划的给付金额。然后，第二给付计划按照协调给付条款的规定给付保险金额。

5. 职业变更条款。职业变更对被保险人的发病率和遭受意外伤害风险有着直接影响，故该条款规定，如果被保险人转移从事一个风险更高的职业，那么保险公司可以在不改变保险费率的前提下，降低保险金额。反之，如果被保险人转到一个风险较低的行业，那么保险公司在不改变保险金额的情况下，降低保险费率。

（六）健康保险不指定受益人

受益人是享有保险金请求权的人，通常除保险合同另有规定外，享有保险金请求权的人为被保险人。在被保险人生存的情况下，他一般就是保险金的请求权人；只有当被保险人死亡时，受益人才享有受益权。开展健康保险业务的目的是为被保险人提供疾病医疗费用和残疾收入补偿，使他们病有所医，因病致残之后的生活有保障。为此，被保险人得到医疗费用补偿和收入补偿基本上是以被保险人的生存为条件的，所以无须指定受益人。

三、健康保险的分类

依照不同的目的，按不同的标准划分，健康保险有多种类型。

（一）按承保内容的不同，可分为疾病保险、医疗保险、失能收入损失保险和护理保险

1. 疾病保险。疾病保险是指以约定疾病的发生为给付保险金条件的人身保险。疾病保险具有以下特点：一是保险金的给付条件中依据疾病诊断结果，不与治疗行为的发生或医疗费用相关；二是主要产品类型为重大疾病保险，即当被保险人罹患保险合同中规定的重大疾病或疾病状态并符合其严重程度的定义时，保险公司按照约定保险金额履行给付责任；三是为了防止被保险人带病投保，降低逆选择的风险，疾病保险合同通常设有等待期条款。

2. 医疗保险。其又称“医疗费用保险”，是为被保险人因疾病所支出的医疗费用提供补偿或者定额给付的保险。按照保险责任的不同，医疗保险分为住院医疗保险、门诊医疗保险、手术费用保险、高额医疗费用保险、重大疾病保险、牙科费用保险、眼科费用保险等。医疗保险具有以下特点：一是保险金的给付条件为医疗行为的发生或医疗费用支出，与疾病诊断不直接相关；二是可分为费用补偿型和定额给付型；三是风险因素多，管理难度大。

3. 失能收入损失保险。失能收入损失保险是指以因约定疾病或意外伤害导致工作能力丧失为给付保险金条件，为被保险人在一定时期内收入减少或者中断提供保障的保险。残疾收入补偿保险、丧失工作能力补偿保险、失能所得保险、停工损失保险，是为被保险人因疾病致残后不能工作或不能正常工作时所造成收入损失进行补偿的保险。失能收入损失保险，也可以作为人寿保险或意外伤害保险的附加险承保。作为意外伤害保险的附加险承保的收入损失保险，只负责被保险人因遭受意外伤害而失能减少收入的补偿。

4. 护理保险。护理保险是指以因保险合同约定的日常生活能力障碍引发护理需要为给付保险金条件，为被保险人的护理支出提供保障的保险。

（二）按投保对象的不同，可分为个人健康保险和团体健康保险

个人健康保险是保险公司与保单所有人之间的一种合同，是只对某一个人或某几个人提供健康保障的保险。团体健康保险是保险公司与团体保单持有人（雇主或购买团体健康保险的其他法定代表）之间的合同，它对主合同下的一群人提供保障。个人健康保险和团体健康保险主要有以下几个区别：

1. 采用的条款不同。个人健康保险通常采用可续保条款、复效条款；团体健康保险通常采用转换条款、协调给付条款。另外，两者虽然都采用既存状况条款，但具体内容有较大差别。

2. 考虑的核保因素不同。对个人健康保险核保时，主要审查年龄、性别、职业、业余爱好、生活习惯、家族史、既往病史等；对团体健康保险核保时，则主要审查团体规模、新成员流入量、团体的稳定性、投保准入成员加入团体计划的最低比例等。

3. 适用的费率不同。就相同的保障内容、相同的保险金额而言，团体健康保险的费率一般要低于个人健康保险的费率，原因是经营团体健康保险的营销费和管理费较低，道德风险远远低于个人健康保险。

（三）按险种结构的不同，可以分为健康保险主险和健康保险附加险

1. 主险。即单独开办的一张保险单所承保的责任仅限于健康保险或包括健康在内的几项保险责任的组合。

2. 附加险。即附加于主险之上，而且必须与主险同时投保的健康保险。

四、典型产品示例

（一）重大疾病保险

定期重大疾病保险——合众人寿保险股份有限公司：

1. 投保范围。凡年满 18 周岁，具有完全民事行为能力且在本保险合同订立时对被保险人具有保险利益的人，均可以作为投保人。凡出生满 28 天至 55 周岁，符合本公司承保条件的人，均可作为被保险人。

2. 合同构成。本保险条款、保险单或其他保险凭证、投保书、与保险合同有关的投保文件、合法有效的声明、批注、附贴批单、其他书面协议共同构成保险合同。保险合同可以包括主险合同和附加险合同。

3. 合同成立与生效。投保人提出保险申请、公司同意承保，主合同成立，合同成立日期在保险单上载明。自主合同成立、公司收取首期保险费并签发保险单的次日零时起主合同生效，合同生效日期在保险单上载明。保险合同生效日以后每年的对应日是保单周年日。保单年度、保险费约定支付日均以该日期计算。如果当月无对应的同一日，则以该月最后一日作为对应日。

自投保人支付首期保险费起至公司同意承保或发出拒保通知书并退还保险费之日

止，公司为被保险人提供临时保障。

4. 犹豫期。自投保人签收保险合同之日起，有 10 天的犹豫期。如果投保人在此期间提出解除保险合同，需要填写书面申请书，并提供保险合同及有效身份证件，公司在扣除不超过人民币 10 元的保单工本费后无息退还所交的保险费。自公司收到投保人解除合同的书面申请时起，保险合同即被解除。对保险合同解除前发生的保险事故公司不承担保险责任。

5. 合同内容变更。在主合同有效期内，经协商一致，可以变更本主合同的有关内容。变更本主合同的，应当由公司在受理投保人的变更申请后在保险单或者其他保险凭证上批注或者附贴批单，或者由投保人与公司订立书面的变更协议。

6. 解除合同的手续及风险。如投保人在犹豫期后申请解除本主合同，请填写解除合同申请书并向公司提供下列资料：

（1）保险合同；

（2）您的有效身份证件。自公司收到解除合同申请书时起，本主合同终止。公司自收到解除合同申请书之日起 30 日内向您退还保险单的现金价值。

7. 保险金额及期间。

（1）保险金额。主合同的保险金额由投保人在投保时与公司约定并在保险单上载明。若该金额发生变更，则以变更后的金额为保险金额。

（2）未成年人身故保险金限制。为未成年子女投保的人身保险，因被保险人身故给付的保险金总和不得超过国务院保险监督管理机构规定的限额，身故给付的保险金额总和约定也不得超过前述限额。

（3）保险期间。主合同的保险期间分为 20 年期、30 年期、至被保险人 60 周岁保单周年日和至被保险人 70 周岁保单周年日四种。投保人在投保时可约定保险期间并在保险单上载明。

8. 保险责任。在主合同保险期间内，公司承担如下保险责任：

（1）少儿重大疾病保险金被保险人在年满 18 周岁的保单周年日（不含）之前初次发生且经专科医生明确诊断确诊患本主合同所定义的少儿重大疾病，并且自确诊之日起 30 天后仍生存的，公司将按本主合同的保险金额给付少儿重大疾病保险金，合同终止。

（2）成人重大疾病保险金。被保险人在年满 18 周岁的保单周年日（含）之后初次发生且经专科医生明确诊断患本主合同所定义的成人重大疾病，公司将按本主合同的保险金额给付成人重大疾病保险金，主合同终止。

（3）身故保障。被保险人在年满 18 周岁的保单周年日（不含）之前身故，公司将返还所交保险费，主合同终止。被保险人在年满 18 周岁的保单周年日（含）之后身故，公司将按本主合同的保险金额给付身故保险金，主合同终止。

（4）全残豁免保险费。被保险人在交费期内发生全残，自被保险人确定为全残后的首个保险费应交日起，公司豁免本主合同以后各期保险费。保险费豁免后，公司不再接受被保险人解除合同的申请。

9. 保险责任的免除。被保险人因下列情形之一造成保险事故的，公司不承担保险责任：

（1）被保险人在本主合同生效（或最后复效）之日起2年内自杀，但被保险人自杀时为无民事行为能力人的除外；

（2）投保人对被保险人的故意杀害、故意伤害；

（3）被保险人故意犯罪或者抗拒依法采取的刑事强制措施；

（4）被保险人主动吸食或注射毒品；

（5）被保险人酒后驾驶、无合法有效驾驶证驾驶（见释义6.12）或驾驶无有效行驶证的机动车；

（6）战争、军事冲突、暴乱或武装叛乱；

（7）核爆炸、核辐射或核污染；

（8）遗传性疾病（见释义6.14），先天性畸形、变形或染色体异常；

（9）被保险人故意自伤，但被保险人自伤时为无民事行为能力人的除外；

（10）被保险人从事潜水（见释义6.16）、跳伞、滑雪、攀岩、蹦极、驾驶滑翔机或滑翔伞、探险活动（见释义6.18）、摔跤、武术比赛、特技表演、赛马、赛车等高风险运动。

10. 保险责任的终止。以下任何一种情况发生时，本主合同及其保险责任自动终止：

（1）在主合同有效期内投保人申请解除合同；

（2）主合同其他条款所列保险责任终止或本主合同终止的情形；

（3）主合同因其他条款所列情况而中止效力，且自本主合同效力中止之日起2年内投保人与公司未达成复效协议的。

（二）失能收入损失保险

生命健宁天使失能收入损失保险——富德生命人寿保险股份有限公司：

1. 保险范围。18~65周岁。

2. 保险期限。10/15/20/25/30年，或至50/55/60/65岁，且保险期满时被保险人不超过65周岁。

3. 保险责任。在本合同保险责任开始后的有效期内，本公司依照下列约定承担保险责任：

（1）重度失能保险金给付。若被保险人于本合同生效日起一年内或效力恢复之日起一年内患疾病，由司法鉴定机构或其他有资质的医疗鉴定机构确诊发生本合同所定义的重度失能，公司将无息退还投保人已交保险费，本合同终止。

若被保险人于本合同生效日起一年后或效力恢复之日起一年后患疾病，且在该疾病被确诊之日起一百八十日后由司法鉴定机构或其他有资质的医疗鉴定机构确诊发生本合同所定义的重度失能，公司自被保险人被确诊发生重度失能之日起每月按基本保险金额的1%给付重度失能保险金，直至被保险人重度失能状态消失。

若被保险人遭受意外伤害事故，且在该意外发生之日起一百八十日后由司法鉴定机构或其他有资质的医疗鉴定机构确诊发生本合同所定义的重度失能，公司自被保险人被确诊发生重度失能之日起每月按基本保险金额的1%给付重度失能保险金，直至被保险人重度失能状态消失。

（2）一般失能保险金给付。若被保险人于本合同生效日起一年内或效力恢复之日起一年内患疾病，由司法鉴定机构或其他有资质的医疗鉴定机构确诊发生本合同所定义的一般失能，公司将无息退还投保人已交保险费，本合同终止。

若被保险人于本合同生效日起一年后或效力恢复之日起一年后患疾病，且在该疾病被确诊之日起一百八十日后由司法鉴定机构或其他有资质的医疗鉴定机构确诊发生本合同所定义的一般失能，公司将按一般失能程度等级对应的给付比例与本合同基本保险金额的乘积给付一般失能保险金，本合同继续有效。

若被保险人遭受意外伤害事故，且在该意外发生之日起一百八十日后由司法鉴定机构或其他有资质的医疗鉴定机构确诊发生本合同所定义的一般失能，公司将按一般失能程度等级对应的给付比例与本合同基本保险金额的乘积给付一般失能保险金，本合同继续有效。

若被保险人每一次发生的一般失能同时满足不同的一般失能程度等级，则本公司仅给付其中较高一项的一般失能保险金。若被保险人在保险期间内发生多次一般失能，则本公司累计给付的一般失能保险金最高以本合同基本保险金额为限。

若被保险人同时符合本合同所约定的重度失能保险金与一般失能保险金给付条件，则被保险人只能从本合同约定的重度失能保险金与一般失能保险金中选择一项申请理赔，本公司仅对被保险人在上述两项保险金中选择的一项承担给付责任。

（3）公共交通意外额外保险金给付。若被保险人以乘客身份乘坐商业运营的公共交通工具遭受意外伤害事故，且在该意外发生之日起一百八十日后由司法鉴定机构或其他有资质的医疗鉴定机构确诊发生本合同所定义的一般失能，本公司将在给付本条第二项所述一般失能保险金后，再给付等值于一般失能保险金的公共交通意外额外保险金，本合同继续有效。

（4）全残保险金给付。若被保险人于本合同生效日起一年内或效力恢复之日起一年内患疾病，并且自患疾病之日起一百八十日内（含第一百八十日）因该疾病被鉴定为本合同所定义的全残，公司将无息退还投保人已交保险费，本合同终止。

若被保险人于本合同生效日起一年后或效力恢复之日起一年后患疾病，并且自患疾病之日起一百八十日内（含第一百八十日）因该疾病被鉴定为本合同所定义的全残，公司将按本合同基本保险金额在扣除已经给付的重度失能保险金及一般失能保险金后给付全残保险金，本合同终止。

若被保险人遭受意外伤害事故，并且自遭受意外伤害事故之日起一百八十日内（含第一百八十日）因该意外伤害事故被鉴定为本合同所定义的全残，本公司将按本合同基本保险金额在扣除已经给付的重度失能保险金及一般失能保险金后给付全残保险金，本合同终止。

被保险人应在残疾状况治疗结束后，由司法鉴定机构或其他有资质的医疗鉴定机构对其残疾程度进行鉴定。若被保险人在患疾病或发生意外伤害事故之日起第一百八十日时治疗仍未结束，按第一百八十日时的身体情况进行鉴定。

若被保险人同时符合一项以上本合同所定义的全残情形时，全残保险金给付以一项为限。

若被保险人同时符合本合同所约定的重度失能保险金与全残保险金给付条件，则被保险人只能从本合同约定的重度失能保险金与全残保险金中选择一项申请理赔，本公司仅对被保险人在上述两项保险金中选择的一项承担给付责任。

（5）保险费豁免。若被保险人符合本条第一项所述重度失能保险金给付条件，本公司将豁免自被保险人被确诊重度失能之日起至重度失能状态消失期间应交的续期保险费，本合同继续有效。

（6）满期保险金给付。若被保险人在本合同保险单上所载明的合同期满日的二十四时仍生存，本公司将按本合同的已交保险费总和（仅指以标准体费率计算的保险费部分，且不包括已豁免部分的保险费）给付满期保险金，本合同终止。

本公司在承担上述保险责任的同时将从给付的保险金中扣除欠交的保险费。

4. 责任免除。因下列情形之一导致被保险人发生本合同所定义的重度失能、一般失能或全残的，公司不承担给付保险金及豁免保险费的责任：

（1）投保人故意造成被保险人的死亡、伤残或疾病的；

（2）被保险人故意犯罪或者抗拒依法采取的刑事强制措施；

（3）被保险人故意自伤；

（4）被保险人主动吸食或注射毒品；

（5）被保险人酒后驾驶，无合法有效驾驶证驾驶，或驾驶无有效行驶证的机动车；

（6）战争、军事冲突、暴乱或武装叛乱；

（7）核爆炸、核辐射或核污染；

（8）遗传性疾病，先天性畸形、变形或染色体异常；

（9）被保险人患艾滋病（AIDS）或感染艾滋病病毒（HIV）；

（10）被保险人从事潜水、跳伞、攀岩运动、探险活动、武术比赛、摔跤比赛、特技表演、赛马、赛车等高风险运动所致。

（三）护理保险

百万安行个人护理保险条款——中国人民健康保险股份有限公司：

1. 被保险人范围。凡投保时年满18周岁至60周岁，身体健康的个人均可作为被保险人参加本保险。

2. 保险期限。本合同保险期间为30年。

3. 保险责任。本合同有效期内，本公司承担下列保险责任：

（1）护理保险金。自保险合同生效之日起因意外伤害原因，或自保险合同生效之日起180天后因意外伤害之外的其他原因，被保险人丧失日常生活能力且持续至观察期结束，本公司按本合同基本保险金额的30%给付护理保险金，同时本合同效力终止。

（2）身故保险金。自保险合同生效之日起180天后因意外伤害之外的其他原因导致被保险人身故，本公司按投保人已交纳的保险费金额的105%与现金价值的较大者给付疾病身故保险金，同时本合同效力终止。

（3）健康维护保险金。保险期间届满时，被保险人生存且本合同有效，本公司按投保人已交纳的保险费金额的125%给付健康维护保险金，同时本合同效力终止。自保险合同生效之日起180天内，被保险人因意外伤害之外的其他原因导致丧失日常生活能力或身故的，本公司向投保人无息返还已交纳的保险费，同时本合同效力终止。

上述保险金中的保险费、现金价值是指本合同与《中国人民健康保险股份有限公司附加百万安行个人意外伤害保险》合同的保险费、现金价值之和。

4. 责任免除。因下列情形之一引起的保险事故，公司不承担给付保险金的责任：

（1）投保人对被保险人的故意杀害、故意伤害；

（2）被保险人故意自伤、故意犯罪或者抗拒依法采取的刑事强制措施；

（3）被保险人自本合同成立或者合同效力恢复之日起2年内自杀，但被保险人自杀时为无民事行为能力人的除外；

（4）被保险人患有遗传性疾病，先天性畸形、变形或染色体异常；

（5）被保险人主动吸食或注射毒品；

（6）被保险人酒后驾驶、无合法有效驾驶证驾驶，或驾驶无有效行驶证的机动车；

（7）被保险人感染艾滋病病毒或患艾滋病；

（8）被保险人从事潜水、滑水、漂流、跳伞、攀岩、蹦极、驾驶滑翔机、探险、摔跤比赛、拳击比赛、武术比赛、特技表演、赛马、赛车等高风险活动；

（9）战争、军事冲突、暴乱或武装叛乱；

（10）核爆炸、核辐射或核污染。

因上述情况导致被保险人丧失日常生活能力或身故的，本合同效力终止，公司向投保人退还本合同的现金价值。但因投保人对被保险人的故意杀害、故意伤害导致被保险人丧失日常生活能力或身故的，公司向受益人退还本合同的现金价值。

复习思考题

1. 试分析人身保险和财产保险的区别。
2. 试比较人寿保险、意外伤害保险和健康保险的异同。
3. 我国是否应该引入不可抗辩条款？目前引入的时机是否成熟？
4. 试举例说明保险公司对投保人年龄误告的处理方法。
5. 在人寿保险中如何确定受益人？
6. 试述意外伤害保险保障的项目。
7. 健康保险有哪些共性规定？

第十章　再保险

本章要点

- 再保险的概念、特点和意义
- 再保险的合同形式：临时再保险、合同再保险和预约再保险
- 再保险的业务方式：比例再保险和非比例再保险
- 成数再保险、溢额再保险与成数溢额复合再保险的运作
- 超额赔款再保险和赔付率超赔再保险的运作
- 比例再保险与非比例再保险的结合运作
- 再保险分出、分入业务的操作流程

第一节　再保险概述

一、再保险及其特征

再保险是保险人直接保险业务经营的重要环节和经营内容，它是直接承保人扩展直保业务承保能力并对其进行风险管理的不可缺少的工具。

再保险亦称分保，是保险承保人在原保险（直接保险）合同的基础上，通过签订再保险合同，将其承担的风险和责任，部分转嫁给其他保险人的经营活动，又称为“保险人的保险”。接受风险责任转嫁的一方叫再保险人或分保接受人或分入人；向再保险人转嫁风险责任的一方叫原保险人（直接保险人）或分保分出人。财产保险的再保险业务同财产保险直接保险业务一样，都是对财产保险风险和责任的承担、分散和转移。再保险合同与原保险合同在权利、义务等方面也有许多雷同之处，特别是再保险合同与原保险合同所适用的保险原则，如保险利益原则、最大诚信原则和损失补偿原则等，均具有一致性。

然而，再保险也有着自己的一些特点：

首先，再保险与原保险转移风险的层次不同。尽管再保险和原保险都是对保险风险的分散和转移，但原保险是对保险风险的第一次分散和转移，承担该风险分散和转移的责任主体是直接承保被保险人的财产损失风险的保险人；而财产再保险是在原保险分散风险的基础上对财产保险风险的第二层次的分散和转移，它对风险的分散和转移更广泛，承担风险分散和转移的责任主体是再保险人。

其次，再保险是独立的保险业务，再保险合同是独立于原保险合同的合同。再保险虽然是在原保险的基础上产生的，且与原保险业务有连续性，但再保险合同却是独

立于原保险合同的合同。原保险合同存在于保险人与被保险人之间，是制约和规范保险人与被保险人关系的直接法律依据；而再保险合同仅存在于原保险人与再保险人之间，是制约和规范原保险人与再保险人关系的直接法律依据，再保险合同与原保险的被保险人无关，对被保险人不负任何义务和责任。原保险人的保险业务是否需要再保险，完全由原保险人根据自己对风险责任的承受能力、所承担风险责任的性质和自身经营状况来决定。原保险合同的效力，也不因再保险合同而受影响。被保险人发生保险事故时，投保人对再保险人没有索赔权；反过来，再保险人也不能向原保险的投保人要求交付保险费。当再保险人不履行赔偿义务时，原保险人不能以此理由拒绝或迟延履行对被保险人的索赔义务。

再次，再保险双方当事人具有共同利害关系即共命运关系，利益共享，风险共担，分出人有损失，分入人也要分担，分出人有盈利，分入人也会赚钱，因而具有合作性质；而原保险双方当事人的利益是不一致的，被保险人一方获得赔款或给付，保险人一方必然发生支出（遭受损失）甚至亏损。

最后，财产险的标的仅仅是财产保险和人身保险直接业务的承保人承担的责任，具有保险责任一致性与保险责任连续性，因而再保险合同都是补偿性合同。

二、再保险与大数法则

大数法则是保险业赖以建立的数理基础。保险人利用随机事件（保险标的因灾害事故发生而遭受损失的事件）的不确定性将在大量观测中消失的规律性，来分析承保标的损失发生的稳定性。按照大数法则，保险公司承保每类财产保险标的的风险单位数必须足够大，否则，缺少一定的数量基础，就不能获得和遵从必然的数量规律，即该类业务的损失概率。但任何一家保险公司所承保的同类业务的风险单位数量却又是有限的，难以达到大数的要求，保险风险亦难以得到有效分散，从而必然增加保险公司的经营风险，而通过再保险就可以增加风险单位数量，扩大风险分散面。

随着科学技术的进步和社会经济的不断发展，出现了许多不同性质的巨大保险金额的高峰险位。例如，核电站、发射人造卫星和飞船等，标的往往只有一个，风险责任却很大，保险金额有几亿甚至几十亿几百亿元，一旦保险事故发生，将直接威胁到直接保险人自身的生存与发展。一个大的赔案发生后，直接保险人破产的案例并不鲜见。而通过再保险，就可以将高峰险位在保险同业中分散消化。这样，一方面把许多保险人的承保能力集合在一起，实际上起到了联合聚集保险资金、扩大承保能力的作用；另一方面，按照风险分散原则，在一个或几个保险人中不可实现的“大数”，却可以在同业间、国家间大范围内得以体现。因此，保险中的大数法则，其“大数”不仅单纯表现为标的的风险单位数目之大，还可以通过再保险，表现为保险人数目之大。

这就是为什么各国保险法都对再保险作了专门规定和要求。我国《保险法》第一百零二条规定“经营财产保险业务的保险公司当年自留保险费，不得超过其实有资本金加公积金总和的四倍。”第一百零三条规定“保险公司对每一危险单位，即对一次保险事故可能造成的最大损失范围所承担的责任，不得超过其实有资本金加公积金总和的百分之十；超过的部分应当办理再保险。”

三、再保险的承保人

再保险的承保人是指接受分保业务的再保险人。再保险人作为再保险的供给者，主要有如下三种组织形态：

（一）专业再保险人

专业再保险人即依法设立的专门从事再保险业务的保险公司，这类公司本身不从事直接保险业务，而只是从原保险公司那里接受分保业务；同时，亦可以将接受的分保业务再转向其他再保险人。因此，再保险公司并不与直接保险的客户打交道，而是与原保险人或其他再保险人存在业务关系。发达国家的财产保险市场上，均有多家专业再保险公司经营分保业务；一些国家的专业再保险公司，还通常按照业务性质被划分为财产险再保险公司与人寿险再保险公司，中国再保险股份有限公司的财产再保险公司就是一家以国有资本为主的股份制专业再保险公司，国际上著名的专业再保险公司有慕尼黑再保险公司、瑞士再保险公司、通用科龙再保险公司等。

（二）兼营再保险人

该种再保险人并非专业再保险公司，而是能够接受再保险业务的原保险公司。换言之，这些原保险公司不仅可以经营直接财产保险业务，而且能够直接经营财产再保险业务，从而是兼营原保险业务与再保险业务的保险公司。一般而言，经营财产保险业务的公司（例如人保财险、太保财险、平安财险）都能够同时经营再保险业务，它们既可以将自己承保的直接业务分给再保险公司或其他保险公司，也可以直接接受其他保险公司的财产保险分保业务。

（三）再保险集团

再保险集团亦称分保集团。它是指多个保险公司根据协议而组成的再保险联合体，参与者按照比例分担直接保险与再保险业务。当保险金额或再保险金额十分庞大，超过了某一家保险公司的承保能力时，就要求再保险集团共同承担。例如，航天保险的保险金额巨大，一般都要向再保险集团分保，让再保险集团承担一部分巨额责任可能带来的巨额赔款。

在国际上，亦形成了一些较大的再保险中心，如英国的伦敦、美国的纽约、德国的慕尼黑、瑞士的苏黎世、法国的巴黎、日本的东京等，均是国际再保险中心。我国保险公司的一些巨额保险业务多通过这些再保险市场进行分保。

四、再保险的作用

（一）再保险对分保分出人的作用

1. 分散风险，均衡业务质量。根据大数法则，财产保险人承保标的的风险单位越多，风险的分散就越彻底，保险的财政稳定性就越好。但这里有一个条件，即不仅要求保险标的的性质（特别是损失经验）一致，还要求保险金额大致相等。前者通过承保时的风险选择易于满足，但保险金额却很难限定在某一额度左右。这样，某类业务中有少量保额相当高的承保标的时，将使该类业务的稳定性变差。而通过再保险，将超过一定额度的风险责任转移出去，自留的同类业务其保额就实现了均衡化，既未减少所接受的业务量，又达到了提高直接保险业务经营的财务稳定性的目的。

2. 控制责任，稳定业务经营。由于承保风险的偶然性，保险公司各年的赔付率必然呈现一定的波动，造成保险业务经营的不稳定。而通过再保险，在赔付较少的年份，虽然因支付分保费而使盈利有所减少，但在赔付较大特别是巨额赔付的年份，则可减少其赔偿金额，从而将自身的责任限定在一定范围，使每年能获得均衡的利润。有鉴于此，很多国家的保险管理当局，为了使财产保险公司的责任控制在一定范围内，对财产保险公司的偿付能力和经营管理，以及是否恰当地安排再保险和再保险人的资信等，都有严格规定。

3. 扩大承保能力，增加业务量。财产保险公司的承保能力，受其资本和准备金等自身财务状况的限制。如前所述，《保险法》对此作了专门规定。因此，资本薄弱的财产保险公司，不能承保超过自身财力的大额业务；即使是资本雄厚的保险公司，也不敢轻易承保大额业务，这势必影响到保险人的业务来源及业务量。如果有了再保险的支持，保险公司就可以大胆承保超过自身财力的大额业务，从而扩大了保险人的业务承保能力和业务量。由于保险公司通过再保险将超过自身财力的部分责任转移了出去，因而其所承担的责任仍控制在正常标准的范围之内。

4. 降低营业成本，提高经济效益。财产再保险可以使分出公司降低经营成本，提高经济效益，这是由于：

第一，再保险使分出公司增加了业务量，保费收入自然增加，而管理费却不会按比例增加。

第二，在发生保险损失时，分出公司可以向再保险人摊回相应的赔款，因而与没办理再保险相比，分出公司减少了赔款支出，从而降低了自身的赔付率。

第三，增加了直接保险人可运用资金。有的国家的保险法规定，保险公司在计算未满期责任准备金时不能扣除营业费用。但保险公司办理比例再保险后，不仅要在分保费中扣存未满期责任准备金（期限一年），而且要取得分保佣金。此外，保险公司在收到直接保险投保人交纳的保险费和支付再保险费之间有一定的时间差，特别是合同分保，再保险费要在季度末或半年之末才支付。这样，分出公司就保持了较多的可运用资金。

分出公司通过再保险，一方面降低了经营的业务成本；另一方面又增加了佣金收入（比例再保险）和可运用资金，从而必然增加获利机会，提高经济效益。

（二）再保险对分保接受人的作用

再保险对分保接受人的作用，主要表现在如下几个方面：

1. 扩大风险分散面。财产再保险人对自己所接受的分保业务，也要寻求风险的分散，争取风险单位的大量化。许多保险公司，既是直接承保人同时也是再保险接受人，当它接受分出公司分来的同类业务时，无疑扩大了同类业务的风险单位数，风险分散面也就扩大了，特别是业务来自不同地区时，也实现了风险在空间地域上的分散。

2. 节省营业费用。相对说来，再保险公司接受分入业务所负担的费用，比直接承保业务所负担的费用更少，因为再保险公司不必为招揽业务而到处设立分支机构或代理机构，也不必为处理赔款而培训及设置许多专职理赔人员。此外，再保险可依靠少数几个合同，分入大量的业务，从而节省了直接承保费用。由于再保险合同是在保险同业之间签订的，所需的人力、物力要少于直接业务。虽然再保险公司在接受分入业务收取分保费的同时，还要支付佣金，分担赔款，但由于营业费用的节省，收支相抵，依然收益颇丰。当今世界上专业再保险公司不断设立，有的经营历史悠久，规模不断扩大，这也是原因之一。

（三）再保险对被保险人的作用

虽然直接保险和再保险没有直接关系，但再保险对原保险被保险人而言，同样有着重要的意义。

1. 加强安全保障，提高企业信用。被保险人在发生保险事故后，虽然一般不能直接向再保险人请求赔款，但保险业务办理再保险后，再保险人必然要承担再保险合同中所约定的分摊赔偿责任，这样，被保险人对保单更加信任，增加了安全感。同时，被保险人由于其保险财产因再保险而获得了第二线保障，也就比较容易得到银行的融资，便利其进行生产经营。

2. 简化了投保手续。在缺乏再保险的情况下，投保人若有大额财产需要投保，可能不得不与多个保险人洽商才能解决风险转移和分散的问题。若保险人有庞大的再保险网络做后盾，投保人只需与一个保险人洽商即可，节省了时间和人力。而且在同一保单下，权利和义务的规定是一致的，若投保人与多家保险公司签订保险合同，内容难免会有出入，容易使被保险人蒙受损失。

除了上面列举的作用外，由于财产保险再保险往往是在国际范围内进行的，所以通过再保险业务的开展，可增进对国际保险和再保险市场的了解，便于学习和引进新的经验和技术，提高保险经营管理水平。此外，财产保险再保险也是国际经济合作的重要手段之一，并为国家创造外汇收入。再保险所聚集的巨额准备金也是国民经济建设的重要资金渠道之一。

第二节 财产再保险合同类型

根据合同时限来划分，财产再保险可分为临时再保险、合同再保险和预约再保险①。

一、临时再保险

临时再保险是最古老的再保险安排方式，它是财产保险公司根据业务需要将有关风险或责任进行临时分出的再保险安排。临时再保险有如下特点：

第一，对于需要安排分保的某份保单或某个风险单位的保险业务，分出公司和接受公司均有自由选择权。分出公司可以视风险程度和自留能力来决定是否分出，不具强制性。接受公司也可以根据分出业务的质量和承受能力来决定是否接受。所以，临时再保险只对特定保单或特定风险单位的业务有约束力而不对某类业务具有约束力。

第二，临时再保险以个别保单或风险单位为基础。由于临时再保险是对风险或责任的临时分出，所以一般是分出公司对个别特殊保单或风险单位采取的临时处理措施。

第三，临时再保险业务条件清楚，分保费支付及时。临时安排分保，分出公司须将分出业务的具体情况和分保条件毫无保留地告诉接受公司，以便接受公司决定承保与否。不过，因临时再保险逐笔办理，支付保险费也较迅速，从而较有利于接受公司的资金运用，但这一点对分出公司反而有所不利。

第四，临时再保险业务手续烦琐，时间性强。由于临时再保险是逐笔安排，所以手续烦琐，费用开支也较大。另外，临时再保险只有在接受公司同意接受且分保安排完毕后，分出公司才能承保原保险标的，时间性很强。因此，分出公司必须迅速将业务情况和分保条件告知接受公司，以免贻误时机，影响业务的争取；或者发生了赔案，原保险业务还没分出去，分出公司就要承担全部责任。

由于临时再保险的上述特点，它在财产保险实务中主要适合于：

（1）新开办的或者不稳定的业务。分出公司新开办的业务，由于业务量少，尚不够条件组织合同再保险，或者对一些虽可以组织合同再保险但业务经营尚不够稳定的业务，运用临时分保方法，可以逐步取得经验，为业务的进一步发展创造条件。

（2）合同再保险合同规定的除外责任或不愿置于合同的业务。如航空险再保险合同，有的将劫持险除外。分出公司对这类责任只能安排临时分保。有的业务质量较差，而分出公司出于竞争需要通融承保，但又不愿置于合同再保险，以免影响合同再保险的质量，于是便采取临时分保方法，将承担的这类责任转让出去。

（3）超过合同再保险的限额或需要安排超赔保障的业务。分出公司与接受公司

---

① 再保险分为财产再保险和人寿再保险，本章只讨论财产再保险，不讨论人寿再保险。

订立的合同分保合同，其承保能力有一定限制（即合同限额），如遇有较大保额的业务，超过了合同限额的部分，分出公司就需要运用临时再保险安排分保，以增强其承保能力。分出公司对于已纳入合同再保险的业务，为了本身的安全，或者为了合同再保险双方的利益，也可以对其自留额部分或全部安排临时超赔分保，以减少所承担的责任。

二、合同再保险

合同再保险是分出公司就某类业务与接受公司预先订立合同，分出公司按照合同的规定将有关风险或责任转让给接受公司的再保险安排。由于这种合同再保险合同已将业务范围、地区范围、除外责任、分保手续费、自留额，合同最高限额、账单编制和付费等各项分保条件用文字予以固定，双方的权利和义务均已明确，所以合同再保险亦称为固定再保险。

在财产保险实务中，合同再保险有如下特点：

第一，合同再保险对于分出公司和接受公司在合同再保险业务范围内的内容均具有约束力。合同再保险合同一经双方签订，双方就得共同遵守合同的各项规定。分出公司有义务将合同范围内的业务分出，接受公司有义务接受按合同规定分出的所有业务，原保险人与再保险人双方再无自由选择的权力。

第二，合同再保险一般是不定期或者期限较长的再保险，分保条件比较优越。由于合同再保险的合同是预先签订的，在实务中通常不定期限或者期限较长，其业务也比较多，分保条件往往较临时再保险优越，从而对再保险双方都有利。

第三，合同再保险以分出公司某种险别的全部业务为基础。凡是该类业务，包括来自分支机构、代理机构的业务，分出公司必须全部纳入合同进行分保，不能挑选，以避免分出人的逆选择，同时也便于简化手续。这与临时再保险只限于某一笔业务或某个风险单位的情况完全不同。

合同再保险适用于各种形式的比例和非比例再保险方式。

三、预约再保险

预约再保险是介于合同再保险与临时再保险之间的一种再保险合同安排，其特点在于：

第一，预约再保险对于接受公司具有合同再保险性质，对分出公司则具有临时再保险性质。分出公司就某类业务与接受公司签订了预约再保险合同后，对自己手里的该类业务可自由选择办理或不办理分保，但对接受公司来说没有挑选余地，凡是分出公司分出的属于预约再保险范围内的业务，必须接受，如同接受合同再保险分出业务一样。

第二，预约再保险较临时再保险手续简便。分出公司根据自己的业务需要，可以随时决定将合同范围内的某些业务纳入合同，接受公司又没有讨价还价的余地，这就比临时再保险逐笔安排再保险简便，也节省了时间。

第三，接受公司对预约再保险的业务质量不易掌握。特别是那些由经纪人安排订立的预约分保合同业务，更难了解。

第四，预约再保险业务的稳定性较差。分出公司往往是将稳定性好的业务自留，而将稳定性较差的业务分出，以稳定自己的经营，获得较大收益。

预约再保险与合同再保险相比，有许多不同之处。例如，预约再保险佣金较少，也没有盈余佣金；预约再保险的保险期限较短，常为 1 年；同时，预约再保险的应用范围较小，常用于某一特定风险，在支付再保险费时，没有留存保费准备金的规定。

在财产保险实务中，预约再保险一般适用于火险和水险的比例再保险方式。分出公司如有大额业务，超过合同分保限额的保额可以运用预约再保险来安排。

第三节　财产再保险责任安排

根据财产再保险的分保责任的安排方式，再保险分为比例再保险和非比例再保险。

一、比例再保险

比例再保险是以保险金额为基础来确定分出公司自留额和接受公司分保责任额的再保险业务类型。在比例再保险中，分出公司的自留额和接受公司的责任额都表示为保额的一定比例，该比例也是双方分配保费和分摊赔款的依据。

比例再保险主要有三种，即成数再保险、溢额再保险与成数溢额复合再保险。

（一）成数再保险

1. 成数再保险的概念及基本操作。成数再保险是指原保险人将每一风险单位的保险金额，按约定的比率向再保险人分保的方式。按照这种再保险方式，不论分出公司承保的每一风险单位的保额大小，只要是在合同规定的限额之内，都按照双方约定的比率来分担保险责任，每一风险单位的保险费和发生的赔款，也按双方约定的固定比率进行分配和分摊。因此，这种再保险方式的最大特点是绝对化的、按比例的再保险，也是最简便的再保险方式。在实务中，成数再保险的分出责任，可以由一家接受公司全部接受，也可以由多家接受公司共同接受，一般没有限制，各个再保险人接受的份额也不必相同。

由于成数再保险对每一风险单位都按一定比例分配责任，故在遇到巨额风险责任时，将使原保险人和再保险人承担的责任仍然很大。因此，为了使承担的责任有一定范围，每一份成数再保险合同都按每一风险单位或每张保单规定一个最高责任额（即合同限额），分出公司与接受公司在这个最高责任额中各自承担一定的份额。

例如，有一成数再保险合同，每一风险单位的最高限额规定为 500 万元，自留责任（也叫自留成分）为 45%，分出责任为 55%（即 55%的成数再保险合同），则合同双方的责任分配如 10-1 所示。

表 10-1　成数分保责任分配表　　单位：元

保险金额	自留责任 45%	分出责任 55%	其　他
800 000	360 000	440 000	0
2 000 000	900 000	1 100 000	0
5 000 000	2 250 000	2 750 000	0
6 000 000	2 250 000	2 750 000	1 000 000

本例中，第四笔业务保额 600 万元，超过了最高责任限额，分出公司在该合同项下只能安排 500 万元再保险，余下 100 万元保额需寻求其他方式处理，否则将复归分出人承担。

2. 责任、保费和赔款的计算。例如，某分出公司组织一份海上运输险的成数分保合同，规定每艘船的合同限额为 1 000 万美元，分出公司的自留额为 20%，即 200 万美元，分出责任额 800 万美元，即 80%。假定在该合同项下有五笔业务，每笔业务的保额、保费收入和赔款情况及其计算如表 10-2 所示。

表 10-2　成数分保计算表　　单位：万美元

船名	总额 100%			自留 20%			分出 80%		
	保险金额	保费	赔款	自留额	保费	自负赔款	分保额	分保费	分摊赔款
A	200	2	0	40	0.4	0	160	1.6	0
B	400	4	10	80	0.8	2	320	3.2	8
C	600	6	20	120	1.2	4	480	4.8	16
D	800	8	0	160	1.6	0	640	6.4	0
E	1 000	10	0	200	2	0	800	8	0
总计	3 000	30	30	600	6	6	2 400	24	24

成数分保的分出额有时要分给若干家接受公司，每家接受公司接受的责任为合同最高责任限额的一定比例（或分出总额的一定比例），一旦各公司承担的责任的百分比确定，则保费和赔款就按相应百分比来计算。

3. 成数再保险的优点与缺点。成数再保险的优点在于：一是成数再保险合同双方的利益具有一致性，即成数再保险对每一风险单位的责任均按保险金额由分出和接受公司按比例承担，不论业务良莠、大小，不论经营结果是盈是亏，双方利害关系均一致，因此，成数分保合同很少发生争执；二是手续简化，节省人力和费用，从前述计算实例可以看出，采用成数分保，保额、保费分配，赔款分摊都很简单，分保实务和分保账单编制的手续简化，从而可以节省人力、时间和管理费用。

对分出公司来说，成数再保险的缺陷主要有二：一是缺乏弹性。它虽然手续简便，但按固定比例分配保额，便失去了灵活性，质量好的业务不能多留，质量差的业务也不能少留，这样，往往不能满足分出公司获得准确再保险保障的需求。对于分入公司来说比较有利，因为这恰恰避免了逆选择。二是不能均衡风险责任。由于成数再保险的每笔业务的保险金额均按固定比例变动，分出人对于危险度高低、损失的大小无法加以区别并作适当安排，因而它不能使风险责任均衡化，就是说，原保险保险金额高低不齐的问题依然存在。虽然合同通常有最高责任额的限制，但这只能起到防止责任累积的作用，而且有了该最高责任的限制，对于超过限额的部分，还需另作其他再保险安排。

4. 成数再保险的运用。成数再保险的上述特点，决定了它比较适合于：

（1）新创办的公司。这类公司由于缺乏经验，采用成数再保险，可以得到再保险人在风险分析、承保审定、赔款处理技术等方面的帮助。

（2）新开办的险种。它由于缺乏实际经验和统计资料，采用成数再保险方式比较稳妥。

（3）汽车险、航空险。其出险频率高，赔款频繁，成数再保险可发挥其手续简便、双方共命运的优势。

（4）保额和业务质量比较平均的业务。如，粮食运输及其运输船舶，每船的保额大致相同，采用成数分保时限额不会太高，业务比较稳定，并可收取较高分保佣金，同时免去了责任累积之虑。

（5）各类转分保业务。转分保业务由于其手续烦琐，采用其他方式分保比较困难，一般也都采用易于计算的成数再保险。

（6）由于成数再保险条件优惠，在国际保险中往往用作再保险业务交换，争取回头业务。

（7）属于同一保险公司系统的母公司和子公司之间，以及集团内部分保，为简化分保手续，一般也采用成数分保方式进行分保。

此外，成数再保险还可与其他再保险方式混合使用。

（二）溢额再保险

1. 溢额再保险的概念及基本操作。溢额再保险是分出公司对每一风险单位的保额确定一个自留额，而只将保额超过自留额的部分即溢额，分给再保险人承担，并分别按照自留额和溢额对保额的比例来分配保费和分摊赔款的再保险业务方式。

溢额再保险与成数再保险的共同之处是：都以保额为基础来确定分保关系，自留额与分出额都表示成保额的一定比例关系；它们的区别在于：溢额再保险的自留额是一个确定的自留额，不随保额的大小而变动，也就是说，它对保额的比例不因保额不同而变动；而成数再保险的自留额表现为保险金额的固定百分比，随保额的大小而变动。

例如，某溢额分保的自留额确定为 40 万元，每笔业务或每个风险单位保额超出 40 万元的部分（溢额）便分给接受人。现有 3 笔业务，保额分别为 40 万元、80 万元和 200 万元。则第一笔无需分保，第二笔要分出 40 万元，第三笔则要分出 160 万元。溢额与保险金额的比例即为分保比例。本例中第二笔业务的分保比例为 50%，第三笔分保比例为 80%。

在溢额再保险中，自留额是厘订再保险限额的基本单位，超过自留额的部分即溢额通常是以自留额的一定倍数（再保险中称为线数）来限定的。

例如，某溢额再保险合同的限额（容量）为 20 线，则一线的责任为再保险限额的 5%。假定自留额为 100 万元，则合同限额或合同容量即为 2 000 万元。溢额再保险线数的确定要根据原保险人的业务内容和自留能力（如平均保额大小及其与平均自留额的关系、最高保额的大小与自留额的关系、巨额标的承保状况等）综合考虑。

由于承保业务的保额增加或由于业务的发展，分出公司有时需要设置不同层次的溢额。依次称为第一溢额、第二溢额等。当第一溢额的分保限额不能满足分出公司的业务需要时，则可组织第二甚至第三溢额、第四溢额。

2. 溢额再保险责任、保费分配和赔款分摊的计算。了解了溢额再保险的危险单位、自留额、线数和合同的限额及其关系，以及溢额分保比例之后，计算各自责任、保费和赔款分摊就比较容易了。

例如，某海上货运险溢额分保合同，危险单位按每一条船一个航次划分，自留额为 10 万美元。第一溢额合同限额为 10 线，第二溢额合同限额为 15 线，原保险人承保了四条船（船次），有关责任、保费和赔款的计算如表 10-3 所示。

表 10-3 分层溢额分保计算示意表 单位：美元

	保险金额	A 轮 50 000	B 轮 500 000	C 轮 2 000 000	D 轮 2 500 000	共计
总额	总保费	500	5 000	20 000	25 000	50 500
	总赔款	0	10 000	20 000	100 000	130 000
自留责任	自留额	50 000	100 000	100 000	100 000	
	比例	100%	20%	5%	4%	
	保费	500	1 000	1 000	1 000	3 500
	分摊赔款	0	2 000	1 000	4 000	7 000
第一溢额	分保额	0	400 000	1 000 000	1 000 000	
	分保比例	0	80%	50%	40%	
	分保费	0	4 000	10 000	10 000	24 000
	分摊赔款	0	8 000	10 000	40 000	58 000
第二溢额	分保额	0	0	900 000	1 400 000	
	分保比例	0	0	45%	56%	
	分保费	0	0	9 000	14 000	23 000
	分摊赔款	0	0	9 000	56 000	65 000

3. 溢额再保险的特点。溢额再保险的特点主要有以下两点：

（1）可以灵活确定自留额。对分出公司来讲，可根据自己不同的业务种类、质量和性质灵活确定自留额，这不论在业务的选择上，还是在节省分保费支出等方面，都具有优越性；分出公司在第一溢额外，尚可洽定第二、第三溢额，对大额业务的处理也有较大弹性。虽然如此，接受公司由于不必顾虑逆选择，且在合同容量较大时，业务量也较多，接受公司可经常保有稳定的业务来源。

（2）比较烦琐费时。例如水上货运险，办理溢额再保险时，要根据业务单证按每条船、每一航次进行登卡登记和管理限额，并计算出不同分保比例以及按该比例逐笔计算分保费，如发生赔款，也得一笔笔按不同比例分摊。在编制分保账单和统计分析方面也比较麻烦。

二、非比例再保险

非比例再保险是一种以赔款作为再保险双方当事人确定责任的基础的再保险业务方式。当分出公司的赔款超过一定标准或额度时，其超过部分由接受公司负责，直至某一接受标准或额度。由于这一特点，一般又称为超过损失（赔付）再保险。从概念可知，非比例再保险合同有两个限额：一是分出公司根据自身财力确定的自负责任额即起赔点；二是接受公司承担的最高责任额。

非比例再保险有多种方式，其中以超额赔款再保险和赔付率超赔再保险为代表，运用最多。

（一）超额赔款再保险及其运用

超额赔款再保险简称超赔分保，对原保险人因同一原因所发生的任何一次损失，或因同一原因所导致的各次赔款的总和，超过约定的自负赔款责任额时，其超过部分由接受公司负责到一定额度。在实务中超赔分保又有险位超赔分保和事故超赔分保之分。

1. 险位超赔再保险。险位（风险单位）超赔再保险是以每次保险事故中每一风险单位所发生的赔款来计算自负责任额和再保险责任额。假若一个风险单位赔款总金额不超过自负责任额，全部损失由分出公司赔付；若一个风险单位总赔款金额超过自负责任额，则超过部分由接受公司负责到约定限额。

关于险位超赔在一次事故中的赔款计算，有两种情况：一是所有发生损失的风险单位都按合同分摊赔偿责任，没有险位限制；二是每次事故中的损失，接受人负责摊赔的险位有限制，一般为险位限额的2～3倍，即每次事故接受公司只摊赔2～3个风险单位的损失。

例如，有一超过100万元以后的900万元的火险险位超赔分保合同，在一次保险事故中有三个风险单位受损，每个风险单位损失150万元。如果对每次事故中的受损风险单位无限制，则赔款分摊如表10-4所示。

表10-4　险位超赔的赔款分摊　　单位：元

风险单位	发生赔款	分出公司承担赔款	接受公司承担赔款
Ⅰ	1 500 000	1 000 000	500 000
Ⅱ	1 500 000	1 000 000	500 000
Ⅲ	1 500 000	1 000 000	500 000
共　计	4 500 000	3 000 000	1 500 000

但假如每次事故有风险单位限制，例如，险位限额的 2 倍，则赔款分摊方式便如表 10-5 所示。这种情况，由于接受公司只承担了两个风险单位的赔款，所以第三个风险单位的损失由分出公司自己负责。

表 10-5　（限额）险位超赔的赔款分摊　　单位：元

风险单位	发生赔款	分出公司承担赔款	接受公司承担赔款
Ⅰ	1 500 000	1 000 000	500 000
Ⅱ	1 500 000	1 000 000	500 000
Ⅲ	1 500 000	1 500 000	0
共 计	4 500 000	3 500 000	1 000 000

在有险位限制的情况下，若发生损失的风险单位损失额不等，则依合同约定方式计算摊赔额。

2. 事故超赔再保险。事故超赔再保险是以一次灾害事故所发生的赔款总和来计算分出公司自负责任额和接受公司分保责任额的。这种再保险方式，是以一次事故、群体风险所导致的总赔款为基础，不管列入摊赔的保单数目有多少，保额有多大，其目的是保障一次事故造成的累积保险责任得到分摊，常用于巨额和巨灾风险的再保险，故又称为异常灾害再保险。事故超赔分保的最高责任额，依当事人的协议而定，通常依起赔点的大小、业务内容与密集程度以及过去赔款的经验等情况来决定。如果起赔点太高，即自负责任额度太大，则分出公司的赔款责任必然过大；若起赔点太低，即自负责任额度订得太低，则可能使接受公司责任过分沉重，再保险费也很高昂。于是，便产生了分层再保险的安排，即将整个超赔保障数额分成若干层，便于不同的再保险人接受。这样，每一层的再保险额度虽然不高，但各层次额度累计会达到很高的金额，且各层的接受公司责任额不至过分沉重，保费也相对低廉，对分保双方都有利。

在这种分保合同中，第一层的起赔点就是分出公司的自负责任额；第二层的起赔点或称基数为第一层自负责任额与该层再保险责任额的合计；第三层起赔点则为第二层起赔点加上第二层再保险责任额之和，以下各层类推。

例如，某保险人安排一份超过 500 万元以上、由接受公司负责至 1 亿元的巨灾事故超赔再保险合同，分为四层安排如下：

第一层：超过 500 万元以上的 500 万元；

第二层：超过 1 000 万元以上的 1 500 万元；

第三层：超过 2 500 万元以上的 2 500 万元；

第四层：超过 5 000 万元以上 的 5 000 万元。

即第一层接受人承担 500 万元的赔款责任，第二层接受人承担 1 500 万元的赔款责任，第三层接受人承担 2 500 万元，第四层接受人承担 5 000 万元，累计 1 亿元。

事故超赔再保险，涉及一次事故的划分。在实务中，有的巨灾事故如台风、洪水、地震等，在合同中对一次事故用时间长短来界定，有的还有地区范围规定。例如，台风、飓风、暴风雨连续 48 小时算一次事故，地震、洪水连续 72 小时算一次事故；洪水还规定地理上的界限，如以河谷或分水岭划分。

3. 超额赔款再保险的运用。超额赔款再保险在火灾保险、海上保险、意外伤害保险等方面都被广泛运用。

在火灾保险方面运用，主要出于两个方面的考虑：一是弥补比例再保险之不足；二是防备异常灾害损失。例如大火、风暴、地震等灾害损失。这些异常灾害往往涉及面广，损失惨重，如果应用成数再保险，不能有效分散其风险责任，而如果单独应用溢额再保险，以风险范围为单位自留，势必使自留的风险单位增多，很不安全。

在海上保险方面运用，是为了避免全损、共同海损、单独海损等巨大损失，直接保险人通过这种超额赔款再保险获得再保险保障。货物运输险，原来大多采用成数或溢额再保险，但现在由于业务量增加很快，采用超额赔款再保险方式的明显增长。船舶险方面，也因船只日益大型化和保额庞大而不得不采用超赔分保来分散承保风险。

在人身意外伤害保险方面运用，尤其在汽车险和责任险方面，已经出现了没有超赔再保险不行的现象。

（二）赔付率超赔再保险

1. 赔付率超赔再保险的概念。超赔付率再保险是在某特定期间内（通常为 1 年），分出公司某一特定部门业务的赔付率超过约定自负责任的标准时，超过部分的赔款由接受公司负责一定的额度。接受公司的责任额度有一最高限度，以赔付率表示，同时还有一定金额限制。由于这种再保险可以将分出公司某一年度的赔付率控制于一定的标准之内，所以对分出公司而言，又有停止损失再保险（或损失中止再保险）之称。

例如，某分出公司就某类业务安排赔付率超赔再保险，赔付率在 60%以下由自己负责，接受公司负责超过 60%的赔款直至 125%。合同期内各年业务经营和分保情况，如表 10-6 所示。

表 10-6 赔付率超赔分保计算表 单位：美元

年份	保费收入总额	赔款总额	赔付率（%）	分出公司自负责任额	接受公司应负责任额	其他
Ⅰ	2 000 000	1 200 000	60	1 200 000	0	0
Ⅱ	2 400 000	1 800 000	75	1 440 000	360 000	0
Ⅲ	1 600 000	2 080 000	130	960 000	1 040 000	80 000

2. 赔付率的计算。赔付率是赔付率超赔再保险的中心问题，在实务中，通常采用以签单年度的净保费收入与同一年度赔款净额之比，作为该年度赔付率。即：

赔付率＝（赔款净额/年净保费收入）×100%

其中：

年净保费收入＝毛保费+加保费－退保费－佣金－
再保费支出－保费税款－盈余佣金

赔款净额＝发生赔款（包括理赔及诉讼费用）－收回的赔款－摊回的再保险赔款

赔付率超赔再保险常以3~5年为合同期限，但赔付率须每年计算。由于要按签单年度的会计账计算，则要等各签单的责任全部满期后才能精确计算，因此习惯上要延续两个年度于第三年底加以调整。但由于仍免不了有未决赔款要进行估计，且有些赔案不能在短期内全部解决，致使再保险的赔付率确定要牵延数年，合同内通常要约定最终决算年限，一般为5年。

3. 赔付率超赔再保险的运用。赔付率超赔再保险的功能在于：当分出公司的承保业绩在某年突然变化而遭受严重打击时，将亏损控制在分出公司的财力等各方面条件所能承受的范围之内。它是保险人在安排成数、溢额再保险和超额赔款再保险后，为进一步稳定业务经营而安排的再保险。

对于小额损失集中、发生损失频率高的保险业务，采用这种再保险方式比较多。因为小额损失多，若采用超赔再保险，则起赔点要定的特别低，但这势必支付大量再保险费。因而最经济而简便的办法是安排赔付率超赔再保险，既节省保费又保障自己不致发生严重亏损。

赔付率超赔再保险在农作物保险方面运用较多。在有的国家，企业自保较为普遍，但为防范重大火灾发生使企业财务发生困难，这些自保公司均要购买赔付率超赔再保险予以保护。

（三）复合再保险

在保险实务中，各类再保险安排方式经常被相互配合运用，以取得分散风险、转移损失、节省再保险费的最佳效果。例如，成数、溢额复合再保险，溢额超赔、成数超赔复合再保险，超赔、成数复合再保险等。

第四节　再保险合同条款

再保险合同不同于直接保险合同，它没有标准格式，无论是比例再保险还是非比例再保险合同的条款，一般都需要双方当事人共同商议。合同内容（再保险双方当事人的权利和义务）是通过合同条款体现出来的。合同条款又因再保险的安排不同而有异。当然也有一些条款是在各类再保险合同中通用的。下面对主要的通用的一些条款简要作一些介绍。

一、各类再保险合同共同适用的条款

（一）业务范围条款

条款载明分保合同的标的，即：分出人承担的那些险种的责任（限于同一险种的业务还是包括几个险种的业务）转移给接受人；什么样的业务，以什么形式纳入的业务；除外责任及其加贴的除外条款详细内容。

（二）地区范围条款

无论是分保还是转分保业务，都须有地区的约定。例如：在再保险合同中规定，凡是分出公司（包括其分支机构和代理机构）经营的某一类业务全部纳入分保范围，而不论业务来自什么地区。当然，在再保险合同中，也可以明确规定将分出公司（包括其分支机构和代理机构）经营的某一地区的某一类业务除外。

（三）错误和遗漏条款

该条款规定：再保险缔约双方不能因为另一方在工作中发生了错误、遗漏或延迟而推卸其对另一方原应承担的责任。只要发生的错误、遗漏或延迟不是故意造成的，就不影响再保险合同的有效性。

（四）保护再保险人利益条款

一般情况下，再保险合同缔约双方都遵守最大诚信原则，但当接受公司对合同的经营发生怀疑或发生争执需要查账时，分出公司应允许接受公司指派代表进行检查。例如，条款规定："一切有关本合同的账册、登记本、记录单证和文件，在任何时候均可由接受公司所授权的代表进行检查。"

二、比例再保险合同的一些特有条款

（一）再保险费率条款

比例再保险业务的费率，一般都是按原保单上规定的费率办理，所用货币也与原保单一致。

（二）分保佣金条款

分保佣金，也称为再保险手续费，是成数和溢额分保实务中的重点内容之一，它是接受公司根据分保费数额支付给分出公司的一定费用，用以分担分出公司为招揽业务及业务经营管理等所产生的费用开支。如分出公司调查风险、签发保单、处理赔款等所适当支出的费用，接受公司对此并无任何支出，故以佣金的方式负担一部分。

对于分保佣金，分出公司和接受公司双方都很重视。就接受公司而言，赔款、佣金及费用为其三大支出项目，佣金支出的大小，对将来利润有直接影响。就分出公司而言，各种佣金的收入，可否补偿其分出业务的承揽成本，与收益密切相关。同此，再保险合同双方当事人应在合同中明确佣金的给付办法。

计算分保佣金一般用佣金率表示，实际运用的佣金率主要有两种：

1. 固定佣金率。固定佣金率是指分保佣金率经合同规定后固定不变，即分保佣金率不受直接保险业务赔付率高低的影响。这种方法的优点是佣金数量的计算较为简单。

其缺点是，在合同业务经营的结果即使出现亏损，分入公司也必须按照合同规定的比率支付分保佣金，而不能有所减少；而在合同业务经营有较多的盈余时，分入公司也自然要按照合同规定的比率支付较多的佣金。这对分入公司是不公平的。

2. 浮动佣金率。浮动佣金率又称递增分保佣金率，按照赔付率的高低来调整佣金率，使得分保佣金在一定限度内与合同的赔付率具有直接的关系。其实际做法是：规定一个最低佣金率，当赔付率逐渐下降时，佣金率逐渐提高，但不超过最高佣金率。由于每个业务年度经营的实际结果事先无法预料，因此，接受公司通常在期初按约定的临时佣金标准先支付给分出公司，到年度终了时再按赔付率所对应的实际佣金进行调整。

例如：有一分保合同，规定接受公司付给分出公司的分保佣金，临时先按分保费的32.5%计算，之后以每一业务年度的赔付率为依据，按相应的浮动佣金进行调整。当赔付率超过65%时，佣金为32.5%，赔付率每降低1%，佣金增加0.5%，最高佣金为42%。列表如下：

赔付率低于46%的时佣金率为42%；

赔付率在46%~47%佣金率为42%；

赔付率在47%~48%佣金率为41.5%；

赔付率在48%~49%佣金率为41%；

赔付率在49%~50%佣金率为40.5%；

……

赔付率在64%~65%佣金率为33%；

赔付率在65%以上时佣金率为32.5%。

（三）盈余佣金条款

盈余佣金是在再保险合同业务有盈余时，接受公司按其年度利润的一定比率支付给分出公司的佣金，也称为利润手续费或纯益手续费。盈余佣金的给付是为了鼓励分出公司谨慎地选择所承保的业务，并加强承保管理。因此，在采用固定分保佣金制的合同中，通常有纯益佣金条款。但如果采用浮动分保佣金，由于已包含了纯益佣金的因素，所以一般不再运用纯益佣金条款。

盈余佣金的计算方法，通常在双方签订的分保合同中载明，盈余的计算公式如下：

$$盈余额=收入项目累计-支出项目累计$$

$$盈余佣金=盈余额\times盈余佣金率$$

收入项目：

（1）本年度保费；

（2）转回上年度未到期保费；

（3）转回上年度未决赔款。

支出项目：

（1）本年度手续费；

（2）本年度已付赔款；

（3）提取本年度未到期保费；

（4）提取本年度未决赔款；

（5）接受人管理费用。

这里，由于业务种类不同，对于未了责任的处理和合同经营盈亏的计算存在一定的差异。

（四）再保险费准备金条款

为确保再保险人能依约履行义务，原保险人将应付再保险费的一部分留存一定期间，以备将来之需。留存的这笔款项，称为再保险费准备金。

原保险人提存准备金的数额，一般为应付再保险费的35%、40%或50%，而以40%最为普遍。准备金是从每季应付的再保险费中提留的，每季办理一次，至第四季止，其合计达全年总保费的一定比率（如40%）；留存准备金的期限为12个月，至第二年第一季度，归还上年第一季度提存的准备金（及其利息），同时提存新的年度再保险费准备金。

（五）未了责任转移条款

比例再保险都涉及未了责任转移问题，所以必须用条款明确未了责任转移的方法和内容。

1. 未了责任及其解决办法。当分保合同终止时，接受公司所有分入业务的未满期部分为未了责任。解决这部分未了责任通常有两种办法：第一种是自然满期方式。即再保险合同结束后的一定时期，如三年或五年后，所有保单都满期获赔付结束之后，才结束该分保合同的账务。第二种是结清方式。随着分保合同的终止，接受公司对每笔分保业务的责任也同时终止，未满期责任的保费，应退回分出公司，以解除其未了责任。

2. 未了责任转移的内容。未了责任的转移的内容一是未到期保费转移，二是未决赔款转移。具体的转移方法合同由条款具体规定。一般来说，未到期保费的比较准确的计算方法，是逐张保单按其未到期的天数与365天的比例进行计算：

$$未到期保费 = (未到期天数/365) \times 保费$$

但为了简便起见，采用较多的是按保费的一定百分比（如35%或40%）来计算未到期保费。

未决赔款的转移一般是按实际未决赔款的90%或100%计算。

三、非比例再保险合同的特有条款

非比例再保险合同也有其特有的条款，主要有以下几种：

（一）最后净赔款条款

最后净赔款条款的设立是为了明确原保险的标的发生损失后，作为非比例再保险合同项下分出公司与分入公司分摊责任对象的赔款，应该是分出公司在此合同项下分摊赔款前承担的最后净赔款（有的书采用“最后净损失”一词）。它是分出公司在此合同项下分摊赔款前的其他赔案的理赔工作已经全部结束时，分出公司对于本非比例再保险合同项下的损失事故所应承担的赔款和相关费用的总额，只有分出公司所承担的最后净赔款超过合同规定的分出公司的自负责任额时，分入公司才对超过的部分承担赔偿责任。

不同的非比例再保险形式，最后净赔款有不同含义：险位超赔再保险，它是按险位超赔再保险合同项下的各个险位分别计算的最后净赔款；事故超赔再保险，它是按事故超赔再保险合同项下的各次事故分别计算的最后净赔款；赔付率超赔再保险，它是按赔付率超赔再保险合同项下一年内全部赔款计算的最后净赔款。但无论是哪一种非比例再保险合同项下的最后净赔款，都等于分出公司的赔款总额加上处理赔款有关的法律费用和其他费用，减去足以减少分出公司赔款的各种收入，如残值、向第三者追回的款项，以及此前从其他分入公司摊回的赔款。

（二）净自留成分条款

净自留成分条款就是用来规定分出公司的最后净赔款究竟是哪一个层次合同的净赔款。它的含义是：分出公司的最后净赔款应是其净自留成分内的净赔款。

净自留成分是超赔分保合同实际启动前分出公司的自负责任。在超赔分保合同项下由分入公司所承担的赔款，必须是超赔分保合同实际启动前（利用超赔分保合同条件划分分出公司和分入公司的实际赔款责任前）分出公司所承担的净赔款（最后净赔款）超过分出公司自负责任额的部分。分出公司自负责任额是划分分出公司与分入公司赔款责任的界限。在分出公司的自负责任额已经由超赔分保合同确定下来的条件下，超赔分保合同实际启动前分出公司所承担的净赔款（最后净赔款）的确定，是划分分出公司与分入公司实际赔款责任的前提。问题是分出公司所承保的业务在超赔分保合同实际启动前可能没有分出，也可能已经分出甚至是数次分出，在不同的情况下分出公司的最后净赔款该如何确定。

例如，分出公司承保了一笔火险的直接保险业务，保险金额为 1 000 万元，在合同有效期内发生净赔款 300 万元。假定分出公司与分入公司签订了一份超赔再保险合同，合同的基本条件为超过 100 万元以后的 400 万元。如果在超赔分保合同实际启动前没有其他分保合同存在，从而分出公司没有将这笔业务向其他分入公司分出，则其净自留成分为这笔业务的全部保险金额 1 000 万元。已经发生的净赔款 300 万元就是最后净赔款。按照超赔再保险合同的规定，这 300 万元的赔款中的 100 万元由分出公司自己负责赔偿，200 万元由分入公司负责赔偿。

（三）任何一次事故条款

无论是险位超赔再保险，还是事故超赔再保险，都与一次事故有关。就最后净损失条款而言，险位超赔再保险和事故超赔再保险的最后净损失，都应该是一次事故中的净赔款，只是二者所涉及险位的数量不同罢了，因此，在合同中都以条款明确定义何谓“一次事故”，这对于划分合同双方当事人的责任和计算其各自应分摊的赔款数额十分重要。

灾害事故发生后很可能会持续或长或短的时间，涉及或大或小的范围，由灾害事故所造成的损失也会随着灾害事故持续时间的延长和范围的扩大而增加。这就使得任何一次事故及其损失的边界往往很难加以确认。为了解决这一问题，在非比例再保险实务中，常常用“时间条款”对任何一次事故从时间上加以确定，或者从地理方面加以划定。例如：

1. 对飓风、台风、暴风、暴雨、冰雹等，规定不超过 48 小时或 72 小时为一次事故。

2. 对洪水、地震、海啸、火山爆发等，规定不超过 72 小时或 168 小时为一次事故。洪水将涉及很大的区域，故另有地区的规定，通常以河谷或分水岭为划分同一洪水区域的依据。

3. 对罢工、暴动等，规定不超过 72 小时为一次事故；由于罢工、暴动可能同时在大小不同的区域发生，因此，对一次事故通常也有区域范围的限制。如规定发生在同一市、镇、村辖区内的罢工、暴动不超过 72 小时者为一次事故。

如果事故的持续时间超过上述的规定，则分出公司可以将其划分为两个或多个损失事故。各次事故在时间上不能重叠。

（四）责任恢复条款

责任恢复是非比例再保险的一个重要特点。责任恢复是指在发生分入公司的赔款从而使其分保责任限额减少后，分出公司为了重新获得充分的再保险保障，将分入公司的分保责任恢复至原有的额度。例如，有一超过 100 万元以后的 100 万元的超赔分保，其分保责任额为 100 万元。现发生了 140 万元的损失，超赔再保险的分入公司赔付了 40 万元，使分保责任额由 100 万元减少至 60 万元。如有责任恢复的规定，则可将分保责任额仍恢复至原有的额度即 100 万元。

如果分入公司分摊的一次赔款已经等于 100 万元，则恢复一次责任意味着使分入公司的责任限额由零重新恢复至 100 万元。如果分入公司分摊的一次赔款为 40 万元，则恢复一次责任意味着使分入公司的责任限额由 60 万元重新恢复至 100 万元，即此后发生巨额赔款，分入公司所承担的一次赔款不能超过 100 万元。但由于在分入公司第一次赔款发生后实际恢复的责任只是 40 万元（分入公司已付赔款部分），故恢复一次责任所增加的 100 万元责任额可在一年内（因财产保险的保险期限多为一年）作数次赔款后的责任恢复，只是各次实际恢复的责任总额不超过 100 万元即可。在一年内，分入公司所承担的赔偿责任总额不超过200万元。

一般情况下，由于责任恢复实际上增加分入公司的责任，因此，责任的恢复通常要以分出公司增加对分入公司的再保险费的支付作为条件。由于恢复责任时合同尚未到期（尚未到年底），分出公司只应负责增加支付恢复责任日至合同到期日这个期间的再保险费，所以，其加缴的再保险费的数量应根据年再保险费与尚未到期日占全年天数的比率计算。

例如，有一个超过50万元以后的100万元的事故超赔再保险合同，合同期限为一年（即从1月1日至当年12月31日），规定一次责任恢复。假定分入公司全年分入的再保险费为3万元。当年2月28日分入公司分摊赔款40万元。在恢复一次责任的前提下，分出公司应追加的再保险费为：

3×（40/100）×（10/12）＝1（万元）

在再保险实务中，也有不考虑尚未到期的天数和分入公司分摊赔款的金额，而按分入公司全年的再保险费收入和合同中约定的固定比率加缴再保险费的。

（五）指数条款（或通货膨胀条款）

指数指的是物价指数，指数条款的订立主要是为了在通货膨胀情况下，公平分保合同双方的责任。非比例再保险合同项下的赔款往往会迁延数年，这样，由于通货膨胀的影响，常发生使再保险人责任增大的不公平现象。由于超赔分保接受人的责任是以赔款超过规定的数额为基础，这样，通货膨胀使实际赔款额增大时，增大的后果将主要由再保险人接受人承担（如果增大后的赔款仍在自留责任内，则再保险人不受影响）。例如，有一超过5万美元以后的7万美元的超赔合同，现发生损失5万美元，如该赔案当年解决，接受人不必承担赔款。但由于该赔案数年后才解决，而此期间有20%的通货膨胀，该案赔款额便上升为6万美元，如果合同上没有指数条款，接受人就要分摊1万美元赔款。

为了公平起见，非比例再保险合同中均订有指数条款。所谓指数条款，就是指再保险合同生效时与赔款时货币价值的不同，要以通胀指数来重新核算和调整双方的赔款数额，使赔款受币值影响的高涨部分，由分出人和接受人共同来分摊。其主要内容大致如下：

1. 接受人的责任额与分出人的自负赔款额，应维持在合同生效日或双方约定之日为基准的一定的货币价值关系。在以后任何时间内所赔付的赔款，均用该基准货币价值关系来重新核算。货币价值关系以指数予以表示，故接受人应负责的赔款额与分出人的自负赔款额，均按指数上升或下降的比例增减。

2. 同一案件分次赔款时，对于每一次赔款，均应按当时的指数计算，至全案最后解决后，将各次计算所得汇总，以求自负赔款的平均指数。

在指数条款中，还要说明所采用的指数。由于按指数调整比较麻烦，所以，在通货膨胀率增幅较小时，也可不予调整，合同中一般要规定一个不调整的标准（如规定赔付时的通货膨胀率与合同生效时的通货膨胀率相比较，若在10%的幅度之内，则无须调整）。

例如，有一个赔款超过 60 万元以后的 150 万元的责任险超赔分保合同，现有赔款 100 万元，赔付时的物价水平比合同生效时上升了 40%。

（1）如没有指数条款，分保接受人应赔付的金额为：

100 万元-60 万元=40 万元

（2）如有指数条款，则应按通货膨胀率 40%调整为：

自负额=60 万元×140%=84 万元

责任额=150 万元×140%=210 万元

分保接受人应赔付=100 万元-84 万元=16 万元

（六）汇率变动条款

如分保合同项下，所遭受的损失不是合同所表示的货币，而是其他货币时，由于兑换率的变动，可能会有货币兑换率方面的风险。为了使合同责任限额保持较为稳定的水平，合同往往有汇率变动条款，规定如有其他货币的损失时，有关分出人的自负额和接受人的责任额按合同起始日或商定日期的兑换率折算成某种货币来计算，而不受兑换率变动的影响，以减少货币兑换的风险。

例如，有一超过 50 万美元以后的 100 万美元的超赔再保险合同，但所遭受的损失是 40 万英镑。有关接受人的责任，按合同规定计算如下：

A. 按合同起始日英镑兑美元的兑换率为 1：1.60，将分出人的自负额和接受人的责任额由合同所表示的美元折算成英镑，即为：超过 31.25 万英镑以后的 62.5 万英镑。

B. 按上述英镑计算，接受人的责任为：

损失金额	40 万英镑
自负额	31.25 万英镑
接受人的责任额	8.75 万英镑

C. 按分出人损失赔付日的兑换率 1：1.56，将接受人的责任 87 500 英镑再折算成美元，计 136 500 美元。

如果合同所规定的自负责任和超赔责任是单一货币，而当发生同一赔案时包含有多种不同的货币，则应根据不同的汇率将各种不同的货币换算成合同规定的货币后，再按各种货币所占的比例分摊赔款。

例如，一超过 50 万美元以后的 100 万美元的超赔再保险合同，条款规定用美元结算。但所遭受的损失以 3 种货币表示分别为：美元 50 万，加拿大元 60 万，英镑 30 万。在合同起始日汇率分别为加元兑美元 1.4：1，英镑兑美元 1：1.6，损失发生时的汇率分别为加元兑美元 1.39：1，英镑兑美元 1：1.56。在这种情况下，根据汇率变动条款，有关接受人责任的计算方法如下：

A. 先按合同起始日各种货币对美元的汇率，将分出人的自负额和接受人的责任额分别经折算后用各种货币表示。

按合同起始日的汇率计算，分出人的自负额和接受人的责任额为：

超过 70 万加元以后的 140 万加元；

超过 31.25 万英镑以后的 62.5 万英镑。

B. 将各种货币业务的损失，按上述合同起始日的汇率折算成美元，从而求得各种货币业务的损失在全部损失中所占的比例。

各种货币	业务损失	换算成美元	美元所占比例
美元 50 万		50 万	36%
加元 60 万	1.4 : 1	42.857 1 万	30%
英镑 30 万	1 : 1.6	48 万	34%
共计		140.857 1 万	100%

C. 按各种货币业务损失折合成美元后占全部损失的比例，计算出分出人的自负赔偿责任金额和接受人的分摊赔偿责任金额，如表 10-7 所示。

表 10-7　各种货币业务分出人和分入人分摊赔款额的计算

各种货币业务损失所占比例（%）	分出公司自负责任额	损失金额	接受人分摊赔款金额
美元 36	18（50×36%）万美元	50 万美元	32（50−18）万美元
加元 30	21（70×30%）万加元	60 万加元	39（60−21）万加元
英镑 34	10.625（31.25×34%）万英镑	30 万英镑	19.375（30−10.625）万英镑

D. 按分出人赔付日的兑换率计算出接受人应赔付的总美元金额。

超赔责任	金额兑换率	美元
32 万美元		32 万美元
39 万加元	1.39 : 1	28.057 6 万美元
19.375 万英镑	1 : 1.56	30.225 万美元
共计		90.282 6 万美元

故 90.282 6 万美元是接受人所应承担的赔偿金额。

复习思考题

1. 试述再保险对保险市场健康发展的意义。
2. 试比较直接保险、共同保险与再保险的异同。
3. 试分析临时再保险、合同再保险与预约再保险的适用范围。
4. 试比较比例再保险与非比例再保险的异同。
5. 试分析成数再保险与溢额再保险的利弊。
6. 试分析事故超赔再保险与赔付率超赔再保险的特点。

第十一章　社会保险

本章要点

- 社会保险的概念和特征
- 社会保险和商业保险的区别联系
- 社会保险制度的演进过程
- 社会保险的种类
- 我国社会保险制度的变迁与改革

第一节　社会保险概述

一、社会保险的概念

社会保险是指国家通过立法形式，对国民收入进行分配和再分配，建立社会保险基金，对劳动者在年老、疾病、残废、伤亡、生育、失业等情况下的基本生活需要，给予物质帮助的一种社会保障制度。国家通常建立基本养老保险、基本医疗保险、工伤保险、失业保险、生育保险等社会保险制度，保障公民在年老、疾病、工伤、失业、生育等情况下依法从国家和社会获得物质帮助的权利。

二、社会保险的特征

（一）强制性

社会保险的强制性特征主要体现为国家通过立法，强制凡是符合参保条件的各种组织和劳动者，必须参加社会保险，履行法律所规定的缴费等义务。劳动者在满足一定资格条件后也必须按照国家制定的、有关社会保险的、相关的法律法规的规定，享受社会保险待遇。任何法定范围内的用人单位和劳动者都必须参加社会保险。

（二）互助共济性

社会保险实行互助共济，按照大数法则，在整个社会的范围内统一筹集和调剂使用资金，依靠全社会的力量均衡负担和分散风险。一般而言，社会保险费用来源于国家、用人单位、个人三方的共同负担，并以此建立起社会保险基金，当被保险人发生失业、年老等特约保险事件后给予物质保障，即社会保险基金在不同的被保险人之间进行调剂，体现了社会保险的互助共济原则。而且社会保险的覆盖范围越大，抵御风险的能力也越强。

（三）基本保障性

社会保险的保障水平是以满足被保险人的基本生活需求为标准，除了福利国家的社会保障水平相对比较高外，大多数国家的保障水平都是以社会平均生活水平为依据决定的。虽然社会保险的覆盖范围各个国家有所不同，有的覆盖全体国民，有的则只覆盖部分劳动者。但是，保障劳动者在遇到年老、失业、疾病、工伤、生育等各种风险时，都能够从国家或社会获得一定的物质帮助和服务，以维持基本生活，从而起到稳定社会的作用，是任何国家建立社会保险的目的。

三、社会保险与商业保险的区别与联系

社会保险和一般商业保险是两种既有区别又有联系的保障行为，它们之间的区别和联系主要通过以下内容反映出来。

（一）社会保险与商业保险的区别

社会保险与商业保险的区别主要表现在以下六个方面：

1. 二者的目的不同。社会保险的本质是一项社会保障制度，体现的是政府的职能和责任，具有社会福利性和政策性。社会保险的目的是为了保障公民的基本生活需求，维护公民应享有的合法权益，促进社会安定，注重社会效益，不以营利为目的。而商业保险是一种商业行为，追求利润最大化是其永恒的主题。商业保险通过出售保险服务商品获取利润，经济效益是评判保险经营管理活动的重要指标之一。

2. 二者的实施方式不同。社会保险一般是由国家通过立法，强制公民参加，而且保障范围、缴纳保费标准、给付水平等都依法规定，被保险人无权选择，属于法定强制保险；而商业保险作为一种商业活动，遵循的是平等、互利、自愿原则，投保人投保与否是自愿的，其投保险种、保险水平等都有选择余地，而保险人承保与否、对被保险人和保险标的的选择也有自主性。个别保险项目（例如汽车第三者责任保险）虽然也是强制参加的，但投保人对保险人和保险金额仍有选择余地。

3. 二者保障的范围和内容不同。社会保险具有普遍性特点，其保障范围是社会保险法律法规所规定范围内的劳动者，很多国家已经覆盖全体国民，范围相当广泛，只要是法律规定范围内的公民，不论年龄大小、工作年限长短、收入水平高低、健康状况如何，都必须参加。社会保险的内容相对较窄，主要是保障劳动者在职期间、失业期间、退休后发生疾病、残废、死亡、年老丧失劳动能力时的基本生活需要，还有劳动者的医疗、生育休息、死亡丧葬、遗属抚恤等基本需要；而商业保险由于是自愿选择投保，因此不具有普遍性，但其保障内容比社会保险宽泛得多，既涉及人的身体和寿命，也涉及物质财产及其相关利益。当然，社会保险的某些项目（例如失业保险），一般商业保险也不涉足。

4. 二者的保障水平不同。社会保险的保障水平是以满足公民的基本生活需求为标

准，除了福利国家的社会保障水平相对比较高外，大多数国家的保障水平都是以社会平均生活水平为依据决定的，一般介于社会贫困线与在职劳动者收入之间。商业保险的保障水平则依投保人的购买能力和风险保障需求而定，“多买多保，少买少保，不买不保”。所以商业保险的保障水平相对高于社会保险的保障水平。

5. 二者的保险费计算与来源不同。社会保险基金筹集模式有现收现付制和预筹积累制。现收现付制也称横向平衡式，是根据当期支出需要确定保险费率组织收入，当期征收当期使用，每年的保险费率将随人口年龄结构和社会经济生活水平的变化而变化。预筹积累制也称纵向平衡式，是根据有关人口、健康、物价、利率等社会经济发展指标进行长期预测后，按照收支平衡的原则确定一个长期费率，收取保险费建立保险基金。但是由于利率、人口、工资变动等指标难以进行长期有效准确的预测，所以也难以达到预期的收支平衡。这两种方式都是事先测算出当前或以后社会保险给付需求总额，然后按一定比例强制分摊给每一个参加保险的被保险人。保险费来源于个人、雇主（单位）和政府，这种计算方式尽管也考虑保险精算方法，但都带有以收定支性质，所以，对长期给付不必完全提存准备金，其保险基金由政府负有投资运用的责任；而商业保险的保险费率是严格按照数理统计理论，用科学的精算方法计算出来的，并依此展业承保，保费的收入多少完全取决于展业承保的措施是否得力，对长期给付须提存准备金，保险基金主要由企业来投资运用，保险费由投保人承担。

6. 二者的管理体制不同。社会保险是政府行为，由各级政府统一领导，由政府指定的专门社会保险机构负责组织实施和经营管理，实行的是行政事业管理体制；而商业保险通常是由具有法人资格的企业组织，自主经营，自负盈亏，实行的是企业经营管理体制。

（二）社会保险与商业保险的联系

社会保险与商业保险虽然有很大区别，但二者在保障社会成员生活安定、保证社会再生产顺利进行、促进社会经济发展的基本目的和作用上是相同的。从它们的社会角色来看，既有明确分工，又有相互合作。

首先，在保险项目和保障水平上二者相互补充。社会保险的种类限定在较窄范围内（一般只包括养老、医疗、疾病、残废、工伤和职业病、丧葬和遗属、生育、失业 8 项），而且保障水平也不高，只提供基本生活保障；而商业保险作为一种商业行为，哪里有可保风险，保险人就会提供相应的保险服务，其保障水平可以满足收入和消费水平不同的投保人的不同需求，保险的种类既涉及人的身体和寿命，也涉及物质财产及其相关利益。商业保险不仅在保障范围弥补了社会保险的不足，而且还可以满足社会成员更高层次的风险保障需求。

其次，在实施范围上二者相互补充。只有符合法律规定范围内的人员才能接受社会保险的保障；而商业保险则是在平等互利的原则下自愿投保，所有社会成员都可以提出保险申请，使社会保险实施范围外的人员也有机会获得风险保险，弥补了社会保险的不足。

另外，商业保险还可以接受政府委托，办理某些项目的社会保险。在不少国家，针对企业补充养老年金和个人储蓄保险，都是由政府提供优惠鼓励政策，由商业保险公司经办的。

四、社会保险的产生、发展与改革

社会保险制度起源于19世纪末的欧洲。130多年来，世界各国经济社会发展不断加快，人口结构中老龄化、少子化问题逐渐凸显。在这一历史进程中，许多国家不断对社会保险制度进行改革、完善，使之适应发展变化了的社会现实，保障公民基本生活，维护社会稳定。

（一）社会保险的产生

社会保险是社会经济发展到一定阶段的必然产物，并随着社会经济的发展而不断发展。在自给自足的自然经济中，人们在自己的土地上劳动，劳动时间没有严格的规定，劳动组织不严密，劳动成果也归劳动者自己所有。虽然那时已有原始的保险行为，即人们将一部分劳动产品储存起来，以应付自然灾害和意外事故带来的损失，但是由于人们尚未组成相互密切联系的社会，那时的保险行为也仅仅是以家庭为单位的自我保险。

当人类进入资本主义社会以后，生产方式发生了根本性的变革。机器大工业生产代替了手工业生产，生产是在整个社会范围内按分工、协作、专业化的要求进行。这一变革，不仅使生产资料社会化、生产过程社会化，而且也使劳动力再生产社会化。劳动力已不是以家庭为单位的劳动力，而是社会的劳动力。当劳动者在疾病、伤残等永久或暂时丧失劳动能力时对基本生活的需要保障，也就成为社会化的行为，要求社会给予保障，于是社会保险应运而生。

社会保险始创于19世纪80年代的德国。当时德国国内经济萧条，人民生活贫困，阶级斗争十分尖锐，工人运动此起彼伏。首相俾斯麦在镇压工人运动失败之后，为缓解阶级矛盾，根据当时实行的矿工基金制度，将工人为解决疾病、养老、失业等问题而设立的互助补助金改为国家设立，建立了最早的社会保险制度。1883年德国颁布《疾病保险法》，建立了劳工疾病保险，标志着以社会保险为核心的现代社会保障制度的建立，1884年实行了职业灾害保险，1889年又实行了老年残废保险，1911年增订遗嘱保险，以后保险范围又逐渐扩大，确立了社会保险的基本体系。由于德国的社会保险对于解决劳动者的生活需要、缓和阶级矛盾、稳定社会起到了巨大作用，其他各国纷纷效仿，相继建立了社会保险制度。例如：英国于1908年实行了老年保险，1911年实行了失业和疾病保险；俄国于1903年实行了工伤保险；法国于1905年实行了失业保险，等等。

（二）社会保险的发展

20世纪20年代到第二次世界大战，这段期间是社会保险进一步发展段。1926年新西兰制定了家庭津贴社会保险，使国民在整个人生历程中对意外事故和生活的保障需要都被纳入了保险范围，从而健全了社会保险体系。在这期间，资本主义国家发生了经济危机，尤其是1929—1933年席卷整个西方国家的经济危机，使整个资本主义世界陷入困境，工商企业纷纷破产倒闭，失业人口剧增，社会经济萧条，劳动人民的生活也极端贫困。为了稳定社会秩序，缓解阶级矛盾，各国政府相继采取了一系列恢复经济、安定社会、保障国民生活的政策措施，进一步加强了社会保险制度。比较典型的代表是1935年美国颁布的《社会保险法》。1933年，美国新任总统罗斯福为摆脱当时面临的经济、政治困境，宣布实行新政，社会保险是"罗斯福新政"的重要组成部分。1934年罗斯福成立了"经济安全委员会"，1935年8月通过了《社会保障法》，规定了对于劳动者在死亡、老年、失业、疾病等情况下的生活需要，由政府提供最低限度的保障，并规定由联邦、州和地方政府分级举办社会保险。《社会保障法》是美国第一部由政府出面在全国范围内以解决老年和失业问题为主体的社会保险立法，这对于其他国家社会保险的发展起了积极推动作用。

第二次世界大战结束后，第三次技术革命极大地推动了社会生产力的发展，社会化大生产的范围更加扩大。为了维护社会安定，很多资本主义国家先后推行了"福利国家"政策，大规模发展社会保险事业。英国是第二次世界大战后最早建立完整的社会保障制度的国家。之后，法国、德国、意大利、瑞典等国也相继实施了"福利国家"制度。

第二次世界大战之后，许多社会主义国家相继建立，为了维护人民的根本利益，这些国家也先后实行了社会保险制度。1952年第35届国际劳工大会通过了《社会保障（最低标准）公约》（后文简称公约），对各项社会保险的基本准则、最低标准都作了集中的规定，成为一部社会保险的法典，是各国制定社会保险制度的依据。该公约的通过，极大地推动了世界社会保险制度的发展和完善。

20世纪70年代以后，由于西方发达资本主义国家普遍出现经济滞胀、人口老龄化等问题，导致社会保障制度的弊端日益暴露出来。社会保险支出过分膨胀，使各国财政不堪重负，巨大的财政赤字开始出现；雇工和企业缴纳的社会保险费猛增，削弱了企业在国际市场上的竞争能力；同时高福利、高税收政策助长了人们对政府的依赖与懒惰思想。许多国家政府为了解决社会保险中出现的种种问题，开始从政策措施、收费标准和给付标准等方面对社会保险制度进行了逐步改革，使社会保险制度进入了改革发展时期。

（三）社会保险的改革

在国际劳工组织下辖国际社会保障协会统计的170个社会保障制度（国家）中，依社保制度的建立时间可分为三个批次，这三个批次的社会保障制度均在不断改革完善之中：第一批次是欧美等发达国家及部分南美洲前殖民地国家，它们在第二次世界大战之前就建立起社会保障制度；第二批次是第二次世界大战结束之后的20世纪50年代，在欧洲福利国家的带动下，非洲前殖民地国家和一些亚洲国家建立起社会保障制度；第三批次是90年代以来，一些实行改革开放的发展中国家和转型的苏联东欧国家建立起社会保障制度。世界各国社会保险制度改革呈现的趋势及其经验教训体现在如下几个方面①：

第一，社会保险制度的多层次建设日益受到重视。即要大力发挥市场作用，借助税收优惠的杠杆，鼓励企业举办各种补充性制度和福利计划，引导个人购买各种个性化金融产品。国家举办的单一层次或一支独大的制度结构不可能满足所有人，其结果是：事倍功半，财政不堪重负，国家承受较大压力；福利层次越单一，就越依赖国家，由此陷入恶性循环。多层次制度下，福利来源渠道是多元的，总体福利水平并不差，且每个阶层都可找到与之对应的制度层次，各得其所，各有其位。

第二，对缴费型的社会保险制度的边界和功能定位应明确。社会保险制度主要由缴费收入形成，其强调的是参与精神和共济原则，制度建设应坚持精算平衡原则和财务可持续性。

第三，要重视社会保险基金的投资收益。30 多年前，用社会保险基金进行投资的发达国家不是很多，维持收支平衡是大多数国家追求的目标。但自 1990 年美国将养老保险缴费率提高到 12.4%以来，建立资金池和提高收益率的做法越来越多。发达国家投资体制改革的目的是为了利用市场机制的方式来提高基金的收入能力和支付能力，以此达到保持当代参保人较低的缴费比例、减轻人口老龄化导致未来参保人缴费增加的经济压力和实现代际公平的长远考虑。

第四，社会保险改革要有利于促进就业。20 世纪 90 年代以来，欧洲社会保险改革的主要方向之一就是促进就业。例如，社会保险要有利于劳动力的流动和全国劳动力大市场的形成，具有良好的便携性，否则将影响产业结构的升级、转换和调整；要有利于拓宽就业增长路径，具有良好的可及性，适应第三产业和服务业与非正规部门的就业需求，适应网络时代就业多样化的需求；要有利于保持劳动力市场弹性和提高劳动参与率，保障水平要适当。欧洲一些国家之所以长期保持两位数失业率，就业市场“局内人—局外人”的对立格局之所以长期存在，在很大程度上是这些国家的福利制度导致的结果。为此，北欧国家首创的“灵活保障”风靡全欧。

第五，经济上升时期要注意防止福利赶超。社会保障存在的发展周期决定其大致可以分为两类情况：一类是处于从无到有、从小到大的后来者，它们大多处于制度建设期和成长期；一类是作为先行者，正处于制度调整和改革的“福利减肥”期，这是一个艰难的历史时期。在反思其社会保障历史进程时，它们或多或少都曾出现过类似的经验教训，即在经济发展处于上升时期待遇水平发展较快，有些国家甚至出现福利赶超，它们当时没有意识到经济增长进入稳态后的福利刚性问题，也没有意识到政治家为竞选的需要而作出的过多承诺和大包大揽迎合了选民的民粹主义，实则超越了经济发展水平。

第六，普遍采取参数式改革和结构式改革的方式以应对人口老龄化。20 世纪末以来，在婴儿潮退休高峰即将来临、医疗条件和投入普遍提高、老龄化和全球化深入推进的趋势下，各国政府采取的应对措施主要有两种：一是进行参数式改革，即提高社

---

① 参见郑秉文：《社会保障制度改革的国际经验与教训》，《求是》，2015 年第 7 期。

会保险项目的缴费率和退休年龄，下调待遇水平，普遍收紧社会救助的受益资格，提高门槛和条件，缩小受益人口比例，减少支出规模；二是进行结构式改革，进行制度创新，加强缴费与权益之间的联系，调动个人、企业和社会的积极性，扩大市场因素的作用，加强精算中性，追求精算平衡，强调精算公平。上述两个特征是20世纪90年代以来美欧社会保障改革趋势中分别采取的主要做法。

第七，社会保障制度改革追求的目标模式要符合本国的基本国情。在世界范围内，由于不同国家的历史条件、文化特征各不相同，因此建立的社会保障模式也存在差异。随着经济社会的发展变迁，在世界范围的改革浪潮中，不同模式的社会保障制度既相互交融、取长补短，同时又明确树立起自己的追求目标，凝聚社会共识，以便在制定各项政策时能够一以贯之，不以政府换届和领导人的变更而随意变化。例如，基于两次世界大战恶性通胀的痛苦历史记忆，秉承俾斯麦模式的德国始终坚持现收现付的改革理念，但同时又不断吸纳其他模式的有益因素；而智利等拉丁文化传统国家着眼于提高储蓄率，始终围绕建立资本化账户而进行制度创新，同时也不忘借鉴其他模式特点，建立本国的社会养老金制度。

第二节　社会保险的种类

根据保障内容的不同，社会保险一般可以分为社会养老保险、社会医疗保险、失业保险、生育保险、工伤保险等种类。

一、社会养老保险

社会养老保险是国家和社会根据一定的法律和法规，为解决劳动者在达到国家规定的解除劳动义务的劳动年龄界限，或因年老丧失劳动能力退出劳动岗位后的基本生活而建立的一种社会保险制度。社会养老保险的目的是为保障老年人的基本生活需求，为其提供稳定可靠的生活来源。社会养老保险保险金的给付条件，通常为被保险人必须达到法定的退休年龄，必须缴足一定期间的保险费或者服务满一定年限，以及被保险人完全退休。

社会养老保险保险金的给付大多数采用年金形式，一般按照劳动者工资收入的一定比例，按年、月、季分期支付。由于社会经济状况是处在变动状态的，为了避免各种不良的社会、经济因素的冲击，影响被保险人的实际生活水平，许多国家都有对养老保险保险金给付标准适时调整的规定，使老年人的生活水平不至于因通货膨胀等因素的影响而降低。

目前中国的社会养老保险体系包括基本养老保险和城乡居民社会养老保险。其中，职工应当参加基本养老保险，由用人单位和职工共同缴纳基本养老保险费。无雇工的个体工商户、未在用人单位参加基本养老保险的非全日制从业人员以及其他灵活就业人员可以参加基本养老保险，由个人缴纳基本养老保险费。2015年，国务院正式发布《关于机关事业单位工作人员养老保险制度改革的决定》，机关、事业单位建立与企业相同基本养老保险制度。基本养老保险实行社会统筹与个人账户相结合，基本养老保险基金由用人单位和个人缴费以及政府补贴等组成。用人单位应当按照国家规定的本单位职工工资总额的比例缴纳基本养老保险费，记入基本养老保险统筹基金。职工应当按照国家规定的本人工资的比例缴纳基本养老保险费，记入个人账户。无雇工的个体工商户、未在用人单位参加基本养老保险的非全日制从业人员以及其他灵活就业人员参加基本养老保险的，应当按照国家规定缴纳基本养老保险费，分别记入基本养老保险统筹基金和个人账户。基本养老金由统筹养老金和个人账户养老金组成。基本养老金根据个人累计缴费年限、缴费工资、当地职工平均工资、个人账户金额、城镇人口平均预期寿命等因素确定。

城乡居民社会养老保险是覆盖城乡非从业人员的养老保险制度。年满16周岁（不含在校学生），非国家机关和事业单位工作人员及不属于职工基本养老保险制度覆盖范围的城乡居民，可以在户籍地参加城乡居民养老保险。城乡居民养老保险基金由个人缴费、集体补助、政府补贴构成。城乡居民养老保险待遇由基础养老金和个人账户养老金构成，支付终身。参加城乡居民养老保险的个人，年满60周岁、累计缴费满15年，且未领取国家规定的基本养老保障待遇的，可以按月领取城乡居民养老保险待遇。

二、社会医疗保险

社会医疗保险是指国家通过立法强制规定，用人单位和社会成员个人共同缴纳医疗保险费，建立医疗保险基金，当社会成员个人因疾病或者意外伤害需要获得必需的医疗服务时，按规定提供医疗服务补偿的一种社会保险。对社会成员个体而言，疾病与受到意外伤害是不可预测的；但对社会群体而言，疾病与受到意外伤害的概率又是可以测定的。按照大数法则，参加医疗保险的人越多，抵御风险的能力就越强，从而通过社会合作机制，共担疾病和意外伤害的风险。

目前，我国的社会医疗保险体系主要是指由职工基本医疗保险、城乡居民基本医疗保险、城乡居民大病保险等组成的基本医疗保险体系。其中职工基本医疗保险实行个人账户与统筹基金相结合，建立统筹基金和个人账户制度。个人缴费全部划入个人账户，单位缴费按30%左右划入个人账户，其余部分建立统筹基金。统筹基金和个人账户确定各自的支付范围，统筹基金主要支付住院医疗费用，个人账户主要支付门诊医疗费用。统筹基金要有严格的起付标准和最高支付限额。根据《社会保险法》的规定，职工应当参加职工基本医疗保险，由用人单位和职工按照国家规定共同缴纳基本医疗保险费。无雇工的个体工商户、未在用人单位参加职工基本医疗保险的非全日制从业人员以及其他灵活就业人员可以参加职工基本医疗保险，由个人按照国家规定缴纳基本医疗保险费。

城乡居民基本医疗保险制度整合了城镇居民基本医疗保险和新型农村合作医疗两项制度，覆盖除职工基本医疗保险应参保人员以外的其他所有城乡居民。城乡居民医保制度实行个人缴费与政府补助相结合为主的筹资方式，鼓励集体、单位或其他社会经济组织给予扶持或资助。

城乡居民大病保险，是在城乡居民基本医疗保险的基础上，对大病患者发生的高额医疗费用给予进一步保障的一项制度性安排。

三、失业保险

失业保险是国家通过立法，集中建立保险基金，对遭遇失业风险而中断收入的劳动者在一定期间内提供基本生活保障的一种社会保险制度。

失业保险的保障对象一般包括所有非自愿丧失工作机会的劳动者，但是为了防止失业者产生依赖心理和不劳而获的逆选择，各国政府对失业保险的保障对象和给付条件都做了具体的严格规定。通常包括：

第一，失业者必须符合劳动年龄条件，即年龄在法定最低劳动年龄和享受养老保险年龄之间。

第二，失业必须是非自愿的失业，即失业是非劳动者本人愿意的，是由本人能力无法控制的社会、经济因素导致的。

第三，失业者必须满足一定的期限条件，如就业期限条件、缴纳保险费的期限条件、居住期限条件等。

第四，失业者必须具有劳动能力和就业愿望，一般表现为失业者要在规定期限内到有关部门进行失业登记体检，并在失业期间与失业保险机构保持联系，接受职业训练和合理的就业安置。

我国《社会保险法》规定，失业人员符合下列条件的，从失业保险基金中领取失业保险金：①失业前用人单位和本人已经缴纳失业保险费满一年的；②非因本人意愿中断就业的；③已经进行失业登记，并有求职要求的。

失业保险的目的是为保障失业者维持基本生活，促使其重新就业。因此在确定失业保险给付标准时，各国都普遍遵循以下原则：①给付标准低于失业者在职时的工资水平；②要保证失业者及其家属的基本生活需要；③给付标准与失业者的工作年限、缴费年限和原工资收入相联系，实行权利、义务相结合。

一般有关失业保险金的给付规定主要有两项内容：一是规定保险金的给付期限，大多数国家对给付期限都有所规定（有的国家规定最长1年），对超过给付期限仍未实现再就业的失业者，一般都停止给付失业保险金。我国《社会保险法》规定："失业人员失业前用人单位和本人累计缴费满一年不足五年的，领取失业保险金的期限最长为十二个月；累计缴费满五年不足十年的，领取失业保险金的期限最长为十八个月；累计缴费十年以上的，领取失业保险金的期限最长为二十四个月。重新就业后，再次失业的，缴费时间重新计算，领取失业保险金的期限与前次失业应当领取而尚未领取的失业保险金的期限合并计算，最长不超过二十四个月。"二是规定保险金的给付标准，有两种情况：第一种是根据劳动者在失业前一定时期（例如20周）的平均工资水平或某一时间点上的工资收入为基数，结合工龄缴费年限、工资水平，按一定比例（有的国家规定60%~70%）给付；第二种是凡符合给付条件的失业者，不论其失业前工资收入状况如何，一律按一固定数额给付保险金。失业保险金的给付既可以一次性给付，也可以按月、季、周给付。

四、生育保险

生育保险制度是国家和社会通过立法对处于生育事件发生期间的生育责任承担者提供生育津贴、产假以及医疗服务等方面的待遇，保障受保母子在此特殊时期的基本生活和医疗保健需要，确保生育女性的身体健康恢复。

在社会保险体系中，生育保险与社会保险其他险种相比具有明显的不同，主要表现在保障对象特殊、保障内容特殊、保障待遇特殊和保障时间特殊。

生育保险的保障对象是生育的女性劳动者。生育保险的待遇享受条件各国不尽一致，有些国家要求享受者有参保记录、工作年限、本国公民身份等方面的要求。我国生育保险要求享受对象必须是合法婚姻者，即必须符合法定结婚年龄、按婚姻法规定办理了合法手续，并符合国家计划生育政策等。

生育保险的保障内容是弥补妇女因生育期间停止工作所导致的收入损失，由于生育行为是正常的生理现象，妇女因生育行为而暂时失去劳动能力，与一般的非正常生理活动疾病不同，不需要特殊治疗，需要的只是营养和休息。

生育保险的待遇不仅仅是为了弥补劳动妇女的收入损失，更重要的是保障了劳动力再生产和人类社会的延续，因此，生育保险的待遇水平要高于其他险种。根据我国《社会保险法》的规定，生育保险待遇包括生育医疗费用和生育津贴。其中，生育医疗费用包括下列各项：①生育的医疗费用；②计划生育的医疗费用；③法律、法规规定的其他项目费用。职工有下列情形之一的，可以按照国家规定享受生育津贴：①女职工生育享受产假；②享受计划生育手术休假；③法律、法规规定的其他情形。生育津贴按照职工所在用人单位上年度职工月平均工资计发。

2019 年，国务院办公厅发布《关于全面推进生育保险和职工基本医疗保险合并实施的意见》，全面推进生育保险和职工基本医疗保险合并实施，实现参保同步登记、基金合并运行、征缴管理一致、监督管理统一、经办服务一体化。通过整合两项保险基金及管理资源，强化基金共济能力，提升管理综合效能，降低管理运行成本，建立适应我国经济发展水平、优化保险管理资源、实现两项保险长期稳定可持续发展的制度体系和运行机制。

五、工伤保险

工伤保险是指当劳动者在生产经营中或在规定的某些特殊情况下所遭受的意外伤害、职业病，以及因这两种情况下造成的死亡、劳动者暂时或永久丧失劳动能力时，劳动者及其遗属能够从国家、社会得到的必要的物质补偿。工伤保险制度包括工伤预防、工伤救治与补偿、工伤康复。

工伤保险适用无过失责任补偿原则，只要不是受害者本人故意行为所致就要按照规定标准进行补偿。由于工伤保险属于职业伤害赔偿保险，保险费通常由雇主或企业独立承担。

工伤保险的内容主要包括性质区分、伤害程度鉴定和给付内容与标准。

性质区分，即社会保险机构首先要区分伤害事故的性质，属于工伤性质的伤害事故就要按工伤保险的规定予以处理。职工因工作原因受到事故伤害或者患职业病，且经工伤认定的，享受工伤保险待遇。工伤的含义一般是指劳动者由于工作直接或间接引起的事故遭受伤害。如我国《工伤保险条例》规定，职工有下列情形之一的，应当认定为工伤：①在工作时间和工作场所内，因工作原因受到事故伤害的；②工作时间前后在工作场所内，从事与工作有关的预备性或者收尾性工作受到事故伤害的；③在工作时间和工作场所内，因履行工作职责受到暴力等意外伤害的；④患职业病的；⑤因工外出期间，由于工作原因受到伤害或者发生事故下落不明的；⑥在上下班途中，受到非本人主要责任的交通事故或者城市轨道交通、客运轮渡、火车事故伤害的；⑦法律、行政法规规定应当认定为工伤的其他情形。职工有下列情形之一的，视同工伤：①在工作时间和工作岗位，突发疾病死亡或者在48小时之内经抢救无效死亡的；②在抢险救灾等维护国家利益、公共利益活动中受到伤害的；③职工原在军队服役，因战、因公负伤致残，已取得革命伤残军人证，到用人单位后旧伤复发的。

伤害程度鉴定，即职工发生工伤，经治疗伤情相对稳定后存在残疾、影响劳动能力的，应当进行劳动能力鉴定，享受相应的伤残待遇。劳动能力鉴定是指劳动功能障碍程度和生活自理障碍程度的等级鉴定。劳动功能障碍分为十个伤残等级，最重的为一级，最轻的为十级。生活自理障碍分为三个等级：生活完全不能自理、生活大部分不能自理和生活部分不能自理。

工伤保险的给付内容主要包括医疗费用、伤残待遇、工亡待遇。我国《工伤保险条例》规定，因工伤发生的下列费用，按照国家规定从工伤保险基金中支付：①治疗工伤的医疗费用和康复费用；②住院伙食补助费；③到统筹地区以外就医的交通食宿费；④安装配置伤残辅助器具所需费用；⑤生活不能自理的，经劳动能力鉴定委员会确认的生活护理费；⑥一次性伤残补助金和一至四级伤残职工按月领取的伤残津贴；⑦终止或者解除劳动合同时，应当享受的一次性医疗补助金；⑧因工死亡的，其遗属领取的丧葬补助金、供养亲属抚恤金和因工死亡补助金；⑨劳动能力鉴定费。

因工伤发生的下列费用，按照国家规定由用人单位支付：①治疗工伤期间的工资福利；②五级、六级伤残职工按月领取的伤残津贴；③终止或者解除劳动合同时，应当享受的一次性伤残就业补助金。

待遇标准一般是根据职工本人工资、统筹地区上年度职工平均工资、上一年度全国城镇居民人均可支配收入、伤害程度、医疗费用、职工供养亲属情况等确定。比如，我国《工伤保险条例》规定，工伤职工已经评定伤残等级并经劳动能力鉴定委员会确认需要生活护理的，从工伤保险基金按月支付生活护理费。生活护理费按照生活完全不能自理、生活大部分不能自理或者生活部分不能自理三个不同等级支付，其标准分别为统筹地区上年度职工月平均工资的50%、40%或者30%。又比如，我国《工伤保险条例》规定，职工因工致残被鉴定为一级至四级伤残的，保留劳动关系，退出工作岗位，享受以下待遇：①从工伤保险基金按伤残等级支付一次性伤残补助金，标准为：

一级伤残为27个月的本人工资，二级伤残为25个月的本人工资，三级伤残为23个月的本人工资，四级伤残为21个月的本人工资。②从工伤保险基金按月支付伤残津贴，标准为：一级伤残为本人工资的90%，二级伤残为本人工资的85%，三级伤残为本人工资的80%，四级伤残为本人工资的75%。伤残津贴实际金额低于当地最低工资标准的，由工伤保险基金补足差额。

六、长期护理保险

长期护理保险是以互助共济方式筹集资金、为长期失能人员的基本生活照料和与之密切相关的医疗护理提供服务或资金保障的社会保险制度。

2016年，人力资源和社会保障部办公厅出台《关于开展长期护理保险制度试点的指导意见》，正式启动长期护理保险试点计划，确定在河北省承德市等15个地区开展长期护理保险制度试点，并将吉林和山东两省作为国家试点的重点联系省份；2019年，政府工作报告中提出将进一步扩大长期护理保险制度试点；2020年9月国家医疗保障局、财政部发布《关于扩大长期护理保险制度试点的指导意见》，将试点城市增至28个，并进一步完善相关制度措施。

试点阶段从职工基本医疗保险参保人群起步，重点解决重度失能人员基本护理保障需求，优先保障符合条件的失能老年人、重度残疾人。有条件的地方可随试点探索深入，综合考虑经济发展水平、资金筹集能力和保障需要等因素，逐步扩大参保对象范围，调整保障范围。

探索建立互助共济、责任共担的多渠道筹资机制。科学测算基本护理服务相应的资金需求，合理确定本统筹地区年度筹资总额。筹资以单位和个人缴费为主，单位和个人缴费原则上按同比例分担，其中单位缴费基数为职工工资总额，起步阶段可从其缴纳的职工基本医疗保险费中划出，不增加单位负担；个人缴费基数为本人工资收入，可由其职工基本医疗保险个人账户代扣代缴。有条件的地方可探索通过财政等其他筹资渠道，对特殊困难退休职工缴费给予适当资助。建立与经济社会发展和保障水平相适应的筹资动态调整机制。

长期护理保险基金主要用于支付符合规定的机构和人员提供基本护理服务所发生的费用。经医疗机构或康复机构规范诊疗、失能状态持续6个月以上，经申请通过评估认定的失能参保人员，可按规定享受相关待遇。根据护理等级、服务提供方式等不同实行差别化待遇保障政策，鼓励使用居家和社区护理服务。对符合规定的护理服务费用，基金支付水平总体控制在70%左右。做好长期护理保险与经济困难的高龄、失能老年人补贴以及重度残疾人护理补贴等政策的衔接。

第三节　我国社会保险制度及其改革

中国社会保险60多年的历程可大致分成两个时期，即改革开放前30年高度计划经济的“国家/企业保险”时期和改革开放后30多年的现代社会保险制度时期。前30年建立的苏联式“国家/企业保险”与高度计划经济体制相适应；后30多年实行的国家、企业和个人三方分责制的现代社会保险制度与市场经济相适应。

一、我国改革开放前社会保险制度的发展历程

改革开放前30年我国社会保险制度的发展大致可分为三个历史阶段。

第一阶段是1949—1958年的“制度初创时期”。这一时期中国社保制度的主要法律依据和政策成果是1951年政务院颁布的《中华人民共和国劳动保险条例》（1953和1956年进行了修订），其基本特征是：①在城镇基本实现应保尽保，即几乎所有类型的企业都被覆盖进来。②设立项目广泛，均进入企业成本，基本上包括生命周期的各个阶段，职工家属也享有相当的待遇水平。③养老保险融资渠道为企业缴费和国家“兜底”，即企业与国家分层负责，上缴国家部分由国家调剂使用。④管理体制为国家主导，企业工会具体执行。⑤实行城乡分立制度，以体现“城乡差别”。农村养老制度主要是以1956年通过的《一九五六年到一九六七年全国农业发展纲要》和《高级农业生产合作社示范章程》为政策依据，重点体现在“五保”上；在医疗上实行的是农村合作医疗制度，即由农业生产合作社、农民和医生共同筹建保健站，通过缴纳少量的保健费，农民可以免费享受预防保健服务及免收挂号费和出诊费。⑥机关事业单位与企业实行分立制度，以体现“干企差别”。机关事业单位养老制度实行的是与工龄挂钩的差别替代率；医疗实行的是公费医疗制度（即由财政支出），而企业实行的是劳保医疗制度，由企业和保险基金双方支付。

第二阶段是1959—1966年的“制度调整时期”。这一时期的特点是：①在城镇，社保制度的财务危机开始显现。随着覆盖面的扩大，公费医疗和劳保医疗逐渐出现费用上涨趋势，给财政带来压力。为了减少财政负担，中央政府不得不出台一些限制性措施。于是，旨在控制费用上涨而设立的干部特权和等级制度在这个时期逐渐形成。从这个角度看，等级制的引入是财政约束的结果之一。②在农村，社保覆盖面得以进一步扩大，尤其是农村“五保”制度与合作医疗制度，人民公社制度的确立与实施进一步刺激了该制度覆盖面的扩大，并逐渐成为农村社保制度的一个经济支撑和实施平台。上述两个特征说明，一方面，城镇社保制度出现了覆盖面扩张和待遇水平收缩两种趋势并存的态势，旨在减少财务负担；另一方面，农村则出现前所未有的制度发展潜力。这个时期城镇制度的财务危机被“文革”所“阻断”而没有全面爆发。

第三阶段是1967—1978年的“制度畸形发展时期”。这一阶段城乡分割的制度结构发生了“逆转”。城镇社保制度全面陷入困境，从“国家/企业保险”蜕化为简单的“企业保险”，其主要原因：一是全民所有制企业大面积亏损，1976年全国亏损面和亏损率已分别达到31.52%和19.44%，单一的企业缴费使其融资渠道逐渐开始枯竭，制度难以正常运行；二是工会系统基本处于瘫痪状态，基层工会难以正常工作，制度赖以运转的管理主体不复存在；三是1969年财政部颁发了《关于国营企业财务工作中几项制度的改革意见（草案）》，规定国营企业一律停止提取劳动保险金，由此，社保资金流由国家“兜底”下降为企业“兜底”，职工的生、老、病、死均蜕变为企业的内

部事务，“国家/企业保险”模式“蜕化”为“企业保险”模式，企业变成万能企业，“单位”成为赖以生存的唯一基础。而在农村“五保”制度几乎全部停顿，但合作医疗却得到空前的发展。

二、我国改革开放后社会保险制度的发展

1978年中国实行改革开放以来，社会保险制度演进历史大致可划分为四个阶段。

第一阶段是1978—1992年部分恢复旧制度与试点探索新制度阶段。改革开放之初，百废待兴，前30年社保制度留下的“遗产”需要尽快消化，在新制度建立之前，对于一些亟待解决的遗留问题需要恢复部分旧制度。为此，1978年国务院颁发文件首先解决了机关事业和国有企业职工200万人始终没有办理退休手续的问题，该人数次年增加到596万人，1980年达到816万人，1982年又确立了“离休制度”，应退未退问题得到妥善解决，到1991年底，离退休人员已达2 433万人。这个阶段对新制度的试点探索主要体现在两个群体的制度上：一是针对集体企业退休人员，1984年劳动人事部与中国人民保险公司联合发文建立了一个“半商业化”养老制度；二是针对合同制工人，1986年国务院颁布的《国营企业实行劳动合同制暂行规定》确定了一个企业缴费15%和个人3%的积累制养老保险制度。这两个制度的建立是对现代社保制度的一次有益探索，为日后建立统账结合制度积累了一些经验。这个阶段的医保改革主要包括三方面：一是压缩和控制机关事业单位的公费医疗支出规模，这项举措既是对旧制度的恢复，也是对旧制度的控制；二是企业劳保医疗制度实行大病医疗费用社会统筹改革，到1992年参保人员已达到130万人；三是在部分省市试行医疗保险综合改革，在此基础上，1992年3月劳动部发布《关于企业职工医疗保险制度改革的设想》，标志着医疗保险制度改革从此进入准备阶段。这个阶段另一个重要制度创新是在1986年国务院颁布的《国营企业职工待业保险暂行规定》中正式引入“待业”概念，旨在妥善安置新形势下濒临破产边缘的国营企业职工。实行联产承包责任制之后，农村恢复了“五保”制度，但合作医疗制度逐年萎缩，到20世纪90年代末几乎消亡。

第二阶段是1993—1998年社会保险制度思路形成与目标模式选择阶段。1992年邓小平南方谈话和1993年党的第十四届三中全会通过的《中共中央关于建立社会主义市场经济若干问题的决定》，不仅标志着中国特色市场经济体制改革的开始，而且确立了建立“多层次”统账结合的社保制度目标。1997年国务院颁布的《关于建立统一的企业职工基本养老保险制度的决定》进一步明确了统账比例。在医保改革方面，在江西省九江市和江苏省镇江市试点基础上，1998年国务院正式确定了城镇职工医疗保险统账结合的制度结构。1993年国务院颁布《国有企业职工待业保险规定》，以替代1986年颁布的《暂行规定》。另外一个重要制度创新是1996年颁发的工伤保险《试行办法》，标志着中国社保制度的不断完善。

第三阶段是1998—2010年社会保险体系初步形成和扩张阶段。在社保制度模式基本确立之后，2000年和2005年分别在东北三省进行了做实账户试点改革，以期实现部分积累制；2005年对统账结合的个人账户比例从11%下调至8%，并调整了计发公式。

在医保方面，2007 年颁布了城镇居民基本医疗保险试点的《指导意见》；在农村，2003 年建立“新农合”医疗制度的《意见》正式发表，以替代前 30 年的“旧农合”；2009 年在向社会发布农民工参加基本养老保险办法征求意见稿之后，“新农保”养老制度的《指导意见》正式公布。这一阶段，国务院颁布的三项重要“条例”标志着中国社保制度法制化建设进入一个崭新阶段，它们是《城市居民最低生活保障条例》（1999 年）《失业保险条例》（1999 年）和《工伤保险条例》（2003 年）。

第四阶段是 2011 年以来社会保险体系不断完善阶段。2010 年 10 月 28 日，经全国人大通过，终于产生了新中国成立以来第一部《社会保险法》，并从 2011 年 7 月 1 日起实行。这标志着我国社会保险制度的建设和发展进入了一个崭新的发展阶段，我国在原有社会保障改革的基础上逐步建立和完善各项社会保障制度。在养老保险方面，2011 年 6 月，国务院发布了《关于开展城镇居民社会养老保险试点的指导意见》，探索建立城镇居民养老保险制度；2014 年 2 月，国务院发布了《关于建立统一的城乡居民基本养老保险制度的意见》，统一覆盖符合条件的城乡居民；同时，人力资源和社会保障部还完善了《城乡养老保险制度衔接暂行办法》，积极推进城乡居民养老保险制度的衔接、整合与一体化发展，明确了企业年金、职业年金个人所得税政策，补充养老保险制度建设速度加快。2015 年，全国所有省级地区都制定了新的城乡居保实施意见，基本实现了城乡居民基本养老保险制度的统一。同时，中央决定实施机关事业单位养老保险制度改革，按照“一个统一（机关事业单位与企业等城镇从业人员统一实行社会统筹与个人账户相结合的基本养老保险制度），五个同步”原则在全国范围内同步实施。这项改革实现了机关事业单位和企业的养老保险制度并轨，有利于缓解“待遇差”，促进了社会公平与和谐，促进了机关事业单位的改革、形成了人员能进能出合理流动的机制。在医疗保障方面，城镇居民基本医疗保险门诊统筹基本建立。2012 年 8 月，发改委等六部委联合下发《关于开展城乡居民大病保险工作的指导意见》，探索建立重特大疾病保险制度。2016 年，国务院发布《关于整合城乡居民基本医疗保险制度的意见》，整合城镇居民基本医疗保险和新型农村合作医疗两项制度，建立统一的城乡居民基本医疗保险制度。失业、工伤、生育保险制度建设也迈出重要步伐：探索使用失业保险基金开展预防失业、促进就业工作；新修改后的《工伤保险条例》从 2011 年 1 月 1 日开始施行，积极开展工伤康复、工伤预防工作，扩大工伤预防试点；不断扩大生育保险覆盖面和支出范围，逐步将居民生育医疗费用纳入城乡居民基本医疗保险支付范围。2019 年，国务院发布《关于全面推进生育保险和职工基本医疗保险合并实施的意见》，全面推进生育保险和职工基本医疗保险合并实施，实现参保同步登记、基金合并运行、征缴管理一致、监督管理统一、经办服务一体化。

2019 年末全国参加基本养老保险人数为 96 754 万人，比上年末增加 2 461 万人。全年基本养老保险基金总收入 57 026 亿元，基金总支出 52 342 亿元。年末基本养老保险基金累计结存 62 873 亿元。年末全国参加城镇职工基本养老保险人数为 43 488 万人，比上年末增加 1 586 万人。其中，参保职工 31 177 万人，参保离退休人员 12 310 万人，分别比上年末增加 1 074 万人和 513 万人。年末城镇职工基本养老保险执行企业制度参保人数为 37 905 万 人，比上年末增加 1 422 万人。

全年城镇职工基本养老保险基金收入 52 919 亿元，基金支出 49 228 亿元。年末城镇职工基本养老保险基金累计结存 54 623 亿元。2019 年，企业职工基本养老保险基金中央调剂比例提高 到 3. 5%，基金调剂规模为 6 303 亿元。

年末城乡居民基本养老保险参保人数 53 266 万人，比上年末增加 874 万人。其中，实际领取待遇人数 16 032 万人。2019 年共为 2 529. 4 万建档立卡贫困人口、1 278. 7 万低保对象、特困人员等贫困群体代缴城乡居民养老保险费近 42 亿元，为 2 885. 5 万贫困老人发放养老保险待遇，6 693. 6 万贫困人员从中受益。全国 5 978 万符合条件的建档立卡贫困人员参加基本养老保险，基本实现贫困人员基本养老保险应保尽保。全年城乡居民基本养老保险基金收入 4 107 亿元，基金支出 53 114 亿元。年末城乡居民基本养老保险基金累计结存 8 249 亿元。

2019 年参加全国基本医疗保险 135 407 万人，参保率稳定在 95%以上。2019 年，全国基本医保基金（含生育保险）总收入 24 421 亿元，比上年增长 10. 2%，占当年 GDP 比重约为 2. 5%；全国基本医保基金（含生育保险）总支出 20 854 亿元，比上年增长 12. 2%，占当年 GDP 比重约为 2. 1%；全国基本医保基金（含生育保险）累计结存 27 697 亿元，其中基本医保统筹基金（含生育保险）累计结存 19 270 亿元，职工基本医疗保险个人账户累计结存 8 426 亿元。

2019 年末全国参加失业保险人数为 20 543 万人，比上年末增加 899 万人。年末全国领取失业保险金人数为 228 万人，比上年末增加 5 万人。全年共为 461 万名失业人员发放了不同期限的失业保险金，比上年增加 9 万人。失业保险金月人均水平 1 393 元，比上年增长 10. 0%。全年共为领取失业保险金人员代缴基本医疗保险费 98 亿元，比上年增长 6. 1%。全年发放稳岗补贴惠及职工 7 290 万人，发放技能提升补贴惠及职工 122 万人。全年失业保险基金收入 1 284 亿元，基金支出 1 333 亿元。年末失业保险基金累计结存 4 625 亿元。

2019 年末全国参加工伤保险人数为 25 478 万人，比上年末增加 1 604 万人。截至 2019 年末，全国新开工工程建设项目工伤保险参保率为 99%。全年认定（视同）工伤 113. 3 万人，评定伤残等级 60. 7 万人。全年有 194 万人次享受工伤保险待遇。全年工伤保险基金收入 819 亿元，基金支出 817 亿元。年末工伤保险基金累计结存 1 783 亿元（含储备金 262 亿元）。

复习思考题

1. 社会保险和商业保险有哪些区别和联系？二者如何实现协调发展？

2. 试比较社会保险现收现付制和预筹积累制的基金筹集模式的运作机制。

3. 世界社会保险改革的经验和教训有哪些？

4. 试评述我国现行的社会保险制度，探讨深化社会保险制度改革的现实约束条件和可能的路径选择。

第十二章　保险产品定价的基本原理

本章要点

- 保险产品的价格精算
- 概率论和大数法则及其意义
- 保险费率及其组成
- 厘定保险费率的主要原则
- 保险财产损失率和社会财产损失率
- 财产保险费率的第一附加费率和第二附加费率
- 生存和死亡保险的纯费率
- 影响人寿保险纯费率的主要因素

第一节　保险产品定价的数理基础和定价原则

作为一种特殊的服务产品，保险产品的价格我们称为保险费或保险费率，保险产品定价的原理和方法在保险业务中就叫保险精算①。它与普通物质产品的定价原理和方法有类似的地方，但也有很大区别。普通物质产品定价的基础是生产这种产品的物质损耗（物化劳动消耗）和从事这种生产工作的工人和管理人员的人工费用（活劳动消耗）；而保险产品的人工费用部分类似于普通物质产品的活劳动消耗，包含在附加费率之中。但保险产品本身的物化劳动消耗部分，主要不是生产保险合同的直接的物化劳动消耗，而是依据对保险财产的损失率或不同人群的死亡率、生存率、疾病发生率、意外事故发生率等的估测。而保险财产损失率、各种人群中人的死亡率、生存率、疾病发生率、意外事故发生率等，都要根据过去的经验数据，应用概率论来计算和确定，所以它并不完全等同于将来发生的实际损失率、死亡率、生存率等。要了解保险产品的定价原理和方法，有必要从保险风险事件与概率论的关系说起。

一、概率与概率分布

如前所述，保险是人们对付风险的一种办法。风险的基本含义是损失发生的不确定性，如果损失必然发生或不会发生，那么就不存在不确定性，也就没有风险。既然

---

① 严格一点的精算定义实际上比较宽泛，它是：“利用数学、经济学、数理统计、人寿保险、非人寿保险、养老基金、投资等理论，对金融、投资等行业中的风险问题提出数量化意见，是未来价值的可能性数量化。”李晓林编著：《精算学原理》（第一卷）第一页，经济科学出版社，1999 年 8 月第一版。

风险具有不确定性，那么保险又怎样才能应付风险呢？这就需要首先了解概率。

在自然现象和社会经济现象中，有一些现象（例如，火灾、地震、生病、死亡、市场价格）就其个别来看是无规律的，可以看作是一种随机事件。通过大量的试验与观察之后，这些随机事件就其整体来看都呈现出一种严格的无偶然的规律性，对这种规律性进行定量描述，就是用所谓概率（probability）。

概率也称“或然率”“机率”，它是衡量随机事件出现的可能性大小的一个数量指标。在一定条件下，概率大，表示某种随机事件出现的可能性大；反之，则表示这种随机事件出现的可能性小。以概率为尺度，从数量的角度来研究随机事件变动的关系和规律性的科学称为概率论。

概率是一个常数，它的特点是不大于1，不小于0，用公式表示如下：

$$0 \leqslant P(A) \leqslant 1$$

式中：0表示不可能事件发生的概率；

1表示必然事件发生的概率；

A 表示某种随机事件；

P 表示事件的概率逐渐稳定于某个常数；

$P(A)$ 表示随机事件 A 发生的概率。

在上式中，$P(A)$ 越大，表示随机事件 A 越容易发生；当 $P(A)$ 等于1时，表示 A 为必然事件，相反，$P(A)$ 越小，表示随机事件越不可能发生；当 $P(A)$ 等于0时，表示 A 为不可能发生的事件。

在对风险的预测中，需要了解该风险损失（随机事件）的概率分布。风险损失的概率分布，是用来显示各种可能损失结果发生的概率，它是从若干方面的数量来观察的，较为常用的有：

第一，关于每年总损失的概率分布，也就是指在一特定年度中，一定单位可能遭受的最大总损失。

第二，关于每年损失发生次数的概率分布，也就是损失频率的概率分布。

第三，关于每次损失发生金额大小的概率分布，也就是损失幅度的概率分布。

不同的损失具有不同的概率分布，常见的损失分布模型有正态分布、指数分布、伽玛分布、对数正态分布、帕累托（Pareto）分布、对数伽玛分布等，而这些概率分布都是厘定不同保险产品保险费率的重要依据和方法。

二、大数法则

大数法则（也叫大数定律）是概率论中的一个重要定律，就风险损失而言，其基本内容可以通俗地表述为：同质的风险损失事件（例如同一地区的火灾损失事件）的不同单位，如果大量地结合在一个组里，那么结合的单位越多，在一定时期内遭遇风险损失的变动幅度就越小，即同质风险单位结合数量逐渐增多时，从结合的整体来说，由于相互抵消作用或平均作用的扩大，发生风险损失的波动的幅度就会逐渐减少而趋向于稳定。

一般来说，直接估计某一随机事件的概率比较困难，但有一些简单例子可以使我们易于理解。例如，抛掷硬币，只要这一硬币是同一种材料均匀铸造（即同质），抛掷一次，落地时其正面朝下的几率要么是1，要么是0；正面朝上的几率要么是0要么是1。但是当多次抛掷这枚硬币，其结果就会变化，当抛掷次数趋于无穷大时，落地时正面朝上和正面朝下的几率将是相等的，就是说其概率都是1/2。如果抛掷的次数太少，正面朝上的几率可能是38%、42%……很难准确预测，可能误差极大。但随着抛掷次数的增多，正面朝上这一随机事件发生的次数越来越接近抛掷次数的50%，这就是该随机事件的概率。抛掷硬币是考察正面（或背面）朝上（或朝下）概率，这种事件的概率分布就叫“二项分布”，生存和死亡事件也是服从二项分布。

大数法则对保险的意义在于，它不仅是保险产品定价的数理依据，因为只有掌握大量的保险风险单位的经验数据，才能比较准确地估计保险标的的损失概率或被保险人群的死亡概率（生存概率、疾病发生概率、意外事故发生概率），从而合理厘定保险费率。同时，大数法则也是保险稳定经营的数理依据，当被保险的保险单位足够多时，保险风险才能够在较大范围内进行分散，从而保证保险公司的财务稳定性。

三、保险费和保险费率

保险费就是购买保险服务产品的价格，它也是保险经营的物质基础。保险人通过向投保人收取保险费以建立保险基金，当被保险人遭受约定的灾害事故并受到损失时，保险人就用该基金支付赔款或给付保险金，从而实现保险的基本职能。

投保人缴纳的保险费一般称为毛保费，它可以分解为纯保费和附加费两部分。其中，纯保费是保险人用来建立保险基金，将来用于赔付的那部分保费，也称为净保费；附加费主要用于保险人的各项业务开支和预期利润，包括职工工资、业务费、企业管理费、代理手续费、税金、利润等。

保险费率是保险人按单位保险金额向投保人收取保险费的标准。保险费率与保险费之间一般存在以下关系：

$$保险费=保险金额\times保险费率$$

$$保险费率=\frac{保险费}{保险金额}$$

$$保险费=基本保险费+保险金额\times保险费率$$

与保险费的分解相对应，保险费率也有毛费率、纯费率和附加费率之分。其中，纯费率是对应于每个风险单位保额的可能损失额。在理论上它是所投保标的因保险事故而发生损失的概率。附加费率是对应于每个保险单位的保额损失变动相对于正常变动的损失和单位保额的经营费用。

保险公司厘定保费率时，对纯保费率（也叫净保费率）和附加保费率（费用率）是分开计算的，其中最重要的是计算纯保费。财产保险的纯保费主要是根据在过去多年中该类保险财产的损失率计算的。而人身保险的纯费率主要是根据不同投保人群的死亡率（死亡保险）、生存率（生存保险）、某种疾病发生率（健康保险）或意外事故发生率（意外伤害保险）来计算的（具体介绍见本章第二和第三节）。附加保费率是根据保险标得的损失变动程度和该类业务分摊的费用在该类业务总保费收入中所占比例来确定的。所以附加保费率一般分为两部分，第一附加费率和第二附加费率。

第一附加费率是以异常损失为基础的，主要用来对保险标的的异常损失进行赔偿或给付。如前所述，保险事故的发生有一定规律，风险事故损失的规律性和稳定性（正常损失）要在足够大的空间范围和经过足够长的时间跨度能观察到和通过概率论进行估计；但同时由于存在多种随机因素，使在某一时期的实际损失背离正常损失。如果实际损失小于正常损失，对保险人来说影响不大；如果实际损失大于正常损失，则根据纯费率计算的保费就无法满足损失补偿的需要，甚至造成保险公司的给付危机。例如，像美国洛杉矶 1976 年发生的大地震、2001 年发生的“9·11”事件，包括我国在内的 20 多个国家 2003 年发生的 SARS 疾病的异常传播等，都会造成保险公司巨大的超常的赔付。这部分超常损失的部分，就由第一附加费率所收集的保费来补偿。第二附加费率是以保险人经营保险业的各种费用（包括管理费、工资等）、税负和保险利润为基础的。通过这部分附加费率收集的保险费，就用于这些费用支出和为保险公司提供利润。附加保费率要受到保险监管部门（和）或财政部门的监督和核定。

四、保险费率厘订的主要原则

为保证保险双方当事人的利益，防止欺诈或影响保险公司的偿付能力，从而影响到社会稳定，各国的《保险法》一般会对保险费率的厘定原则进行规定，这些原则一般包括：

（一）保证补偿原则

保险人按保险费率向投保人收取的保险费，必须足以应付赔款支出、保险金给付以及各种经营费用。因为保险费是补偿保险标的损失的基本来源，如果费率过低，低于保险财产的损失概率（或高于被保险人群的死亡率，低于被保险人群的生存率、低于被保险人群的某种疾病的发生率、低于某种意外事故的发生率）和合理费用率就会导致保险公司缺乏偿付能力，最终使被保险人因得不到保障而受到利益损害。

（二）公平合理原则

公平合理原则是指保险费率在保险人与投保人之间及各投保人之间要体现公平合理的原则。保险人与投保人之间的公平合理，一方面表现为必须贯彻损失补偿原则，另一方面强调保险费率不能过高。费率的适当体现在纯费率厘定时的危险附加要适当和附加费率中的利润设定不能过高。保险费率过高，会损害投保人的利益而使保险人获得过多利益。各投保人之间的公平合理，是指保险人向投保人收取的保险费应与保险标的所面临的危险程度相适应。在风险一致性的条件下，同一风险单位应采用相同的保险费率，不同的风险单位应采用与其风险大小相匹配的保险费率。对于风险大的保险标的应采用较高的保险费率，而对于风险较小的保险标的应采用较低的保险费率。

（三）相对稳定原则

尽管财产保险的损失率、费用率或者人身保险中的死亡率、费用率都是在经常变动的，保险费率需要根据经验数据加以调整，但是保险费率的厘订和调整，要保持相对稳定性。如果费率经常波动，会诱发投保人的投机心理；也会使投保人难以确定保费预算，增加对保险公司的反感，导致业务量的减少，还会给保险公司本身的财务核算带来困难。当然，费率的稳定不是绝对的，随着社会和经济的发展，技术的进步，各种防止风险事故发生的手段的改善，人的生命的不断延长，相关法律法规的调整，必然使各类财产和人身风险发生变化，索赔频率和额度也会随着变化，因此对于不适当的费率，应当根据实际情况加以调整，以便比较恰当地反映风险损失的变化趋势。

（四）促进损失控制原则

产品定价要能促进被保险方防灾防损，减少危险事故。一方面要鼓励和引导被保险人从事预防损失的活动，例如，鼓励投保火灾保险的被保险人配置防火灭火设备，以减少火灾风险事故发生的机会，配备防盗装置以减少盗窃风险损失发生等。对防灾设备齐全、制度健全、损失频率和损失程度较低的被保险人，应当给予奖励（适当降低费率），以资鼓励他们在风险损失控制方面所作的努力；另一方面，对不注重防灾防损、制度不健全、损失频率和损失程度较高的被保险人，应当收取较高费率，以期促进其进行风险损失的控制，从而降低社会财产的损失率和人的人身伤亡事故发生几率。

第二节 财产保险的费率厘定

一、财产保险纯费率及其计算

财产保险的纯费率是保险赔偿总额与总保险金额之商，因此，又称保险财产损失率或保险金额损失率，用公式表示为：

$$NP' = \frac{\sum_{i=1}^{n} l_i}{\sum_{k=1}^{n} P_i} \qquad (12-1)$$

上式中：NP'表示纯费率；

l_i表示第 i 年的保险赔偿额；

P_i表示第 i 年的保险金额；

n 为统计年度。

财产保险多是一年期的保险，由于保险事故的发生是随机的，具有很大的不确定性，如上面所说，根据大数法则，只有在一个较长的时间里才会趋于稳定，因此纯费率的计算应当有较长时期的资料，至少应有 5~10 年。当然在开办新业务时，不可能有长时间的损失经验和数据，只可能根据有关调查获得社会财产损失资料，这时只能用社会财产损失率近似地代替保险财产损失率。社会财产损失率就是社会上某类财产在一定期间（通常是一年）的总损失金额在该类财产的总价值额中所占的比率。在实行强制保险的条件下，社会财产损失率会与保险财产的损失率比较一致。但在自愿保险的条件下，用社会财产损失经验数据计算出来的损失率需要作适当调整，因为由于逆选择的存在，保险财产损失率一般大于社会财产损失率。

社会财产损失率与上面保险财产损失率的公式类似：

$$L' = \frac{\sum_{i=1}^{n} l_i}{\sum_{k=1}^{n} P_i} \qquad (12-2)$$

上式中：L'表示社会财产损失率；

l_i 表示第 i 年的该类社会财产损失额；

P_i 表示第 i 年的该类社会财产价值总额；

n 为统计年度。

二、第一附加费率

上面介绍的保险财产损失率和社会财产损失率的公式告诉我们，纯费率是一段较长时间期间（样本期间）保险赔款或社会财产损失的算术平均数（用概率论的语言讲，就是损失率的数学期望）。就其中某一年而言，实际的保额损失率与这一算术平均数一般说来并不相等。对保险人来说，样本期间的各年度实际保险金额损失率对其数学期望的背离程度的大小（即方差或均方差的大小）具有重要意义。当背离程度越大，即方差或均方差越大，经营风险越大。对此，保险人在测算保险财产损失率时，要在期望的基础上增加一个或两个均方差，以提高对损失率（也就是纯费率）预测的可靠性。

保险金额的均方差的计算公式是：

$$\sigma = \sqrt{\frac{\sum_{i=1}^{n} (X_i - NP')^2}{n}} \qquad (12-3)$$

上式中：σ 代表均方差；

X_i 代表第 i 年的实际损失率。

附加到纯费率上去的这个均方差（一般是 1~2 个）就是第一附加费率。均方差提供的并不是实际损失率对损失率的期望变动的绝对数量界线，而是一个具有一定可能性的数量界限。一般来说，各年的实际损失率约有 68%的可能性发生在（$NP'\mu\sigma$）的区间里，约有 95%的可能性发生在（$NP'\mu 2\sigma$）的区间里，约有 99.8%的可能性发生在（$NP'\mu 3\sigma$）的区间里。这就是说，作为第一附加费率（均方差 σ），增加 3 个 σ，相对来说，保险人的财务稳定性最好。因为在样本期间每年的实际损失率有 99.8%落在平均损失率两旁 3σ 的范围内。但考虑到保险人的负担，保险精算时只增加 1~2 个 σ。

三、第二附加费率

上面介绍的第一附加费率与纯费率一样，都是以保险财产的实际损失率为基础的。第二附加费率与第一附加费率不同，这是费用率，它是以经营管理费为基础在各种业务之间分摊的费用。对某类业务来说，在正常情况下它是一个常数，通常用占纯费率一定百分比来表示。例如，假定第二附加费率为纯费率的 20%，则有：

第二附加费率＝纯费率×20%

第二附加费率的另一种算法是根据经验规定其在保险费率中所占的比例。例如，已知第二附加费率占保险费率的 10%，则有：

$$保险费率=（纯保险费率+第一附加费率）\times\frac{100}{90}$$

【例 12-1】某保险公司过去 10 年某类财产保险业务保险金额损失率统计资料如下，假定第一附加费率按一个 σ 计算，费用率按纯费率的 20%计算，10 年间业务规模不变，请厘定该类财产保险的保险费率。

表 12-1

年度	保额损失率（‰）	年度	保额损失率（‰）
1993	6. 4	1998	5. 9
1994	6. 3	1999	5. 7
1995	6. 2	2000	5. 8
1996	6. 1	2001	5. 7
1997	6. 0	2002	5. 9

（1）纯费率计算。根据上面的公式，纯费率就是这 10 年保险金额损失率的经验数据的算术平均数。即：

纯费率＝平均保额损失率＝1/10（6. 4‰+6. 3‰+6. 2‰+6. 1‰+6. 0‰+5. 9‰+5. 7‰+5. 8‰+5. 7‰+5. 9‰）＝6. 0‰

（2）第一附加费率计算。第一附加费率是在平均损失率之上所增加的一个均方差。根据式 12-3，这 10 年经验数据的均方差为：

$$\sigma=\sqrt{\frac{\sum_{i=1}^{n}(X_i-NP')^2}{n}}$$

$$=\sqrt{\frac{(6.4-6.0)^2+(6.3-6.0)^2+(6.2-6.0)^2+(6.1-6.0)^2+(6.0-6.0)^2}{10}}+$$

$$\sqrt{\frac{(5.9-6.0)^2+(5.7-6.0)^2+(5.8-6.0)^2+(5.7-6.0)^2+(5.9-6.0)^2}{10}}$$

$$=\sqrt{\frac{0.54}{10}}=0.23‰$$

(3) 第二附加费率计算。因为第二附加费率占纯费率的20%，因此：

第二附加费率=6.0‰×20%=1.2‰

(4) 毛保费率：

毛保费率=纯费率+第一附加费率+第二附加费率

=6.0‰+0.23‰+1.2‰=7.43‰

第三节　人身保险的费率厘定

前面说过，人身保险的保险费率与财产保险费率在计算原理上相同。只是纯费率不是根据损失率而是根据被保险人群的死亡率、生存率、疾病发生率和意外事故发生率、预定利率等因素来计算的。对于人身保险的毛保费率来说，还要考虑保险资金的投资收益率、费用率等因素。由于人寿保险的标的是人的生命和身体机能，一般来说保险标的的数量大，而且保险事故发生较少，亦即独立性比较强，所以可以设定均方差为零。因此，人身保险的保险费率一般只包括纯费率和第二附加费率。我们这里也只讨论这两部分。为简明起见，这里只讨论人寿保险的费率厘定问题。

一、纯费率的厘定

影响人寿保险的纯费率的最主要的因素就是被保险人群的死亡率和利率。

(一) 死亡表(生命表)

保费多少首先与不同年龄不同性别的被保险人群的死亡率有关系。因为每一个年龄的人群的死亡率不相同，如果都购买同一保险金额的死亡保险的话，纯保险费肯定不同。为了准确把握各个年龄的被保险人的死亡率，各国保险公司都编制了死亡表(生命表)，并每经过几年就会编制新的死亡表(生命表)。中国人寿保险公司在20世纪90年代初编制出我国第一张经验生命表，即《中国人寿保险业经验生命表》(见表12-2)。2003年又编制了我国第二张经验生命表。

表12-2　中国人寿保险业经验生命表（1990—1993年）（男）

年龄	死亡率	生存人数	死亡人数	生存人年数		平均余命
x	q_x	l_x	d_x	L_x	T_x	$\mathring{e}_x$
0	0.003 037	1 000 000	3 037	998 482	73 641 337	73.64
1	0.002 157	996 963	2 150	995 888	72 642 855	72.86
2	0.001 611	994 813	1 603	994 011	71 646 967	72.02
3	0.001 250	993 210	1 242	992 589	70 652 956	71.14
4	0.001 000	991 968	992	991 472	69 660 367	70.22
5	0.000 821	990 976	814	990 570	68 668 894	69.29

续表

年龄	死亡率	生存人数	死亡人数	生存人年数		平均余命
x	q_x	l_x	d_x	L_x	T_x	$\acute{e}_x$
6	0. 000 690	990 163	683	989 821	67 678 325	68. 35
7	0. 000 593	989 480	587	989 186	66 688 504	67. 40
8	0. 000 520	988 893	514	988 636	65 699 317	66. 44
9	0. 000 468	988 379	463	988 147	64 710 682	65. 47
10	0. 000 437	987 916	432	987 700	63 722 534	64. 50
11	0. 000 432	987 484	427	987 271	62 734 834	63. 53
12	0. 000 458	987 058	452	986 832	61 747 563	62. 56
13	0. 000 516	986 606	509	986 351	6 076 0731	61. 59
14	0. 000 603	986 097	595	985 799	59 774 380	60. 62
15	0. 000 706	985 502	696	985 154	58 788 581	59. 65
16	0. 000 812	984 806	800	984 406	57 803 427	58. 70
17	0. 000 907	984 007	892	983 560	56 819 020	57. 74
18	0. 000 981	983 114	964	982 632	55 835 460	56. 79
19	0. 001 028	982 150	1 010	981 645	54 852 828	55. 85
20	0. 001 049	981 140	1 029	980 625	53 871 183	54. 91
21	0. 001 084	980 111	1 027	979 597	52 890 558	53. 96
22	0. 001 030	979 084	1 008	978 579	51 910 961	53. 02
23	0. 001 003	978 075	981	977 585	50 932 381	52. 07
24	0. 000 972	977 094	950	976 619	49 954 797	51. 13
25	0. 000 945	976 144	922	975 683	48 978 178	50. 18
26	0. 000 925	975 222	902	974 771	48 002 494	49. 22
27	0. 000 915	974 320	892	973 874	47 027 723	48. 27
28	0. 000 918	973 428	894	972 982	46 053 849	47. 31
29	0. 000 933	972 535	907	972 081	45 080 868	46. 35
30	0. 000 963	971 627	936	971 160	44 108 787	45. 40
31	0. 001 007	970 692	977	970 203	43 137 627	44. 44
32	0. 001 064	969 714	1 032	969 198	42 167 424	43. 48
33	0. 001 136	968 682	1 100	968 132	41 198 226	42. 53
34	0. 001 222	967 582	1 182	966 991	40 230 094	41. 58
35	0. 001 321	966 400	1 277	965 761	39 263 103	40. 63
36	0. 001 436	965 123	1 386	964 430	38 297 341	39. 68
37	0. 001 565	963 737	1 508	962 983	37 332 911	38. 74
38	0. 001 710	962 229	1 645	961 406	36 369 928	37. 80

续表

年龄	死亡率	生存人数	死亡人数	生存人年数		平均余命
x	q_x	l_x	d_x	L_x	T_x	$\mathring{e}_x$
39	0.001 872	960 583	1 798	959 684	35 408 522	36.86
40	0.002 051	958 785	1 966	957 802	34 448 838	35.93
41	0.002 250	956 819	2 153	955 742	33 491 036	35.00
42	0.002 470	954 666	2 358	953 487	32 535 294	34.08
43	0.002 713	952 308	2 584	951 016	31 581 807	33.16
44	0.002 981	949 724	2 831	948 309	30 630 791	32.25
45	0.003 276	946 893	3 102	945 342	29 682 482	31.35
46	0.003 601	943 791	3 399	942 092	28 737 140	30.45
47	0.003 958	940 393	3 722	938 532	27 795 048	29.56
48	0.004 352	936 670	4 076	934 632	26 856 516	28.67
49	0.004 784	932 594	4 462	930 363	25 921 884	27.80
50	0.005 260	928 133	4 882	925 692	24 991 521	26.93
51	0.005 783	923 251	5 339	920 581	24 065 829	26.07
52	0.006 358	917 911	5 836	914 993	23 145 248	25.22
53	0.006 991	912 075	6 376	908 887	22 230 255	24.37
54	0.007 686	905 699	6 961	902 218	21 321 368	23.54
55	0.008 449	898 738	7 593	894 941	20 419 149	22.72
56	0.009 288	891 144	8 277	887 006	19 524 208	21.91
57	0.010 210	882 867	9 014	878 360	18 637 202	21.11
58	0.011 222	873 853	9 806	868 950	17 758 842	20.32
59	0.012 333	864 047	10 656	858 719	16 889 892	19.55
60	0.013 553	853 391	11 566	847 608	1 6031 173	18.79
61	0.014 892	841 825	12 536	835 556	15 183 565	18.04
62	0.016 361	829 288	13 568	822 504	14 348 009	17.30
63	0.017 972	815 720	14 660	808 390	13 525 504	16.58
64	0.019 740	801 060	15 813	793 154	12 717 114	15.88
65	0.021 677	785 247	17 022	776 736	11 923 961	15.18
66	0.023 800	768 225	18 284	759 084	11 147 224	14.51
67	0.026 125	740 942	19 592	740 146	10 388 141	13.85
68	0.028 671	730 349	20 940	719 879	9 647 955	13.21
69	0.031 457	709 410	22 316	698 252	8 928 116	12.59
70	0.034 504	687 094	23 707	675 240	8 229 864	11.98
71	0.037 835	663 386	25 099	650 837	7 554 624	11.39

续表

年龄	死亡率	生存人数	死亡人数	生存人年数		平均余命
x	q_x	l_x	d_x	L_x	T_x	$\mathring{e}_x$
72	0. 041 474	638 287	26 472	625 051	6 903 788	10. 82
73	0. 045 446	611 815	27 805	597 912	6 278 737	10. 26
74	0. 049 779	584 010	29 071	569 474	5 680 825	9. 37
75	0. 054 501	554 939	30 245	539 816	5 111 350	9. 21
76	0. 059 644	524 694	31 295	509 047	4 571 534	8. 71
77	0. 065 238	493 399	32 188	477 305	4 062 487	8. 23
78	0. 071 317	461 211	32 892	444 765	3 585 182	7. 77
79	0. 077 916	428 319	33 373	411 632	3 140 418	7. 33
80	0. 083 069	394 946	33 598	378 147	2 728 786	6. 91
81	0. 092 813	361 348	33 538	344 579	2 350 639	6. 51
82	0. 101 184	327 810	33 169	311 226	2 006 060	6. 12
83	0. 110 218	294 641	32 475	278 404	1 694 834	5. 75
84	0. 119 951	262 166	31 447	246 443	1 416 430	5. 40
85	0. 130 418	230 719	30 090	215 674	1 169 987	5. 07
86	0. 141 651	200 629	28 419	186 420	954 313	4. 76
87	0. 153 681	172 210	26 465	158 977	767 893	4. 46
88	0. 166 534	145 745	24 271	133 609	608 916	4. 18
89	0. 180 233	121 473	21 893	110 526	475 307	3. 91
90	0. 194 795	99 580	19 398	89 881	364 781	3. 66
91	0. 210 233	80 182	16 857	71 754	274 900	3. 43
92	0. 226 550	63 325	14 346	56 152	203 146	3. 21
93	0. 243 742	48 979	11 938	42 010	146 994	3. 00
94	0. 261 797	37 041	9 697	32 192	103 985	2. 81
95	0. 280 694	27 344	7 675	23 506	71 793	2. 63
96	0. 300 399	19 668	5 908	16 714	48 287	2. 46
97	0. 320 871	13 760	4 415	11 552	31 573	2. 29
98	0. 342 055	9 345	3 196	7 747	20 020	2. 14
99	0. 363 889	6 148	2 237	5 030	12 274	2. 00
100	0. 386 299	3 911	1 511	3 156	7 244	1. 85
101	0. 409 200	2 400	982	1 909	4 088	1. 70
102	0. 43 2503	1 418	613	1 111	2 179	1. 54
103	0. 456 108	805	367	621	1 068	1. 33
104	0. 479 911	438	210	333	446	1. 02
105	1. 000 000	228	228	114	114	0. 50

生命表，又称死亡表，它是根据一定的调查时期，一定国家和地区，一定人群和类别（如男性、女性）等实际而完整的人口统计资料，经过分析整理，折算成以 1 000 万（或其他单位）同龄人为基数的逐年生存与死亡的数字，从出生至全部死亡的统计表。

生命表的主要内容包括：

（1）年初生存数，记为 l_x，指该年年初生存的人数；

（2）年内死亡数，记为 d_x，指该年年内的死亡人数；

（3）生存率，记为 p_x，指年终生存人数与年初生存人数的比例，即 $p_x = \frac{l_x - d_x}{l_x}$。例如，根据《中国人寿保险业经验生命表》中的数据可以计算出 20 岁的男性被保险人群生存率为 0.998 951。

（4）死亡率，记为 q_x，指年内死亡人数与年初生存人数的比例，即 $q_x = \frac{d_x}{l_x}$。例如，从《中国人寿保险业经验生命表》中可以查出，50 岁的男性被保险人群的死亡率为 0.005 260。

生命表科学完整地反映了一定时期、一定地区、一定人群的生死规律，反映了生命在不同年龄段的死亡风险程度，因此，它是制定人寿保险的纯保险费率的客观依据。

（二）单利、复利和现值

人寿保险大多是长期性业务，从投保人第一次交付保险费到最后保险金给付，中间可能相隔几十年之久。由于货币的时间价值因素，不同时点上相同金额的货币，其价值是不同的，因此，保险公司对投保人交纳的保险费必须考虑利息因素。在厘定纯保险费率时，保险人通常给出一个预定利率，这个预定利率是计算被保险人（或受益人）将来领取的保险金的重要依据之一。该预定利率一般是复利，可以在保险期间保持不变，也可以在交费到给付期间予以调整。保险人之所以对保险费支付利息，是因为他们一般都将收集起来的保险费所形成的保险基金进行投资，经营好的公司其投资收益相当可观，当然也有的保险公司投资收益不好，这都会影响到其人寿保险产品的费率。

除了死亡率之外，利息率也是厘定人身保险的重要因素。利息计算有两种方式，单利和复利。无论是一次性结算，或分期结算，单利是只许本金生利，不能利上加利。而复利是按一定周期结算，每次结算时把前期利息并入本金，作为计算下期利息的基数，即不仅本金生利，利息收入也生利。

单利的本利之和的公式为：

$$S = P + P \cdot n \cdot i = P(1 + n \cdot i) \qquad (12-4)$$

复利的本利之和的公式为：

$$S = P(1 + i)^n \qquad (12-5)$$

上式中：S 代表本利之和；

P 代表本金；

i 代表利息率；

n 代表利息周期数。

在计算人身保险的保险费时经常用到终值和现值的概念，在一定利率的情况下，一笔款项 P 经过 n 个时间单位后，其本利之和成为 S，我们就 S 为经过 n 个时间单位后的终值，P 为在 n 个时间单位前的现值。我们对上面的本利之和作逆运算，可以在已知第几年本利之和的情况下，求出其现值。

单利本利之和的现值 $$P = \frac{S}{1 + ni} \quad (12-6)$$

复利本利之和的现值 $$P = \frac{S}{(1 + i)^n} \quad (12-7)$$

假定：$V = \frac{1}{1 + i}$，则有 $P = S \cdot V^n$

人寿保险都是采用复利方式计算利息。

（三）自然纯保险费的计算原理

自然纯保险费是直接以各年龄的死亡率为标准计算的纯保险费。由于死亡率有随年龄提高而增大的特点，保险费也随着被保险人年龄的增长而增加。

【例 12-2】按照自然保险费计算，计算一年期保险金额为定期 10 万元的死亡保险的纯保险费（不计预定利率）。

解析：根据《中国人寿保险业经验生命表》，30 岁的被保险人的死亡率是 0.000 963，50 岁的被保险人的死亡率是 0.005 260。相应的，如果购买一年期的定期死亡保险，保险人在保单生效后一年内死亡，保险公司给付保险金额 10 万元。那么，如果是 30 岁的人投保，其纯保险费要交 96.3 元，如果是 50 岁的人投保，其纯保费要交 526 元。

（四）趸交纯保费的计算原理

所谓趸交纯保险费，即一次交清的纯保险费。根据公平合理原则，保险人承保的某类寿险业务今后将要给付的保险金，在投保时点的价值总和，应当等于投保人在投保时趸交的纯保险费之和。用公式表示，即：

$$\text{投保人每人的趸交纯保险费} = \frac{\text{保险人应付保险金的现值总和}}{\text{投保时全体投保人数}}$$

【例 12-3】现有一年龄为 50 岁的男子投保 5 年期定期寿险，保险金额为 10 000 元。计算趸交纯保险费。

解析：为简化运算，假设共 928 133 个 50 岁的人投保，从《中国人寿保险业经验生命表》中查出年龄 50~54 岁的男性死亡情况，根据生命表的死亡人数计算出各年度预计给付的保险金，考虑到利息因素，要将各年度的保险金折算成投保时（50 岁）的价值，预定利率设定为 2.5%，则有：

年龄	死亡人数	预计给付保险金	折算成 50 岁时价值
50 岁	4 882 人	10 000 元×4 882	10 000 元×4 882÷（1+2.5%） =4 762.9 万元
51 岁	5 339 人	10 000 元×5 339	10 000 元×5 339÷ $(1+2.5\%)^{2}$ =5 081.7 万元
52 岁	5 836 人	10 000 元×5 836	10 000 元×5 836÷ $(1+2.5\%)^{3}$ =5 419.3 万元
53 岁	6 376 人	10 000 元×6 376	10 000 元×6 376÷ $(1+2.5\%)^{4}$ =5 768.2 万元
54 岁	6 961 人	10 000 元×6 961	10 000 元×6 961÷ $(1+2.5\%)^{5}$ =6 152.5 万元

合计=4 762.9+5 081.7+5 419.3+5 768.2+6 152.5=27 184.6（万元）

所有的投保人交纳的保费总共要达到 27 184.6 万元，才能满足各年度的给付，则每人一次性应交纯保费=27 192.82 万元÷928 133 人=292.90 元。

【例 12-4】向一个 50 岁的男性签发 5 年期的生存保险，保额为 10 000 元，一次性（趸交）应交多少保费？

解析：同样假设共 928 133 个 50 岁的男性投保，从《中国人寿保险业经验生命表中》中查出 5 年后的生存人数为 905 699 人，这 905 699 人为被保险人 5 年后预计给付的生存保险金=905 699 人×10 000 元，考虑到利息因素，要将 5 年后的保险金折算成投保时（50 岁）时的价值（现值），预定利率设定为 2.5%，则有：

现值=905 699×10 000÷ $(1+2.5\%)^{5}$ = 8 005 059 444（元），分摊到参加投保的 928 133人，则每人应交 8 005 059 444 元÷928 133=8 625 元的纯保费。

二、附加保费率

寿险公司收取附加保费用于寿险公司正常经营和提供必要服务，主要包括新单费用、保单维持费用、保费收取费用。

（一）新单费用

新单费用是指寿险公司签订新保单的支出。比如销售人员的佣金、保险单据的印刷、保险单的送达、客户的体检费用以及与此相关的办公费用。

（二）保单维持费用

保单维持费用是指保单签订后一直到保单终止期间所发生的维持保单效力的费用。因为很大部分的人寿保险合同，特别是长期生存保险合同（比如养老保险合同）是长期合同，寿险公司在合同有效期间要持续提供各种必要的服务，如寄送保费缴纳通知单，变更保单内容，办理保单迁移等工作。

（三）保费收取费用

长期生存保险合同的保户选择分期缴纳保费，保险公司根据保户的要求采取不同的收费方式，期间会发生的费用包括收费员的工资、银行转账费用等。

以上主要是与保单有关的附加费用的支出内容，实际上寿险公司的各项经营管理上的支出、员工的薪酬、各种税负等都属于附加费用。

许多消费者对寿险公司从保费中提取佣金的做法存在误解，认为自己缴纳的保费都给了营销员，这是不了解佣金支出来源的缘故。寿险公司向专门推销寿险业务的个人代理人支付的薪酬称为佣金支出。由于寿险业务的特殊性，寿险商品需要大量的营销员对客户当面进行宣讲和解释。特别是推出保单的第一年，业务难度大、费用较高，营销员的成本支出高，因此，寿险公司在首年支付的佣金一般都很高，以后提取佣金的比例逐渐减少，一定年限后停止佣金支付。所以从佣金占保户缴纳的全部保费的比例来看，支出并不多。国内外保险公司一般在签订新业务的首年给予个人代理人营销员较高比例的佣金，约占当年期缴保费收入的 20%~30%，（国外或我国香港、台湾地区高达 80%以上）但接下来的 3~4 年只能提取比例很低且逐年渐少的佣金，总的佣金比例平均每年不超过缴费期内收取保费的 5%。当然，首年佣金支出超过了首年期缴保费中附加保费的数量，但这是寿险公司的一种核算方法，把以后年度的费用提前使用，并在以后年度分摊，而提取的费用总量保持不变。

附加保费占纯保费的比例（即附加费率），不同保险公司不同险别险种都不相同，没有统一的规定。

复习思考题

1. 保险产品的价格与一般物质产品的价格有何不同？
2. 何谓大数法则？它对保险产品定价有何意义？
3. 保险费率一般有哪几部分组成？各个部分的内容如何？
4. 财产保险的纯费率和附加费率都如何计算？
5. 什么是生命表？
6. 一位 20 岁的男性，如果要购买一年期的定期死亡保险，保险金额是 10 万元。如果不考虑利率因素，应当交多少纯保险费？（请根据本章表 12-1《中国人寿保险业经验生命表（1990—1993 年）》回答）

第十三章　保险公司经营管理

本章要点

- 保险公司经营管理的特殊性
- 保险公司经营管理的路径
- 保险公司经营管理的目标
- 中国第二代偿付能力监管制度体系（C-ROSS）
- 偿二代下保险公司的风险管理

第一节　保险公司经营管理的路径与目标

一、保险公司经营管理的特殊性

保险公司是采用公司组织形式经营保险业务的法人组织，是保险交易关系中的保险人，享有收取保险费、建立保险费基金的权利的同时，当保险事故发生时，有义务赔偿被保险人的经济损失。

保险公司的运行需要职业经理人的经营和管理。经营含有筹划、谋划、计划、规划、组织、治理、管理等含义。经营和管理相比，经营侧重于动态性谋划发展的内涵，而管理侧重指使其正常合理地运转。

企业经营管理是指对企业整个生产经营活动进行决策、计划、组织、控制、协调，并对企业成员进行激励，以实现其任务和目标一系列工作的总称。具体而言，保险公司的经营管理是指在保险公司内部，为使产品开发、保险营销、核保承保、保险投资、保险理赔、财务管理等各种业务活动能按经营目的顺利地执行和有效地调整而所进行的系列管理、运营的活动。

保险公司的经营管理和其他公司的经营管理一样，具有很多共性，也有一定的个性，即特殊性。在保险公司的经营管理中既要重视这些共性，也要重视个性。保险公司经营管理的特殊性主要体现在以下几个方面：

（一）经营主体的特殊性

保险公司属于非银行金融机构，是由保险监管机构批准成立的金融服务性机构，因此公司的运行要服从国家和地区的法律法规以及金融和保险监管当局的监管规定，维护金融行业的稳定，防范系统性风险。

（二）经营对象的特殊性

保险公司经营的对象是风险，管理和防范风险是保险公司经营管理的核心主题。因此，保险公司的经营与管理具有明显的风险性。这种风险性既体现在负债业务（承保）方面，也体现在资产业务（投资）方面。而保险公司的资产业务和负债业务同等重要。

（三）交易过程的特殊性

保险公司和投保人之间的交易是风险转嫁的过程，投保人缴纳保险费，保险公司签发保险合同，收取保险费，在保险合同约定的保险事故发生之后履行赔偿和给付责任。买卖双方通过一纸保险合同形成交易关系，需要彼此之间的最大诚信。

（四）政府监管的特殊性

保险公司是重要的非银行金融机构，其兴衰成败涉及金融行业和整个经济体系的稳定。同时，保险公司在经营中涉及大量的客户，影响面宽广，关系到社会的稳定。而从经济学的角度，保险市场存在着较为严重的信息不对称、外部性和市场势力导致的市场失灵，因此需要政府监管的介入，且介入的深度和广度较一般行业更为严格。保险监管当局会实施严格的偿付能力监管、市场行为监管和公司治理结构监管。

二、保险公司经营管理的路径与基本目标

保险公司经营管理的目标可以通过内部控制和外部监管两个路径来实现。内部控制是保险公司内部的管理行为，内部控制是外部监管的前提、基础和落脚点。特定阶段外部监管必须与当时的保险公司的内部控制能力和管理水平相适应。两者既相互依存、又相互制约、相互促进。好的外部监管体系，能够激励保险公司不断提升其内部控制的水平。

（一）内部控制

在保险公司的经营管理中，保险公司应当建立全面、系统、规范化的内部控制体系，覆盖所有业务流程和操作环节，贯穿经营管理全过程。在全面管理的基础上，对公司重要业务事项和高风险领域实施重点控制，实现全面和重点相统一。

保险公司内部控制应当在组织架构、岗位设置、权责分配、业务流程等方面，通过适当的职责分离、授权和层级审批等机制，形成合理制约和有效监督。在制衡的基础上，各职能部门和业务单位之间应当相互配合，密切协作，提高效率，避免相互推诿或工作遗漏，实现制衡与协作相统一。

保险公司内部控制应当与绩效考核和问责相挂钩，任何人不得拥有不受内部控制约束的权力，未经授权不得更改内部控制程序。在确保内部控制权威性的基础上，公司应当及时调整和定期优化内部控制流程，使之不断适应经营环境和管理要求的变化。

保险公司内部控制应当与公司实际风险状况相匹配，确保内部控制措施满足管理需求，风险得到有效防范。在有效控制的前提下，合理配置资源，尽可能降低内部控制成本，实现有效控制和合理成本相统一。

内部偿付能力管理属于保险公司经营管理中的内部控制，是保险公司的“免疫系统”和“反应系统”。科学有效的内部偿付能力管理制度和机制，可以帮助保险公司主动识别和防范各类风险，对各类风险变化作出及时反应。

保险公司内部控制体系包括以下三个组成部分：

1. 内部控制基础。包括公司治理、组织架构、人力资源、信息系统和企业文化等。
2. 内部控制程序。包括识别评估风险、设计实施控制措施等。
3. 内部控制保证。包括信息沟通、内控管理、内部审计应急机制和风险问责等。

保险公司内部控制活动分为前台控制、后台控制和基础控制三个层次。前台控制是对直接面对市场和客户的营销及交易行为的控制活动；后台控制是对业务处理和后援支持等运营行为的控制活动；基础控制是对为公司经营运作提供决策支持和资源保障等管理行为的控制活动。

（二）外部监管

基于保险公司经营管理的特殊性，也基于保险公司经营失败所可能波及的社会范围，保险公司外部监管的广度、深度和严厉程度都超出一般的企业。保险公司的外部监管既有专门的政府机构的监管，也被置于中央银行、证券监管部门和立法司法执法等多个政府部门的监管之下，同时还受到新闻媒体和保险行业协会等同业组织的挟制，因此保险公司的外部监管是一个外延非常广阔的概念。当然，保险公司的外部监管是以政府监管为主体为核心。

中国银行保险监督管理委员会是国务院直属事业单位，根据国务院授权履行行政管理职能，依照法律、法规统一监督和管理保险市场。银保监会的主要任务是拟订有关商业保险的政策法规和行业规则；依法对保险企业的经营活动进行监督管理和业务指导，依法查处保险企业违法违规行为，保护被保险人的利益；维护保险市场秩序，培育和发展保险市场，完善保险市场体系，推进保险改革，促进保险企业公平竞争；建立保险业风险的评价与预警系统，防范和化解保险业风险，促进保险企业稳健经营与业务的健康发展。

银保监会承担的是政府对保险公司实行外部监管的职责，通过偿付能力监管、市场行为监管和公司治理机构监管对保险公司实施外部监管。与发达国家一样，偿付能力监管逐渐成为政府对保险公司实施外部监管的核心。

中国第二代偿付能力监管制度体系的中文名称为“中国风险导向的偿付能力体系”（以下简称“偿二代”），英文名称为 China Risk Oriented Solvency System（简称 C-ROSS），与偿一代相比有很大的不同。在偿二代下，保险公司的资本管理，资产和负债的认可方式、资本的分级管理、最低资本的构成和计量方式都会发生很大的变化，这些不但影响保险公司的偿付能力和业务开展的范围和种类，还直接影响到资产与负债的匹配，影响到保险公司的法定最低偿付能力的额度，从而影响到保险资金运用的数量与渠道。

三、保险公司经营管理的基本目标

具体而言，保险公司经营管理的目标包括：

（一）行为合规

保证保险公司的经营管理行为遵守法律法规、监管规定、行业规范、公司内部管理制度和诚信准则。

（二）资产安全

保证保险公司资产安全可靠，防止公司资产被非法使用、处置和侵占。

（三）信息真实

保证保险公司财务报告、偿付能力报告等业务、财务及管理信息的真实、准确、完整。

（四）经营有效

增强保险公司决策执行力，提高管理效率，改善经营效益。

（五）战略保障

保障保险公司实现发展战略，促进稳健经营和可持续发展，保护股东、被保险人及其他利益相关者的合法权益。

第二节　保险公司经营管理的主要内容

保险公司的经营管理要根据保险行业的特殊性，遵循保险公司经营管理的科学规律，开发并销售市场上需要的保险产品、为保险消费者做好服务，也要服从于政府的监管规则，保险公司的经营管理要紧随监管规则的变化。基于此，按照保险公司的经营中的业务流程，保险公司经营管理的主要内容包括：战略管理，产品管理，营销与承保核保管理，保全及理赔管理，财务、精算及再保险管理，投资管理，信息管理，合规管理，人力资源管理，行政管理十个方面的内容。而所有这些管理内容都围绕风险管理和偿付能力管理而展开。

一、战略管理

保险公司需要强化战略规划职能，规范战略规划中的信息收集、战略决策制定、论证和审批、决策执行评估和跟踪反馈等控制事项，为研发机构提供必备的人力财力保障，提高战略研究的指导性和实用性，确保公司经营目标的合理性和决策的科学性。

保险公司需要加强对国内外宏观经济金融形势、自身经营活动及业务发展情况的及时分析和深入研究，合理制定、及时调整公司整体经营管理流程与组织架构设置，制定科学的业务发展规划，并为公司的承保和投资等业务活动提供及时、有效的决策支持。

保险公司需要加强对公司业务经营情况的实时分析，定期分析评估经营管理和财务状况，合理设定分支机构经营计划和绩效指标，并实时予以指导和监督，保证公司战略目标有效执行。

二、产品管理

产品管理是保险公司经营管理的关键环节。保险公司需要建立产品开发职能部门及领导决策机构，规范产品开发的程序、条件、审批权限和职责，明确总精算师或精算责任人和法律责任人的职责和权限，确保产品开发过程规范、严谨。

在产品开发环节，保险公司需要明确产品开发流程，规范客户需求和市场信息收集、分析论证、条款费率确定、审批报备、测试下发和跟踪管理等控制事项，提高保险公司的产品研发和创新能力，提高产品适应性，防范产品定价及条款法律风险。

保险公司需要根据市场需求调查结果，从市场前景、盈利能力、定价和法律风险等方面对新产品进行科学论证和客观评价，依据评价结果和规定权限进行内部审查，并按照监管规定履行报批或报备义务。

三、营销与承保核保管理

为了保证公司的长远发展，保险公司应当以市场和客户为导向，以业务品质和效益为中心，组织实施保险营销活动。

营销管理主要包括销售人员和机构管理、销售过程管理、销售品质管理、佣金手续费管理。

第一，保险公司需要建立并实施科学统一的销售人员管理制度，规范对各渠道销售人员的甄选录用、组织管理、教育培训、业绩考核、佣金和手续费、解约离司等事项，同时，保险公司需要建立代理机构合作管理制度，规范与代理机构合作过程中的资格审核、合同订立、保费划转和佣金手续费结算等事项。

第二，保险公司需要建议并实施销售过程和品质管理制度，规范销售宣传行为，严格按照监管规定和内部权限编写、印制和发放各类宣传广告材料，确保宣传广告内容真实、合法，杜绝广告宣传中的误导行为。

第三，保险公司需要建立规范销售展业行为的制度，采取投保风险提示、客户回访、保单信息查询、佣金手续费控制、电话录音、定期排查及反洗钱监测等方式，建立销售过程和销售品质风险控制机制，有效发现、监控销售中的误导客户、虚假业务、侵占保费、不正当竞争、非法集资和洗钱等行为，提升业务品质，同时，保险公司应当规定客户回访的业务范围和条件、回访比例、回访频率、回访记录等回访要求及后续处理措施，加强销售风险监控。

保险公司需要规范与代理等中介机构的合作行为，严格实行保费收取与佣金支付收支两条线管理，定期对保费和重要单证进行清点对账，确保账账一致、账实相符，防止保费坐扣和单证流失。

第四，保险公司需要建立佣金手续费控制制度，严格规范佣金、手续费的计算和发放流程，防范虚列、套取、挪用、挤占佣金和手续费的行为，杜绝任何形式的商业贿赂行为。

在前端营销的基础上，保险公司需要做好后端核保的制度与信息系统建设。建立清晰的承保操作流程，规范投保受理、核保、保单缮制和送达等控制事项。保险公司在投保受理时，应当对投保资料进行初审，建立投保信息录入复核机制，确保投保资料填写正确、完整，录入准确。保险公司需要明确核保的评点标准、分级审核权限、作业要求和核保人员资质条件等，明确承保调查的条件、程序和要求。保险公司需要在满足规定条件的前提下缮制保单，采取适当校验和监控措施，确保保单内容准确，及时确实送达客户。

保险公司需要建立清晰的承保操作流程，规范投保受理、核保、保单缮制和送达等控制事项。保险公司在投保受理时，需要对投保资料进行初审，建立投保信息录入复核机制，确保投保资料填写正确、完整，录入准确。保险公司需要明确核保的评点标准、分级审核权限、作业要求和核保人员资质条件等，明确承保调查的条件、程序和要求。保险公司应当在满足规定条件的前提下缮制保单，采取适当校验和监控措施，确保保单内容准确，及时确实送达客户。

保险公司需要建立客户电话中心管理制度，规范电话咨询、查询、投诉受理、报案登记、挂失登记、客户回访、业务转办、业务办理跟踪反馈等控制事项。

保险公司需要建立统一的客户服务专线，24 小时开通电话服务，保障电话接通率，统一服务礼仪和标准，及时将客户需求提交相关业务部门处理，提高客户服务质量。

四、保全及理赔管理

保险公司需要建立规范统一的保全管理制度，规范保险合同续期收费、合同内容及客户资料变更、合同复效、生存给付和退保等控制事项。

保险公司需要明确各项保全管理措施的操作流程、审查内容及标准、处理权限和作业要求等，防范侵占客户保费、冒领保险金、虚假业务和违规批单退费等侵害公司和客户权益的行为。

保险公司应当建立标准、清晰的理赔操作流程和高效的理赔机制，规范报案受理、现场查勘、责任认定、损失理算、赔款复核、赔款支付和结案归档等控制事项，确保理赔质量和理赔时效。

保险公司在接到报案时应当及时登记录入，主动向客户提供简便、明确的理赔指引。

保险公司应当明确理赔的理算标准、分级处理权限、作业要求和理赔人员资质条件等，明确现场查勘的条件、时限、程序和要求，采取查勘与理算、理算与复核操作人员分离及利益相关方回避等措施，防止理赔错误和舞弊行为。

保险公司应当建立重大、疑难案件会商和复核调查制度，明确其识别标准和处理要求，防范虚假理赔或错误拒赔。

五、财务、精算及再保险管理

作为金融机构，保险公司的财务管理是保险公司经营管理的关键环节。保险公司需要建立严密的财务管理制度，规范公司预算、核算、费用控制、资金管理、资产管理、财务报告等控制事项，降低公司运营成本，提高资产创利能力。

保险公司需要建立预算制度，实行全面预算管理，明确预算的编制、执行、分析、调整、考核等操作流程和作业要求，严格预算执行与调整的审批权限，控制费用支出和预算偏差，确保预算执行。保险公司应当建立规范统一的收付费管理制度，明确规定收付费的管理流程、作业要求和岗位职责，防止侵占、挪用及违规支付等行为，确保资金安全。

保险公司原则上实行收付费岗位与业务处理岗位人员及职责的分离。实行一站式服务等方式的，应当采取其他措施实施有效监控。保险公司原则上采取非现金收付费方式，并确保将相关资金汇入保险合同确定的款项所有人或其授权账户。确有必要采取现金方式的，应当采取其他措施实施有效监控。

保险公司收付费时应当严格按照规定核对投保人、被保险人或受益人以及实际领款人的身份，确认其是否具备收付费主体的资格。

保险公司需要建立完善的准备金精算制度，按照国家有关法律法规要求以及审慎性经营的原则，及时、足额计提准备金。保险公司应当加强公司偿付能力状况的分析，提高偿付能力管理的有效性。

保险公司需要明确现金、有价证券、空白凭证、密押、印鉴、固定资产等资金与资产的保管要求和职责权限。严格实行收支两条线，对包括分支机构在内的公司资金实行统一管理和实时监控，确保资金及时上划集中。定期核对现金和银行存款账户，定期盘点，确保各项资产的安全和完整。

保险公司需要完善精算职能，配备足够的专业精算人员，明确其在相关管理和服务工作中的流程、权限及作业要求，为公司业务经营和日常管理提供专业支持。保险公司应当在产品开发、责任准备金计提、资产负债匹配管理等方面充分运用精算技术，提高经营管理的专业化、精细化水平，防范定价失误、准备金提取不足及资产负债不匹配等风险。

无论是分出业务，还是分入业务，再保险是保险公司经营管理的一个重要领域，保险公司应当建立再保险管理制度，规范再保险计划、合同订立、合同执行、再保险人资信跟踪管理等控制事项，完善业务风险分散和保障机制。

保险公司需要加强自身经营管理数据及再保险市场的跟踪分析，准确把握再保险需求，科学安排再保险计划，合理订立再保险合同，确保及时、足额分保，并及时准确向再保险人提供分保业务信息。保险公司还需要持续跟踪了解再保险人的资信状况，建立必要的应对措施，防范再保险信用风险。

保险公司需要建立业务单证管理制度，规范投保单、保单、保险卡、批单、收据、发票等保险单证的设计、印制、存放、申领和发放、使用、核销、作废、遗失等控制事项。

保险公司需要全程监控分支机构、部门和个人申领重要有价空白单证的名称、时间、数量和流水号，严格控制重要有价空白单证的领用数量和持有期限，做到定期回缴、核销和盘点。

保险公司需要规范会计核算流程，提高会计数据采集、账目和报表生成的自动化水平，实现业务系统和财务系统无缝连接，减少人工干预，确保会计处理的准确性和效率。

保险公司需要依据真实的业务事项进行会计处理，不得在违背业务真实性的情况下调整会计信息。保险公司应当加强原始凭证与财务数据的一致性核对，做到账账、账实和账表相符，确保会计信息真实、完整、准确。保险公司需要加强会计原始凭证管理，逐步采取影像扫描等方式辅助归档保存。

此外，保险公司还需要依据《反洗钱法》及相关监管规定，建立健全反洗钱控制制度，明确反洗钱的职能机构、岗位职责和报告路线，建立客户身份识别、客户资料和交易记录保存、大额及可疑交易发现和报告等反洗钱内部操作规程，并通过宣传培训、定期演练和检查等方式，确保相关岗位工作人员严格遵守操作规程，及时将可疑信息上报有关机构。

六、投资管理

保险资金运用是保险公司经营活动中相对独立的组成部分，是内部控制和外部监管的重点领域。资金运用控制包括资产战略配置、资产负债匹配、投资决策管理、投资交易管理和资产托管等活动的全过程控制。

保险公司应当以安全性、收益性、流动性为中心，按照集中、统一、专业、规范的要求，组织实施资金运用控制活动。

保险公司应当针对资金运用的不同环节，制定相应的管理制度，规范保险资金运用的决策和交易流程，防范资金运用中的市场风险、信用风险、流动性风险和操作风险及其他风险。

保险公司委托资产管理公司或其他机构运用保险资金的，应当确保其内部控制措施满足保险公司的内控要求。

保险公司应当在法律法规要求的投资品种和比例范围内，根据经营战略和整体发展规划，在资本金和偿付能力约束下，制定中长期资产战略配置计划，明确投资限制和业绩基准，努力实现长期投资目标，有效控制资产配置战略风险。

保险公司应当以偿付能力和保险产品负债特性为基础，加强成本收益管理、期限管理和风险预算，确定保险资金运用风险限额，科学评估资产错配风险。

保险公司资金运用部门应当加强与公司产品开发、精算、财务和风险管理等职能部门的沟通，提高资产负债匹配管理的有效性。

保险公司应当制定清晰的投资决策流程，明确权限分配，建立相对集中、分级管理、权责统一的投资决策授权制度，确定授权的标准、方式、时效和程序。

保险公司重要投资决策应当有充分依据和书面记录，重要投资决策应当事先进行充分研究并形成研究报告。保险公司应当规定研究工作的流程、决策信息的采集范围、报告的标准格式等，并采用先进的研究方法和科学的评价方式，确保研究报告独立、客观、准确。

保险公司应当建立独立的投资交易执行部门或岗位，实行集中交易。对于非交易所内交易的，保险公司应当通过岗位分离等其他监控措施，有效监控交易过程中的询价、谈判等关键行为，防范操作风险。

保险公司应当建立完善的交易记录制度，完整准确记录交易过程和交易结果，定期进行核对并做好归档管理，其中对交易所内进行的交易应当每日核对。

保险公司在交易管理过程中，应当严格执行公平交易制度，确保不同性质和来源的资金利益得到公平对待。

保险公司应当实行投资资产第三方托管和监督。保险公司应当建立投资资产第三方托管制度，规范托管方甄选、合同订立和信息交换等控制事项。保险公司应当对托管机构的信用状况及资金清算、账户管理和风险控制等方面的能力素质进行严格考核和持续跟踪，确保托管机构资质符合监管要求及自身管理需要。

保险资金的管理和运用，本书还要在第十四章专门做稍微详细地讨论和介绍。

七、信息管理

无论是产品设计、获客和客户定位、承保核保、保全还是理赔、保险投资，保险公司的经营管理过程中最倚重的资源就是信息。同时，保险公司还有向消费者和监管当局披露信息的职责，而上市的保险公司还有向社会公众和投资者披露信息的义务。

安全实用、覆盖所有业务环节的信息系统，对保险公司的经营而言是非常重要的。保险公司需要建立信息系统管理制度，规范信息系统的统筹规划、设计开发、运行维护、安全管理、保密管理、灾难恢复管理等控制事项，提高业务和财务处理及办公的信息化水平，建立符合业务发展和管理需要的信息系统。

保险公司应当建立尽可能使各项业务活动信息化、流程化、自动化，减少或消除人为干预和操作失误，为内部控制提供技术保障和系统支持。保险公司应当统筹规划信息系统的开发建设，整合公司的信息系统资源，形成不同业务单位、部门、人员广泛共享的信息平台。

保险公司应当建立信息统计管理制度，明确统计岗位职责，规范统计数据的收集、汇总、审核、分析、报送、管理等活动，有效满足公司内外部信息统计需求。

保险公司需要对信息系统使用实行授权管理，及时更新和完善信息系统安全控制措施，加强保密管理和灾难恢复管理，提高信息系统运行的稳定性和安全性。保险公司需要建立信息和沟通机制，促进公司信息的广泛共享和及时充分沟通，提高经营管理透明度，防止舞弊事件的发生。

八、合规管理

保险公司需要根据相关的法律法规及风险规律，合理设计内嵌于业务活动的内部控制流程，努力实现对风险的过程控制。

保险公司需要对经营管理和业务活动中可能面临的风险因素进行全面系统的识别分析，发现并确定风险点，同时对重要风险点的发生概率、诱发因素、扩散规律和可能损失进行定性和定量评估，确定风险应对策略和控制重点。

保险公司需要根据风险识别评估的结果，科学设计内部控制政策、程序和措施并严格执行，同时根据控制效果不断改进内部控制流程，将风险控制在预定目标或可承受的范围内。

保险公司需要建立内控管理及评价机制，通过对公司内部控制的整体设计和统筹规划，推动各内部控制责任主体对风险进行实时监测和定期排查，并据此调整和改进公司的内部控制流程。

保险公司需要加强对内部控制的审计检查，定期根据检查结果对内部控制的健全性、合理性和有效性进行评估，并按照规定的报告路线及时向审计对象、合规管理职能部门和上级领导进行反馈和报告。

此外，保险公司还需要建立内控风险应急管理机制，制定周全和可操作性强的应急预案，明确各种风险情形下的应对措施，尽可能减少内控风险的影响和损失。保险公司需要建立严格内部控制责任追究，对于违反内部控制要求的行为，不管是否造成损失，都要进行严肃处理，追究当事人和领导责任。

保险公司在制度制定、合同订立和管理、重大事项决策和处置、纠纷诉讼等方面，应当有法律职能部门和专业人员的提前介入和充分参与，防范法律风险。

九、人力资源管理

建立规范的公司治理结构是保险公司健康发展的基础，按照委托—代理理论，保险的公司的经营管理过程中应形成授权清晰、运作规范、决策科学有效、执行与监督机制完善的公司治理结构。

保险公司需要根据保险业务流程和内部控制的需要，建立合理的组织架构。按照便于管理、易于考核、简化层级、避免交叉的原则，科学设置内设机构、分支机构和工作岗位，明确职责分工，规定清晰的报告路线。

人才是保险公司发展的基础，保险公司需要建立人力资源管理制度，规范岗位职责及岗位价值设定、招聘、薪酬、绩效考核、培训、晋级晋职、奖惩、劳动保护、辞退与辞职等控制事项，为公司经营管理和持续发展提供人力资源支持。

保险公司需要建立与内部控制和外部监管需要相适应的人力资源政策，确保关键岗位的人员具有专业胜任能力并定期接受相关培训，明确规定不同专业岗位员工培训的时间、内容、方式和保障等。公司关键岗位的考核、薪酬、奖惩、晋升等人力资源政策应当与内部控制和外部监管的绩效相挂钩。保险公司需要根据经营管理需要，合理设定工作岗位及人员编制，制定清晰的岗位职责及报告路线，明确不同岗位的适任条件，适时进行岗位价值评估。

保险公司需要明确员工招聘、薪酬管理、轮岗晋级、辞职辞退等工作的标准、程序和要求，合理制定不同岗位的绩效考核指标、权重及考核方式和程序，建立与公司发展相适应的激励约束机制。

十、行政管理

保险公司的行政管理是一个在理论上十分简单，但实践中琐碎繁杂而又十分重要的管理活动。行政管理是伴随着保险公司其他职能而产生的跨职能的任务。从范围上讲，行政管理涉及保险公司管理的整个业务范围并直接为其他职能部门的计划、实施和控制提供服务。行政管理包括与人、财、物等所有生产要素、生产要素组合、产品设计和营销以及精算、财务、理赔等职能密切相关的管理流程，是保险公司为各职能部门提供方便、支持和保证的任务的总和，既涉及保险公司的管理层的日常管理事务，协调保险公司管理层和各部门员工之间的关系，又要负责对外协调维护与股东、保险行业组织、保险监管部门的关系。行政管理含日常行政事务管理、人力资源管理、品牌管理和危机管理等内容。

保险公司需要建立规范的公司治理，形成授权清晰、运作规范、科学有效的决策、执行、监督机制。公司董事会、监事会和管理层应当对内部控制高度重视，带头认真履行内控职能。

保险公司需要根据保险业务流程和内部控制的需要，建立合理的组织架构。按照便于管理、易于考核、简化层级、避免交叉的原则，科学设置内设机构、分支机构和工作岗位，明确职责分工，规定清晰的报告路线。

保险公司需要分别制定相应制度，规范采购、招投标、品牌宣传、文件及印章管理、后勤保障等行政管理行为，提高行政管理效率，为公司高效运转提高有力支持。

保险公司需要明确采购及招投标的程序、条件和要求，规范采购行为，尽可能实现集中统一采购，降低采购成本，防范舞弊风险。

保险公司需要统筹规划、合理配置品牌宣传和商业广告资源，统一公司品牌标识、职场视觉形象、员工礼仪和服务规范等，整合、提升公司的品牌形象。

保险公司需要制定文件及印章管理制度，确保文件流转安全顺畅、保存完整，合理设置印章的种类，规范印章设计、刻制、领取、交接、保管、使用和销毁等控制事项，加强用印审批登记和档案管理。

分支机构的管理是保险公司一项非常重要的管理工作，也是保险公司行政管理中的一项重要内容。保险公司需要通过授权委托书或内部管理规定等方式，根据总公司的战略规划和管理能力，统一制定分支机构组织设置、职责权限和运营规则。

保险公司需要从业务、合规和风险等方面全面、科学设置分支机构考核目标，加强对分支机构及其高管人员的审计监督，严格执行公司问责制度，确保分支机构依法合规经营。

第三节 “偿二代”监管规则下的保险公司风险管理

保险公司经营的标的就是风险，因此风险管理是贯穿于保险公司经营管理各个环节的主线，无论是内部控制，还是外部监管，风险管理都是贯穿始终的最核心最关键的要素。

保险公司的风险管理既包括保险公司内部风险的管理，也包括对保险客户风险的管理，是保险公司绝对优势和相对优势之所在，风险管理能力是保险公司的核心竞争力。防范风险是保险公司内部控制和外部监管的永恒主题，是保险公司经营管理和保险监管的基本职责。

一、“偿二代”对保险公司经营中风险管理的要求

“风险导向”是我国第二代偿付能力监管体系（简称“偿二代”）的一个基本内核，是保险公司风险管理的指针，对保险公司未来的风险管理能力建设起到巨大的推动作用，是保险公司经营管理所必须重点关注且应严格遵守的。

“偿二代”对保险公司经营管理过程中的风险管理有更多的要求，而且这些要求很多是以具体的指标进行约束的。比如，在我国保险业第一代偿付能力监管规则下，财产保险公司的最低资本只与保险业务相关，市场风险、信用风险等并不需要计量最低资本，只需在计算实际资本时作一定比例的扣除；而在“偿二代”下，最低资本的构成则包括量化风险的最低资本、控制风险的最低资本和附加资本等。

在“偿二代”下，不同的投资资产有不同的风险因子，因此在进行战略性资产配置，进行收益率测算的同时，也要考虑资本占用情况，同时也要考虑相关性情况。再比如，“偿二代”要求：保险公司的资产负债评估，要能适时、恰当地反映保险公司面临的实际风险状况及变动；资本要求要更加全面、准确地反映保险公司的各类风险；监管措施要更加具有风险针对性。

银保监会根据保险公司的固有风险和控制风险水平综合确定公司的偿付能力风险状况。控制风险及可量化的固有风险通过最低资本进行计量，难以量化的固有风险纳入风险综合评级进行评估。银保监会定期对保险公司偿付能力风险管理能力进行评估，确定保险公司控制风险水平及相应的最低资本。

二、保险公司经营管理中各类风险的界定与管理

按照“偿二代”的规则，保险公司偿付能力风险由固有风险和控制风险组成。固有风险是指在现有的正常的保险行业物质技术条件和生产组织方式下，保险公司在经营和管理活动中必然存在的客观的偿付能力相关风险；控制风险是指因保险公司内部

管理和控制不完善或无效，导致固有风险未被及时识别和控制的偿付能力相关风险。

固有风险由可量化为最低资本的风险（简称“量化风险”）和难以量化为最低资本的风险（简称“难以量化风险”）组成。能够量化的风险包括保险风险、市场风险和信用风险，在“偿二代”监管体系中的第一支柱反映；“难以量化风险”包括操作风险、战略风险、声誉风险和流动性风险，在“偿二代”中的第二支柱反映。“偿二代”对各种风险的界定如下：

（一）市场风险

市场风险是指由于利率、汇率、权益价格和商品价格等的不利变动而遭受非预期损失的风险。市场风险包括利率风险、权益价格风险、房地产价格风险、境外资产价格风险和汇率风险。

“偿二代”要求，保险公司应当建立完善的市场风险管理制度，包括：

1. 制定市场风险管理政策，与公司的业务性质、规模和风险特征相适应，与总体业务发展战略、资本实力和能够承担的总体风险水平相一致。

2. 建立市场风险限额管理制度，根据业务复杂程度及特性，确定限额种类和层级。保险公司应当为每类资产设定风险限额，并明确限额设定方法以及调整、超限审批处理流程。

3. 制定市场风险内部控制流程，明确有关决策的审批、授权流程，确保重大投资和资产负债匹配等重大事项经过适当的审批程序。

4. 根据不同投资资产和负债的特点，采用情景分析、在险价值和压力测试等方法准确计量、持续监测公司面临的市场风险。

5. 制定各类市场风险的定性和定量监测标准，建立市场风险监测报告机制，至少每季度向高级管理层报告一次。

6. 通过有效的资产负债管理等方法，适时调整资产、负债结构，对公司面临的市场风险进行统筹管理。

（二）信用风险

信用风险是指由于交易对手不能履行或不能按时履行其合同义务，或者信用状况的不利变动而导致的风险。

保险公司应当建立信用风险管理制度，至少包括内部信用评级制度、信用风险限额管理制度、交易对手管理制度、信用风险内部管理报告制度。

保险公司应当在信用风险集中的部门设立信用风险管理岗，履行信用风险管理的相关职责。保险公司应当建立内部信用评级制度，规范内部信用评级的方法和流程，以及外部信用评级的运用，合理使用信用评级结果。保险公司应当建立信用风险限额管理制度，根据总体风险偏好和业务特征，确定信用风险的总体限额，并明确限额设定方法以及调整、超限的审批流程。

（三）保险风险

保险风险是指由于死亡率、疾病率、赔付率、退保率等假设的实际经验与预期发生不利偏离而造成损失的风险。

“偿二代”的监管规则规定，保险公司应当建立保险风险管理制度和工作流程，指定相关部门负责保险风险管理工作，明确风险管理、财会、精算、产品、核保、理赔、再保险等相关部门的职责分工。

财产保险公司和人身保险公司应当从产品开发、核保、理赔、产品管理、准备金评估、再保险管理等环节管理保险风险，包括但不限于：制定各环节的保险风险管理制度；确定保险风险容忍度和风险限额；定期监测和计量保险风险；明确各环节责任人和审批流程。

再保险公司应当基于风险分类，对保险风险进行管理。对于各类风险，应确定相关风险限额，制定风险管理制度，并明确定价、核保、理赔、准备金评估、风险管理等环节的责任人和审批流程。

财产保险公司和人身保险公司应当建立有效的产品开发管理制度，设计开发恰当的保险责任，合理定价，控制保险风险。

保险公司应当在对消费者需求等方面的市场调研的基础上，对新产品开发进行可行性分析；应当在经验分析和合理预期的基础上，科学设定精算假设，综合考虑市场竞争的因素，对新产品进行合理定价；应当对新产品开发可能产生的风险进行分析，并提出风险控制措施；应当评估自身对新产品的管理能力，包括销售、承保、理赔、账户管理等方面的管理能力。

（四）操作风险

操作风险是指由于不完善的内部操作流程、人员、系统或外部事件而导致直接或间接损失的风险，包括法律及监管合规风险（但不包括战略风险和声誉风险）。

保险公司应当对操作风险进行分类管理，可以按损失事件、业务条线、风险成因、损失形态和后果严重程度等进行分类。

保险公司应当建立与其业务性质、规模、复杂程度和风险特征相适应的操作风险管理制度，主要内容包括：操作风险的定义和分类；操作风险管理组织架构和相关部门职责分工；操作风险的管理方法与程序；操作风险内部报告机制，包括报告的责任、路径、频率等。

（五）战略风险

战略风险是指由于战略制定和实施的流程无效或经营环境的变化，而导致战略与市场环境和公司能力不匹配的风险。

保险公司应当建立战略风险管理的组织架构和工作程序，在充分考虑公司的市场环境、风险偏好、资本状况等因素的基础上，制定战略规划。战略规划中应包括对战略风险的分析。

保险公司风险管理牵头部门应当参与战略规划制定，并对规划方案进行独立性的风险评估。保险公司应当在识别、分析和监控战略风险基础上，建立公司内部的战略风险管理报告机制。

（六）声誉风险

声誉风险是指保险公司由于经营管理或外部事件等原因导致利益相关方对保险公司负面评价从而造成损失的风险。

保险公司应当明确相关部门的职责分工，建立声誉风险管理工作机制；加强对偿付能力信息披露的管理，防范和及时处置可能由此引发的声誉风险；加强对声誉风险的监测、分析和处置，防范声誉风险引发其他风险；在识别、分析和监控声誉风险基础上，建立公司内部的声誉风险管理报告机制，定期向高级管理层报告对声誉风险的评估和管理情况。

（七）流动性风险

流动性风险是指保险公司无法及时获得充足资金或无法以合理成本及时获得充足资金以支付到期债务的风险。

流动性风险与其他风险关联性较强，信用风险、市场风险、保险风险、操作风险等风险同样会导致保险公司的流动性不足，因此，流动性风险通常被视为一种综合性风险。流动性风险管理除了应当做好流动性安排之外，还应当有效管理其他各类主要风险。

“偿二代”的监管规则中明确说明，对于流动性风险，持有额外的资本不是最恰当的监管方法，而应当主要通过定性监管手段防范流动性风险。保险公司应建立健全流动性风险管理治理结构、管理策略、政策和程序，建立全方位的流动性风险识别、计量、监测、控制体系，提升流动性风险管理水平。流动性监管应当同时考虑单个公司层面和整个集团层面的流动性风险，应当监测当前和未来一段时间内的流动性风险，应当考虑基本情景（即正常经营情况下）和极端不利情景下的流动性风险。

复习思考题

1. 试述保险公司经营管理的特殊性。
2. 试述保险公司经营管理的路径与基本目标。
3. 简述保险公司经营管理的主要内容。
4. 试论述保险公司经营管理中各类风险。

第十四章　保险公司的资金运用

本章要点

- 为何保险资金需要运用
- 保险资金的构成
- 保险资金的运用模式
- 保险资金的运用渠道
- 保险资金运用效果评价

第一节　保险资金运用概述

人们常说，保险要“双轮驱动”，一个轮子是承保，另一个轮子就是对集聚资金的投资运用。而资金的投资运用是为了更好地支持发展承保业务。当然，这个资金对整个资本和货币市场也是一个巨大支持。

一、保险资金运用的含义

保险资金运用，也称保险投资，是保险公司的一项重要经济活动，指保险公司在经营过程中，将积累的保险资金用于投资，形成保险资产，使保险资金得到增值的业务活动。保险投资的主体是保险公司，客体是保险资金，目的是要使保险资金增值。

保险资金运用不仅是可能的，而且是必要的。可能性主要是因保险资金的巨额性、暂闲性和计划性等特点决定的。保险公司经营过程中，保费收入在前，赔付支出在后，投保人缴纳的保费会沉淀下来，形成资金池，而且通常金额会比较巨大。从理论上讲，保险费是用来抵补赔款或给付的，但与赔偿或给付之间存在着时间间隔，从而使一部分保险资金处于暂时闲置状态。同时，虽然单个保险合同的赔付具有一定的不确定性，但总体赔付支出的时间和金额是可以大体预测的，这就为保险资金有计划的投资运用提供了可能。

保险资金运用既是资金（资本）本身属性的内在要求，也是保险业务性质和市场竞争的结果。资本只有在运动中才能增值。保险企业将暂时闲置的资金加以运用，以增加利润，这是资本自身的内在要求。如果保险资金不能正常运用，不仅无法取得收益，连保值都难保证，势必影响保险功能的发挥。保险市场竞争激烈，往往出现承保能力过剩，承保利润下降。保险公司从保险资金运用中取得收益，取得投资利润，也有利于提升其竞争力。

二、保险资金运用的原则

保险公司进行保险投资时，应坚持安全至上、适度收益性和必要流动性等原则。

（一）安全性原则

所谓安全性，是指避免在投资上出现损失或危险，保证保险资金的返还。任何投资无不包含风险，即使是在银行的定期储蓄也会因通货膨胀而遭受损失，所以投资人投资时都要首先考虑资金的安全性。这一点对保险公司尤为重要。因为保险资金具有负债性，在其运用上，为了确保保险公司的偿付能力及保户的利益，必须坚持安全第一的原则。对此，我国《保险法》第一百零五条规定："保险公司的资金运用必须稳健，遵循安全性原则，并保证资产的保值增值。"保险公司进行保险资金运用时，必须树立稳健投资理念，建立健全各项资金管理制度，形成科学的资金运用机制，严格执行业务操作流程，防范各类风险，确保资金安全。

（二）收益性原则

收益性原则是指资金的运用应以能获得较多的利益为条件。投资的目的是为了获取收益，但保险资金的特性决定了保险资金运用并不追求绝对的短期高收益，而是着眼于获取长期稳定的适度收益。尤其是在人寿保险方面，保险公司给付的保险金不仅包括保险费，而且包括由预定利率所产生的利息，故资金运用收益必须超过预定利率才有自身的收益。但高收益伴随高风险，保险金既不能因过于保守以致收益率长期过低，也不宜盲目追逐高收益，承担过高风险，而应当在风险总体可控的前提下取得适当收益。

（三）流动性原则

流动性是指资金运用的变现能力。具体来说，如果运用的资金能及时收回，而且收回程序简便、速度快，那就表示这项投资具有较强的流动性。之所以确定流动性原则，是由于意外损失的发生及损失额的大小有其偶然性、不定性。坚持流动性原则主要要使保险投资结构趋于合理，即根据保险资金的来源将其合理地投入到变现能力强但收益较低和变现能力弱但收益较高的项目上。

通常而言，安全性与收益性呈反方向影响，提高安全性要求，则收益能力下降，反之，收益能力上升。流动性与安全性相一致，但与收益性成反比。一般来说，变现能力较强的投资，其收益性相对较低。此外，由于寿险业务和财险业务的区别，两者投资的要求也是不同的。

三、保险资金的构成

保险资金是指保险公司以本外币计价的资本金、公积金、未分配利润、各项准备金及其他资金，保险公司可运用资金主要由保险公司的所有者权益、各项准备金和其他资金来源三部分构成。

（一）所有者权益

保险公司的资本金、公积金和未分配利润可合称为所有者权益资金或自有资金，主要来源于股东投入和经营所得。资本金一般由保险法规定，在开业时可视做初始准备金，在经营期间又是保险公司偿付能力或承保能力的标志。公积金是保险公司按保险法的规定从历年的利润中提存的，它和保险公司的注册资本（或实收资本）共同构成保险公司的偿付能力或承保能力。未分配利润是指保险公司实现的净利润经过弥补亏损、提取盈余公积和向投资者分配利润后留存在公司的、历年结存的利润。未分配利润是公司未作分配的利润，在以后年度可继续进行分配，在未进行分配之前，属于所有者权益的组成部分。从数量上来看，未分配利润是期初未分配利润加上本期实现的净利润，减去提取的各种盈余公积和分出的利润后的余额。

（二）各项准备金

准备金是保险公司根据有关保险法律的规定或本身特点的需要，从保费收入中按照有关要求提存的准备基金，主要包括未到期责任准备金、寿险准备金、未决赔款准备金、长期健康保险责任准备金和总准备金等，属于公司负债。从结构上看，保费收入积累形成的各项准备金是保险资金的主要来源。

（三）其他资金来源

在保险经营过程中，还存在其他可用于投资的资金来源，主要包括其他金融负债，以及业务结算过程中形成的短期负债。

四、保险公司资金运用模式

保险资金运用效果与其模式的选择有着密切的关系，保险资金运用模式是保证投资回报和防范投资风险的有效手段。从世界各国保险市场的发展历程和经验来看，保险投资的运作主要有内设部门运作、设立专业化公司运作和第三方委托运作三种组织模式。

（一）内设部门运作模式

内设部门运作模式也称“投资部运作”模式，是指在保险公司内部设立专门的、独立的部门（通常称为投资部、资产管理部或资金运用部等），由其专门负责整个保险公司的投资活动。财务会计部门负责有关投资资金的划拨与会计核算，风险管理、内部审计、法律合规等部门分别承担风险管理、内审监督、合规审查等职责，形成一套相互制衡的运作机制（如图 14-1 所示）。

资金运用部门可以根据投资业务的价值链及业务流程下设相应的处室或岗位，常见的资金运用部门组织架构如图 14-2 所示。

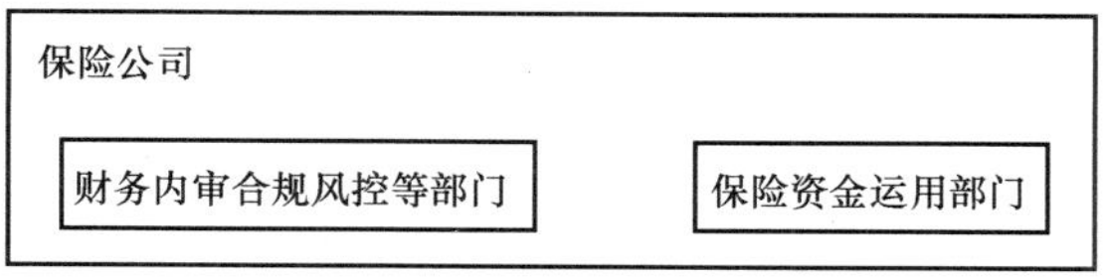

图 14-1　内设部门运作模式

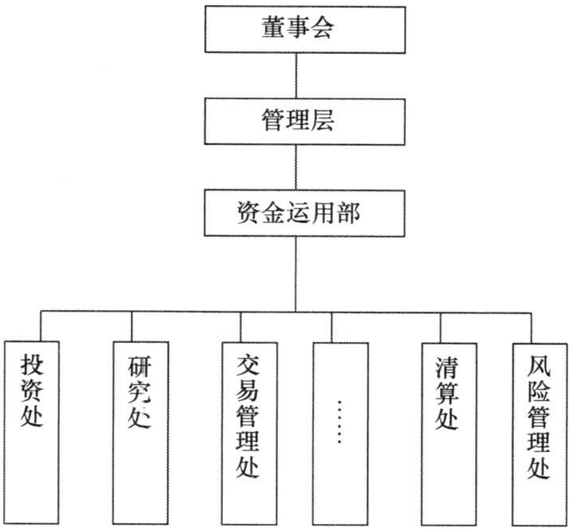

图 14-2　资金运用部门组织架构

内设部门运作模式的优点在于保险公司能对保险投资活动进行有效控制。保险投资只是在保险公司内部的一个部门进行，所有的活动都在公司的直接控制之中，方便保险公司资产负债管理，从而在最大程度上控制流动性风险。但该投资模式也存在明显的缺点，如容易产生内部黑箱作业，风险较大；而且，投资部门只管理保险公司内部资金，规模相对较小，难以产生规模经济。

（二）设立专业化公司运作

设立专业化公司运作是指保险公司自身设立或在其保险集团下设立专业保险资产管理公司，由保险资产管理公司专门负责保险公司或保险集团内部的资金运用。设立专业化公司运作是在一个集团或控股公司下设产险子公司、寿险子公司和保险资产管理子公司。在集团或控股公司的协调下，产、寿险子公司的资金交由保险资产管理子公司实行专业化投资管理；集团或控股公司负责日常资金安全与正常运作的计划、协调和风险监控，代理股东管理控股资产，不经营具体业务；保险资产管理子公司“受产、寿险子公司委托，代其理财”（见图 14-3）。

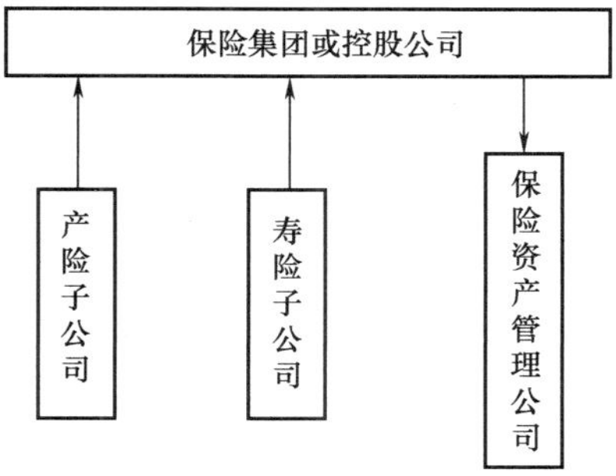

图 14-3　设立专业化公司运作模式

保险资产管理公司组织管理独立，架构相对完善，常见的保险资产管理公司组织架构如图 14-4 所示。

设立专业化公司运作模式的优点在于：有利于防范风险，可充分利用集团总部的双重风险监控体系；在经营方面透明度高，不易产生关联交易；对市场变化的反应快，资金进出速度快；子公司之间独立运作，可以有效防止集团或控股公司操纵进行内部

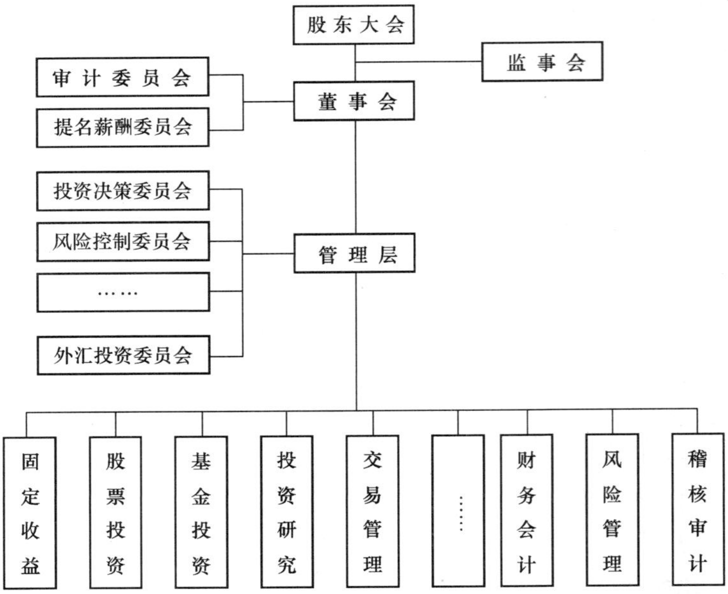

图 14-4 资产管理公司组织架构

交易。其缺点是：保险公司与投资公司之间的关系相对于集中统一投资模式来说比较松散。

（三）第三方委托运作模式

第三方委托运作模式是指保险公司自己不进行投资和资产管理活动，而是将其投资的保险资金通过委托合同，交给外部的第三方专业投资公司进行管理。保险公司根据合同规定向被委托的投资机构支付相应的管理费，并收取投资的收益（见图 14-5）。

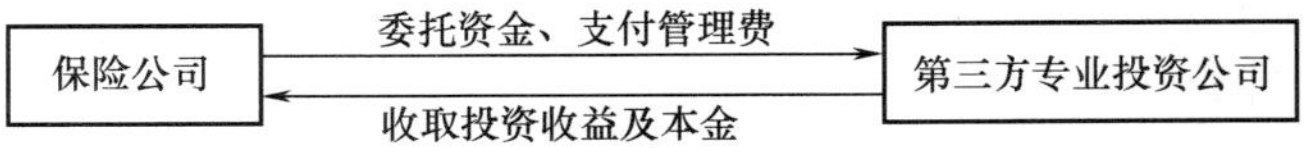

图 14-5 第三方委托运作模式

第三方委托运作模式的优点在于：保险公司不必建立自己的投资部门和培训相应的投资人才，而是将资金交由专业的投资机构进行管理，从而可以将人、财、物集中于保险业务的开拓与发展上。其缺点在于风险较大。保险公司将资金委托给第三方后，要承担第三方投资机构的操作风险，如交易作弊及非法挪用、占用资金等风险，此外，保险公司还得向投资机构支付一定规模的管理费。

上述三种模式，各有其优缺点。从西方保险业的发展历程来看，设立专业化公司运作模式属于比较高级的保险资金运用模式，对市场条件、保险公司和投资公司的经营实力等要求也相对较高；内设部门运作模式和第三方委托运作模式属于相对比较初级的保险投资模式，在保险市场发展的初期和保险公司的发展初期往往会被采用。内设部门运作模式曾一度是各国保险公司的通行做法。不过，随着金融市场的不断发展，竞争的不断加剧，这种模式已经很难适应管理专业化和服务多样化的要求，现已逐渐被另外两种模式所取代。

第二节　保险资金运用形式

一、国外保险资金运用的主要形式

根据不同国家的保险监管规定，保险资金运用形式很多，但主要有以下几种：

（一）银行存款

存款具有良好的安全性和流动性，但与其他投资方式相比，利率相对较低，特别是在通货膨胀的情况下，资金的保值和增值难以得到保证。

（二）债券

保险资金一般有一定比例用于购买各种债券，如国库券、地方政府债券、金融债券和公司债券等。一般来说，债券投资具有利率固定、期限长、安全性好、变现能力强、收益相对稳定的优点。尤其是国库券和地方政府债券，风险最小、最安全、资信最高，但收益却不如金融债券和公司债券。尽管各种债券在安全性和利率上各有长处，但对通货膨胀和市场利率变动很敏感，在通货膨胀时期，难免蒙受利率变动的损失，避险能力较差。

（三）股票

在国外，股票投资也是保险投资的一种方式。一般情况下，股票投资具有收益高、流动性好、风险大的特点。股票收益来自股息收入和资本利得，股息收入的多少完全取决于公司的盈亏状况，资本利得则取决于未来股票价格的走向。因此保险公司进行股票投资时，必须从证券市场实际情况出发，经过专家缜密的调查研究分析后进行。

（四）房地产

在经济发达国家，如英、美及日本等国，保险资金可进行房地产投资。房地产投资一般是用于直接建造、购买并自行经营的房地产。房地产投资的特点是：安全性好、收益高、项目投资额大、期限长、流动性差。因此，房地产投资比较适合长期性保险资金的运用。不过投资于房地产的资金的比例高低，取决于不同国家房地产发展背景和阶段。

（五）直接贷款

保险资金用于贷款是指向需要资金的单位或个人提供融资。直接贷款可分为信用放款和抵押放款两种形式。信用放款的风险主要是信用风险和道德风险，抵押放款的主要风险是抵押物贬值或不易变现的风险。

二、我国保险资金运用发展历程

从1980年恢复国内保险业务以来，保险资金运用经历了“放任—收紧—有限制的放宽”的螺旋式发展历程，走过了初始阶段、治理整顿阶段、规范发展阶段、专业发展阶段和全面开放阶段等五个发展阶段。

（一）初始阶段：1980—1986年

这一时期的保险资金运用形式主要是银行存款。保险业处于复业阶段，1979年《中国人民银行关于恢复保险业务和加强保险机构的通知》颁布后很长一段时间内，全国只有中国人民保险公司一家保险机构，没有竞争压力，也没有资金运用的需求。另一方面，保险资金总量小，可投资运用的金融产品和领域较小，缺乏通过资金运用实现保值增值的理念。1985年国务院颁布《保险企业管理暂行条例》，明确指出由人民银行对保险机构的设立、偿付能力、准备金和再保险等进行监管，但对保险资金运用没有作出相关规定。

（二）治理整顿阶段：1987—1994年

受到利率上升周期的高收益诱惑，同时由于缺乏制度约束，保险业呈现出一片混乱的投资局面。乱投资的领域极为广泛，主要包括信托、证券、信贷、拆借、担保和实体经济等。保险公司投资管理混乱，许多乱投资行为成为腐败的温床，特别是实体投资，案件频发。乱投资行为在全国绝大多数省市均有发生，投资主体包括自总公司以下的各级机构，甚至县级机构。在中央政府治理整顿、宏观调控等紧缩政策实施之后，保险资金的诸多投资项目收益骤降、损失严重。这一阶段的惨痛教训促使随后颁布的《保险法》对保险投资行为进行了严格的限制。

（三）规范发展阶段：1995—2002年

1995年《保险法》颁布实施，取代了《保险企业管理暂行条例》。1995年版《保险法》第一百零四条明确规定，保险公司的资金运用必须稳健，遵循安全性原则，并保证资产的保值增值。保险公司的资金运用，限于在银行存款、买卖政府债券、金融债券和国务院规定的其他资金运用形式。保险公司的资金不得用于设立证券经营机构和向企业投资。保险公司运用的资金和具体项目的资金占其资金总额的具体比例，由金融监督管理部门规定。

《保险法》这一规定有效遏制了乱投资现象，控制了风险。但是随着保费规模的迅速增长，庞大的保险资金与狭窄的投资渠道之间的矛盾日益显现。1996年5月开始，我国先后8次下调银行存款利率，1年期年利率由10.98%下降到2002年的1.98%，多家保险公司出现利差损。为缓解保险资金收益率过低的困境，国务院以特批形式逐步尝试放宽保险投资渠道，保险资金收益随之走高。在法律制度层面，虽有 2002 年《保险法》的第一次修订，但有关保险资金运用的规定在这一时期并无实质性突破。

（四）专业发展阶段：2003—2008 年

自 2003 年开始，多家符合条件的保险公司先后设立专业资产管理公司，创造了保险业进一步进入资本市场、提高投资收益率、防范风险的内部条件。具有独立法人资格的资产管理公司，具备自主决策、独立运作的投资模式，拥有专业的人才队伍和技术力量，经营透明度高，有效增强了保险业投资能力，提高了资金运用效率，促进了保险资金运用的专业化发展。同时，保险资金的投资渠道逐步拓宽。保险资金巨大的数量与相对狭窄的投资渠道之间的矛盾有所缓解，投资压力有所下降，保险资金运用得到了长远发展。

表 14-1　我国保险资金运用渠道开放时间表

时间	开放的保险资金运用渠道
1999 年	证券投资基金
2004 年 10 月	股票、可转换债公司债券
2006 年 3 月	国家级重点基础设施项目
2006 年 9 月	未上市商业银行股权
2007 年 7 月	境外货币市场产品、固定收益产品、权益类产品
2009 年 3 月	基础设施债权计划、无担保债
2010 年 9 月	股权投资、不动产投资

（五）全面开放阶段：2009 年至今

2009 年我国颁布了新修订的《保险法》，该版本《保险法》第一百零六条规定："保险公司的资金运用必须稳健，遵循安全性原则。保险公司的资金运用限于下列形式：（一）银行存款；（二）买卖债券、股票、证券投资基金份额等有价证券；（三）投资不动产；（四）国务院规定的其他资金运用形式。保险公司资金运用的具体管理办法，由国务院保险监督管理机构依照前两款的规定制定。"

新修订《保险法》这一规定为保险资金投资渠道的进一步放开奠定了法律基础。2010 年，保监会正式颁布了《保险资金运用管理暂行办法》，明确了保险资金运用的原则、目的、运作模式、风险管控和监督管理；同时，还出台了《保险资金投资股权暂行办法》和《保险资金投资不动产暂行办法》，为保险资金运用渠道的进一步拓宽，创造了更为有利的政策环境。随着法律法规的不断健全，保险资金也依法逐步开放了基础设施债权计划、无担保债、股权以及不动产等新的投资领域。

三、我国保险资金运用范围的规定

（一）允许投资品种

目前，保险资金投资的范围有以下几大类：

1. 高流动资产，包括银行活期存款、中央银行票据、政府债券、政策性银行债券和货币市场基金等。

2. 固定收益投资，包括：

（1）银行存款，包括定期存款、协议存款、结构性存款；

（2）有担保的企业债券、公司债券、可转债、证券公司债券（信用评级A级以上）；

（3）商业银行债券（包括商业银行金融债券、次级债券、次级债务和国际开发机构人民币债券）；

（4）保险公司次级债券（不可投存在控制关系的保险公司次级债）；

（5）无担保企业债券（包括信用评级在AA级以上的无担保企业债券、非金融企业债务融资工具、商业银行发行的无担保可转债），以及进行债券回购交易。

3. 权益投资，包括证券投资基金、股票（不含创业板股）。

4. 保险资产管理公司发行的保险资产管理产品。

5. 另类投资，包括基础设施债权或股权投资计划、未上市企业股权及相关金融产品、不动产及相关金融产品。

6. 保单质押贷款、利率互换。

7. 境外投资，目前仅限香港市场（公开发行并在主板上市的股票、主板市场上市公司以及大型国有企业在港公开发行的债券）。

（二）禁止性投资

根据《保险资金运用管理暂行办法》，保险集团（控股）公司、保险公司从事保险资金运用，严禁存在下列行为：

1. 存款于非银行金融机构。

2. 买入被交易所实行“特别处理”“警示存在终止上市风险的特别处理”的股票。

3. 投资不具有稳定现金流回报预期或者资产增值价值、高污染等不符合国家产业政策项目的企业股权和不动产。

4. 直接从事房地产开发建设。

5. 从事创业风险投资。

6. 将保险资金运用形成的投资资产用于向他人提供担保或者发放贷款，个人保单质押贷款除外。

7. 中国银保监会禁止的其他投资行为。

（三）交易对手规范

交易对手是指保险公司选择并投资交易的银行、非银行金融机构、中介机构、其他企业以及境外投资涉及的境外机构。为控制风险，我国保险监管部门对保险资金运用的交易对手作了明确的规定，要求保险公司应当优先选择治理结构规范、组织架构清晰、内控体系健全、风险控制有效、经营业绩良好、信用等级较高和资产管理安全的机构作为交易对手。具体的条件如下：

1. 具有相应的业务资格，取得有关监管机构核准的特定业务资格。

2. 资本充足、注册资本和净资产符合有关监管机构分类管理标准。

3. 最近三年未发现重大违法违规行为，未受到监管机构立案调查和重大处罚。

4. 银行连续两年信用评级在投资级别以上。

5. 证券公司向保险机构出租席位或交易单元的，必须实行客户交易结算资金封闭运行，且过去三年未发生挪用或者占用客户交易结算资金问题。

6. 基金公司没有不良记录，投资团队稳定，首只基金契约生效时间超过一年，管理资产规模稳定增长。

7. 信托公司重新登记三年以上，最近三年没有到期未还债务、无到期不履约现象，未发生挪用受托财产等违法违规行为。

8. 中介机构具有固定场所、必要设施和展业资金，取得执业资格的专职人员达到一定数量。

9. 境外机构所在国或地区政治经济稳定，金融监管制度完善，监管机构与中国金融监管机构已经签订监管备忘录，保持有效监管合作关系。

10. 有关监管机构和中国银保监会规定的其他条件。

第三节　保险资金运用效益评价

保险资金运用效益评价是对保险资金运用的经济性、效率性和效果性的实现程度和实现途径进行的评估。经济性是指保险资金运用过程中以最少的资金成本获得最佳的经济成效；效率性是指公司经营活动的过程中投入资金与收益之间的对比关系；效果性是指公司从事投资活动时实际取得的收益与预期目标之间的比较。

一、保险资金运用效益评价概述

（一）保险资金运用效益评价层级

评价保险资金运用效益，其对象一般包括以下三个层级：

第一层　资金运用管理机构：主要是指资产管理公司或资产管理部门。

第二层　资金管理账户：主要是资金运用管理机构管理的投资账户，如分红产品账户、万能产品账户、自营资金账户等。

第三层 投资品种：主要是对资金投资对象效益情况的审计，一般又分为三个层级：一是总体产品，如权益类投资、固定收益类投资、外汇类投资、项目类投资等；二是具体产品，如权益类投资包括股票投资、基金投资、股权形式开展的项目投资等，又如固定收益类投资，包括国债、企业债、存款、以固定收益形式开展的项目投资等；三是单个产品，具体某只股票、基金、债券的效益审计，如宝钢股份、工商银行等具体个股的投资收益。

（二）评价的主要内容

保险资金运用效益评价的内容主要包括对保险资金运用活动经济性、效率性、效果性进行评价。

经济性评价主要关注的是资金投入和运用过程中成本节约的水平和程度及资金运用的合理性，主要包括以下内容：①资产配置是否合理，是否以最少的投入实现预定的目标；②公司在获得同等收益的情况下，是否降低了投资风险，是否降低了资金投入成本等内容；③资金运用是否能够满足公司资产负债匹配的要求。

效率性评价主要关注的是在符合资金流动性、安全性、营利性的要求下，投资策略是否充分利用投资资金，主要包括：①投资的收益情况，包括投资收益、分红收益等；②资金使用效率，包括投资收益率、净值增长率、净投资收益率等；③资金闲置状况等。

效果性评价主要关注的是既定目标的实现程度及对经营活动产生的影响，主要包括：①资金运用各项指标是否达到考核标准；②资金运用是否促进保险业务发展，是否实现投资与保险业务的有效互动；③是否能够改善保险公司资产负债匹配的状况等。

（三）评价的对标标准

保险公司资金运用效益评价的对标标准选择主要包括：

1. 公司考核指标。公司考核指标包括与年初制定的资产负债匹配要求指标、投资组合管理指标、财务收益指标和实际投资收益指标等考核指标。与公司考核指标进行对标，主要是确定资金运用是否完成公司预定的目标。

2. 历史业绩。历史业绩主要是对投资的各项历史指标的比较分析。与历史业绩进行对标，主要是确定公司收益的增长情况和收益的稳定性。

3. 市场指标。市场指标一般包括两类：一是指数类指标，如股票指数、基金指数、债券指数、市场利率等；二是具体投资产品的价格变动指标，如股票、基金、债券的市场价格变动率。与市场指标进行对标，主要是确定资金运用收益或投资的产品收益是否超越同期市场价格的变动，是否取得超额收益。

4. 同行保险投资机构指标。同行保险投资机构指标是就投资的主要指标与可比的同行公司进行比较，确定公司在行业中的地位。与同行保险投资机构指标进行对标，主要是评价企业经济活动体现的效益优劣，并由此找出差距，发掘潜力，提高效益。

二、保险资金运用效益评价主要指标

衡量资金运用效益的指标较多，但通常用于保险资金运用效益分析的指标有资金运用率、投资费用率、投资收益率和投资利润率。

（一）资金运用效率

1. 资金运用率。资金运用率是指在一定时期内，保险公司用于投资的资金总额占公司资产总额的比率。其公式为：

资金运用率＝投资总额资产总额×100%

资金运用率体现了保险公司资金利用效率，这一指标越高，反映出公司的非生息资金占用越少，资金利用的程度越高，公司可能获得的收益越高。但资金运用率也不是越高越好，因为资金运用率越高，也可能意味着公司风险准备金的提取越少，公司的流动性风险越高。

2. 资金闲置率。资金闲置率是指在一定时期内，保险公司未用于投资的资金总额占公司资产总额的比率。其公式为：

资金闲置率＝报告期内每日未使用的资金额的总和/360 天

3. 保险资金运用结构。为了进一步分析保险资金收益状况，还应分析资金运用结构。保险资金运用是一种多元化的投资，各种不同的资产投资额的比重形成了不同的投资结构。保险资金运用结构是指各种保险投资形式的投资额占投资总额的比例。其公式为：

保险资金运用结构＝某种形式的投资额/投资总额×100%

（二）投资费用

投资费用率是指一定时期内，保险公司因从事投资活动而发生的各项费用总额占投资总额的比率。其公式为：

投资费用率＝投资费用/投资总额×100%

投资费用包括经纪人佣金、手续费、投资部门人工费用和管理费用等。

（三）投资收益

保险资金运用收益率是各种不同保险资金运用收益率的加权平均，即保险资金运用收益等于各种投资形式的投资额与投资收益率乘积之总和。其公式为：

投资收益＝∑各种保险资产×该种资产的收益率

1. 投资收益率。投资收益率是指一定时期内，保险公司投资所获得的收益占投资总额的比率，计算公式为：

投资收益率＝(投资收益+公允价值变动损益+汇兑损益−计提投资资产减值准备）/投资总额×100%

2. 净投资收益率。净投资收益率指标主要衡量保险资金运用的财务净收益情况，计算公式如下：

净投资收益率 = (利息收入+权益投资股息、分红收入+投资性房地产租金收入) /报告期平均受托资产规模×100%

3. 净值增长率。净投资收益率指标主要衡量固定收益类产品和有持续分红的权益类产品的收益情况，计算公式如下：

净值增长率 = (投资收益+公允价值变动损益+汇兑损益-计提投资资产减值准备+计入资本公积的可供出售金融资产公允价值变动) /报告期平均受托资产规模×100%

(四) 投资利润率

投资利润率是一定时期内，保险公司投资所获得的利润占投资总额的比率。其公式为：

投资利润率 = 投资利润投资总额×100% = 投资收益率-投资费用率

投资利润率是反映保险公司投资效果的重要指标，尤其是对于寿险公司来说，只有当投资利润率超过保单的预定利率时，才不至于产生利差损。

复习思考题

1. 可用来投资的保险资金由哪些资金组成？
2. 保险资金运用的原则是什么？

第十五章　保险科技及其发展

本章要点

- 保险科技特征及发展状况
- 科技与保险有哪些结合
- 保险科技为保险行业价值链带来深刻变革
- 保险科技发展展望

如今，保险科技发展迅猛，使保险机器经营具有了若干新特点。人们预言，保险将被科技颠覆。学习保险有必要了解保险科技及其发展。

从科技发展的历程上看，保险科技缘起于第四次工业革命。第四次工业革命是继蒸汽技术革命（第一次工业革命）、电力技术革命（第二次工业革命）、计算机及信息技术革命（第三次工业革命）之后的又一次科学技术革命。第四次工业革命是以数字化、智能化、网络化为核心，通过互联网、云计算、大数据、人工智能、物联网等新一代信息技术的创新对全球价值链产生根本性影响的一次深刻变革。就是在第四次工业革命的背景下，各领域的科技取得了突破性的进展，其中也包括金融科技中的保险科技。

第一节　保险科技特征及发展现状

一、保险科技是金融科技的重要分支

（一）金融科技概念

1. 金融科技的含义。在以人工智能、云计算、大数据、物联网等技术为驱动的第四次工业革命的推动下，金融业成为技术创新和应用发展的重要领域之一，进而金融科技成为一个专用名词。根据金融稳定理事会（FSB）的定义，金融科技（Financial Technology，缩写为 FinTech）主要是指由大数据、区块链、云计算、人工智能等新兴前沿技术带动，对金融市场以及金融服务业务供给产生重大影响的新兴业务模式、新技术应用、新产品服务等。

2. 金融科技发展历程。我国在金融科技领域起步相对较晚，并且主要与互联网金融相关。互联网金融是科技金融中重要的一部分。近年来，中国在互联网金融方面发展也十分迅猛，主要是由于传统金融服务供给相对不足，政策环境鼓励发展，经济环境提供市场，技术环境支撑发展，这些因素的叠加共同助推了我国金融科技的快速发展，从 1993—2013 年的金融科技 1.0 时代（政策主导，资本扶持）到 2013—2018 年的

金融科技 2.0 时代（科技推动金融创新，驱动政策完善），再到未来金融科技的 3.0 时代（科技与金融深度融合，释放产能）（见图 15-1）。

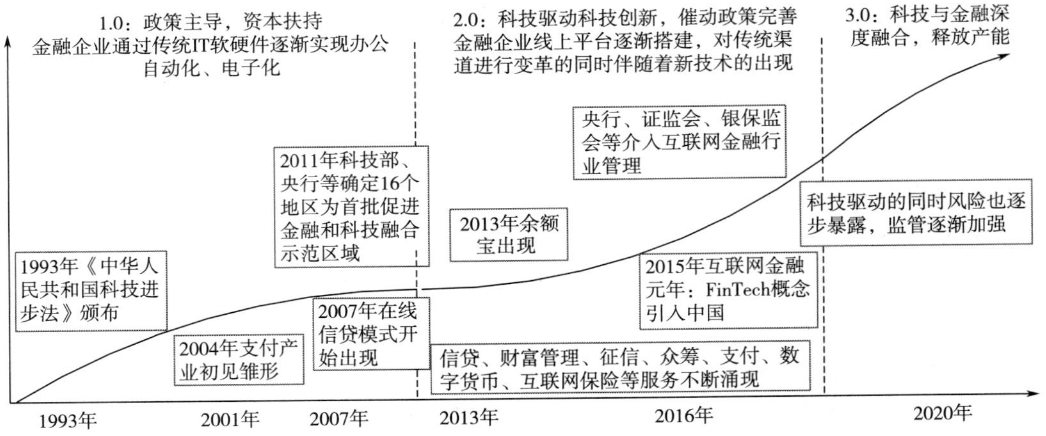

图 15-1 我国金融科技发展历程

资料来源：CBinsights，平安证券研究所。

表 15-1 展示了我国与海外金融科技企业成立的时间对比。相比海外而言，我国的金融科技企业发展基本是在近十年甚至近三五年才建立起来的，而海外线下金融体系发展得已经比较成熟，创新金融的成本和市场空间都十分有限，难度也更大，创新动因也不足，这也是中国在金融科技领取后来居上的很重要原因，具有后发优势（见表 15-1）。

表 15-1 我国与国外金融科技企业时间对比

	海外	我国
互联网支付	Paypal（美国，1998 年）	支付宝（2004 年） 微信支付（2014 年）
互联网保险	Direcline（英国，1985 年） INSWEB（美国，1995 年）	众安保险（2013 年） 泰康在线（2015 年）
股权众筹	Angllist（美国，2010 年） Wefunder（美国，2012 年）	天使汇（2011 年） 众筹网（2013 年）
网络银行	SFNB（美国，1995 年） Egg（英国，1998 年） 乐天银行（日本，2009 年）	深圳微众银行（2014 年） 浙江网商银行（2014 年）
网络借贷	Zopa（英国，2005 年） Lending Club（美国，2005 年）	拍拍贷（2007 年） 91 金融（2011 年） 宜人贷（2012 年）
消费金融	桑坦德消费金融有限公司 （西班牙，1963 年）	捷信消费金融（2010 年） 北银消费金融（2010 年）

资料来源：根据网络资料整理。

3. 金融科技生态体系。从行业角度看，金融科技可以分银行、保险、证券、基金、消费金融和金融监管等领域。其中，保险科技是金融科技的一个重要分支。从技术角度看，金融科技包括互联网技术（互联网、移动互联网、物联网）、大数据、人工智能、分布式技术（区块链、云计算）、安全技术（生物识别技术）等（见表 15-2）。金融科技在全球范围内的生态体系雏形显现。

表 15-2　金融科技生态体系

	互联网 物联网	人工智能	云计算	大数据	区块链	生物识别
银行	在线借贷 零售银行		云平台	风控、征信等	数字货币	人脸识别、 生物识别
证券	资产管理	智能投顾	云平台			
保险	互联网保险		云平台	风控、征信等		人脸识别、 生物识别
基金	资产管理	量化交易	云平台			
消费金融	网络借贷	智能营销、运营、催收等	云平台	征信、风控等	区块链 ABS	人脸识别、 生物识别
金融监管	监管科技		云平台		央行数字货币	

资料来源：中国社科院研究报告。

（二）保险科技的定义与特征

目前，行业内对于保险科技（Insurance Technology，缩写为 InsurTech）一词还没有一个准确的定义。综合现有的各个国家保险科技发展业态和中长期发展趋势，本书认为保险科技是指：综合运用人工智能、区块链、大数据、云计算、物联网、生物识别、航空航天等创新科技，通过对产品创新、保险营销、保险企业管理、信息咨询等渠道改良保险生态，克服行业痛点、借助信息验证、风险测评、核保核赔、医疗健康等应用场景来提升保险行业相关生态主体的价值。

作为新生事物，保险科技具有以下几方面显著的特征：

1. 保险科技不是科技保险。科技保险是指运用保险产品作为分散风险手段，对于从事科研的企业或机构在研发、生产、销售、售后以及其他经营管理活动中，由于各类风险导致科研企业或研发机构的财产损失、利润损失或者科研经费损失等，以其对股东、雇员或第三方的财产或人身造成伤害而应承担的民事赔偿责任，由保险公司预计保险赔偿或给付保险金的保障方式。

总之，科技保险是一种保险业务，与保险科技截然不同，保险科技的内涵和外延远不止保险产品。

2. 保险科技首先是科技，其次才是保险。保险科技是创新科技在保险行业的应用，其应用范围包括产品设计、风险定价、分销渠道、理赔服务及业务管理等方方面面。保险科技是现有保险生态的改良和拓展，其通过融合互联网、区块链、大数据、人工智能等发展趋势，逐步改变人们对保险的需求和偏好，对保险行业价值链带来深刻的变革，但是保险的本质并未改变。

3. 保险科技将深度介入消费者生活。保险科技不仅对保险公司大有裨益，消费者也将受益良多。首先，在保险科技加持下的保险产品越来越场景化、小额化、定制化，将更好地帮助消费者进行自身的风险管理，降低可能存在的各类风险，消费者可以根据自身风险状况打造个性化的风险管理方案；其次，随着大数据、人工智能等不断深入到消费者日常生活，可以实现对不同人群定价，并且随环境变化和用户信用变动而随时调整，降低消费者的道德风险和逆向选择；再次，互联网应用的普及让消费者可以根据需要随时开始或关闭保险项目，切实保障消费者的权益；最后，通过保险科技，消费者和保险公司的关系变得更加富有人情味，保单存续期内双方的交流互动更为频繁，而不是当前简单粗暴的收取保费（缴纳保费）和负责理赔（索赔）的模式。

（三）保险科技的发展状况

1. 各方积极拥抱保险科技。保险科技得到保险市场各方主体的积极拥抱。一是传统险企积极谋求升级转型。人保、国寿、平安、泰康等大型保险公司纷纷整合原有的信息技术部门，组建数据中心或科技平台，其功能由后台技术支撑更多向核心业务流程驱动转变。中小保险公司结合自身实际，细分领域开展数字化运营。二是专业互联网险企开始出现。众安在线等互联网保险公司采用扁平化的组织结构，依托大数据和云计算建立具备数据挖掘、处理、存储的核心系统，提高运营效率和服务针对性。三是互联网巨头推动保险布局。阿里巴巴、百度、腾讯、京东等互联网巨头结合自身的用户流量数据优势，通过与保险公司合作、设立保险公司等方式布局保险业。四是第三方平台积极参与。许多科技公司依靠保险科技优势，通过关注长尾需求开发保险产品、根据渠道特点设计定制化产品、提供保险服务保障等方式，共同打造保险生态圈的多元环境。

保险科技创新也获得监管部门的认可。2015 年中国保监会出台《互联网保险业务监管暂行办法》（下称《暂行办法》），自 2015 年 10 月 1 日起实施。《暂行办法》除了对互联网保险业务进行了界定之外，也在经营条件、经营区域、经营规则、信息披露、监督管理等方面对经营互联网保险业务的机构提出了具体的要求，大幅度放宽了互联网保险业务经营区域的限制、经营主体的范围等，适应了近年来互联网保险业务快速发展的形势和消费者的需求，为互联网保险业务的规范健康发展创造了良好的发展环境和条件，标志着我国互联网保险进入新的发展阶段。

2. 在线保险销售快速发展。保险科技进入保险业，首先是从销售领域开始的，这也是当前保险科技渗透率最高的领域。近 90%的保险公司通过自建官网、移动 App、与第三方平台合作等方式，开展产品展示、比价销售、精准营销、O2O 模式（线上线下结合）等。据保监会数据显示，2017 年互联网保险保费收入达到 1 835.29 亿元，较 2012 年增长 16 倍余，互联网签单件数 124.91 亿元，较上年增长 102.60%，其中退货运费险 68.19 亿件，增长 51.91%；保证保险 16.61 亿件，增长 107.45%；意外险 15.92 亿件，增长 539.26%；责任保险 10.32 亿件，增长 438.25%。不过，值得注意的是，2017 年互联网保费收入同比下降 21.83%，这是 2012 年以来首次出现负增长。下降的原因主要有两点：一是投资型业务大幅收缩，二是车险商车改促使线上销售渠道进一步受到影响，也就说通过互联网渠道销售的车险和投资型业务出现较大幅度下降（见图 15-2）。

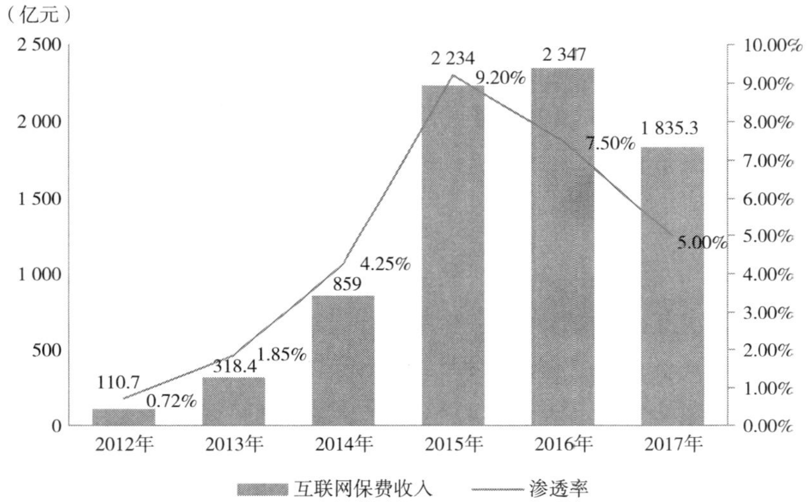

图 15-2 近五年互联网保险发展概况

3. 产品创新深受市场欢迎。保险科技在产品创新领域打开了新局面，深耕传统保险市场，一方面创新更加符合人民需要、物美价廉的保险产品。如依托大数据、云计算等科技，推出一批保费低、保障高的重疾险、防癌险等个性化险种，深受市场欢迎。2016 年，全国健康险保费收入 4 042.5 亿元，是 2012 年的 4.7 倍。另一方面适应网络经济对风险保障的新需求，开发出一批场景化、碎片化的互联网保险产品。2016 年，全国退货运费险、账户安全险、航意险的保单分别达到 52.31 亿元、1.01 亿元、0.73 亿元，服务了网络经济的发展。

按照产品结构划分，互联网保险包括互联网财产险和互联网人身险两种。2017 年，互联网财产险和互联网人身险分别实现保费收入 493.49 亿元和 1 383.2 亿元，在互联网保险保费总收入中占比分别是 26.29%和 73.71%（见图 15-3）。可以看出，互联网人身险保费依旧占据主导地位。

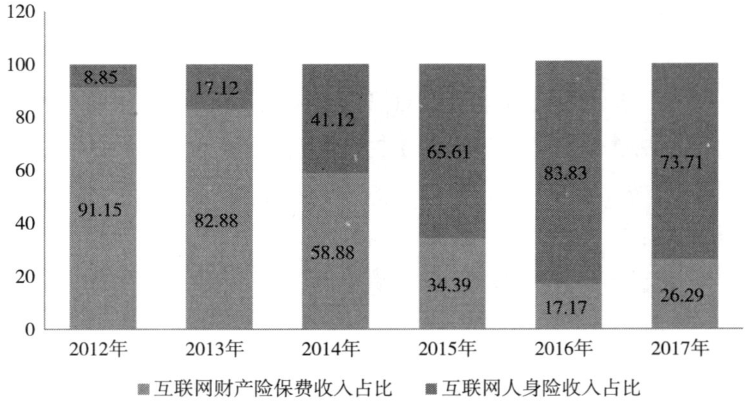

图 15-3 2012—2017 年互联网保费收入结构（%）

4. 保险科技服务应用领域相当普遍。保险科技在服务领域提供新体验。保险业是金融服务业，服务是行业核心价值。近年来保险科技的大量应用，对行业提升服务水平和质量发挥了重要作用。自助投保、手机投保、一键式投保等已经相当普遍。即使在人身险等比较复杂的领域，营销人员也能通过手机 App 或专用电子设备，实现快捷投保。针对理赔难这个行业痛点，加强保险科技应用，自助理赔、快赔、闪赔等服务基本普及。互联网销售的意外险和小额财产险，基本上都能够实现一站式自助理赔，90%以上的车险公司提供了线上理赔服务，全国业务量排前五位的人身险公司自助式理赔业务量占比达到 80%。

5. 保险科技催生保险生态新模式。保险科技催生了保险生态新模式。保险科技在保险业的进一步应用和发展，为保险业建立产业生态链奠定了基石。当前已经探索出两种模式：一种是以某一种保险服务为纽带，延伸到为客户提供衣食住行玩的大部分基础服务。比如在车险领域，平安车险为车主提供投保通道、理赔进度、违章查询、交通状况、汽车维修以及餐饮、住宿、购物、娱乐等信息，涵盖了车主的车保险、车服务、车生活。

另一种是对保险上下游的产业链进行整合和延伸。比如，随着互联网的不断渗透，寿险业通过集中医、药品、健康、养老、投资等在内的关联产业和客户，整合衍生产品和相关增值服务，最终形成保险产业生态圈。前一种模式的代表是平安车险生态圈，后一种模式的代表是泰康医疗健康生态圈。

6. 保险科技受到资本的追逐。2018 年保险科技领域共发生融资事件 42 起，数量同比增长 23.5%，共 38 家保险创企获得资本支持，4 家创企一年内完成两轮融资，总体形势好于 2017 年。从融资金额来看，现阶段保险科技创企的融资偏大额，融资金额均在千万、亿级别，高额投资频繁出现。这意味着行业整体成熟度的提高，资本市场的投资方式已经从之前的广撒网，变成了现在的集中资源，投资优势项目（图 15-4）。

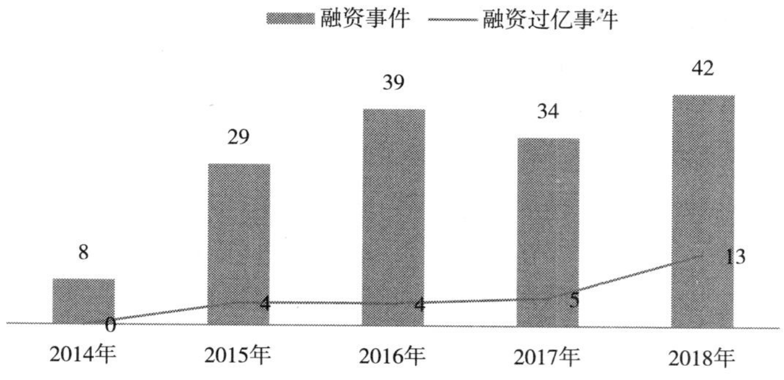

图 15-4　近五年保险科技融资事件

二、保险科技的参与主体

（一）传统保险公司

在保险科技生态中，传统保险公司处于最为核心的位置，同时与各方的关系也最为复杂，与其他主体既是合作方，也是竞争方。大型险企具有较强的科技研发实力和基础资源，具备科技创新领先的条件，也积极投入科技创新研发，以巩固自身的市场地位，但对所谓的过度创新持保守和审视的态度，毕竟颠覆式创新冲击最大的是既得利益者。中小险企寄希望于依托保险科技实现弯道超车，由于存在无数据、无渠道、无品牌的先天不足，对科技创新抱有极大的热情，探索颠覆性创新打破原有市场格局、带来新的发展机会。

（二）互联网保险公司

以众安在线、安心保险、泰康在线、易安保险为代表的专业互联网公司，可以说是开展保险业务的保险科技公司。互联网保险迄今为止是保险业走差异化道路的新军，它们主张充分利用分布式技术和云资源，实现轻资产运营、产品快速迭代，70%以上的科技研发人员，其使命就是挖掘互联网场景下的碎片化场景、线上化地解决所有客户面临的承保理赔问题。目前研发费用投入大，保费规模虽小，但增长迅速。目前其发展还仍然依赖股东在互联网大数据、客户流量以及线下传统网点资源的支持，产品管制和落地服务仍然是其扩张式涉足传统市场的掣肘。

（三）互联网巨头

以蚂蚁金服、百度、腾讯、京东金融为代表的互联网金融科技企业，凭借其巨大的流量、基础设施资源以及数据处理和分析能力，具备了流量、算法、品牌的多重优势，在保险科技生态中具有举足轻重的作用。通过设立或参股、控股保险公司，通过电商平台和互联网场景嵌入保险服务成为实质上的兼业代理渠道，通过向保险公司输出大数据分析定价能力、人工智能等保险科技产品，支持保险公司优化定价模型和线上定损能力，这种多元化的角色存在着内在矛盾和冲突。但极其进取的攻势彰显了其从流量核心到流量与风控双中心的地位，并逐步从保险后台走向保险前台，将在整合完善自身生态体系的同时，实现保险“自营化”和自身估值的提升。

（四）第三方科技创业公司

以保险搜索比较平台、大数据公司、金融保险科技公司等为代表，与保险公司实现系统对接，开发建设网上保险专业渠道、业务场景和营销模式。这类企业是国际金融科技典型的形态，目前更多网上销售向保险公司输出新模式和科技产品，由于监管对网络渠道的资质管理日益明确和严格，此类科技企业一般背后持有或合作保险专业代理机构，以实现交易性流程便捷和良好的客户体验。

（五）关联产业公司

保险往往是关联产业链条的风控或消费环节，因此，以汽车制造商、物联网（车联网）厂商等关联产业企业在自身生态体系中处于上游和核心地位，希望依托其代理渠道、大数据以优势整合包括保险在内的生态资源，并向保险公司输出流量、大数据和风控产品，其中最为典型的是汽车制造厂通过前装和车联网企业通过后装车联网终端与保险公司开展上述合作，通过保险分销渠道和精准定价服务分得“一杯羹”；发挥其在生态体系中的作用基点和角色，整合产业链中各环节的资源为我所用，面向消费者提供完整的服务链条。智能穿戴、智能家居等物联网企业未来将日益发挥上述角色和作用。

（六）保险基础设施单位

目前我国保险市场基础设施主要以保险信息共享平台和保险交易所为典型代表，在履行监管和市场透明度管理的同时，以其独立的、公允的行业地位，成为新一轮保险科技的应用创新平台。比如，中国保信向行业提供营改增、事故车定损、电子保单平台服务，逐步成为行业云计算的科技应用平台；上海保交所开发测试区块链，在保险基础交易平台上探索保险、再保险及其资产的智能合约与自动化交易。未来金融保险基础设施将在其提供的行业数据交互、市场管理、风险监测过程中使用更多的人工智能、大数据、区块链技术，提升基础设施的科技含量，在金融科技的应用上发挥基础应用、标准制定等作用，走上基础设施+保险科技应用的发展道路。

三、保险科技的应用场景

保险科技作为保险行业发展的“新风口”正在步入高速、高质的发展阶段，各种核心创新技术的应用场景已深入到产品设计、市场营销、核保理赔、风险管控和信息资讯等一整条保险价值链（如图 15-5 所示）。保险科技的价值创新结果不仅是渠道的创新，更是产品创新等大量与流程相关的创新，这一创新的结果就是流程的再造。

（一）产品设计

传统保险产品单一、同质化问题严重，同类产品定价相近，盈利能力有限，难以

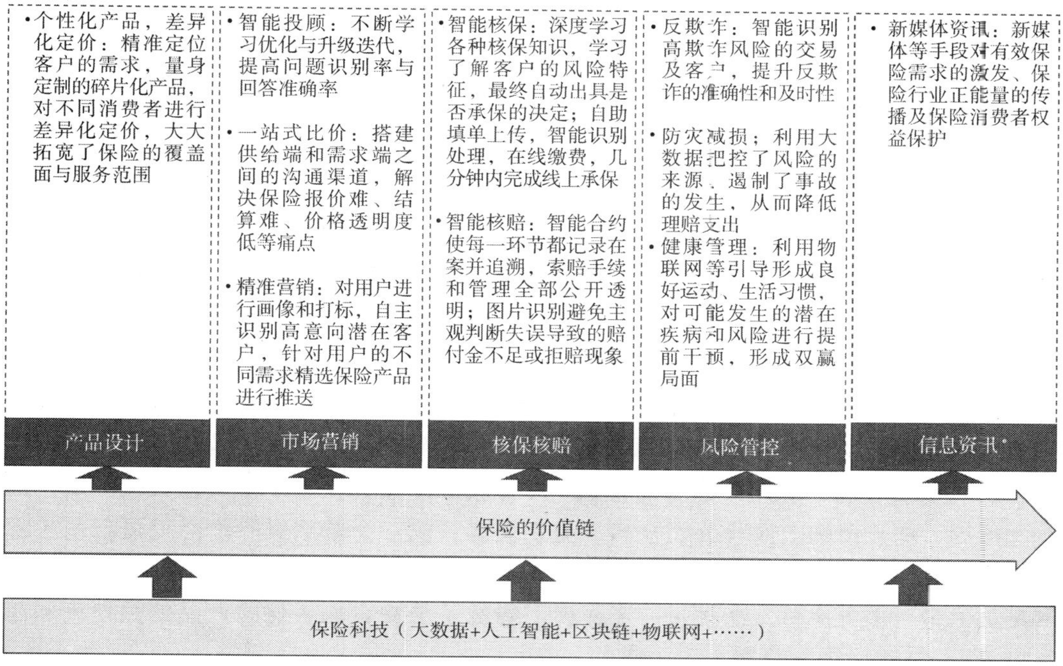

图 15-5　保险科技的应用

促成产品创新。保险行业目前大部分产品定价主要依据经验数据进行费率厘定，忽略了和合同密切相关的投保人自身行为的风险状况，且保险人与风险标的的交互也十分有限，无法掌握个体风险水平。以车险为例，国内大多数车险公司根据新车购置价进行费率厘定，忽略了“从人”和“从车”的差异，健康险也存在无法细分某一群体的风险数据，而无法做到精准定价与长期监控。因此，保险公司很难针对不同的客户需求提供个性化产品并提供相关的增值服务，更难以针对客户不同的风险水平进行差异化定价。此外，由此导致的逆向选择与道德风险问题，也是传统保险产品的一大痛点。

而科技赋能背景下，利用物联网交互技术，保险公司可通过可穿戴设备、手机 App 等对被保险人的行为数据和保险标的的风险数据进行充分挖掘，通过人工智能系统对这些数据进行二次分析与计算，不断评估被保险人或保险标的在各个方面的风险水平，以此对不同消费者进行差异化定价，并为其提供定制化增值服务。同时，根据这些数据，为投保人提供个性化意见，对高风险行为进行警示，帮助投保人降低风险，从而有利于道德风险的控制。保险科技在产品设计环节的综合运用突破了传统保险产品在技术、成本等方面的限制打破了以往只服务于“头部 ”客户需求的界限精准定位小众客户的需求，为其推出量身定制的碎片化产品，大大拓宽了保险的覆盖面与服务范围，形成“小而美”的市场格局。

（二）市场营销

1. 智能投顾。目前保险行业内主要的销售渠道还是个人代理和银保渠道，这种传统销售模式有很多弊端：首先，代理人从业门槛低、专业性不足，服务质量无法保证，且其服务受到时间、空间的限制；其次，规模庞大的代理人队伍佣金高，造成保险公司成本居高不下；最后，代理人流动性较强，以佣金为导向，抽成期过后代理人就会逐渐退出投保人视野，后续服务得不到延续。这些固有弊病导致营销服务不专业、不到位、不持续，消费者体验差，品牌忠诚度低，退保率居高不下等问题。

通过建设智能客服机器人系统，可以实现“7×24”问答服务，打破代理人服务的时间、空间限制。且智能机器人比普通代理人更专业，能为客户提供保单查询、条款解读、保费计算等一站式服务，并通过自身不断学习优化与升级迭代，提高问题识别率与回答准确率。此外，智能投顾系统不仅能大大降低保险公司展业成本，还可以避免佣金制度带来的弊端，使普通大众都可以获得个性化保险服务，实现普惠金融。并且全流程的服务闭环，使客户自身效用得到显著提高，良好专业的客户体验能提升客户忠诚度，降低退保率。

2. 一站式比价。保险产品专业性强、产品条款复杂是保险产品难以大范围推广的一大原因，而且市场上保险公司众多、类别繁多，仅一个基础保险产品就可以衍生出数十个相关保险产品。想在这样的保险市场上搜寻到满意的产品需要耗费大量的时间和精力去进行多方比对，这就在一定程度上降低了消费者购买保险产品的热情度和满意度，“一站式比价”克服了这一痛点。

构建“一站式比价”平台，充分发挥保险科技优势，搭建供给端和需求端之间的沟通渠道。平台通过与十几家大中型财险公司合作，进行网销保险的精准报价，服务范围可覆盖全国范围，致力于解决保险报价难、结算难、价格透明度低等痛点。还可为客户打造一站式比价 App，用户可以通过 App 了解到当前市场上有关保险产品的详细费率及条款。并且 App 的更新自动化，一旦有新款保险产品上线，App 就会自动更新，并第一时间向用户推送。

3. 精准营销。保险拥有庞大的潜在客户群，但是传统的营销手段却难以有针对性地向客户推介产品，以往广撒网的营销模式不仅造成资源大量浪费，还会引起消费者的反感，长此以往会对公司形象造成负面影响。

而通过大数据、人工智能等技术，可以准确掌握市场规律，掌握客户动态的消费需求。人工智能通过大数据分析和机器学习算法对用户进行画像和打标，自主识别高意向潜在客户，针对用户的不同需求精选保险产品进行推送。此外，人工智能可以利用大数据从上网习惯、关键词检索、浏览网页等信息中探寻信息关联性及其内在规律，有针对性进行广告推送，提高交叉销售和追加销售的成功率，实现精准营销。

（三）核保核赔

1. 智能核保。传统的核保流程通常是由核保员收集整理投保信息，同时向投保人了解情况，以决定是否进行承保。整个流程时间冗长、过程不透明，成本高、效率低，投保人难以直接了解投保进度，并很有可能存在人为操作风险。而对于一些频次高、保额小、碎片化的保险产品，更是不环保、不便利。

线上智能核保系统的搭建可以解决这些人工承保过程中出现的问题，其可以积累人工核保的案例经验，深度学习各种核保知识，通过人机交互的方式与客户进行在线交流，了解客户的风险特征，最终自动出具是否承保的决定。在此过程中，消费者只需在线自助填单并上传各种单据，通过OCR技术进行处理，核保通过即可在线缴费，最快几分钟便可以完成线上承保，极大地便利了投保人的投保流程。并且全程无纸化，低碳环保。

2. 智能核赔。“理赔难”一直是困扰保险消费者的一大难题与心病。被保险人事故发生后，获得赔偿金需经过出险报案、立案查勘、审核材料、复核、给付等环节。整个理赔流程繁琐且耗费保险公司大量人力、物力。公开资料显示，国内财险公司综合成本率在95%以上，理赔成本高大大制约了保险公司的发展，并且人工定损还可能存在人为技术经验有限、主观判断存在偏差甚至失误等弊病，造成消费者体验差，影响公司声誉。

智能合约由区块链编写的代码定义并自动强制执行，理赔的进行和支付全部实现自动化而无需双方彼此信任，每一环节都记录在案并可追溯，索赔手续和管理全部公开透明。通过图片识别技术，将投保人提供的理赔图像在互联网及数据库中进行比对，智能理赔能避免由于核赔人员主观判断失误导致的赔付金不足或拒赔现象，加深客户对保险公司的信任，增强客户粘性。

（四）风险管控

1. 反欺诈。保险欺诈是保险自诞生以来就难以根除的顽疾，严重威胁保险公司的发展与保险行业的稳定繁荣，博弈双方的信息不对称和保险本身的射幸性是保险欺诈难以根除的重要原因。尽可能减少保险合同双方的信息不对称是防范保险欺诈的重要途径，传统方式一般是通过商业调查来尽可能获取详尽的信息，但投入大、耗时长、成本高，而且保险公司面临2年的抗辩期，不宜作为一种普遍方式适用于每一种业务。而保险科技的发展给保险公司带来了高效低廉的方式进行全方位、全流程业务风险扫描。

近年来，随着“大数据+人工智能”形成的现实生产力逐步渗透到保险行业，人工智能大数据建模技术越来越多地应用到保险反欺诈领域。通过整合同一客户的交易信息、交易文件及外部市场信息等，识别高欺诈风险的交易及客户，从而显著提升反欺诈的准确性和及时性。图计算技术适用于跨地区、线索分散串案的风险识别工作，擅长处理关联的、动态的、不确定的问题，为减少保险欺诈信息不对称问题提供了新途径，尤其在车险领域。

2. 防灾减损。在产险领域，保险科技助力保险公司进行事前的防灾减损措施。“偿二代”以来，大数据、云计算等新兴技术有效帮助保险公司提高其风险管理能力，同时也带动保险公司由事后理赔向事前防控转型升级。这不但从根源上把控了风险的来源、遏制了事故的发生，从而降低理赔支出，在这一交互过程中也更好地保护了投保人的利益，提升了用户体验，有利于增强客户忠诚度。

保险业界已经开始建立大数据风险管理的系统（以平安鹰眼系统为代表），该系统融合了地理学、灾害学、保险学、气象学，装载了近百万条工商、地址、经营信息等企业数据，同时内嵌了新中国成立以来70余年的历史灾害数据（地震数据始于公元800年）、承保理赔数据，数据总量超过百亿条，可支持中国十几亿个物理空间单元的灾害等级级别。根据中央气象台发布的灾害预警信息，找出灾害范围内的客户并分级，提前帮助客户进行防灾部署。以台风为例，可提前96小时部署防灾减损行动，预警上万个客户，使核心受灾地区的损失额远低于历史水平。

3. 健康管理。在健康领域，保险公司同样可以利用科技手段对投保人进行科学的健康管理，引导其形成良好的运动、生活习惯，对可能发生的潜在疾病和风险进行提前干预，形成健康险领域的双赢局面，尤其以基因检测和可穿戴技术为代表。

我国首款基因保险“知因保”由众安和华大基因联合推出，这是保险公司第一次推出与基因检测相关的保险服务。即众安提供1年期乳腺癌重疾险，华大基因提供乳腺癌基因检测，如检测出中等风险，众安提供未来两年（每年1次）的乳腺癌专项体检；如检测出高等风险，众安提供未来两年（每年2次）的乳腺癌专项体检。

可穿戴设备带有心跳监测、体温检测和血压监测，可记录用户各项生命体征与生活习惯。可穿戴设备还与保险公司的App连接，在监测到心率不齐、窦性心律、血压异常等问题后，由App将信息发送到合作的医疗单位，由医疗单位进行排查，在确认可能引起紧急问题后，系统自动为用户进行120呼叫急救操作，并享受合作医疗单位的免押金入院就诊、专家或特需专家诊断、特需药品优先供应等一系列高效便捷的增值服务。

（五）信息资讯

随着保险行业的发展，保险信息资讯对有效保险需求的激发、保险行业正能量的传播及保险消费者权益保护等都有非常重要的意义。尤其是信息科技、新媒体等技术的发展，使保险行业的神秘面纱被慢慢揭开，加之保险科技下新生态主体的加入，与保险行业相关的教育培训、信息披露、社会监督等逐渐形成一个新兴的分支领域。

微信公众号成为中国保险行业颇具影响力的新媒体平台，被诸多保险高管所关注。采用新媒体的传播形式，由传统媒体人、网络媒体人、传播营销人士、保险专业人士及IT团队联手打造，以内容为基础，深度垂直于保险业，建立针对保险管理层的互动平台。不同于传统媒介的单向传播模式，还可以智能移动终端等新型传播介质，借势移动内容热潮，打造以微信公众号、头条号、传统门户网站移动端、App、网站为矩阵的多向传播模式，聚拢了以话题和关键词为主的庞大内容数据库，为其内容流水线式生产提供了数据支撑和研究基础。

第二节　科技赋能保险

一、保险+互联网

互联网（Internet）又称国际网络，始于1969年美国的阿帕网，是网络与网络之间所串连而成的庞大网络，这些网络以一组通用的协议相连，形成逻辑上的单一巨大国际网络。通常 internet 泛指互联网，而 Internet 则特指因特网。这种将计算机网络互相联接在一起的方法可称作“网络互联”，在这基础上发展出覆盖全世界的全球性互联网络称互联网，即是互相连接一起的网络结构。

移动互联网（Mobile Internet）移动互联网，就是将移动通信和互联网二者结合起来，成为一体。它是指互联网的技术、平台、商业模式和应用与移动通信技术结合并实践的活动的总称。4G 时代，移动互联网实现了井喷式发展，随着 5G 时代的开启，移动互联网即将迎来新的时代。

互联网的兴起对保险市场起到深刻的变化影响，涌现了许多互联网保险服务类型和大量互联网保险的相关公司。通过互联网技术，保险行业发生了重大的变革。具体表现在以下几方面：

（一）从产品到服务的转变

互联网的核心是消费者需求。互联网助推保险同业竞争的加剧，简单的保险价格竞争已经无法满足客户需求，保险消费者已经从一味追求价格转到对品质、服务的要求上来。顺应这些变化，保险互联渠道更加关注消费者的消费观和消费行为的变化，形成完全以消费者需求为中心的新零售理念，提供的不再是保险产品本身，而是一系列服务的组合。

（二）拓宽保险的深度和广度

互联网以技术为驱动，通过数据、算法、人工智能等最前沿的技术应用，感知消费者的习惯和偏好，为消费者提供多样化、个性化的产品和服务。移动互联渠道的崛起，极大地改善了保险消费者体验，创造出更多适合当下和未来消费场景的创新险种及新型保险销售、服务、风控模式，拓展了保险的深度和广度，成为行业创新变革的新动能。

（三）加强保险机构与客户之间的交流和信任

提升使用体验是互联网的灵魂，而用户体验的外在表现为差异化的产品和服务形式、便捷高效的使用体验以及良好的互动性。保险互联网优化投保、客服、理赔等内部流程，压缩销售层级，提高效率，推出个性化产品，为客户提供更加便捷化、多样化、专业化、精细化、差异化的服务模式，从而加强保险机构和客户之间的交流和信任。

（四）场景化产品满足特定场景风险保障需求

保险互联销售渠道要求保险机构在产品开发设计过程中创新理念，发掘和把握网络购物、出行、餐饮、社交、娱乐等这些新场景中可能存在的可保风险，借助互联网技术和大数据，进行合理的风险定位，进而开发设计满足特定场景风险保障需求的解决方案。场景保险的出现降低了可保风险的门槛，拓宽了可保风险的范围。报告显示，场景保险已占到互联网非车险保费的 75%（如图 15-6）。

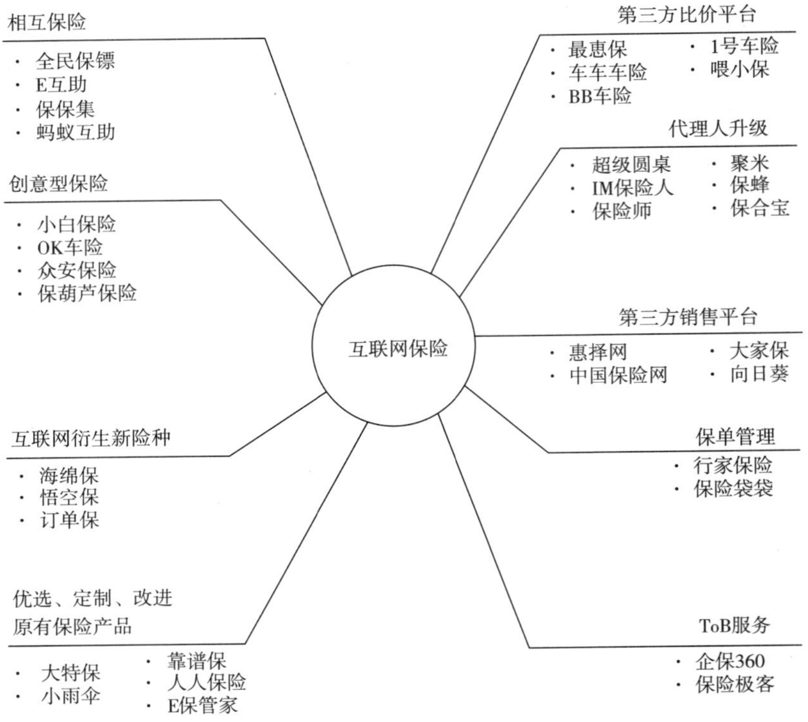

图 15-6 互联网保险的类型及相关企业

二、保险+人工智能

人工智能（Artificial Intelligence，缩写为 AI）是研究、开发用于模拟、延伸和扩展人的智能的理论、方法、技术及应用系统的一门新的技术科学。人工智能是计算机科学的一个分支，包括机器人、语言识别、图像识别、自然语言处理和专家系统等。人工智能包括十分广泛的科学，它由不同的领域组成，如机器学习、计算机视觉等。总之，人工智能研究的一个主要目标是使机器能够胜任一些通常需要人类智能才能完成的复杂工作。

作为第四次工业革命的核心技术，人工智能正在逐步改变保险业的经营和服务模式（如图 15-7），以智能化方式提供高质量的金融保障服务已经成为保险未来的发展方向。

（一）智能服务提升服务效率、降低机构成本

智能投保在保险行业已得到较多应用，尤其是引入人脸识别等技术，可以简化和提高录入功能，提升营运服务效率，改善客户体验，让客户感到投保环境越来越放宽。人工智能的相关技术繁盛发展，在生物识别领域，除了热门应用如指纹、脸部、虹膜识别技术之外，声纹识别技术也被认为很有潜力，从目前发展来看，未来将会是一片新蓝海。例如，平安集团推出的金融壹账通的“智能认证”利用人脸识别等人工智能技术为每位客户建立起生物档案，完成对人、相关行为的快速核实；泰康在线率先使

用声纹识别技术，将其应用于用户登录、支付、撤单退保、理赔等服务环节，能够大大提高账户安全性，快速准确进行身份认证，解决其他认证方式的延时问题。此外，降低机构的理赔运营成本也是人工智能重点发力方向。如，2018 年支付宝推出的“AI 快赔”服务，消费者只需要通过拍照上传资料的方式，即可在支付宝报销门诊费用和药费。从识别、审核、赔付全部流程由人工智能自动处理，全程无人干预。

（二）差异化定价提升风险定价能力

消费者对于保险产品多层次保障需求日益旺盛，但是从供给端开看，适销对路的保险产品少、产品同质化程度高的现象已经成为制约发展的重要因素。究其原因，保险公司缺乏科学有效的差异化定价手段，很多中小保险公司采取了跟随策略，导致手续费返还、不合理补贴等不良竞争的局面。大数据及人工智能发展，为保险公司的科学合理差异化定价提供了新的契机。2018 年底，互联网保险定制平台“悟空保’发布“百万重疾医疗险”。借助用户大数据分析和智能算法技术，这一产品可针对不同用户实现个性化定价，令“健康消费行为人群享受更低费率”成为可能。

（三）反欺诈工作进入智能时代

随着人工智能技术的引进，保险公司的反欺诈工作也逐步进入到自动化智能时代。多家保险公司正在逐步通过人工智能的手段在甄别欺诈案件、理赔环节等环节进行风险控制。传统的车险防欺诈工作又人工完成，审核人员工作时间需要审查每天需要审核几十上百理赔案件，工作人员要依靠自身积累的经验找出隐蔽的风险，工作量巨大（如图 15-7）。

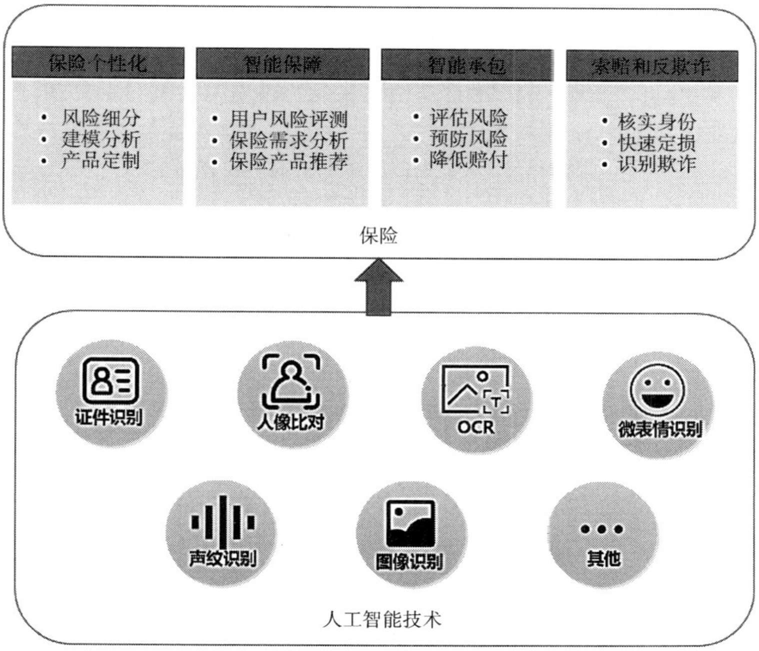

图 15-7　人工智能技术支持与服务保险

三、保险+大数据

大数据（Big data）是一种规模大到在获取、存储、管理、分析方面大大超出了传统数据库软件工具能力范围的数据集合，具有海量的数据规模、快速的数据流转、多样的数据类型和低价值密度四大特征。大数据技术的战略意义不在于掌握庞大的数据信息，而在于对这些含有意义的数据进行专业化处理。换言之，如果把大数据比作一种产业，那么这种产业实现盈利的关键，在于提高对数据的“加工能力”，通过“加工”实现数据的“增值”。

保险业的发展史也是一部数据应用技术沿革的历史，数据的充足性和分析技术的成熟水平是保险业发展的重要基石。在当下互联网时代，尤其是随着移动通信、社交网络和电子商务的发展，数据规模指数级别扩大、数据结构日趋复杂，与此同时，数据存储、交换的成本迅速降低，分析、应用的能力显著增强，推动大数据时代的到来。我国保险处于由粗放型发展阶段向精细化管理阶段转型的时期，若要继续维持目前较快的增长速度，下一步必须进行精细化管理，在产品创新和管理创新等方面寻求突破，要做到这一点，数据管理水平是关键。大数据方法提供了这样的契机（见图 15-8）。

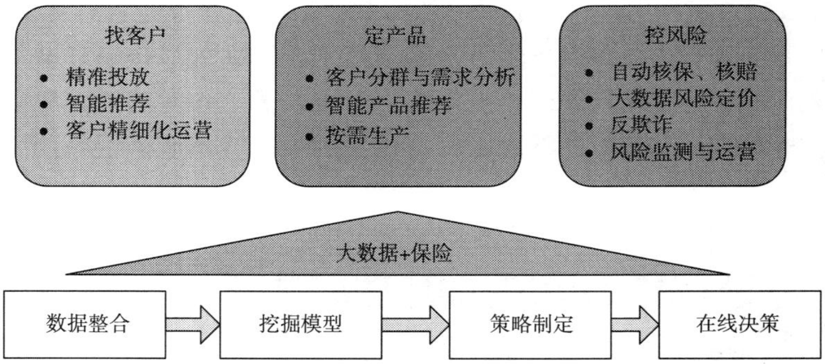

图 15-8　大数据作用于保险的主要方面

（一）扩大承保范围，推动保险新产品开发

根据传统的风险管理理论，风险一般分为可保风险和不可保风险。而在大数据技术条件下，原来难以低成本度量、难以获得概率分布的风险，变得可以预测、可以度量，从而具备了承保的可能。比如网络购物伴生的退换货运费损失风险，永安保险“雷锋无忧”微信保险产品，泰康人寿“微互助”癌症疾病保险，意时网手机碎屏险，等等。大数据理念和技术的深度应用，将有效地激发潜在的、全新的保险需求，正在酝酿的网络空间保险、云保险等都属于此类情况。

（二）精确地预测承保风险，提高产品差别费率

随着移动互联网、云计算、搜索引擎、大数据等技术的不断发展，保险公司对于

消费者的实时行为已逐步实现可记录、可分析、可预测。定价能力的高低，决定了保险公司风险选择能力和经营水平的高低，大数据的出现使个性化费率的制定和最优产品定价有了可能。在大数据条件下，通过采集客户多维度的行为数据，应用文本挖掘、语音识别等技术，分析客户性格特征、思维习惯、行为方式等，保险公司可以真正做到以客户为中心，为其制定个性化的解决方案，为不同的客户制定差别费率与保障内容，实行主动、高效、前瞻性的运营。这也将同时促进保险市场展开差异化竞争，推动行业整体的进一步完善与发展。

（三）转变数据应用方式，充分挖掘数据价值

在移动互联网时代到来之前，保险精算的数据来源主要基于经验数据，这便不可避免地带有一定的滞后性。移动互联网的普及为保险业带来了海量的实时数据，包括地理空间数据、传感器数据、流数据等。实时数据的应用有利于保险公司进行精确预测与定价以及相关产品的开发与改进。

（四）拓宽保险营销渠道，实现精准定向营销

传统保险的营销主要是通过传统媒体与保险代理人来实现的。在大数据与移动互联网融合的浪潮下，可以通过对潜在客户线上、线下一系列行为的追踪，精准锁定目标，聚焦客户痛点，实现定向营销。做到在恰当的时机，通过恰当的渠道，触及恰当的客户，销售恰当的产品。保险公司根据客户需求推送相关保险产品与服务信息，不仅可以有效地节约营销成本，更将带来营销效率的飞跃式提升。

（五）提供精致的客户服务，有效地避免保险欺诈

基于大数据分析技术实现精致客户服务的本质是将客户海量的行为数据转化为信息流，通过提供高质量的售后服务，留住老客户，在提高续保率的同时挖掘客户更高的价值。在发生保险事故时，保险公司可以通过交通管理系统、医院等第三方平台及时核实客户出险情况，尽量减少索赔时的烦琐流程，为客户提供贴心优质的服务。另外，保险公司可以根据长期积累的历史数据，对保险欺诈的显著特性及其取值区间进行分析，由此建立预测模型，考察各类理赔案件的风险程度，对可能出现的保险欺诈行为进行及时的监控与防范。

四、保险+物联网

物联网（Internet of Things，缩写 IoT），就是物物相连的互联网。这有两层意思：其一，物联网的核心和基础仍然是互联网，是在互联网基础上的延伸和扩展的网络；其二，其用户端延伸和扩展到了任何物品与物品之间，进行信息交换和通信，也就是物物相息。物联网通过智能感知、识别技术与普适计算等通信感知技术，广泛应用于网络的融合中，也因此被称为继计算机、互联网之后世界信息产业发展的第三次浪潮。

物联网中，万物智能互联使得企业可以持续获得有关产品运行、产品使用、环境

和客户的信息，带给企业前所未有的信息量。有关产品与客户信息的海量数据成为物联网时代的重要资源，对保险企业尤其如此。数据就是保险企业的核心资产，如何利用各种智能技术手段对历史数据进行系统分析，并在数据的支持下作出正确的决策是企业经营的关键。通过数据处理、分析、整合、挖掘等获得更大价值，这种数据分析能力是保险企业的核心竞争力。

物联网对保险的重要作用如图 15-9 所示，具体归纳为如下几个方面：

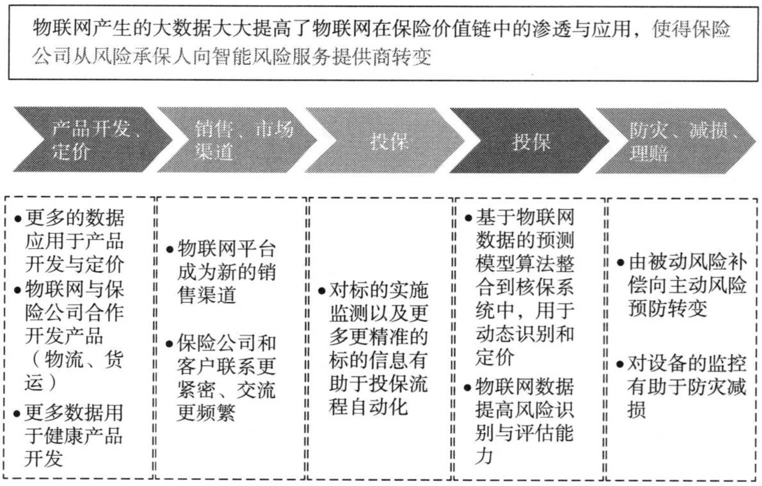

图 15-9　物联网技术支撑下的保险变革

（一）全面获取行为数据，提升风险精算定价水平

费率厘定是保险企业的核心业务，保险企业经常受制于精算数据不足，导致无法制定对同业具有竞争力、对客户具有吸引力的费率价格，而且数据不足使得企业难以设计出新的险种。物联网技术的应用将有助于真实、全面地获取投保标的物及环境、投保人行为的数据，大大提升风险精算定价水平。如保险企业可以运用车联网的 GPS 定位系统、驾驶行为收集与监控系统等获取车辆行驶状况和驾驶行为的信息数据，建立适应于驾驶者驾车行为习惯的定价模型，即基于使用的保险（UBI，Usage-based Insurance）或基于驾驶行为的付费（PAYD，Pay As You Drive）。

（二）损失控制由被动变主动，降低风险发生概率

损失控制是保险企业的一项典型业务，但在物联网时代之前，损失控制的价值始终无法充分发挥。在物联网时代，借助于大数据分析技术，保险企业可以在某些意外发生前给出预防性的维护建议，真正做到“防患于未然”。也只有实现了损失控制，才能补齐保险仅作为风险融资工具的单一功能短板，实现对风险的全过程管理。由于基于物联网技术的保险产品能够提供在线监测、定位追溯、报警联动、调度指挥、预案管理等风险预警功能，所以风险发生的概率会有所下降，发生风险所造成的损失将有

所减小。保险借助数据，将从过去的被动保障开始转变成主动风险防范。比如，现在很多保险公司给客户配备可穿戴设备进行健康管理就是典型的例子；久隆财险凭借实时传输的装备工况信息及环境信息，远程识别潜在风险，为客户提供实时风险指导，变“风险转移”为“风险消除”，凸显防灾减损价值。

（三）重塑业务流程，降低因信息不对称导致的欺诈风险

在核保与理赔等业务环节，保险企业可以应用保险科技提升工作效率，提高客户满意度。如基于穿戴式设备，保险公司可以通过智能设备收集个人体征数据，不需要消费者提交体检报告才给出核保决定和保费报价，从而简化健康保险的核保过程。再如，在车辆出险后，物联信息可以让查勘员准确判断车辆受损程度和维修情况，并对该受损情况进行比例赔付，减少了信息不对称，降低了保险欺诈的机会，从而避免了超额理赔和欺诈索赔，真正实现了准确、快速、公平理赔。包括费率厘定、核保、投资、再保险、理赔等核心业务流程的传统保险企业价值链将会被重塑，形成以大数据为核心的闭环价值环，基于大数据的费率厘定更为科学，基于保险科技的核保与理赔更为高效，损失控制服务进入核心业务流程中，为客户创造新的价值，同时减少了保险企业的赔偿损失，进而能够制定出更有竞争力的费率水平。

五、保险+区块链

区块链是分布式数据存储、点对点传输、共识机制、加密算法等计算机技术的新型应用模式。狭义来讲，区块链是按照时间顺序将数据区块以顺序相连的方式组合成的一种链式数据结构，并以密码学方式保证的不可篡改和不可伪造的分布式账本。广义来讲，区块链技术是利用块链式数据结构来验证与存储数据、利用分布式节点共识算法来生成和更新数据、利用密码学的方式保证数据传输和访问的安全、利用由自动化脚本代码组成的智能合约来编程和操作数据的一种全新的分布式基础架构与计算方式。

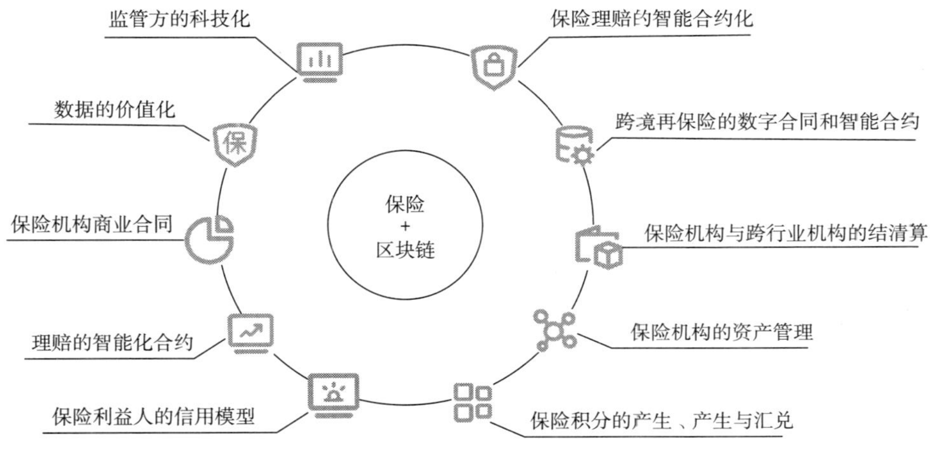

图 15-10　区块链在保险创新的应用场景

（一）分布式处理及安全隐私保护

保险行业成为区块链应用探索的关键领域。作为数字加密货币体系的核心支撑技术，区块链技术的发展大致经历了三个阶段，分别是支持比特币等数字货币的区块链1.0阶段，智能合约实现对数字货币外多应用场景支持的区块链2.0阶段，从最近开始流行的“区块链+”则是其3.0阶段。区块链将分布式数据处理技术以及安全隐私保护技术融为一体，将会极大提高对规模大、分散性强、敏感性高的数据的处理效率。因此，各国政府、监管机关及市场机构均高度重视，并投入大量资源对区块链技术及其应用进行深入研究。

（二）打破信息孤岛

保险的本质是风险交易，现实中通过保险实现风险转移和分散的事例涵盖社会经济运行的方方面面，具有天然服务实体经济的本质属性。伴随科技能力的不断提升、保险创新的不断深入，数据对保险业的发展越来越重要，成为保险实现普惠的核心资源和必要支撑。这些数据分散在各家保险机构、互联网平台，将来可能延展到物联网的各类设备和终端。由此导致保险行业目前面临海量的行业内部以及保险行业与其他行业之间信息整合和共享的需求。这既存在技术局限导致无法处理、共享信息，又面临成本高企而无法规模化商用，还存在数据泄露等安全问题，极大地阻碍了保险业服务实体经济和防控风险功能的发挥。一是对巨灾险、航运险、农业险等理赔金额较大、损失发生较为集中的保险产品，通过共保和再保模式分散风险时，需要更高效、透明的信息交互方式；二是保险业作为一个对信用及风险高度敏感的行业，实现机构间风险数据及信用数据分享的需求非常强烈，但商业信息安全问题的解决是前提；三是与医疗、健康、汽车等行业实现信息链接，可以大幅提升保险产品定价的准确性、增强保险产品的服务能力。对此类信息连接，解决数据传播的透明度及信息隐私保护问题是关键。

由于区块链可以解决的问题与保险行业发展上述痛点、难点具有很高的契合度，如区块链利用共识算法来验证数据、利用分布式账本技术来存储数据、利用密码学的方式保证数据传输和访问的安全、利用智能合约来自动执行业务流程等，因而成为众多应用场景中的重点探索领域并有可能成为较早实现突破的行业之一。据不完全统计，目前全球正在进行的区块链应用场景探索中，有20%以上涉及保险。

（三）巨头企业纷纷布局

尽管区块链技术在保险行业的应用多处于技术验证阶段，但应用场景的快速发展已然预示着该技术将给保险行业带来变革性的影响。据调查，世界范围内，有超过半数的保险公司高层已经认识到了区块链技术对于保险行业的重要性，一些 IT 巨头企业如微软、IBM、甲骨文、阿里巴巴、腾讯等已经在区块链领域开始布局，有些甚至已推出基于区块链技术的产品或服务。

区块链技术的可追溯特性，可以让保险服务流程更透明；区块链的安全能力，可以很好地解决数据传播中的隐私保护及商业信息安全问题；而区块链的共识机制，则从源头上进一步保障了交易的可信度。正由于区块链的上述特性，它可以很大程度上帮助保险业实现行业内、行业间以及用户间大量分散节点的信息分享和连接，从而大大加速保险创新的空间和速度。

（四）开始探索应用场景

基于以上功能，目前区块链在国内外保险行业的应用主要有以下几类：第一类是使用区块链技术在数据分散于多点的情况下，当某一条件触发时按照既定规则完成保险的契约，如航延险、失业保险等；第二类是再保险和共同保险领域，在再保及共保业务的交易撮合及结算时，区块链用来增强交易及结算的效率和透明度；第三类是用于追踪商品的生产/生长过程，利用区块链的可溯源的特性用于追踪农产品养殖过程或是贵重物品的生产和流转。此外，区块链在互助保险、航运保险以及积分管理等方面也已然投入应用实践或者应用探索。

上海保交所积极探索并推动区块链技术在保险行业的应用。目前已组建了专业化区块链研究团队，并面向行业社会发布了保交所区块链底层技术平台和技术白皮书，向业内外专家学者分享保交所对“区块链+保险”这种新型业态的研究和理解，努力推动区块链技术在保险行业的成熟与落地。

六、保险+3S 技术

3S 技术是遥感（Remote Sensing）、全球定位系统 GPS（Global Position System）和地理信息系统（Geographic Information System）的简称，是空间技术、传感器技术、卫星定位与导航技术和计算机技术、通信技术相结合，多学科高度集成地对空间信息进行采集、处理、管理、分析、表达、传播和应用的现代信息技术的总称。

3S 技术与保险的结合更多集中于农业保险领域。由于农业保险的准公益性质，其承保、理赔的规范管理及经营成本一直是监管部门和保险公司面临的重要问题。随着 3S 技术与农业保险业务的相互渗透与融合，形成了“按图作业、以图管险”的行业解决方案，为农业保险承保理赔环节中承保标的不清、虚假投保、协议理赔、理赔成本高效率低等难题提供了很重要的技术支撑（见图 15-11）。

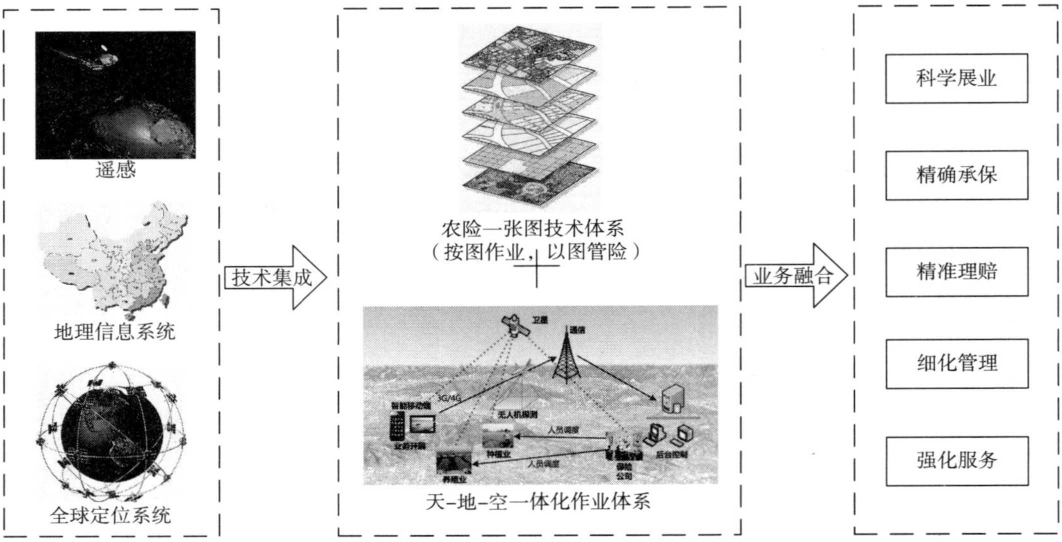

图 15-11　3S 技术在农业保险中的应用

3S 技术应用在农业保险创新方面主要起了如下几个方面的主要作用：

（一）科学展业：分析挖掘潜在存量、拓展增量，降低逆选择

保险展业的关键在于获取更多的市场资源与客户，实施精准营销，提升客户认可度及满意度。利用 3S 技术能对潜在市场区域进行精细化分析，涵盖市场选择、客户分析、产品设计、服务模式等内容。通过数据分析与挖掘，从而实现科学展业，实现存量挖潜、拓新增量。在选取市场区域时，保险公司可利用遥感技术（RS）对各个区域的历史种植、灾害情况进行统计分析，运用地理信息技术（GS）对各个区域的历史承保情况、查勘数据、理赔数据进行基于位置的数据分析。分析各个区域的历史经营状况、存量空间、潜力空间、农作物风险情况，对未来情况进行预测，针对潜在市场进行针对性的营销及展业；并针对市场区域的种植结构特点及历史损失数据，评估农作物风险情况，准确判定保险费率和相关保险条件，提高产品的适用性，降低逆选择情况的发生。

（二）精确承保：确定标的位置，核实承保作物，降低虚假风险

精确承保的关键在于明确承保标的的位置、权属、数量等信息。利用 3S 技术可方便地采集投保区域的地块与承保作物信息，实现地块与保单信息的关联，自动生成地块及保单四至图，做到标的的唯一性，同时可利用富含位置信息的水印相机拍摄影像资料。信息快速上传后，保险公司的核保人员便可直观查看保单信息、标的位置及数量，浏览附带位置信息的影像资料，实现轻松核保。在确认标的的工作中，可以通过遥感自动提取投保区域的地块边界，识别出作物种类及生长情况，与承保地块、承保

面积及作物种类进行比对、核验，准确测算投保标的种植面积，避免出现投保人利用保险公司承保前实地查勘不便及抽样验标而虚假投保，规避道德风险。

（三）精准理赔：天、空、地一体化，科学理赔，保障农民利益

精确理赔的关键在于准确评估灾害损失的范围与程度。利用3S技术构建天、空、地一体化的农业保险勘查定损技术体系，成为当前种植业精准理赔的重要支撑。“天”，即卫星遥感勘损技术，具有覆盖广、多分辨率、多时相的优势，可实现省县等大范围的灾害损失快速勘查，让险企对灾害损失有全局性把握，快速识别重灾，为进一步的勘查调度提供指导。“空”，即无人机助查定损技术，拥有机动性强、分辨率高的特点，能够在灾害发生后，对小区域或重灾区域进行灾害的精细化调查、助定损工作。另外，无人机遥感还能为人力无法到达的区域精确调查提供支持。“地”，即移动助查定损技术，具有受灾区域定位、受灾面积量算、信息快速传递等优点，实现以户为单位的灾害损失实地勘查和远程辅助勘查、专家定损。通过“天、空、地”的组合，让保险公司在灾后及时、客观地掌握灾情程度，并据此理算最终赔偿额度，既规避夸大赔付的道德风险，又及时足额地给予农户合理赔付，保障农民的利益。

（四）细化管理：细化过程与风险管理、实现最大程度的增值服务

农业保险的一项重要工作是过程管理、风险管控与增值服务。利用3S技术是实现农业保险细化管理的重要途径。遥感可对各区域的天气情况、土壤情况、作物分布情况及变化趋势随时监控，实现作物生长环境、特定生长节点及生长全周期的监测，帮助农户提早采取防范措施；遥感技术还可对农业的病虫害做到监测预警，判定病虫害对农作物的生长影响并对可能造成的损失初步评估，开展针对性的防灾减灾工作，有利于保险机构真正实现农业保险标的全过程的风险管理；以遥感数据、行政区划数据作为基础数据，结合保单数据、理赔数据、气象数据、价格数据等，形成农业保险承保理赔一张图，通过多维度的数据分析，辅助险企进行保前风险分析。当灾害预警发生时，分析灾害可能影响范围、被保险人、标的以及可能造成的损失，向被保险人精准推送防灾减损信息，做到灾前预警。

（五）强化服务：为监管部门提供有力的监管手段

农业保险是国家一项重要的强农、惠农、富农政策，涉及公共财政补贴的资金和广大参保农户的利益。发展农业保险，不是一种单纯的商业行为，而是保险业贯彻落实中央决策部署的一项政治任务。因此，采取切实措施，加强监管，确保农业保险规范健康发展，是农业保险监管部门的核心工作之一。可利用3S技术构建农业保险综合监管服务平台，连接监管部门、保险公司、农户及第三方机构，实现农业保险数据和信息互通。监管部门可实时了解辖区内农业保险承保情况、理赔情况，并做到对风险的实时监测及防控，从而降低逆选择、规避道德风险的发生。同时，可实时了解辖区内的作物灾害损失情况，及时、科学地向政府汇报和介绍灾害损失情况，为政府部门

防灾减灾工作提供有力的信息和高效手段，有利于政府和农户及时采取防灾防损和恢复措施，从而减少农业损失，进而实现农业的精细化管理及精准化服务。

第三节　保险科技为保险行业价值链带来深刻变革

通过技术剖析与案例分享可以看出，保险科技已经催生了新的业态和新的市场，从保险产品开发、营销、服务、风控到运营管理，保险科技正在为整个保险行业的价值链带来重大变革。

一、产品：用户需求导向思维带来的产品供给变革

保险产品的丰富程度是衡量保险业供给水平的重要指标。在激烈的市场竞争中，以往的“产品导向”思维正在行业中萎缩，进而“碎片化”“场景化”“扁平化”“线上运营”等互联网行业名词成为保险产品供给侧的关键词。以“用户需求导向”的互联网产品思维正在深刻地影响着保险行业，保险科技为上述理念的实现提供了基础。

（一）“碎片化”和“场景化”成为产品供给方向

互联网保险在保险形式方面呈现的特点就是可以为用户提供个性化且品种丰富的保险产品，相较于传统保险产品复杂难懂的条款、风险契合度低，互联网保险产品购买的门槛大幅降低。碎片化与场景化的结合，契合了特定人群的风险，使得保险产品变得更加“轻”和“透明”，可以使客户通过乐高式的产品选择实现个性化风险的覆盖，也可以大大减少客户在传统保险中为赘余保障所支付的冤枉保费。

（二）扁平化管理模式加速产品开发

传统保险的开发一般要经过“新产品构思—构思筛选—形成产品概念—制订市场营销计划—商业分析—产品开发—市场试销—批量上市—上市管理”的过程，产品开发的时间较长，产品更加的保守和稳重。目前互联网保险公司在组织模式上，借鉴互联网保险公司的扁平化管理模式，使得流程缩减、产品开发效率提高；产品开发也是借鉴互联网产品模式，由产品经理领导团队，可以组织统筹包括产品设计、应用开发、工程及运营的人力和专家。通过与生态伙伴进行沟通，了解其需求，再进行客户的调研和产品的研发。通过这种模式可以快速回应市场要求，使产品的开发时间可以缩减15天左右。再配合人工智能、大数据等的技术来分析风险标准，使得小体量业务也有获利的空间。

（三）全线上化产品运营方式

目前通过保险科技的应用，互联网保险公司可以实现销售完全线上化，并且部分产品可以实现线上理赔。在销售模式上以三种方式为主：第一，在生态伙伴的平台上进行销售（例如支付宝、淘宝等）；第二，依靠自己的专有平台，如网站、新媒体运营

平台（例如微信、微博）等进行销售；第三，少部分保险依靠保险代理商销售。

在产品的理赔方面，部分产品可以实现线上理赔，区别于传统保险繁琐的理赔步骤，利用图像识别技术、远程身份识别技术等高技术手段进行甄别，实现理赔。根据险种的不同，赔偿方式也是灵活多样的，比如众安的场景险产品“碎屏险”，用户通过手机报案和图像上传后，系统可以自动识别是否符合赔偿要求，如果符合，客户除了选择传统的现金赔偿方式外，还可以选择维修、免费上门服务等多样化的理赔方式，使保险产品更加灵活和人性化。

二、营销：掌握数据便可赢得市场

从保险科技对保险业的影响看，大数据是核心资源，掌握大数据就掌握了客户，掌握了产品开发，就可以赢得市场。

（一）精准获取新用户

通过对内部和外部数据的综合利用，收集客户个人属性、客户线上浏览偏好、线下活动轨迹、身体健康风险、其他金融偏好等方面的信息，对客户进行多维度、立体化的分析，尽最大可能做到既了解客户的消费行为与消费能力，还能预测客户的消费需求和倾向，使得营销方案有效对接新客户的潜在意向，实现互联网平台、线下代理人以及各大销售渠道的全面管理、统一支持。此外，还可以根据客户的消费习惯及各渠道的特点配置相应的销售渠道，精准地选择营销渠道进行触达。

（二）降低准客户转化成本

准客户的转化成本远低于获新客的成本，但由于保险公司对于准客户的信息掌握较少，分析手段也比较有限，因此往往无法对准客户进行有效转化。如今利用大数据技术，可以有效提升营销时机的精准性，真正形成“大数据分析配合人工针对性服务”的模式，人工服务只在客户真正需要的时候为客户带来针对性的解决方案，而不是“简单粗暴”的服务营销模式，才能让准客户感受到意外险、旅游险等极短期保险的实惠，并促进健康险、年金险等长期产品的转化。

（三）挖掘存量客户潜力

大数据技术能帮助保险公司细分并洞察现有客户，精准了解其关键需求，建立预测模型，开展加保和交叉销售，使客户价值最大化。借助数据平台的帮助，保险公司可以了解已有客户的互联网行为偏好，并由此提供有针对性的精准营销。例如，如果客户比较关注母婴用品，就可以向客户推销少儿重疾险等针对儿童的保险产品；如果客户资产水平良好，并且经常关注财经、理财等方面的媒体，则可以向客户推销理财型保险产品。

（四）预防成交客户流失

在实际业务中，保险公司往往缺少客户流失管理的动机，借助大数据技术可以有效地预防客户流失。具体来说，大数据技术可以帮助保险公司根据保单险种信息、销售人员信息、销售人员与投保人关系、投保人经济能力、健康状况等各种类型数据建模，筛选出影响客户退保的关键因素，并对业务进行调整。

大数据技术还可以帮助保险公司利用回归算法建立续收风险预测模型，或者舆情监控，将存量客户按照其潜在退保率进行分类，将可能流失的客户定位出来，寻找客户不满意的原因，加以改进，及时公关，挽回即将流失的客户。

三、服务：智能理赔和客服机器人提升用户体验、降低成本

（一）智能理赔降低成本

在理赔环节，受到技术手段的限制，保险公司大多依靠人力定损理赔，但是随着保险市场的快速发展以及人力成本的上升，以人力支持为主的定损模式越来越表现出作业效率低、处理时间长、管理难度高、判定误差大等缺陷，并且容易产生内外联合骗保等问题，对保险公司尤其是中小公司造成了越来越重的负担。

随着互联网技术的发展，各公司都陆续开展了远程定损的探索，但受制于技术瓶颈，定损准确率一直不太理想。随着图像识别等人工智能技术的突破，极大地提升了远程定损的精度和自动化水平。图片识别技术在财产险和健康险等领域，针对大多数线下理赔流程。保险科技的应用可以为消费者提供在线理赔入口，消费者在线上传单据、发票信息后，通过图片分类算法以及 OCR 结合 NLP 技术，可以快速筛选出哪些是需要的理赔材料，然后自动提取需要的审核信息，最后通过核赔规则以及大数据风控模型就可以识别用户是否可以赔、赔多少，从而自动化完成理赔。未来还可以做到当日提交当日赔付甚至极速的“秒赔”体验。

（二）智能客服提升体验

在客户咨询服务领域，主要包括保险产品导购、客户指南、理赔咨询等，目前大多还是依赖人工的方式进行在线或者电话方式解答用户的问题，因受工作时间、时间窗口限制等约束，客户体验比较差，但人力投入成本比较高。而利用知识图谱、自然语言处理以及机器学习等技术实现的智能客服机器人，通过在线问答的方式可以覆盖绝大多数用户咨询问题，并提供 7×24 小时的在线服务。并且，随着解答问题的增多，机器人也在不停地学习沉淀，解答能力也在不断地提升，最后机器回答不了的少量问题才留给人工来解决。智能客服机器人的出现，既解决了用户体验的问题，又帮保险公司降低了人工成本，未来将是人工智能在保险行业应用非常重要和热门的一个领域。

四、风控：提升保险行业风险决策以及反欺诈能力

利用信息不对称骗保，倒卖投保人、被保险信息，虚假赔案等，严重影响保险业的健康发展。以车险赔案为例，据统计，在美国虚假赔案可能高达20%，每年保险欺诈的总金额约为850亿~1200亿美元。在中国，汽车厂商遭受的欺诈案件金额比例可能高达34%。欺诈案件导致行业理赔成本畸高，损害了被保险人的利益。

基于区块链、物联网、云计算、人工智能等领域的技术发展，为提升行业反欺诈能力，破解虚假交易提供了基础。近年来，大数据与机器学习分析方法在理赔中的应用，极大地提高了欺诈识别、监控以及决策的能力。传统反欺诈通常是基于针对已知的欺诈模式而设置的相应规则与策略，这种方式在缺乏数据或者冷启动阶段比较有效。随着理赔数据的积累，基于机器学习与大数据的量化决策模型通常能够更有效地识别欺诈风险，优化理赔流程。与基于策略的审核相比，机器学习算法可以同时定位多种欺诈行为，减少不合理的赔付，降低行为成本。例如，在车险理赔中，利用维修项目及配件的内在关系，可以通过机器学习模型计算出各项指标的出险概率，从而能够定位相应的理赔案件，并通过监控提示保险公司关注相关联的服务商、查勘员、定损员。在健康险报销中，根据患者既往病史等相关信息，用以分析报销记录的欺诈、过度医疗倾向性进行预测评分。

图像识别等人工智能技术的发展，可以有效破解传统方式下的鉴伪难题，为在保险业的反欺诈应用开辟了广阔的空间。例如，保险公司承保网上生鲜产品，如到货时生鲜死亡，通常以生鲜死亡照片作为主要的理赔依据，而部分用户会通过搜索并上传网络上的生鲜死亡照片骗取赔款，靠肉眼很难识别。在图像识别和人工智能鉴别技术的作用下，可以快速有效地判别虚假照片，准确率高达95.7%，适应了在电商新业态下的理赔需求。再如，在传统寿险作业模式下，部分被保险人死亡，家属未去保险公司办理相关手续，仍在持续领取生存金。而引入活体识别技术，可以通过虹膜、眼纹等有效识别真人与视频、照片等的区别，远程判断被保险人真实生存情况，有效解决生存金冒领问题。

在车险理赔领域，综合运用大数据、物联网、区块链等技术，可有效防范理赔欺诈。运用大数据技术监测、分析零配件的异常采购，可以锁定可疑客户和修理厂。而物联网、区块链技术相结合，可以有效跟踪汽车的实时操控数据、驾驶记录、行驶轨迹等，保险公司能真正实时感知汽车这个唯一性“保险标的物”。当发生事故时，区块链技术可以忠实地记录事故时间、地点、事故后的处理时间等，成为保险公司防范骗赔的重要依据。

五、运营：精准推荐和智能交互提升用户购买体验

智能运营主要解决的是如何给用户选择最适合的保险产品。保险产品是针对不同场景的不确定性，聚集群体的力量，对发生问题的主体给予保障的金融服务形态。繁多的场景种类、各式的承保主体等条件，注定了其是一种难以标准化、服务条款复杂

的金融服务，需要有较长的、定制化的辅助购买流程，这个痛点，给了智能产品、内容和服务推荐以机会。

具体来讲，智能运营包含两方面的应用：精准推荐和智能交互。第一，保险产品、内容和服务对不同用户的定制化精准推荐。做到这一层，首先利用大数据技术通过对用户的生命周期、保险意识、保障状态等有着精准的洞察判断，构建完成用户保险的画像；然后对用户不同需求的保险产品进行精选梳理，选择该需求下性价比最高的保险产品，最后针对个性化用户的需求，还要建设辅助其购买保险产品的内容。第二，有了以上能力，利用自然语言处理和多轮交互能力，构建智能问答推荐或智能保顾，再结合离线和在线的行为、上下文信息，深入挖掘用户的最深层次的需求，并以问答或机器人的形式给到用户，引导用户最终完成产品购买。

展望整个保险行业的未来，在互联网保险领域，将重点围绕用户展开，打造懂用户、让用户省心的心智体验，比如产品条款会更加简单，价格更加亲民，保险知识内容更加丰富和高质量，保险服务也变得更加简单、便捷。而不论是财产险还是人身险，在保险的核心业务价值链上，都是围绕定价、核保、风控、反欺诈、营销、在线服务、内容互动等核心能力展开，这些能力都离不开区块链、人工智能、安全、物联网、云计算等基础能力，即“BASIC”——区块链（Block chain）技术以其可追溯、不可篡改等特性，将应用于保险承保理赔各环节，确保信息真实透明，防范欺诈；人工智能（AI）技术能够赋予机器智慧，更聪明地进行高效客户服务以及实现快速理赔服务；基于数字世界的多种安全（Security）技术，将在投保人及被保险人的身份核验、存续期保险资产保护等方面发挥积极作用；物联网（IoT）改变了数据交互的形式，将率先应用于车险及健康险等，推动产品以及运营模式发生重大变化；云计算（Cloud Computing）大大降低了保险业信息化成本，使得小额分散型业务的普及成为可能。正如其字面意思表达的那样，“BASIC”将重塑行业发展的基盘，推动保险业走向一个新的更好的时代。

第四节　保险科技发展趋势展望

一、发展机遇与趋势

（一）发展趋势特征

面向未来，保险科技发展创新将有以下四个方面趋势特征：

保险是本质，保险科技发展创新必须回归本源，遵从保险的本质，仍然需要充分发挥长期稳健风险管理和保障的功能。

科技是动力，科技发展为保险创新提供了无限可能，将推进应用场景化、产品定制化、渠道多元化、服务个性化引领保险业向更智能、更智慧的方向发展。

数据是基础，各类金融科技应用都与数据息息相关，数据资源已经成为未来科技发展创新的重要基础和竞争利器。

体验是关键，科技聚焦于解决现有保险业务痛点，保险机构能否提供安全、体贴、易用的客户体验将是科技应用成败的关键。

（二）发展创新途径

保险行业必须立足于现状，坚持以客户为中心，一方面在资源整合、流程优化、数据治理等环节苦练内功，另一方面在产品设计、渠道拓展、服务改进等环节强化外功，多途径提升保险业创新能力，努力推动行业转型升级和提质增效。

1. 利用保险科技推进信息系统互联互通，完成资源整合和高效配置，快速响应不断变化的市场，如可以创新云计算架构应用，按照业务需求及时分配和调整系统资源，提升配置效率和业务支撑能力。

2. 利用保险科技实现运营流程的优化和重构，实现前、中、后台流程的有效衔接和跨业务条线流程的共享，例如可以对核保、核赔、客户服务等核心业务进行改造优化，快速响应各类需求，可以探索应用微服务架构，支持互联网的碎片化的投保理赔。

3. 利用保险科技推进大数据与云计算、移动互联网、物联网等新技术融合发展，挖掘数据商业价值，例如可以拓展线上交易、电商平台、社交网络等互联网数据来源，整合司法、市场、财税等政府部门依法公开信息，科学吸纳第三方征信机构和其他外部机构数据，实现内外部数据整合发挥价值。

4. 利用保险科技实现保险产品“个性精算”、快速设计和快速迭代，提高产品设计的动态性、高效性、科学性，例如可以通过采集可穿戴设备记录的健康、睡眠、运动、饮食等数据，实现健康保险产品向对健康的事前保障转移，可以利用车联网、无人驾驶、机器人、人工智能、生物识别、基因检测等新技术催生出新的保险产品。

5. 利用金融科技整合营销渠道资源并建立统一客户视图，实现客户洞察、细分定位、精准投放，打造受众广泛的平台化生态圈，例如可以建立以车辆、出行为核心的生态圈，以家庭、健康为核心的生态圈，可以利用基于位置的服务技术实现保险产品场景化推送等。

6. 利用金融科技构建个性化定制服务体系，满足客户多样化、多层次、综合性保险保障与金融服务需求，例如可以从单纯保险产品销售转变为专业的私人金融定制服务，可以通过微信、App 等打造口袋里的服务模式，可以利用 3D 全息影像等实现远程自助查勘，可以建立客户联盟借助自媒体扩散、宣传有关保险产品信息，可以通过区块链建立积分体系，鼓励用户开展自助服务，增强体验、提高粘度。

二、面临的挑战与问题

保险科技在带来机会的同时，也为保险行业的未来发展带来问题和挑战。

一是行业信息系统与数据基础相对较弱。传统保险行业整体的信息系统或架构集成性、兼容性、异构性相对较差，为实现平稳过渡，很多技术创新只能是基于原有系统或架构的缝补，短时间内技术创新难成气候。同时，数据孤岛效应仍然存在，保险公司数据应用水平参差不齐，传统保险行业与互联网行为数据匹配度较低，大规模数据应用尚需时日。

二是保险科技商业模式探索阶段存在不确定性。无论是创新技术本身的开发与应用，还是成熟技术或数据用于商业模式的探索，能否最终成功，都存在一定的不确定性，能否承受创新带来的代价，是保险行业乃至每家保险公司都需要权衡思考的问题。

三是技术创新变革带来隐私、安全、合法以及监管等方面的问题。技术创新变革，尤其是基于技术创新的商业模式变革，改变了既有的业务生态和运行机制，可能在合法性以及是否合乎监管政策方面，存在一定的法律风险，这不仅取决于对既有法律法规的契合性，还要关注监管部门对于创新的态度。同时技术创新还可能给客户的隐私与安全，或者企业自身的网络信息安全，带来新的风险因素，应该引起关注。

四是保险产业新生态带来保险经营的新挑战。保险生态中保险公司最关注的主体——保险消费者角色将发生转变，保险公司与消费者之间将不再是单纯的保险交易关系，消费者将在整个生态中发挥更加重要的影响作用。另外，新型的互联网保险公司、创新平台、互联网公司等都在保险生态圈中，不断延伸各自的技术、信息与服务输入，对于传统保险公司而言，单纯提供传统保险产品和服务的模式将无以为继，未来发展之路面临全新的挑战，从经营理念、战略规划，到运营管理、创新实施，都需要从保险产业新生态的角度出发，认真思考，重新定位，竭力图新，开辟新的价值创造实现路径。

五是复合型人才不足是制约保险科技创新发展的重要因素。从事保险科技应用的人员不仅需要精通信息科技、还需要精通保险业务，缺一不可。缺乏保险专业知识的信息技术人员还无法精准把握保险科技的需求，无法联想保险科技的应用场景，无法提出更多保险科技应用的创新思路；缺乏对信息技术的掌握，单纯的保险业务人员也无法有效将保险业务需求转化成科技需求，更无法将一些最新的科技手段引入保险。现阶段，既懂保险业务又精通信息科技的复合型人才还相当缺乏，能够培养保险科技创新复合型人才的基地和机构也相当有限，这在一定程度上制约了保险科技的进一步创新和发展。未来，保险公司应加强和高校、科研机构构建校企合作、产教融合、产教联盟等方式培养高端保险科技人才。定期培训和轮岗等形式培养人才，对现有员工进行基本保险科技相关技能培训，提升其分析数据和信息的能力、保险科技前沿技术标准和规则、提高其对保险科技相关技术和数据的敏感性等。

复习思考题

1. 什么是保险科技？它有哪些发展特点？
2. 现代科技在保险领域有哪些应用？
3. 保险科技给保险业带来了哪些变化？有什么发展前景？

第十六章　保险市场与监管

本章要点

- 衡量保险市场的指标
- 个人家庭保险需求的基本特征及其影响因素
- 企业保险需求的基本特征及其影响因素
- 保险供给及其影响因素
- 国际保险监管体系、监管组织与监管准则
- 保险监管的方式与内容

第一节　保险市场的要素

一、保险市场的概念与衡量指标

（一）保险市场的概念、性质与类别

1. 保险市场的概念。保险市场是保险供求双方交易关系的总和。保险市场这一概念由其外延和内涵两方面构成的。保险市场的外延指的是它的交易或地域范围；保险市场的内涵指的是与保险交易过程有关的全部条件和交易的结果，包括保险产品的设计和销售、核保、保费缴纳、保险索赔和理赔、保险中介撮合与风险管理服务等。

传统的保险交易一般在某一固定的保险交易场所内或某一地域范围展开，围绕一个或若干核心点形成保险集中交易的场所。前者如1720年成立的英国特许皇家保险交易所、美国CATEX保险交易所、英国的劳合社；后者如集百余家跨国保险公司于伦敦金融城的伦敦保险市场、纽约曼哈顿的纽约保险市场等。而随着现代科技的发展和经济全球化的进程，世界保险市场实现了从传统外延型保险向现代内涵型保险市场的转变。

现代意义上的保险市场已完全突破了有形市场的束缚，囊括了所有有形和无形的保险商品交易关系，既包括保险人、再保险人等保险商品的供给者，政府、企业和个人家庭等保险商品的需求者，也包括保险经纪人、公估人、代理人、保险电子商务网站等保险中介，还包括保险仲裁机构、保险监管机构等在内的所有保险市场运行要素共同作用所形成的整个保险商品交易关系体系。

2. 保险市场的性质。保险市场的性质是指保险市场的本质特征，主要体现在以下几个方面：其一，保险市场交易的标的是风险，投保人一方以支付保险费为代价将风

险转嫁给保险公司；其二，保险市场交易的对象是无形的保险保障服务，保险是一种典型的金融服务产品；其三，保险市场是一种典型的非即时结清市场，投保人支付保险费，在保险合同有效的时期内由保险人承担保险合同约定的保险事故发生后所造成的经济损失；其四，保险市场的交易在时间上具有预期性，投保人和保险人双方在签订合同时都有稳定的预期。

3. 保险市场的类别。保险市场的分类比较复杂。按保险人的承保方式的不同或保险业务发生的先后顺序，保险市场可以分为原保险市场和再保险市场。

原保险市场是指投保人和保险人直接订立保险合同，当保险标的发生该保险合同责任范围内的损失时，由保险人直接对被保险人承担经济赔偿责任的保险市场。

再保险市场是指原保险人为了减轻自身承担的保险风险和责任而将其不愿意承担或超过自身承保能力的风险和责任，部分转嫁给其他保险人而形成的保险市场。

按保险保障的对象或保险标的的不同，保险市场可以分为寿险市场和非寿险市场。人寿保险市场为人的生命和身体提供保障，而非寿险市场为财产、责任和信用提供保障。

（二）保险市场的组成要素

保险市场的组成要素包括保险市场的主体、客体和价格三个方面。保险市场的主体包括保险市场的供方、需方和中介方三个部分；保险市场的客体是保险商品，保险商品具有无形性、服务性和复杂性的特点；保险市场的交易价格是指保险费率。

（三）衡量保险市场的指标

衡量保险市场发展程度的常用指标主要有保险密度和保险深度。保险密度是指一个国家（地区）人均支出的保险费。保险深度是一个国家（地区）的保险费收入占该国家（地区）国内生产总值的比例。保险深度和保险密度也是国际上通用的考察保险发展程度的指标。

保险深度和密度等指标反映了保费收入与国内生产总值以及总体人口数量之间的关系，是时间序列的动态指标。计算这些指标的数据可行性强，并且容易作横向或纵向对比。比如，2014 年“新国十条”确定的保险业发展目标就是：到 2020 年，保险深度达到 5%，保险密度达到 3 500 元/人。

在产业组织理论中，从市场结构角度测量垄断程度的指标主要有产业集中度、市场集中系数等。

1. 保险产业集中度。保险产业集中度是指保险市场中少数几家最大企业所占的保费、资产、利润等方面的份额。一般来说，产业集中度越高，该市场的垄断性越强；反之，则越弱。

保险产业集中度可以用保险市场上规模最大的前若干家保险公司的保费收入（利润总额或资本金等）占整个产业的比重来测算，用公式表示即为：

$$CR_n = \frac{Q_n}{Q_n + Q_m}$$

式中：

CR_n——保险市场上规模最大的前 n 家保险公司的市场集中度；

Q_n——前 n 家保险公司的保费收入；

Q_m——保险市场上其余保险公司的保费收入；

N——所要计算的具体前若干家企业数目。

产业集中度指标的原理非常简单，它测量的是规模最大的前几家保险公司占整个市场的份额，这个份额除了可以取保险费收入指标外，也可以根据研究角度的不同选取利润总额、资本量等其他指标进行比较。CR_n是一个大于零小于等于 1 的小数，当CR_n的值为 1 时，市场只有 1 家保险公司在垄断经营，而当 CR_n接近于零时，市场则趋近于完全竞争市场。

2. 市场集中系数。市场集中系数是指用 CR_n法计算的产业集中度与产业平均份额的比值，用公式表示为：

$$CI_n = \frac{CR_n}{C_n}$$

式中：

CI_n——市场集中系数；

CR_n——市场集中度；

C_n——市场上每家保险公司拥有的平均份额。

市场集中系数这一指标表明，市场上前若干家保险公司的集中度为产业平均集中度的倍数。这一倍数越高，说明市场上前若干家保险公司的垄断程度越高。市场集中系数与市场集中度指标相比的优势是它不仅考虑市场的绝对集中程度，还反映了保险市场上保险公司数量以及大小之间规模的差异。

3. 贝恩指数。贝恩指数是一种按照绝对集中度指标对市场结构类型进行分类的标准，该标准见表 16-1。

表 16-1 贝恩指数竞争结构分类标准

竞争结构类型	市场集中度	
	CR_4（%）	CR_8（%）
寡占Ⅰ型	$75 \leq CR_4$	
寡占Ⅱ型	$65 \leq CR_4 < 75$	或 $85 \leq CR_8$
寡占Ⅲ型	$50 \leq CR_4 < 65$	$75 \leq CR_8 < 85$
寡占Ⅳ型	$35 \leq CR_4 < 50$	$45 \leq CR_8 < 75$
寡占Ⅴ型	$30 \leq CR_4 < 35$	或 $40 \leq CR_8 < 45$

此外，还可以用企业市场占有率由小到大的累积分布的洛伦兹曲线直观地反映市

场上企业的均匀程度。当某一特定的市场上所有的企业规模完全相同时，洛伦兹曲线与均等分布线（对角线）重合；曲线越偏离对角线，企业规模分布的不均匀度越大。

二、保险需求及其影响因素

保险供给与保险需求的关系，向来就是一种相互依存、相互作用的过程。一方面，保险供给因保险需求的变化而变化，不断满足保险需求的需要，不断提高保险供给的水平；另一方面，保险供给又拉动着保险需求的产生，不断促进保险需求的实现，推动保险需求的发展。保险需求的存在是保险供给得以实现的前提，潜在的保险需求决定着有效保险供给的发展规模。反过来，保险供给是保险需求的实现条件，保险供给能力影响着保险需求的实现程度。

（一）保险需求的含义

保险需求是指在特定的历史时期内，社会组织和个人对保险经济保障的需要量。这种需求是以支付能力和购买愿望为前提的。保险需求有两种表现形式：

第一，是有形的经济保障，体现在物质方面，即在人们遭受意外事故和自然灾害时，投保的个人或单位所得到的经济补偿和给付。

第二，是无形的经济保障，体现在精神方面，即在获得保险经济保障之后，投保的个人或单位由于转嫁了意外经济损失风险，获得保险保障，而得到的心理上的安全感。

从企业、个人乃至整个社会来说，保险需求无形的经济保障是经常的、大量的，而有形的经济保障则是局部的、少量的，两者都是客观存在和同等重要的。

（二）个人家庭保险需求的基本特征及其影响因素

1. 影响个人保险需求的文化背景因素。文化背景对个人和家庭的保险需求有着重要的影响。如非洲人和亚洲人的风俗习惯是避讳谈到死亡，所以人们对单纯的死亡险的需求就比较少。又如，非洲的 Voodoo 教认为祈祷和佩戴圣物可以防止损失的发生或有助于找回丢失的物品；另一些宗教认为，死亡是严肃的事情，灾难的发生是神的旨意，对死亡投机是对神的亵渎，保险是与上帝打赌，寿险把人的生命变成商品，是篡夺上帝对人的保护权；还有宗教认为保险有高利贷和赌博的性质，是对抗神的，这样的宗教信仰就会抑制保险的需求。

此外，一些唯心主义者认为，购买保险与发生危险事故之间有着某种神秘的联系。比如，经常有某些人购买了保险后不久即发生保险事故的传闻，一些人因此对用自己的生命和身体投保可能会导致生命和身体的损害的说法有一种内在的恐惧，担心购买寿险会加速自己的死亡，这曾是人们拒绝购买寿险的一个最重要的原因之一。

2. 影响个人保险需求的社会关系因素。瑞纳（Rayner）利用拓扑学的群、格变量描述了社会关系。群（Group）变量表示个人与社会单元的紧密程度，格（Grid）变量代表一个社会中的成员们受内在的或外在的分类标准约束的程度。

按照格群拓扑学的分类，人类按社会关系可以划分为A、B、C、D四类，分别是社会弱势群体、等级主义者、个人主义者和平等主义者。哈罗德·斯凯博（Harold Skipper）和塔拉·斯凯博（Tara Skipper）认为四类群体处理风险的方式明显不同，社会弱势群体处理风险的方式是消极被动的，自留和避免风险是首选的风险管理手段；等级主义者处理风险时服从高层意见；个人主义者处理风险时会充分利用市场分散和转移风险，保险是管理风险的主要方式；平等主义者则认为人类应该从改善自然和社会环境的层面避免风险，处理风险时应积极主动，预防和抑制风险是首选的风险管理手段。因此，处于不同社会关系中的群体，其保险需求是有很大不同的。

3. 影响个人保险需求的经济因素。保险的主要作用就是消除经济上的不确定性。因此，从宏观上看，经济发展既是刺激保险需求产生的因素，也是促成保险需求总量扩充的因素。社会总产值的增长幅度，特别是可用于购买保险的剩余产品的价值的增长幅度和居民收入增长幅度，是保险需求增长的决定性因素。保险需求总量与国民生产总值的增长成正比。而从微观上看，个人和家庭的收入水平影响着人们的保险需求量。收入变化和保险需求变化之间的关系用收入弹性来衡量。

此外，保险的价格即保险费率影响着保险需求：保险费率越高，需求者支付的保险费就越多；反之，就越少。人们希望以最少的保险费支出，获得最大的保险保障。保险费率低，有可能刺激保险需求量的增大；保险需求量与保险价格成反比关系，这层关系用价格弹性来度量。

4. 影响个人保险需求的风险因素。保险承保的是风险，风险的存在是保险需求存在的前提，即所谓没有风险就没有保险。保险需求总量与风险的大小成正比：风险发生造成的损害越大，或者损害发生的频率越高，保险需求的总量就越大；反之，保险需求量就越小。

5. 影响个人保险需求的社会经济制度因素。市场经济是保险业发展的天然温床，而计划经济则与保险制度相互排斥。20世纪50年代之后中国保险业的发展为这一命题提供了一个“经典”范例。现代保险是市场经济不断发展的产物。市场经济是现代保险需求产生的最重要因素。保险经济发展的历史表明，市场经济越发展，保险需求就越大。保险需求量与市场经济发展程度成正比关系。

6. 影响个人保险需求的人口因素。人口因素对保险需求的影响主要体现在两个方面：其一，社会的抚养率越高，保险的需求越大。因为抚养率高时，家庭内部的抚养负担必须外部化、社会化。在此意义上，世界范围的老龄化趋势为世界保险业的发展提供了巨大的市场空间。其二，人生的不同阶段，人们的保险需求侧重各有不同。婴儿和儿童阶段，健康险十分必要；少年和青年阶段，教育保险则是最主要的需求；人到中年，各种人身和财产责任险都不可缺少；而到了中年后期和老年初期，养老和健康险又成为保险需求的主体；对于意外伤害保险，则人生的各个阶段各个家庭似乎都不可或缺。

7. 影响个人保险需求的保险替代品因素。保险是个人金融理财的一个渠道，个人和家庭还同时面对着其他金融理财产品，尽管其他渠道和产品不能完全替代保险，但其他产品的价格、功能和回报率也影响着个人和家庭的资金流向。以银行存款为例，如果同期银行利率高于保险利益（insurance interest），资金就会投向银行，保险需求减少；反之，资金则会投向保险公司，从而使保险需求扩大。股票投资回报率和保险需求总量的关系亦然。

8. 影响个人保险需求的强制保险因素。强制保险是国家和政府以法律或行政的手段强制实施的保险保障方式。凡在规定的范围内，不论被保险人是否愿意，都必须参加的保险属于强制保险。强制保险的实施，人为地扩大了保险需求。

9. 影响个人保险需求的科技因素。科技进步可能增加或降低保险需求，比如，基因工程对潜在疾病的确诊或预测可能会在一段时间内增大保险需求；而从更长远的角度看，人类控制疾病能力的无限提高可能会彻底消灭人身保险。

此外，保险需求是一个综合的经济现象，其他众多的经济、社会因素都会对它产生相当的影响。比如，经验研究发现，保险需求和个人的教育程度存在正相关关系，和通货紧缩或通货膨胀，乃至社会经济的稳定程度有紧密的联系，和社会保障水平和范围成负相关关系。

（三）企业保险需求的基本特征及其影响因素

个人对保险的需求源于投保人厌恶风险的态度，而公司作为一个风险中性者，对保险的需求因素则复杂得多。

在经济分析中，公司被界定为风险中性者。而风险中性者的期望效用函数有以下两个特征：其一，财富数量的增加导致满足程度的上升；其二，财富增加时财富的边际效用恒定。

将公司界定为风险中性者的理论基础是公司的股东可以通过资本市场来分散非系统风险，用不着保险公司，而无法通过资本市场分散的各种系统风险才是公司股东希望转嫁的风险，但系统风险又恰恰不是保险公司的承保对象，风险转嫁的供求关系不存在，所以公司面对保险市场时会表现出风险中性者的特征。

保险经济学阐明，风险中性者仅仅愿意以精算公平保险费率来支付保费，而不会支付风险保费，所以风险中性者和保险公司无法达成保险交易。但现实的情况却是大量的公司在保险公司购买了各种各样的保险产品。看来，公司的风险态度已经不能解释公司为什么会购买保险了，其他的经济解释应运而生。

对于风险中性的公司为何仍然以高于精算公平保费的价格购买保险，梅耶尔（Mayer）、史密斯（Smith）和斯凯博等经济学家给出了以下几种解释：

1. 所有权集中度与公司通过保险市场分散风险的动机正相关。金融理论认为，所有权益高度分散的大型公司能够利用资本市场有效地消除公司特有的风险，即非系统风险。但如果公司的股权并非是高度分散化的，而是集中在少数的大股东手中，大股东将难以在资本市场上有效地分散非系统风险，要求公司购买保险转嫁风险就可能成为大股东的理性选择，公司的风险态度可能就不再是风险中性，而是体现出大股东个人的风险性格，或厌恶风险或爱好风险。

梅耶尔和史密斯 1990 年的研究结果显示，所有权集中的公司对保险产品的需求高于所有权分散的公司。

总之，所有权集中度越高，股东通过资本市场分散风险的能力就越受到限制；同时，所有权集中度高的公司的风险性格就越接近于大股东个人的性格，公司就越有可能通过购买保险来转嫁风险。

2. 公司其他利益各方的风险态度影响到公司的保险选择。除了股东的风险态度会影响到公司的保险需求之外，公司的管理层、高级技术人员和劳工层的意见都可能影响到公司的保险需求。比如，高科技公司的技术人员一般具有很大的风险管理决策权，因此会影响到保险产品的购买；又如，公司的高级管理人员可能已经在该公司投入了大量的人力资本，一旦公司倒闭或发生大的财务风险，这些付出就可能无法得到补偿，购买保险就成为理想之选。有研究发现，公司的主要管理者投入公司的个人的物质和人力资本越多，他们就会越加强公司的风险管理措施，包括购买更全面的保险保障。

3. 购买保险可以部分矫正企业与市场的信息不对称问题。购买保险标志着公司对它的其他权利持有人的承诺。当公司发放债券无法取信于债券购买人时，公司购买保险的行为本身就可以向债券购买人传递一种信息：公司的偿债承诺是可靠的。

同样，公司为获得贷款而取信于银行、同其他单位和个人发生交易行为，招募新员工等，公司全面的保险计划也昭示着公司良好的经营状况和稳定的经营前景。

4. 公司购买保险可以降低公司财务陷入财务困境时的成本。当公司陷入财务困境时，为保证生产和再生产的正常进行所发生的直接财务成本，以及借款利率上升和人力物质资源流失、破产造成的间接损失都是相当巨大的。因此，只要保险成本低于财务困境所导致的预期成本，即使按照大于精算公平保费投保，对公司来说也可能是合算的。这也是公司购买保险的一个重要原因。

5. 企业购买保险可以获得保险公司提供的专业风险管理服务。保险公司有着专业的风险管理技术和比较全面的风险及损失数据。公司购买保险之后，就可以免费享受到保险公司提供的防灾、防损和法律咨询服务，而这些服务本身也是有着较高价值的，为获得这些服务，公司也可能会考虑购买一些必要的保险保障。

6. 企业购买保险可以合理避税。一些险种的保险费可以记入成本，还有一些险种的保险收入可以推迟纳税期，这些也是影响到公司保险需求的重要因素。

7. 受管制的行业有更高的保险需求。斯凯博的研究认为，在受管制行业中，监管人员往往规定出公司对顾客的收费标准。在制定收费标准时，受管制的公司要提交其预期成本估计，包括对损失成本的估计。由于保险公司精于估测损失分布，许多受管制的公司都认为，直接投保比自己估算成本更省事，更何况监管人员有时还会对他们提交的损失估算结果持怀疑态度。另外，任何保费加成都将被摊进所收费用。而这些成本将合法地直接转嫁给顾客。

8. 法定保险推动了企业的保险需求。与个人家庭的保险需求一样，法定的强制性保险无疑也会增加公司的保险需求。不同的国家有着不同的法定保险的承保范围。

三、保险供给及其影响因素

（一）保险供给的含义

保险供给是指在一定社会经济条件下，国家和从事保险经营的企业所能提供的并已实现的保险种类和保险总量。如同保险需求一样，保险供给形式也体现为两种：

一是有形的经济保障，即保险人对遭受损失或损害的投保人，按保险合同的规定，给予一定数量的经济补偿和给付，体现在物质方面。

二是无形的经济保障，即对全体投保人提供心理上的安全保障。对投保人来说，参加保险，发生保险责任范围内的事故，可得到补偿和给付，这或多或少减轻了投保人心理上的压力，使他们有更多的精力投入到生活和事业中去。这种心理上的安全感是通过保险组织提供保险供给实现的。

保险供给的内容包括质和量两个方面。质是指保险供给者提供的各种不同的保险险种；量是指全社会所提供的保险供给的总量，即全社会所有保险人对社会经济所担负的危险责任的总量。

（二）保险人的类型与组织形式

世界各国保险市场上保险人的组织形式种类繁多，其中最常见的有国有独资保险公司、股份有限保险公司、有限责任保险公司、相互保险公司、保险合作社和个人保险组织等。

1. 国有独资保险公司。顾名思义，国有独资保险公司是指政府拥有产权的保险公司，这种组织形式一般存在于原来的中央计划经济国家，但一些发达的市场经济国家也在农业保险和出口信用保险等政策性保险领域采用国有独资的保险组织形式。

2. 股份有限保险公司。股份有限保险公司是指将全部资本分成等额股份，股东以其所持股份为限对公司承担责任，公司则以其全部资本为限对公司债务承担责任的企业法人。股份有限保险公司是世界各国的主要保险组织形式。

股份有限保险公司的内部组织机构主要由权力机构、经营机构和监督机构三部分组成，即股东会、董事会和监事会。股份有限保险公司依法制定公司章程，公司章程对公司、股东、董事、监事、高级管理人员具有约束力。各国保险法律法规对其资本金的最低限额、高级管理人员资格一般都有明确的规定。

股份有限公司的优点主要有：属于完全的“资合”公司，股份等额化、转让自由化；股东身份、资格、人数无限制，筹资面广；易于保持公司人格的独立性和永久性；一般为国际大型公估集团所广泛采用。

3. 有限责任保险公司。有限责任保险公司是指由全体股东出资共同设立的对公司债务承担有限责任的公司。一般而言，有限责任保险公司的注册资本为在公司登记机关登记的全体股东认缴的出资额。

有限责任保险公司的优点主要有：投资者风险较小，易于筹集资金；设立手续简易，组织结构简单，便于管理；股东人数较少，容易相互理解信任，内部关系密切；资本金数额确定，公司员工稳定，对外贸易保持良好信用。

4. 相互保险公司。相互保险公司是由参加保险的组织和个人合作成立的法人组织，只承担参加人的风险，以从事相互保险为目的设立公司。参加者向公司交纳保险费，在保险事故发生后，公司对社员进行保险赔付。当公司出现盈余时，在参加者之间进行分配。

5. 保险合作社。保险合作社是由一些对某种风险具有同一保障要求的人自愿集股设立的保险组织，它依合作的原则从事保险业务。保险合作社一般是非营利性保险组织，如美国的“蓝十字”与“蓝盾”等健康保险组织。

6. 个人保险组织。个人保险组织也称个人保险人，是以个人名义经营保险业务的保险组织。最典型的是以个人单独承保并承担无限责任为特征的劳合社，在世界保险市场上独树一帜，占有重要地位。

（三）保险供给的影响因素

影响保险供给的因素相对简单，主要体现在供给主体、市场环境和监管三个方面。

1. 保险供给主体因素。保险是由保险公司和其他保险组织提供的。保险公司经营保险业务首先必须有一定数量的经营资本，其供给市场的总业务量受到资本总额的限制。一般而言，社会上的保险资本量越大，保险供给者的数量越多，保险供给量就越大。而一个国家和地区保险资本总量的多寡取决于当地的保险业经营利润率。如果保险企业的利润率高于社会平均利润率，即存在超额利润，会诱导投资者投资于保险业，从而扩大保险供给；反之，则会将资本驱逐出保险市场。

保险经营利润率取决于保险业经营的收益和成本。收益取决于保险公司的经营管理水平。保险企业的经营管理需要相当的专业水平和技术水平，集中体现在危险管理、险种设计、业务选择、再保险分出分入、准备金提存、费率计算的各个方面。其中任何一项水平的高低，都会影响保险公司的收益。同样保险供给进一步地受到保险公司成本的制约，保险公司的成本是保险公司实际支付的保险金和经营管理费用的总和。保险成本高，在同等收益条件下，所获利润就少，会影响其扩大保险供给量。所以，保险成本的高低与保险供给之间就有了很重要的关系。一般情况下，保险成本高，保险供给少；反之，保险供给就大。

同时，保险供给者的素质也极为重要。保险供给者素质高，新险种容易开发、推广，促进保险需求，从而扩大保险供给。保险供给者的数量和质量与保险供给成正比例关系。

2. 市场环境因素。市场环境因素包括的内容很多，既包括整体国际国内经济环境，也包括国家的税收优惠、社会保障制度等政策环境，立法、司法和执法等法律环境因素，包括保险市场声誉等社会环境因素，当然也包括保险市场本身是否存在垄断结构和垄断行为、保险公估、代理和经纪等中介机构的发展状况等竞争环境因素。

3. 保险监管因素。保险监管在很大程度上决定着一个国家保险业的现状和未来，决定着保险经营企业的性质和保险市场竞争的性质，也决定保险业的声誉和保险功能是否能够发挥。

第二节 保险市场的交易

一、保险中介的概念、种类与特点

（一）保险中介的概念与种类

保险中介是指专门从事保险销售或理赔、业务咨询、风险管理活动安排、价值评估、损失鉴定与理算等经营活动，并依法收取佣金或手续费的组织或个人。在世界保险市场上，保险中介主要包括保险代理人、保险经纪人和保险公估人三种。

保险代理人是根据保险人的委托，向保险人收取代理手续费，并在保险人授权的范围内代为办理保险业务的单位或者个人。保险代理机构包括专门从事保险代理业务的保险专业代理机构和兼营保险代理业务的保险兼业代理机构。

保险经纪人基于投保人的利益，为投保人与保险人订立保险合同提供中介服务，并依法从保险人那里收取佣金的人。它通常既可以是个人，也可以是公司。

保险经纪人是投保人的代表。在投保人的授权范围内，经纪人的行为可以约束投保人，但不能约束与投保人订立合同的保险人。投保人如因经纪人的过失而招致损失，经纪人在法律上需负赔偿责任。由于保险经纪人了解保险市场行情，同时又是熟知保险条件、保险费率等专业知识和技能的专业人才，因此保险经纪人作为被保险人的代理人，可以帮助被保险人设计费用最低、保险保障程度最高的投保方案。在保险事故发生后，保险经纪人作为被保险人的代理人向保险人索赔，从而保障被保险人的利益。

保险公估人是指接受财产保险合同当事人一方或双方的委托，为其办理保险标的的勘查、鉴定、估损及赔款的理算等，并出具公估（评估）报告的保险中间人。保险公估人是站在第三者的立场上，依法为保险合同当事人办理保险标的的查勘、鉴定、估损及理赔款项清算业务并给予证明的人。

保险公估人的主要任务是评估、公证和中介：在风险事故发生后判定损失的原因及程度，并出具公证书。公证书不具备强制性，但它是有关部门处理保险争议的权威性依据。

（二）保险中介的区别与界限

在理论上，保险经纪人、保险代理人和保险公估人之间有着明显的差别，但目前在我国保险市场上，三者的界限并不十分清晰。严格来说，三者之间存在着明显的不同：

1. 法律地位不同。保险代理人代表着保险人的利益，保险经纪人代表着投保人或被保险人的利益，保险公估人则处于第三方地位。

2. 名义不同。保险代理人从事保险业务必须以保险人的名义；保险经纪人从事保险业务，若为投保人代为投保或代被保险人索赔，则以委托人的名义，若从事居间活动或咨询活动，则必须以自己的名义；而保险公估人从事保险公证活动时，只能以自己的名义。

3. 业务要求不同。一般保险代理人熟悉保险业务；而对保险经纪人的业务要求比保险代理人要高；对保险公估人的业务要求则更高，保险公估人必须是某方面的专家。

4. 行为后果的承担方不同。保险代理人根据保险人的授权代为办理保险业务，由此给被保险人造成损失的，其行为后果一般由保险人承担，而保险经纪人和保险公估人因其过错给当事人造成的损失则通常由自己承担赔偿责任。

二、保险中介的组织形式、业务范围和执业规则

（一）保险中介的组织形式

保险经纪人的组织形式包括个人保险经纪人、合伙保险经纪人、保险经纪公司。保险代理人的组织形式包括专业代理人、兼业代理人和个人代理人三种。

（二）保险中介的业务范围与执业规则

1. 保险中介的业务范围。保险代理人因类型不同，业务范围也有所不同。保险代理公司的业务范围是：代理推销保险产品，代理收取保费，协助保险公司进行损失的勘查和理赔等。兼业保险代理人的业务范围是：代理推销保险产品，代理收取保费。个人代理人的业务范围是：财产保险公司的个人代理人只能代理家庭财产保险和个人所有非经营用运输工具保险及其第三者责任保险等业务，人寿保险公司的个人代理能代理个人人身保险、个人人寿保险、个人人身意外伤害保险和个人健康保险等业务。

保险经纪人的业务范围如下：

（1）以订立保险合同为目的，为投保人提供防火、防损或风险评估以及风险管理咨询服务。通过保险经纪人提供的以上专门服务，可以使被保险人的防灾工作、风险管理工作做得更好，就可以以较低的费率获得保障利益。

（2）以订立保险合同为目的，为投保人拟订投保方案，办理投保手续。投保方案的选择是一项专业技术性很强的工作，被保险人自己通常不能胜任，保险经纪人就可以以其专业素质，根据保险标的情况和保险公司的承保情况，为投保人拟订最佳投保方案，代为办理投保手续。

（3）在保险标的或被保险人遭遇事故和损失的情况下，为被保险人或受益人代办检验、索赔。

（4）为被保险人或受益人向保险公司索赔。

（5）再保险经纪人凭借其特殊的中介人身份，为原保险公司和再保险公司寻找合适的买（卖）方，安排国内分入、分出业务或者安排国际分入、分出业务。

（6）保险监管机关批准的其他业务。

保险公估人的业务范围包括：①对保险标的承保前的检验、估价及风险评估；②对保险标的出险后的查勘、检验、估损及理算；③与境外同类机构进行评估、勘验、理算等方面的专业技术合作；④经中国银行保险监督管理委员会批准的其他业务。

2. 保险中介的执业规则。我国《保险法》规定：保险代理机构、保险经纪人应当具备国务院保险监督管理机构规定的条件，取得保险监督管理机构颁发的经营保险代理业务许可证、保险经纪业务许可证。

保险专业代理机构、保险经纪人凭保险监督管理机构颁发的许可证向市场监督机关办理登记，领取营业执照。

保险兼业代理机构凭保险监督管理机构颁发的许可证，向市场监督机关办理变更登记。

保险专业代理机构、保险经纪人的高级管理人员，应当品行良好，熟悉保险法律、行政法规，具有履行职责所需的经营管理能力，并在任职前取得保险监督管理机构核准的任职资格。

个人保险代理人、保险代理机构的代理从业人员、保险经纪人的经纪从业人员，应当具备国务院保险监督管理机构规定的资格条件，取得保险监督管理机构颁发的资格证书。

保险代理机构、保险经纪人应当有自己的经营场所，设立专门账簿记载保险代理业务、经纪业务的收支情况。

保险代理机构、保险经纪人应当按照国务院保险监督管理机构的规定缴存保证金或者投保职业责任保险。未经保险监督管理机构批准，保险代理机构、保险经纪人不得动用保证金。

个人保险代理人在代为办理人寿保险业务时，不得同时接受两个以上保险人的委托。

保险人委托保险代理人代为办理保险业务，应当与保险代理人签订委托代理协议，依法约定双方的权利和义务。

保险代理人根据保险人的授权代为办理保险业务的行为，由保险人承担责任。

保险代理人没有代理权、超越代理权或者代理权终止后以保险人名义订立合同，使投保人有理由相信其有代理权的，该代理行为有效。保险人可以依法追究越权的保险代理人的责任。

保险经纪人因过错给投保人、被保险人造成损失的，依法承担赔偿责任。

保险活动当事人可以委托保险公估机构等依法设立的独立评估机构或者具有相关专业知识的人员，对保险事故进行评估和鉴定。

接受委托对保险事故进行评估和鉴定的机构和人员，应当依法、独立、客观、公正地进行评估和鉴定，任何单位和个人不得干涉。

前款规定的机构和人员，因故意或者过失给保险人或者被保险人造成损失的，依法承担赔偿责任。

保险佣金只限于向具有合法资格的保险代理人、保险经纪人支付，不得向其他人支付。

保险代理人、保险经纪人及其从业人员在办理保险业务活动中不得有下列行为：①欺骗保险人、投保人、被保险人或者受益人；②隐瞒与保险合同有关的重要情况；③阻碍投保人履行本法规定的如实告知义务，或者诱导其不履行本法规定的如实告知义务；④给予或者承诺给予投保人、被保险人或者受益人保险合同约定以外的利益；⑤利用行政权力、职务或者职业便利以及其他不正当手段强迫、引诱或者限制投保人订立保险合同；⑥伪造、擅自变更保险合同，或者为保险合同当事人提供虚假证明材料；⑦挪用、截留、侵占保险费或者保险金；⑧利用业务便利为其他机构或者个人牟取不正当利益；⑨串通投保人、被保险人或者受益人，骗取保险金；⑩泄露在业务活动中知悉的保险人、投保人、被保险人的商业秘密。

保险专业代理机构、保险经纪人分立、合并、变更组织形式、设立分支机构或者解散的，应当经保险监督管理机构批准。

保险公估公司不得从事保险代理或保险经纪活动。

外资保险公估公司只能经营外商在华投资企业的保险公估业务。经中国银行保险监督管理委员会批准，可以经营其他公估业务。

保险公估公司内部直接从事保险公估业务的人员及其他保险公估公司临时聘用的专业技术人员，应事先经由保险公估公司向原批准机关备案后，方可从事保险公估业务。

任何机构未经中国银行保险监督管理委员会批准不得从事保险公估业务。保险公估公司员工不得兼职。

保险公估公司不得为开展业务进行夸大不实的广告及宣传。

保险公估公司不得为其自身利益及有利害关系的委托人进行保险公估活动。

三、保险招标与投标

（一）保险招标与投标的概念

由香港贸易发展局委托深圳大学经济学院编写的《中国经贸新词词典》中定义的“保险招标”在保险业务中具有两层含义：一是指保险公司在车险理赔中为降低赔付而采取的招标修理方式，二是指拟投保的客户为降低保险成本而采取招标或类似招标的形式选择保险公司的做法。

（二）保险招标的类型

保险招标最常见的两种形式是密封第一价格投标和密封第二价格投标。

密封第一价格投标：参与投标的保险公司向招标方递交密封的条件，出价最低的保险公司中标，与招标方签订相应的保险合同。

密封第二价格投标：参与投标的保险公司向招标方递交密封的条件，出价最低的保险公司中标，但它只需付出等于第二高的出价的价格，与招标方签订相应的保险合同。

密封第二价格投标制度是由1996年度诺贝尔经济学奖获得者维克瑞教授在1961年提出的，因此也称“维克瑞招标”。

维克瑞招标的优势在于它可以保证投标者在自我利益的驱使下，所出的投标价格将等于它真实的保留价格，也就是投标者的真实估价，或者说是投标的保险公司愿意签订这份保险合同承受的最低费率。

假设投标的保险公司甲的真实保留价格是 R，H 是除甲公司外所有投标的保险公司所出的最低价格。那么，甲公司在标书上写出的投标价格 S 是多少对他最有利呢？现在把所有的可能情况都考虑进来，以寻找甲公司的最优战略。

假定 S 比 R 小或等于 R，则出现以下三种情况：

1. 当 $S \leqslant R < H$ 时：

当甲公司的出价 S 小于或等于其真实保留价格 R，而 R 小于其他保险公司的最低报价 H，甲公司肯定中标。甲公司的支付价格为 H，即其他保险公司出的最低价。不论甲公司出价是小于还是等于其真实保留价格 R，它得到的利益都是 $H-R$，也就是甲公司的真实保留价格和最终合同价格的差值。甲公司的出价 S 小于或等于其真实保留价格 R 时所获得的利益没有任何区别。

2. 当 $H < S \leqslant R$ 时：

如果甲公司出价 S 等于或小于其真实保留价格 R，但大于其他保险公司的最低报价，甲公司都不能中标，中标者将是出价 H 的保险公司，甲公司既无所得也无所失，利益为0。

3. 当 $S < H < R$ 时：

如果甲公司的出价 S 小于 H，而且 H 也小于甲公司的真实保留价格 R，则甲公司可以中标，并且将按价格水平 H 与招标人签订保险合同。但这时，合同将给甲公司带来的损失是 $R-H$。

由此看到，投标者按低于自己的真实保留价格出价对自己而言有害无益。所以它的出价不会低于真实保留价格。

现在假定 S 比 R 大于或等于 R，则出现另外以下三种情况：

4. 当 $H > S \geqslant R$ 时：

公司甲的出价 S 大于或等于其真实保留价格而小于其他公司的最低报价时，甲公司都可以中标，甲公司将按比其真实保留价高的 H 签订保险合同，收益均是 $H-R$，甲公司的出价 S 大于或等于其真实保留价格 R 时所获得的利益没有任何区别。

5. 当 $S \geqslant R > H$ 时：

如果甲公司的出价 S 大于或等于自己的真实保留价格 R，而且 R 大于其他保险公司的最低出价 H，甲公司不能中标，中标者将是出价 H 的保险公司，甲公司既无所得也无所失，利益为0。

6. 当 $S > H > R$ 时：

如果甲公司的出价 S 大于 H，而 H 大于甲公司的真实保留价格，它同样不可能中标，利益为0。

因为甲公司不知道其他公司的报价，所以甲公司事先无法判定哪一种情况会出现，但有一点却非常明确，甲公司的报价S低于或高于其真实保留价格R，要么带来损失、要么无法中标，要么和报价$S=R$的收益相同，所以，甲公司的最优策略既不是大于R，也不是小于R，而是等于R。不管其他投标的保险公司出价是多少，出价等于真实保留价格的投标战略，对投标者无法再加以改进，已臻最优。

下面提供一个数字化的例子：紫旗银行把其全部商用车辆的第三者责任险公开招标。达信保险公司的真实保留费率是3‰，为方便起见，假设其竞争对手只有诺信保险公司和顶信保险公司，先假设诺信与顶信任何一家公司的报价都低于3‰，比如2.5‰，这时达信都不能中标，即使达信出一个低于3‰的报价，它也是无利可图，所以不会出一个比真实保留费率低的报价。再假设诺信与顶信的报价都高于3‰，比如达信是4‰，顶信是5‰，这时，达信的出价在3‰到4‰之间时都可以中标，并按4‰成交，其利益都是费率3‰与4‰之间的差额。但若达信的出价高于4‰，则合同被达信拿走；因为达信并不知道其他公司的出价，当然也不知道4‰这个上限，所以它还是按3‰出价更合适。既能保证中标，又能保证利润不因出价错误而减少。

保险招标与其他招标不同的是中标公司是否付出赔款以及赔款支付的多少完全取决于约定的保险事故是否发生，以及发生的程度。支付赔款的不确定性有可能导致不具备承保实力的保险公司铤而走险，以超低价竞标，所以招标人在进行保险招标时应考虑到与招标投标过程同样重要的保险合同的执行过程。保险公司从中标到与招标人签订保险合同，再到合同的执行，包括风险管理服务和理赔，不确定性依然是比较大的，中标公司的服务水平影响着保险合同给招标者带来的效用，而中标公司的实力则决定着招标公司通过保险转嫁风险的成败——招标者需要从鱼龙混杂的保险公司中甄选到出险后能够赔付其损失的公司。投标公司的信誉、实力和历史纪录都将是招标方必须要考虑的内容，而不仅仅是价格。

（三）保险招标的作用

保险招标的作用主要体现在两个方面：

1. 提高交易速度。保险招标可以显著加快保险契约达成的速度，降低保险目标搜寻和合同洽商的交易成本，从而提高保险市场的效率。

2. 解决信息不对称的问题。参加投标的保险公司通常比招标的企业或政府部门更清楚本次保险交易对公司的价值，而招标方却很难知道。因此，招标方就试图通过招标来获取更多的信息，从而在获得最优质的保险服务的同时最大限度地降低保险费率，而不是自己先要价，再和费率计算颇为复杂的保险公司讨价还价。

政府部门的保险招标可以预防腐败问题的发生，如果政府官员可以不受约束地为政府部门的公车选择承保机动车辆险的保险人，那么给政府官员行贿最多的保险公司可能就是被最终选定的承保人。但如果政府采用公开招标的方式选择保险人，腐败问题就可以得到有效遏制。

第三节 保险监管的基本范畴

一、保险监管的定义、层次与目标

（一）保险监管的定义与层次

保险监管是指在既定的约束条件下，为达到保险监管的某种预期目标，而作出的监管法规、监管组织机构、监管内容、监管方式等方面的制度安排。

保险监管有广义和狭义之别：广义监管包括三个层次，即政府监管、行业自律和企业内控；而狭义的保险监管仅指政府监管，包括专业的政府保险监管部门、相关的金融监管部门和司法部门等拥有公共权力的政府部门对保险业的监督管理。本章仅限于监管狭义范畴的介绍。

（二）保险监管的内涵、途径与方式

现代保险监管的内涵包括宏观审慎监管、微观审慎监管、保护消费权益、打击金融犯罪、维护市场稳定和处置问题机构等方面。

其中，宏观审慎监管是要防范和化解系统性风险，避免全局性的危机；微观审慎监管的“三大支柱”是资本标准、政府监管和市场约束；为保护消费者权益，保险监管部门需要从强化保险知识宣传、规范保险机构行为、完善监督管理规则、及时惩处违法和违规现象等方面建立保护消费者权益的行为监管框架；打击金融犯罪，需要组织与规则的双重施力；维护市场稳定则要加强风险源头管控，及时稳定市场预期，防止风险交叉传染、扩散蔓延；处置问题机构属于事后的补救，要做到及时响应，处置有效，科学合理。

由于经济发展状况、社会背景、金融体制、法律体制等方面的不同，各国保险监管的内容也有所不同。监管的层次和深度也不相同。保险市场的监管着力解决的问题是：①保险监管的合法性基础是什么，核心作用是什么；②谁可以获准参加市场竞争；③竞争与消费者保护之间如何平衡；④如何监督保险人的偿付能力；⑤保险人面临财务困境时应采取什么措施；⑥保险人无偿付能力时如何对被保险人实施保护；⑦政府作为保险供应者时，其职能应当是什么；⑧用什么样的机制来监管监管者。

保险监管的途径主要有立法监管、司法监管和行政监管；而保险监管的方式也有三种，即市场行为监管、偿付能力监管和公司治理结构监管。

市场行为监管主要着重于保险公司与利益相关者的关系，以降低乃至消解保险市场的声誉风险，从而保护消费者权益，维持消费者对市场的信心。

偿付能力监管主要着重于对公司财务状况，即其资产、负债及其匹配状况，以保证公司的偿债能力。

公司治理结构监管则着重于公司内部权、责、利的架构，构建激励相容的机制，化解“委托—代理”矛盾。

（三）保险监管的目标

保险监管的目标因国家不同而有所差异。中国银行保险监督管理委员会的主要职责包括：

依法依规对全国银行业和保险业实行统一监督管理，维护银行业和保险业合法、稳健运行，对派出机构实行垂直领导。

对银行业和保险业改革开放和监管有效性开展系统性研究。参与拟订金融业改革发展战略规划，参与起草银行业和保险业重要法律法规草案以及审慎监管和金融消费者保护基本制度。起草银行业和保险业其他法律法规草案，提出制定和修改建议。

依据审慎监管和金融消费者保护基本制度，制定银行业和保险业审慎监管与行为监管规则。制定小额贷款公司、融资性担保公司、典当行、融资租赁公司、商业保理公司、地方资产管理公司等其他类型机构的经营规则和监管规则。制定网络借贷信息中介机构业务活动的监管制度。

依法依规对银行业和保险业机构及其业务范围实行准入管理，审查高级管理人员任职资格。制定银行业和保险业从业人员行为管理规范。

对银行业和保险业机构的公司治理、风险管理、内部控制、资本充足状况、偿付能力、经营行为和信息披露等实施监管。

对银行业和保险业机构实行现场检查与非现场监管，开展风险与合规评估，保护金融消费者合法权益，依法查处违法违规行为。

负责统一编制全国银行业和保险业监管数据报表，按照国家有关规定予以发布，履行金融业综合统计相关工作职责。

建立银行业和保险业风险监控、评价和预警体系，跟踪分析、监测、预测银行业和保险业运行状况。

会同有关部门提出存款类金融机构和保险业机构紧急风险处置的意见和建议并组织实施。

依法依规打击非法金融活动，负责非法集资的认定、查处和取缔以及相关组织协调工作。

根据职责分工，负责指导和监督地方金融监管部门相关业务工作。

参加银行业和保险业国际组织与国际监管规则制定，开展银行业和保险业的对外交流与国际合作事务。

负责国有重点银行业金融机构监事会的日常管理工作。

完成党中央、国务院交办的其他任务。

职能转变。围绕国家金融工作的指导方针和任务，进一步明确职能定位，强化监管职责，加强微观审慎监管、行为监管与金融消费者保护，守住不发生系统性金融风险的底线。按照简政放权要求，逐步减少并依法规范事前审批，加强事中事后监管，优化金融服务，向派出机构适当转移监管和服务职能，推动银行业和保险业机构业务和服务下沉，更好地发挥金融服务实体经济功能。

（四）保险监管机构

保险监管机构，是指依照国家法律规定设立的对保险业实施监管的机构。如英国金融服务局（FSA）、全美保险监督官协会、德国联邦保险监督局、法国国家保险委员会等。

在中国，保险业最初是由中国人民银行监管。1998 年 11 月成立了中国保险监督管理委员会（保监会），保监会根据国务院的授权依法履行行政管理职能，成为我国商业保险的主要监管部门，致力于维护保险业的合法、稳健运行。

2018 年 3 月，第十三届全国人民代表大会第一次会议表决通过了关于国务院机构改革方案的决定，设立中国银行保险监督管理委员会。2018 年 4 月 8 日上午，中国银行保险监督管理委员会正式挂牌，中国银行业监督管理委员会和中国保险监督管理委员会成为历史。

二、国际保险监管体系、监管组织与监管准则

（一）国际保险监管体系

几乎所有国家都对本国的保险市场进行一定范围的监管，但各国的监管部门和监管力度有较大的差别。

英国、荷兰和中国香港特别行政区等国家和地区普遍依赖市场力量确保保险市场的健康发展，监管的主要对象是影响保险公司偿付能力的事项；而德国、奥地利、日本、瑞士以及大多数发展中国家，不但关注保险公司的偿付能力，对保险公司的产品和定价及其他的市场行为和公司治理等也进行比较严格的监管；美国和加拿大等国则是典型的以偿付能力监管为主，市场行为和公司治理结构为辅的国家。

各国的保险监管体系分为三个层级：立法监管、司法监管和行政监管。

（二）国际保险监管组织

国际保险监督官协会（International Association of Insurance Supervisors，IAIS），又称国际保险监管者协会，是保险业监管的重要国际组织，成立于 1994 年，现有成员包括 180 个国家的保险监管组织。

1999 年以来，IAIS 开始吸收保险专家作为观察人员，目前已有超过 100 个代表着行业协会、专家协会、保险和再保险机构、咨询组织和国际金融组织的观察员。IAIS 负责更新国际保险准则，提供保险培训，支持保险监管，为监管人员安排年会等。

IAIS 每年举办会议，与会的监管人员、企业代表与其他专家们共同探讨保险业发展与保险法规等相关议题。

（三）国际保险监管准则

2002年10月，IAIS颁布了《保险监管核心准则》，作为所有区域监管者的基本指导原则。该文件涉及一个监管系统有效运作的十个方面，共17条原则。这十个方面的原则是：①关于保险监管者的组织结构（原则1）；②关于批准营业和控制公司变更（原则2和原则3）；③关于公司治理（原则4）；④关于内部控制（原则5）；⑤关于谨慎性原则（原则6至原则10）；⑥关于市场行为（原则11）；⑦关于监控与现场检查（原则12和原则13）；⑧关于监管处罚（原则14）；⑨关于跨区经营（原则15）；⑩关于协调、合作与保密（原则16和原则17）。

三、保险市场监管的经济导因

根据西方古典经济学理论，在严格的市场完全竞争假设条件下，市场这只“看不见的手”能够使资源配置效率最大化，同时社会福利达到最大化，即达到所谓的帕累托最优状态。但在市场经济比较成熟的西方国家，大企业的垄断和过度的市场竞争同时并存，使社会资源的配置失去了效率，社会消费的公正原则也遭到破坏，即微观经济学中通常所说的“市场失灵”。市场失灵是相对于古典经济学中“市场成功”而言的。市场成功的最初描述是1776年亚当·斯密在关于“一只看不见的手”的市场机制中提出的。

20世纪50年代由阿罗和德布鲁用严格的数学方法证明了完全竞争市场的高效率。该理论有一个基本假定：市场均衡与帕累托最优，即市场是完全竞争的市场，在该市场中，每个生产者和消费者的个别行为都不会对市场价格造成影响，并且由于信息具有对称性，每个厂商都实现了利润的最大化，每个消费者都实现了效用的最大化，同时，市场上的各种资源都得到了最佳配置，从而市场处于一种均衡的高效率状态。而市场失灵论则是指所有未达到市场成功中最优状态的情况。保险市场失灵的原因及相应的矫正方法有三种：

（1）信息不对称。不对称信息与不存在的信息导致道德风险，而保险市场的监管则可以明确的规则使信息通畅，从而降低道德风险的发生概率。

（2）外部性。保险负的外部性包括保险公司破产对社会稳定的影响；保险欺诈对社会财产和公民人身的连带损害；保险业危机引起金融业和宏观经济危机的多米诺效应等。为使这些负的外部性的成本内部化，从而减少类似的事情发生，保险监管必不可少。

（3）市场势力。保险业的垄断行为会对保险消费者利益造成损害，带来资源配置无效率和生产无效率。因此需要政府的保险市场监管来减少垄断行为的出现。

公共利益理论认为放任市场会出现市场失灵所导致的低效率和不公平。政府代表的是公共利益。所以，应该由政府采取管制行动来弥补市场低效率和不公平的缺陷。按公共利益理论，保险市场监管的首要目的是矫正市场失灵，促进保险市场的公平竞争，提高市场效率。

除了经济分析之外，还有学者从保险的可及性、保险的有效性和保险的可靠性解释保险市场监管的必要性，有学者从政治和社会角度分析保险监管的必要性，如保护地方市场、避免破坏性竞争、发展当地或民族保险业、贯彻政府理念、维护国家安全、尊重宗教文化信仰、保证利益集团的既得利益等。

四、保险市场监管的成本和局限

（一）保险监管的成本

保险市场的监管需要承担监管成本，并有一定的局限性。因此，一些经济学家认为，保险市场的失灵未必一定需要政府监管来矫正，这是因为政府监管也有其自身的成本和局限，而成本最终还是会转嫁到保险购买者身上，造成一定的福利损失。此外，政府监管过严会影响保险公司的创新活力，最终不利于市场机制的运作。

保险监管的成本包括：人力资本的投入，国家税收的支出，管理机构的投入，管制规则制定与实施，保险监管中的设租与寻租，监管制度的路径依赖。

寻租理论最早由塔洛克（Tullock）和安妮·鲁格（Anne. O. Kruger）提出。早期的寻租理论的基本结论是当利用贿金购买权力时，管制更有可能使生产者受益而非消费者得益。理论的随后发展则更多地考虑了消费者群体在寻租活动中的力量。但无论如何，寻租行为本身不会创造任何社会财富，只会消耗社会资源，造成社会福利的损失。路径依赖是指制度开始实施后形成的制度惯性，对现存制度进行改革也需要付出成本。

（二）保险监管的局限

保险监管除了要支付保险市场监管的成本，政府还应意识到保险监管的失灵，即与市场失灵相对应的所谓政府失灵。分析监管失败原因的理论主要有俘获理论和新经济自由主义论。

俘获理论的基本思想是：某产业中的企业希望政府对该行业实施管制，原因在于它们可以通过俘获管制者而使其按照自己的利益行事。该理论认为所有的管制者最终都被一些被管制者以各种方式俘获了。管制的结果实际上是管制者利用管制机制在为某些特别的利益集团提供服务。

俘获理论认为，进入管制要求越严，国家收入和产业竞争性越低，腐败也越严重；管制越多的国家，其产品质量越低，环境越差。

一些从计划经济向市场经济转轨国家保险业的监管为俘获理论提供了很好的例证。实际上监管者被俘获实质上是监管政策制定和实施的一个“委托—代理”问题，它表明监管者利益与有效监管目标之间的潜在不一致。“委托—代理”问题的存在会损害政策目标的实现，机制设计理论关于减少代理成本的激励和约束机制提供了避免俘获的基本思路：要么降低通过合谋所获得的利益，要么增加合谋的难度。从理论上来看，避免监管者与产业界利益团体之间的合谋可以通过以下几个方面来考虑：

1. 从制度上防止权力期权。比如规定监管部门的管理者在离职后若干年内不能到被监管的保险企业任职。

2. 增加监管者和被监管者合谋的成本。利益团体用来俘获管制者的主要工具是贿赂，具体可能表现为直接的货币转让、政治性捐款、权力期权、友情和娱乐性支付等。理论上，若能有效增加管制者接受以上合谋交易的成本，就会降低合谋发生的概率。但是实践中，诸如惩治腐败和禁止权力期权也会增加监管成本或降低监管效率。

3. 减少信息不对称。初始委托人（公众和投保人）或中间委托人（议会和中央政府）与监管者之间的信息不对称是导致“俘获”发生的根源。若能采取措施降低这种信息不对称程度，就可以防止合谋的发生。然而由于公共信息“搭便车”行为的存在，使得监管者正是作为公众和中央政府的代理人专业化于获取保险市场主体的信息并对其实施监管，因此，由公众或中央政府再付出成本来获取与监管者同样的对等信息是不可能的。但是公众和中央政府可以通过要求监管者增加其活动过程的透明度，从而降低信息不对称程度。但若信息渠道也被监管部门所控制，那俘获理论对现实就更具解释力了。

五、保险市场监管的必要性

保险经济学发展的里程碑人物卡尔·博尔奇在其1981年发表的一篇文章里，给出了一个衡量保险监管是否必要的基本原则：假设在没有监管的情况下，当保险公司的行为不受监管的约束时，保险公司是否将参与不公平竞争或者从事对社会有害的活动，若是，保险监管就是必要的；反之，监管就是不必要的。

博尔奇的推导过程有些复杂，但结论比较简单：如果没有政府的监管，一些公司会采取不切实际的红利政策，这可能导致其偿付能力不足，因此政府有必要对保险公司的偿付能力进行监管；但实际上，许多国家对保险业的监管并不局限于此。一些国家的保险监管部门甚至详细地规定了保险合同的内容，这样就由政府而不是保险公司决定了赔款分布函数 $F(x)$ ，如果政府还规定了保险公司的保险合同的价格——保险费，那么肯定会引起一些问题，比如最佳准备金的额度难以达到，破产概率也会相应增加。

如果让保险市场在市场力量的作用下进行自发地配置保险资源，保险资源将因为保险市场失灵而无法达到资源配置的最优状态。市场的可能失效将导致保险公司破产或丧失偿付能力，从而有损于广大被保险人的利益。同时保险业明显异于其他行业的独特性也决定了对其监管的必要性，这集中表现在保险产品的独特性上：无形性、时滞性、影响广和技术强度高等。因此，为了纠正上述保险市场失灵问题，必须对保险业进行管制和监督。通过强制性信息披露、市场分割、业务分类、区域划分以及提供保险基础设施等措施纠正这些缺陷。

保险监管的必要性可以归纳为两个最基本的方面：一是防范保险业系统风险，保持一个稳定和有效率的保险市场体系；二是保持广大的处于信息劣势被保险人的利益不受损害。如果把考虑问题的层次提升到更高的角度，那么，保险监管的目标仍然是一般的公共政策目标的一部分，因而也可以概括为经济运行的效率、公平两个方面的问题。

进入21世纪以来，世界保险业的监管出现一些新的特点：偿付能力监管逐渐取代市场行为监管成为国际趋势，风险监管的理论和实践逐渐成形；适应保险业的全球化和混业经营进程，保险监管制度的变革也出现了不断国际化和综合化的新动向。

第四节 保险监管的方式与内容

一、保险市场行为监管

（一）市场行为监管的概念

市场行为是指保险公司及保险中介组织在公司管理和市场交易过程中所表现出来的具体行为，其行为的对象既包括公司的股东、管理层、普通员工及其他利益相关者，也包括当前和潜在的保险消费者，如保单持有人、投保人、被保险人、受益人及其他市场参与者和社会公众。

保险机构不当的市场行为会侵害保险消费和其他利益相关者的权益，也会影响其自身及保险行业的声誉，进而会潜在地影响投资人、保险业从业人员和保险消费者对保险行业的信心，最终会影响整个保险行业的健康发展。

市场行为监管就是由保险监管机构对保险组织的市场行为进行监管管理的一整套制度和规则，主要由市场约束和消费者保护两个方面构成。其中市场约束包括保险公司和中介公司的透明度和公司财务信息、公司治理以及风险管理状况等信息的披露；而消费者保护则由面向消费者的信息披露以及相关规定组成。

狭义的市场行为监管是指保险监管机构对保险公司或保险中介机构的经营活动过程中的市场行为所进行的监督管理，包括对保险机构的设立、保险公司的变更及终止、营业范围、保险费率及条款、再保险和保险资金运用的监管等。

广义的市场行为监管除了规范保险公司和保险中介的行为外，还包括防范和打击保险欺诈，对居于弱势地位的消费者权益予以倾斜保护等。

（二）国际保险市场行为监管的实践与经验

作为西方最发达的市场经济国家，美国的保险市场行为监管具有一定的代表性。美国保险公司的市场行为由州保险监管部门监管，监管者监督保险公司的销售、承保和费率厘定活动，以确保保险公司遵守一定的标准，并按照保险合同的条款来处理索赔。联邦保险监督官协会（NAIC）在州监管的框架下协调对在多个州开展业务的保险公司的监管。

20 世纪 70 年代初期，NAIC 编写了《市场行为检查手册》，用以规范保险机构的市场行为。此后，NAIC 根据形势的变化，不断修订完善《市场行为检查手册》。手册的内容主要包括引言、检查人员的资格条件、检查的类型、检查的流程、抽样方法、财产和意外保险检查、寿险和健康险检查、检查报告的撰写以及附录等。

美国参与市场行为检查的人员分为助理检查员、保险检查员、高级检查员、首席检查员以及管理检查员四类。这些检查人员或者是监管部门的雇员，或者是通过考试后获得检查员资格的个人或企业雇员，完全或主要以保险检查员的身份与监管部门签订合同，并依合同约定负责某个地区或某项业务的市场行为检查。

检查的类型主要包括综合检查、专项检查、追查、多州合作检查、检查分析与特别检查等。

检查流程包括：检查规划、确定检查范围和时间、通知检查、履行检查前程序、现场检查、与被检查的公司管理层交流、检查总结等步骤。

2004 年，美国国家保险立法会（NCOIL）曾颁布过一个市场行为示范法。示范法要求各州应连续收集市场数据并对市场进行分析；加强州际的保险监管合作；明确保险公司注册所在地的州承担市场行为监督的责任，着手建立履行专项检查任务的框架，例如对费率、保单格式和公司内部规章制度的检查；加强对保险消费者的教育等。但因为这个法规只是一个示范性的法律，没有强制性，所以各州具体的市场行为监管的情况并不一致。

为了规范发达国家保险公司的市场为，2004 年 11 月 24 日经济合作与发展组织（OECD）理事会采用了 OECD 保险委员会提出的《理赔管理的良好作业指引》，该指引对世界各国保险业的市场行为监管都具有一定的指导意义。

OECD 国家的《理赔管理的良好作业指引》以清单的方式来帮助保险公司处理理赔业务，在内容上并非面面俱到，也会随时变更。

OECD 国家的《理赔管理的良好作业指引》包括十个方面的内容：①索赔报告；②公司的索赔受理；③索赔归档和程序；④欺诈识别和防范；⑤理赔评估；⑥理赔处理；⑦即时理赔处理；⑧投诉和争议处理；⑨对理赔相关服务的监督；⑩市场惯例。

（三）我国保险市场行为监管的现状与前景

对中国这样一个处于经济转轨阶段、保险业仍处于发展初级阶段的国家而言，保险业的监管资源是非常有限和稀缺的。无论是财政拨款，还是从被监管的保险机构按保费收入提取，都将消耗社会公共资源，降低消费者福利并减损经济效率。当然，这是利用保险监管矫正市场失灵所理应付出的代价，问题和核心仅在于这些成本的付出是否通过合理的资源配置达到了一定的效率水平。

市场行为监管是最为直接的监管方式，特别是在新兴市场国家，当金融法律法规还不完善、市场行业自律意识还待加强、金融市场发展还不完全、各种监督工具还不齐备时，市场行为监管在保护消费者权益上，较之偿付能力监管与公司治理监管，具有自身独特的优势。在未来很长的时间内，保险市场行为监管都将是我国保险市场监管的一个重要方面，但随着我国保险监管实践经验的积累和监管制度的日益成熟，市场行为监管的重心将向保险公司偿付能力监管的方向倾斜。

二、保险公司偿付能力监管

（一）保险公司偿付能力监管的概念

保险公司偿付能力是指保险公司偿还债务的能力。偿付能力体系不仅考虑准备金是否足以弥补可预见和部分不可预见的赔款和费用，还考虑到当准备金不足以弥补不可预见的重大损失时，其资本金是否足以承受对没有明确认识到的风险所带来的损失。保险公司偿付能力监管是指政府监管部门对保险公司的偿付能力进行监督管理的各种组织制度规范。

偿付能力控制的方式可以根据资本金或其他与本国偿付能力监管体系有关的财务方法来确定，主要通过对诸如保费增长率、实际偿付能力额度变化率、最低资本金率、各种准备金、资金收益率、融资风险率等财务指标进行监控，督促公司保持充足的偿付能力，来防范由于偿付能力不足所导致的公司经营风险，保护保单持有者、投保人、被保险人和受益人的利益。

（二）偿付能力监管的基本理论与国际实践

偿付能力监管的基本思想是：在充分考虑资产和负债面临风险的基础上，根据保险公司的规模和承担的风险总量来设定资本要求。保险公司的实际资本额度应与其经营的业务相匹配。

国际保险监督官协会要求保险公司应具备一定的偿付能力，也称法定偿付能力，从而可以对其未来可能发生的非常规负债增长，包括赔付额和准备金的增长等和资产减少、包括投资损失等提供缓冲作用，保护投保人利益。

法定偿付能力是判断保险公司财务是否处于危险状况的预警信号。当保险公司的实际偿付能力低于法定偿付能力额度要求时，将被认定为偿付能力不足，即技术上无偿付能力。但保险公司技术上无偿付能力（即实际偿付能力低于法定偿付能力额度）并不说明其已经无力偿还负债，只要保险公司的实际资产大于实际负债，则始终具有债务清偿能力，也就是说该公司尚未资不抵债。

设立法定偿付能力额度的目的在于，当监管机构发现保险公司技术上无偿付能力时，应加强监管力度，要求公司改善财务经营状况，从而使其在财务状况恶化进而实际偿付能力为零破产前恢复其财务的稳定性。

实际偿付能力原指公司偿还债务的能力，具体表现为公司是否有足够的资产来匹配其负债。但对于经营风险的保险公司来说，实际偿付能力是指根据监管法定会计准则进行适当认可调整后的认可资本，其会计等式为：

$$认可资本=认可资产-认可负债$$

在国际上，法定偿付能力在计算方法上有固定比率法和风险基础资本法两类。固定比率法是从保险公司未来可能发生的非常规损失赔付额的根源出发，强调源于公司承担的保险责任。

与市场准入时对公司注册资本金的静态监管不同，该方法是一个动态的法定偿付能力方法，根据公司保险费规模和已发生赔款额，动态地计算未来可能发生的非常规损失赔付额。其特点是强调了公司的负债和损益，明确体现了法定偿付能力额度的本质含义。该方法易于掌握和操作，符合发展中国家保险业的实际情况和监管水平。欧洲国家和发展中国家较多地采用固定比率法。

风险基础资本（RBC）法是根据保险公司各类资产和负债业务的风险状况，综合测算其业务稳健经营所需要的最低资本。该方法为保险公司资产负债表中的各个项目设计出不同的风险系数，将经过风险加权的各项目结果加总，进行协方差调整后（即剔除各个项目之间的相关性）得出法定偿付能力额度，是全面考虑各类风险因素的动态偿付能力计算方法。美国是采用风险基础资本法的典型国家。

20 世纪 80 年代末至 90 年代初，美国保险公司破产数量不断增加，整个保险行业损失惨重，阻碍了保险业的正常发展。美国保险监督官协会在借鉴“巴塞尔协议”关于银行资本充足率监管理念的基础上，从 1993 年年末开始推行针对寿险公司的风险基础资本法，并从 1994 年开始推行针对财产险公司的风险基础资本法。

（三）我国保险公司偿付能力监管的现状与前景

2006 年，原保监会借鉴国际保险监督官协会核心监管原则，引入了保险公司治理监管，出台了《关于规范保险公司治理结构的指导意见（试行）》，从董事会建设、管理层运作、治理结构监管等几个方面对保险公司治理作出了相应规定，标志着我国保险公司治理全面监管的开始，其后的十几年间，保险公司治理监管逐步得到加强。

2014 年 5 月，原中国保监会发布《保险公司资金运用信息披露准则第 1 号：关联交易》（保监发〔2014〕44 号）。2015 年 4 月，发布《关于加强保险公司再保险关联交易信息披露工作的通知》（保监发〔2015〕44 号）。2016 年 6 月，发布《关于进一步加强保险公司关联交易信息披露工作有关问题的通知》（保监发〔2016〕52 号）。

2015 年 4 月，原中国保监会发布《关于进一步规范保险公司关联交易有关问题的通知》（保监发〔2015〕36 号）。

2017 年 6 月，发布《关于进一步加强保险公司关联交易管理有关事项的通知》（保监发〔2017〕52 号）。

银保监会成立后，成立了公司治理部，足见监管部门对保险公司治理的重视。其后相继制定并发布了《保险公司独立董事管理办法》《保险公司关联交易管理办法》《保险公司股权管理办法》《保险公司章程指引》等文件，进一步规范、指导保险公司治理，加强了保险公司治理监管体系。

2019 年 11 月，中国银保监会发布了《银行保险机构公司治理监管评估办法（试行）》，评估的内容主要包括党的领导、股东治理、董事会治理、监事会和高管层治理、风险内控、关联交易治理、市场约束、其他利益相关者治理等八个方面。该办法首次提出了合规性评价和有效性评价两类指标，同时设置重大事项调降评级项，加大对公司治理有效性及公司治理失灵等突出问题的关注评价力度。此外，为鼓励良好公司治理实践，该办法在有效性指标中增设额外加分指标，对银行保险机构的企业文化、经营理念、创新精神、客户服务等“软指标”进行评价。

公司治理监管评估包括合规性评价、有效性评价、重大事项调降评级三个步骤，其中：

合规性评价满分 100 分，主要考查银行保险机构公司治理是否符合法律法规及监管规定，监管部门对相关指标逐项评价打分。

有效性评价重点考查银行保险机构公司治理机制的实际效果，主要关注存在的突出问题和风险。监管部门在合规性评价基础上对照有效性评价指标进行扣分；对银行保险机构改善公司治理有效性的优秀实践可予以加分。

重大事项调降评级当机构存在公司治理重大缺陷甚至失灵情况时，监管部门对前两项综合评分及其对应评估等级进行调降，形成公司治理监管评估结果。

合规性指标或有效性指标存在的问题连续若干年得不到整改，可视情况加大扣分力度。第二年不予整改的，可予以该指标分值两倍扣分；第三年不予整改的，可予以该指标分值四倍扣分，第四年不予整改的，可予以该指标分值八倍扣分。以此类推。

银保监会根据公司治理监管评估结果，对银行保险机构依法采取不同监管措施，其中：对 A 级机构，不采取特别监管措施。对 B 级机构，应关注公司治理风险变化，并通过窗口指导、监管谈话等方式指导机构逐步完善公司治理。对 C 级机构，除可采取对 B 级机构的监管措施外，还可视情形依法采取下发风险提示函、监管意见书、监管措施决定书、监管通报，责令机构对相关责任人予以问责，要求机构限期整改等措施。对 D 级机构，除可采取对 C 级机构的监管措施外，在市场准入中，认定其公司治理未达到良好标准。同时，还可根据《中华人民共和国银行业监督管理法》《中华人民共和国保险法》等法律法规，采取责令调整相关责任人、责令暂停部分业务、停止批准开办新业务、停止批准增设分支机构、限制分配红利和其他收入等监管措施。对 E 级机构，除可采取对 D 级机构的监管措施外，还可根据《中华人民共和国银行业监督管理法》《中华人民共和国保险法》等法律法规，对机构及责任人进行处罚。

在更宏观的政策方面，银保监会发布的《关于推动银行业和保险业高质量发展的指导意见》强调：保险机构要按照资质优良、公开透明原则，动态优化股权结构。严格审查股东资质，强化对股东和实际控制人的穿透管理。规范股东行为，依法整治非法获取股权、股权代持、隐形股东以及违规开展关联交易套取、占用保险资金。对于问题股东，必须依法采取惩处措施，包括限制股东权利、责令转让股权、没收违法所得等。要强化股权管理，确定合理的质押比例，股权质押情况要向董事会、监事会和机构内部披露通报。保险机构要加强对股东股权的监督管理，推动集中登记、托管，规范股权质押、变更和增资等行为。

此外还强调：保险机构要加强“三会一层”建设。保险机构要有效发挥股东

（大）会的权力机构作用，持续推动完善公司治理机制。在依法保护股东合法权益的基础上，严防大股东和一致行动人操纵机构经营管理。优化董事会规模和结构，健全董事选聘机制，限制股东既提名股权董事，又提名独立董事，确保独立董事真正“独立”，依法履职。增强董事会下设各专门委员会的专业性和履职能力。做实监事会功能，提高专职监事占比，提升外部监事效能，改进监督方式，充分借助内外审计力量开展监督检查。规范高管层遴选，增加选聘手段和渠道，完善机构内部相互制衡机制，强化市场约束，严防内部人控制。完善对董事会、监事会和高管层履职能力的考核评价、监督检查及专业培训，加强对失职或不当履职的责任追究。

保险机构要优化激励约束机制。保险机构要建立市场化的中长期激励约束机制，优化薪酬结构，完善薪酬延期支付、追索扣回等管理制度，健全问责体系。依法依规开展员工持股试点。全面及时真实披露“三会一层”履职行为及公司重大经营情况，确保财务数据在法定范围内公开透明。建立健全利益相关者申诉回应机制，接受投资者等利益相关者的监督约束。

原中国保监会于 2003 年发布实施了《保险公司偿付能力额度及监管指标管理规定》，实现了我国偿付能力监管从无到有的历史性跨越。其后逐渐形成了由保险公司内部风险管理制度、偿付能力报告制度、财务分析和检查制度、监管干预制度、保险保障基金制度等构成的制度体系。

2008 年 6 月 30 日，原中国保监会主席办公会审议通过了《保险公司偿付能力管理规定》，并以原中国保监会令（2008 年第 1 号）的形式颁布，自 2008 年 9 月 1 日起实施。

2015 年 2 月 17 日，原中国保监会正式发布中国风险导向的偿付能力体系（简称“偿二代”）17 项监管规则。中国偿二代在采纳国际通行的三支柱框架的同时，在风险分层理论、三支柱的逻辑关联、资产负债评估框架、寿险合同负债评估、风险管理要求与评估（SARMRA）、风险综合评级（IRR）、市场约束机制等多个方面，充分体现了中国新兴保险市场的特征，具有中国的原创性贡献。随着中国对外开放和市场化改革的深入以及偿二代实施，中国保险市场将更开放、更有效率，对全球保险市场的持续发展和国际保险监管规则的建设，都将产生积极的影响。

2021 年 12 月 30 日，历时四年的“偿二代”二期工程完工，中国银保监会发布了《保险公司偿付能力监管规则（Ⅱ）》，偿二代二期工程对于防范和化解保险业风险、维护保险市场安全稳定运行、推动保险业高质量发展、保护保险消费者利益都具有重要意义。

《保险公司偿付能力监管规则（Ⅱ）》完善了利率风险的计量方法，优化了对冲利率风险的资产范围和评估曲线，引导保险公司加强资产负债匹配管理。针对重疾风险显著上升的情况，增设了重疾恶化因子，引导保险公司科学发展重疾产品。针对专属养老保险产品的长期性特征和风险实际，对长寿风险最低资本给予 10%的折扣，以体现监管支持导向。

为促进保险业增强服务实体经济质效，《保险公司偿付能力监管规则（Ⅱ）》完善了长期股权投资的实际资本和最低资本计量标准，大幅提升了风险因子，对具有控制权的长期股权投资（子公司），实施资本100%全额扣除，促使保险公司专注主业，防止资本在金融领域野蛮生长。为落实碳达峰碳中和重大决策部署，对保险公司投资的绿色债券的信用风险最低资本给予10%的折扣；为贯彻科技自立自强的决策部署，对专业科技保险公司的保险风险最低资本给予10%的折扣。规定保险公司不得将投资性房地产的评估增值计入实际资本，引导保险资金更大力度支持实体经济。对农业保险业务、保险资金支持国家战略的投资资产等设置调控性特征因子，适当降低其资本要求，引导保险公司服务实体经济。

为有效防范和化解保险业风险，《保险公司偿付能力监管规则（Ⅱ）》完善了资本定义，增加了外生性要求；将长期寿险保单的预期未来盈余根据保单剩余期限，分别计入核心资本或附属资本，夯实了资本质量。针对保险资金运用存在的多层嵌套等问题，要求按照“全面穿透、穿透到底”的原则，识别资金最终投向，基于实际投资的底层资产计量最低资本，准确反映其风险实质。根据最近10年的数据，对所有风险因子进行全面校准。

为落实扩大对外开放决策部署，《保险公司偿付能力监管规则（Ⅱ）》完善了再保险交易对手违约风险的计量框架，降低了境外分保的交易对手违约风险因子，落实了扩大对外开放的决策部署。明确境外国家（地区）的偿付能力监管制度获得与中国偿付能力监管等效资格的，对其在中国境内开设的保险机构在资本要求、实际资本等方面给予适当优待，降低跨境交易成本，提升监管合作效果。

为强化保险公司风险管控能力，《保险公司偿付能力监管规则（Ⅱ）》对保险公司风险管理标准进行了全面修订，提供了更为明晰的标准。新增了资本规划监管规则，要求保险公司科学编制资本规划。

为引导培育市场约束机制，《保险公司偿付能力监管规则（Ⅱ）》进一步扩展了保险公司偿付能力信息公开披露的内容，增加了对重大事项、管理层分析与讨论等披露要求，有助于提升信息透明度，发挥市场约束作用。

根据银保监会的规定，我国保险业自编报2022年第1季度偿付能力季度报告起全面实施《保险公司偿付能力监管规则（Ⅱ）》。对于受影响较大的保险公司，银保监会根据实际情况确定了过渡期政策，允许在部分监管规则上分步到位，最晚于2025年起全面执行到位。

三、保险公司治理结构监管

（一）保险公司治理结构监管的概念

公司治理结构，又称为法人治理结构或者公司治理等。公司治理结构不仅包括了治理机构设置和运行机制，还涉及外部的资本市场、公司控制权市场、产品市场、经理人市场和利益相关者利益兼顾等。治理机构设置方面包括股权结构、董事会、监事会、管理层等。运行机制方面包括用人机制、监督机制和激励机制等。

保险公司治理结构监管，是指保险监管机构对保险公司在公司治理中的相关问题进行监督管理的整体规范。

（二）公司治理结构监管的基本理论

公司治理探讨的是公司基于“委托—代理”关系之上的制度约束和激励问题，通过安排一个良好的公司治理结构，来保证与公司存在利益关系的各个主体的权利和义务都得到明确界定，并在各个主体之间形成相互约束和激励的权力结构，以此来保证公司的决策和经营管理最优，对公司面临的各种风险进行有效的控制。

保险企业的公司治理主要解决的是内部风险控制问题，以此保证公司经营管理的稳定。

公司治理监管通过制度连续发挥激励和约束作用，来体现一种过程监管。公司治理理论的两个主要理论基础是“委托—代理”理论和利益相关者理论。“委托—代理”理论认为，公司法人治理问题的产生根源于信息不对称、契约不完备条件下对股东所有权（剩余控制权及索取权）的保障和对内部人的激励与约束，其中如何解决所谓的“委托—代理”矛盾是关键。

利益相关者理论认为，现代企业的经营过程不仅涉及股东利益，所有相关的债权人、企业员工、政府、供应商、顾客、社会公众都是企业的受影响者（即利益相关者），公司治理应当注重内部治理与外部治理（综合治理）相结合，以维护广大利益相关者的利益。

（三）国际保险公司治理结构监管的实践与经验

国际保险监督官协会在2004年的约旦年会上首次提出将公司治理与财务监管及市场行为并列为保险监管的三大支柱，保险公司治理结构监管的地位得以确立。

2004年1月19日，国际保险监督官协会颁布了《保险公司治理结构核心原则》。2005年4月28日，经济合作与发展组织颁布了《保险公司治理结构指引》。此外，美国颁布的《萨班斯·奥克斯法案》对保险公司治理结构也产生了很深的影响。

国际保险监督官协会颁布的《保险公司治理结构核心原则》的内涵十分丰富，不但包括监管机构应要求保险公司遵循所有适用的公司治理标准、保险公司治理结构应区分还包括保护所有有关各方的利益、明确董事会是保险公司治理结构监管的重点等内容。

在《保险公司治理结构核心原则》中，国际保险监督官协会提出了保险公司治理监管的标准，包括基本标准和附加标准两种。

基本标准明确了高层管理人员在公司治理中的职责、关键职位人员的资格、股东应符合的要求、股权变更的审批事项以及信息的适度披露等。附加标准在基本标准上提出了更高的要求。

（四）我国保险公司治理结构监管的现状与前景

原中国保监会于2006年出台了《关于规范保险公司治理结构的指导意见（试

行）》，标志着我国保险公司治理结构监管迈出了关键的一步。

我国关于保险公司治理结构的立法已基本达到了国际保险监督官协会监管核心原则的要求，但在实际操作中，还有巨大的改进空间。

随着国际国内公司治理监管的进一步发展，我国保险业将逐渐完善保险公司信息披露制度，加强与国内外监管机构之间的信息交流，完善保险公司董事等高管人员的义务与责任制度，我国的保险公司治理结构监管也将日趋成熟和完善。

复习思考题

1. 试述个人家庭保险需求的影响因素。
2. 试述保险公司招标的各种形式及其各自的优缺点。
3. 简述保险监管的主要途径。
4. 试论保险监管的方式。
5. 论述“偿二代”在我国保险监管体系中的意义。

参考文献

［1］吴定富．中华人民共和国保险法释义［M］．北京：中国财政经济出版社，2009.

［2］魏华林，林宝清．保险学［M］．2版．北京：高等教育出版社，2015.

［3］孙祁祥．保险学［M］．6版．北京：北京大学出版社，2017.

［4］王绪瑾．保险学［M］．6版．北京：高等教育出版社，2017.

［5］袁宗蔚．保险学——危险与保险［M］．34版．北京：首都经济贸易大学，2000.

［6］杜传忠，杜新建．第四次工业革命背景下全球价值链重构对我国的影响及对策［J］．经济纵横，2017（7）：110-115.

［7］杜传忠，宁朝山．网络经济条件下产业组织变革探析［J］．河北学刊，2016（4）：135-139.

［8］杨锐，刘志彪．新产业革命下产业组织变化的效率改进与实现机制［J］．天津社会科学，2016（6）：93-100.

［9］许闲．保险科技的框架与趋势［J］．中国金融，2017（10）：88-90.

［10］郭金龙．互联网保险发展新阶段［J］．中国金融，2015（16）：50-51.

［11］陈怡霖．消费者网络保险购买意愿及影响因素研究［D］．厦门：暨南大学，2018.

［12］叶岩．我国发展互联网保险的对策研究［D］．合肥：安徽大学，2017.

［13］科学百科词条编写与应用工作项目［M］．科普中国.

［14］龙华平．大数据对保险行业的作用分析［J］．会计师，2018（11）：20-21.

［15］王和．基于大数据的保险商业模式［J］．中国金融，2014（15）．28-30.

［16］袁勇，王飞跃．区块链技术发展现状与展望［J］．自动化学报，2016，42（04）：481-494.

［17］曾于瑾．区块链在保险行业的应用现状与未来［J］．清华金融评论，2017（12）：21-23.

［18］波士顿咨询．区块链技术如何颠覆保险行业［R］．中国保险报，2018（11）.

［19］杨立，左春，梁赓．基于区块链的保险产品推荐模型［J］．计算机系统应用，2019（1）：63-70.

［20］张烨平．人身保险大数据精准营销的前景展望［J］．中国保险，2018（7）：16-19.

［21］赵军，姜杰，赵晖文．保险行业金融科技创新现状及战略思考［J］．中国

保险，2018（7）：16-19.

［22］左新月．我国互联网场景化保险发展研究［D］．沈阳：辽宁大学，2018.

［23］林涛．我国物联网商业健康保险发展研究［D］．沈阳：辽宁大学，2018.

［24］王琳．人工智能在保险核赔环节应用案例分析［D］．北京：首都经济贸易大学，2018.

［25］赵艳丰．漫谈美国险企的大数据应用［J］．中国保险，2018（12）：60-64.

［26］张斐．区块链在全球保险业中的应用——以B3I联盟为例［J］．清华商业评论，2017（10）：210-212.

［27］孙祁祥，等．中国保险业发展报告2020［M］．北京：北京大学出版社，2020.